谣言传播与
舆论演化
计算实验研究

陈曦 肖人彬 著

华中科技大学出版社
http://press.hust.edu.cn
中国·武汉

图书在版编目(CIP)数据

谣言传播与舆论演化计算实验研究/陈曦,肖人彬著. —武汉:华中科技大学出版社,2023.2
ISBN 978-7-5680-8948-7

Ⅰ.①谣… Ⅱ.①陈… ②肖… Ⅲ.①谣言-传播-计算-研究 ②舆论-传播-计算-研究 Ⅳ.①G206.3

中国国家版本馆 CIP 数据核字(2023)第 019397 号

谣言传播与舆论演化计算实验研究　　　　　　　　　陈曦　肖人彬　著
Yaoyan Chuanbo yu Yulun Yanhua Jisuan Shiyan Yanjiu

策划编辑：	叶胜武　孙　念
责任编辑：	孙　念
封面设计：	璞茜设计-王薯聿
责任监印：	朱　玢
出版发行：	华中科技大学出版社(中国•武汉)　　电话:(027)81321913
	武汉市东湖新技术开发区华工科技园　　邮编:430223
录　　排：	华中科技大学惠友文印中心
印　　刷：	湖北新华印务有限公司
开　　本：	710mm×1000mm　1/16
印　　张：	24.25
字　　数：	535 千字
版　　次：	2023 年 2 月第 1 版第 1 次印刷
定　　价：	88.00 元

本书若有印装质量问题,请向出版社营销中心调换
全国免费服务热线:400-6679-118　竭诚为您服务
版权所有　侵权必究

前　　言

无论是在战争时期还是在和平时期,谣言传播与舆论演化一直都是重大的社会安全问题。关于谣言的系统化研究最早就服务于二战期间的军事安全需求。当前国际形势处于百年未有之大变局,舆论战、媒体监督作用日益凸显。随着互联网、智能手机等技术的发展,谣言传播与舆论演化的方式和渠道越来越多、速度越来越快,社会个体更容易成为谣言或舆论的传播者和参与者。人际交流的便捷,信息交互的频繁,使得社会舆论和谣言传播变得更加难以预测和控制,谣言快速传遍各地、舆论极端对立、舆论反转等现象频发。因此,谣言传播与舆论演化机理和规律成为一个不可忽视的战略性研究领域。

谣言传播与舆论演化是人类社会中个体进行信息或观点交流而涌现出来的宏观现象。个体社会、心理等属性差异导致个体对外界信息的认知、处理与反应大相径庭;谣言或舆论传播的人际关系网络和社交网络也随着技术的进步日新月异。新媒体时代下谣言的传播与社会舆论的形成比以往任何时期都更加复杂多变。这些都为谣言传播与舆论演化的内在机理和治理策略研究带来了极大的挑战。

作为一种研究社会复杂系统的新兴计算方法,计算实验将计算机作为培育人工复杂系统的实验室,能够对从未发生过的场景进行模拟推演,是计算机仿真的天然扩展。计算实验方法的建立和完善使得学者们针对复杂的谣言传播与舆论演化过程的深入研究成为现实。

本书结合社会学、心理学、传播学、计算机科学、系统科学与信息科学的基础理论,从个体建模、网络建模的角度出发,利用计算实验的方法与技术,搭建了谣言传播计算实验平台,研究了谣言传播与舆论演化过程,探索了谣言治理与舆论引导的机制。

全书包括13章内容,分为基础知识篇(第1~4章)、谣言传播篇(第5~8章)、舆论演化篇(第9~13章)3个部分,其中谣言传播篇和舆论演化篇(第5~13章)的内容均以作者的研究工作为基础完成(参见附录所列已发表期刊论文目录),体现了本书的学术创新和应用价值。第5~13章研究工作的完成人如下:

第5章:肖人彬,李劲

第6章:陈曦,李翔晨

第7章:陈曦,赵申

第8章:肖人彬,于同洋

第9章:陈曦,张潇

第 10 章:陈曦,赵申
第 11 章:陈曦,熊曦
第 12 章:肖人彬,侯俊东,于同洋
第 13 章:陈曦,张潇

最后由我们对全书进行统校定稿。在本书的撰写过程中,得到了我们曾经指导过的学生们的大力支持和协助。他们是博士后侯俊东、李劲,博士生于同洋,硕士生张轩宇、宋安驰、李坪洛、刘与同、张海波、葛宸希、向鑫宇、白露、单洲君、王向阳、杨宏潇。

本书是我们主持承担的谣言传播与舆论演化领域的多项国家自然科学基金项目(项目编号:71974063,71571081,61540032,70903026)和科技创新 2030——"新一代人工智能"重大项目(项目编号:2018AAA0101200),以及高等学校博士学科点专项科研基金项目(项目编号:20130142110051)的学术成果,在此感谢国家自然科学基金委员会、科技部和教育部提供的项目支持和经费资助。

陈曦　肖人彬
2022 年 5 月 31 日于华中科技大学

目 录

基础知识篇

第1章 绪论 (3)
- 1.1 谣言传播与舆论演化研究背景 (3)
- 1.2 计算实验方法简介 (6)
- 1.3 谣言传播与舆论演化计算实验研究的目的及意义 (8)
- 1.4 本书结构与主要内容 (9)

第2章 谣言传播与舆论演化的个体建模 (15)
- 2.1 影响谣言传播与舆论演化的个体属性 (15)
- 2.2 谣言传播与舆论演化的个体数学模型 (18)
  - 2.2.1 谣言传播与舆论演化基础数学模型 (18)
  - 2.2.2 基于社会属性的个体数学模型 (21)
  - 2.2.3 基于心理属性的个体数学模型 (23)
- 2.3 谣言传播与舆论演化的个体逻辑模型 (24)
  - 2.3.1 谣言知识建模 (25)
  - 2.3.2 个体消息学习记忆建模 (38)
  - 2.3.3 基于BDI理论的谣言传播个体信念建模 (52)

第3章 社会网络模型概述 (68)
- 3.1 引言 (68)
- 3.2 社会网络的基础知识 (69)
  - 3.2.1 社会网络的基本概念和指标 (69)
  - 3.2.2 社会网络的主要特点 (71)
- 3.3 经典网络模型 (72)
  - 3.3.1 规则网络 (72)
  - 3.3.2 ER随机网络模型 (73)
  - 3.3.3 小世界网络 (74)
  - 3.3.4 无标度网络 (78)
  - 3.3.5 现实网络 (80)
- 3.4 动态网络模型 (82)
  - 3.4.1 动态演化规则 (82)

3.4.2　广义无标度动态网络模型 …………………………………… (83)
　　3.4.3　局域世界演化模型 ………………………………………… (84)
3.5　人际关系网络模型 ………………………………………………… (85)
　　3.5.1　人际关系网络形成机制 …………………………………… (85)
　　3.5.2　人际关系网络模型构建 …………………………………… (86)
　　3.5.3　人际关系网络与经典熟人网络的比较 …………………… (88)
3.6　多层网络模型 ……………………………………………………… (91)
　　3.6.1　多层网络简介 ……………………………………………… (92)
　　3.6.2　线上/线下双层网络构建 ………………………………… (93)

第4章　谣言传播计算实验方法与计算实验平台 ……………………… (98)
4.1　引言 ………………………………………………………………… (98)
4.2　谣言传播计算实验研究方法 ……………………………………… (99)
　　4.2.1　谣言传播计算实验研究基础 ……………………………… (99)
　　4.2.2　谣言传播计算模型构建 …………………………………… (101)
　　4.2.3　谣言传播计算实验设计 …………………………………… (103)
4.3　谣言传播计算实验平台 …………………………………………… (105)
　　4.3.1　谣言传播计算实验平台总体框架及实验流程 …………… (105)
　　4.3.2　谣言传播计算实验数据管理系统 ………………………… (108)
　　4.3.3　谣言传播计算实验执行系统 ……………………………… (122)

谣言传播篇

第5章　考虑错觉真实效应和延迟反转现象的谣言传播 ……………… (133)
5.1　引言 ………………………………………………………………… (133)
5.2　错觉真实效应及其在SIR模型中的形式化描述 ………………… (135)
　　5.2.1　经典SIR模型 ……………………………………………… (135)
　　5.2.2　考虑遗忘机制的SIR模型 ………………………………… (136)
　　5.2.3　考虑错觉真实效应的谣言传播模型 ……………………… (137)
5.3　考虑错觉真实效应的谣言传播元胞自动机模型 ………………… (139)
　　5.3.1　谣言传播的元胞自动机模型定义 ………………………… (139)
　　5.3.2　算法实现 …………………………………………………… (142)
5.4　仿真计算结果及分析 ……………………………………………… (144)
　　5.4.1　复杂网络邻域结构的建立 ………………………………… (144)
　　5.4.2　错觉真实效应因子对传播过程的影响 …………………… (145)
　　5.4.3　潜伏因素反转现象及其特征 ……………………………… (149)
5.5　潜伏因素反转现象的产生机理 …………………………………… (150)
5.6　实例验证与分析 …………………………………………………… (153)

5.6.1　事件背景 …………………………………………………… (153)
　　　5.6.2　仿真结果及分析 ……………………………………………… (153)
　　　5.6.3　抢购事件中错觉真实效应的作用 …………………………… (155)
　5.7　结论 ………………………………………………………………… (157)
第6章　考虑个体因素的谣言传播计算实验 ……………………………… (160)
　6.1　引言 ………………………………………………………………… (160)
　6.2　个体因素对谣言消息内容变化的影响 …………………………… (162)
　　　6.2.1　个体属性与社会网络 ………………………………………… (162)
　　　6.2.2　个体经验与知识水平 ………………………………………… (163)
　　　6.2.3　个体心理效应与行为动机 …………………………………… (163)
　6.3　考虑个体因素的谣言传播个体 Agent 模型 ……………………… (165)
　　　6.3.1　个体属性与社会网络建模 …………………………………… (165)
　　　6.3.2　个体经验与知识水平建模 …………………………………… (166)
　　　6.3.3　个体心理效应与行为动机建模 ……………………………… (168)
　　　6.3.4　谣言传播个体模型 …………………………………………… (171)
　6.4　考虑个体因素的谣言传播计算实验与结果分析 ………………… (177)
　　　6.4.1　实验基本假设 ………………………………………………… (178)
　　　6.4.2　实验设计 ……………………………………………………… (178)
　　　6.4.3　实验结果分析 ………………………………………………… (183)
第7章　个体公众权威对谣言传播的影响 ………………………………… (193)
　7.1　引言 ………………………………………………………………… (193)
　7.2　基于公众权威与 BDI 理论的逻辑描述模型 ……………………… (194)
　　　7.2.1　公众权威对个体思维和行为的影响 ………………………… (194)
　　　7.2.2　PA-BDI 模型的形式化描述 ………………………………… (195)
　7.3　基于 PA-BDI 模型的个体建模 …………………………………… (198)
　　　7.3.1　个体公众权威度与个体态度计算方法 ……………………… (198)
　　　7.3.2　信念、愿望与意图逻辑命题定义与学习 …………………… (203)
　　　7.3.3　个体行为的形成 ……………………………………………… (209)
　7.4　基于 PA-BDI 模型的谣言传播计算实验及结果分析 …………… (218)
　　　7.4.1　实验目的及实验方案 ………………………………………… (218)
　　　7.4.2　实验数据准备 ………………………………………………… (218)
　　　7.4.3　实验过程及结果分析 ………………………………………… (221)
第8章　基于多 Agent 仿真的社交网络虚拟社区谣言传播 …………… (230)
　8.1　引言 ………………………………………………………………… (230)
　8.2　基础理论与研究现状 ……………………………………………… (231)
　　　8.2.1　信息传播模型 ………………………………………………… (232)

8.2.2 社会网络理论 ……………………………………………… (233)
    8.2.3 多 Agent 仿真及其应用 ………………………………… (234)
    8.2.4 虚拟社区信息扩散 ………………………………………… (236)
8.3 社交网络数据分析 …………………………………………………… (237)
    8.3.1 网络描述 …………………………………………………… (238)
    8.3.2 数据获取 …………………………………………………… (238)
    8.3.3 社会网络分析 ……………………………………………… (238)
8.4 谣言传播分析 ………………………………………………………… (242)
8.5 谣言传播的 MAS 模型 ………………………………………………… (243)
    8.5.1 相关假设 …………………………………………………… (243)
    8.5.2 Agent 转化规则 …………………………………………… (244)
    8.5.3 仿真参数 …………………………………………………… (244)
8.6 仿真实验及分析 ……………………………………………………… (245)
    8.6.1 仿真结果 …………………………………………………… (245)
    8.6.2 网络结构的影响 …………………………………………… (246)
    8.6.3 容忍度的影响 ……………………………………………… (247)
    8.6.4 谣言信任率的影响 ………………………………………… (247)
8.7 结论 …………………………………………………………………… (248)

舆论演化篇

第 9 章 个体社会相似性对舆论演化的影响 …………………………… (257)
9.1 引言 …………………………………………………………………… (257)
9.2 个体社会相似性及其概念模型 ……………………………………… (258)
    9.2.1 社会关系与个体社会相似性 ……………………………… (258)
    9.2.2 个体社会相似性的概念模型 ……………………………… (259)
9.3 考虑个体社会相似性的观点演化模型 ……………………………… (260)
9.4 SSHK 模型仿真实验与分析 …………………………………………… (262)
    9.4.1 模型假设及基础数据 ……………………………………… (262)
    9.4.2 同质 SSHK 模型仿真结果及分析 ………………………… (264)
    9.4.3 异质 SSHK 模型的仿真结果及分析 ……………………… (269)
    9.4.4 异质模型与同质模型的对比 ……………………………… (270)

第 10 章 基于个体认知方式的舆论演化模型 …………………………… (274)
10.1 引言 ………………………………………………………………… (274)
10.2 基础理论与研究现状 ……………………………………………… (275)
    10.2.1 个体场独立与场依存的认知方式 ……………………… (275)
    10.2.2 信息运动方式 …………………………………………… (277)

10.3　基于个体认知方式的舆论演化模型 …………………………………… (279)
10.4　基于认知方式的舆论演化模型仿真研究 …………………………… (281)
　　10.4.1　问题描述和仿真实验思路 ……………………………………… (281)
　　10.4.2　场独立与场依存认知方式的影响 ……………………………… (282)
　　10.4.3　历史认知参数的影响 …………………………………………… (285)
10.5　考虑个性化推荐的舆论演化仿真研究 ……………………………… (288)
　　10.5.1　问题描述 ………………………………………………………… (288)
　　10.5.2　仿真实验思路 …………………………………………………… (289)
　　10.5.3　个性化推荐平台使用人数的影响 ……………………………… (290)
　　10.5.4　文化视角下个性化推荐模式的舆论演化研究 ………………… (292)
10.6　基于心理暗示的舆论引导策略研究 ………………………………… (295)
　　10.6.1　问题描述 ………………………………………………………… (295)
　　10.6.2　基于心理暗示的舆论引导策略构建 …………………………… (296)
　　10.6.3　基于心理暗示的舆论引导模型 ………………………………… (297)
　　10.6.4　实验结果 ………………………………………………………… (298)

第 11 章　基于公众权威度的舆论引导策略 …………………………………… (309)
11.1　引言 …………………………………………………………………… (309)
11.2　基于公众权威度的舆论引导模型 …………………………………… (310)
　　11.2.1　舆论引导策略现状分析 ………………………………………… (310)
　　11.2.2　考虑公众权威度的观点演化模型 ……………………………… (313)
　　11.2.3　舆论引导策略及算法描述 ……………………………………… (314)
11.3　基于公众权威度的舆论引导策略仿真研究 ………………………… (316)
　　11.3.1　实验方案设计 …………………………………………………… (316)
　　11.3.2　舆论引导策略的实验结果分析 ………………………………… (320)
　　11.3.3　实验结论和引导策略建议 ……………………………………… (324)

第 12 章　面向网络舆情结构逆转的观点演化 ………………………………… (328)
12.1　观点动力学研究概述 ………………………………………………… (329)
12.2　观点自然逆转动力学模型 …………………………………………… (331)
　　12.2.1　HK 模型 ………………………………………………………… (331)
　　12.2.2　意见领袖与中心性 ……………………………………………… (331)
　　12.2.3　观点自然逆转模型 ……………………………………………… (332)
　　12.2.4　自然逆转参数 …………………………………………………… (334)
12.3　数值仿真实验 ………………………………………………………… (335)
　　12.3.1　仿真场景及实验设计 …………………………………………… (335)
　　12.3.2　意见领袖识别 …………………………………………………… (337)
　　12.3.3　结果讨论 ………………………………………………………… (338)

12.4 敏感性分析 …………………………………………………………… (341)
 12.4.1 群体观点倾向比例 ……………………………………………… (341)
 12.4.2 网络结构的影响 ………………………………………………… (341)
 12.4.3 意见领袖识别方法的影响 ……………………………………… (343)
 12.4.4 意见领袖影响力权值的影响 …………………………………… (346)
12.5 结论 …………………………………………………………………… (348)
第13章 社会网络环境下的舆论演化 …………………………………………… (354)
13.1 引言 …………………………………………………………………… (354)
13.2 不同熟人网络下的舆论演化研究 …………………………………… (356)
 13.2.1 不同熟人网络的生成与对比 …………………………………… (357)
 13.2.2 文化-政策驱动的不同熟人网络对舆论演化的影响 ………… (360)
13.3 双层(线上/线下)网络下的舆论演化研究 ………………………… (364)
 13.3.1 基于线上和线下双层网络的舆论演化模型构建 …………… (364)
 13.3.2 多重影响力作用下的舆论演化模型仿真实验及结果分析 …… (368)
附录 ……………………………………………………………………………… (376)

基础知识篇

第 1 章 绪 论

谣言传播与舆论演化的研究经历了从社会学、心理学到物理学、信息科学的发展过程,研究方法逐渐从定性研究、定量研究走向定性定量相结合。本书将谣言传播、舆论演化的研究与计算实验方法融合,定性与定量研究结合,通过理论研究与实验研究相互印证的方式来研究谣言传播与舆论演化行为和规律,以期探索谣言传播与舆论演化的本质特征及内在机制。本章在介绍谣言传播与舆论演化的研究背景和计算实验的相关知识的基础上,阐述了基于计算实验的谣言传播与舆论演化研究的目的及意义,并对本书的主要内容和篇章结构进行说明。

1.1 谣言传播与舆论演化研究背景

说起"谣言"一词,可谓源远流长。它曾出现于南朝刘宋时期的《后汉书》卷六十一中——"诗守南楚,民作谣言"[1],当时的意思是"民间流传的歌谣"。谣言也曾出现在明朝施耐庵所著的《水浒传》第四十一回中,宋江说起江州蔡九知府捏造谣言一事[2]。这里的"谣言"表示的意思是"不实传闻"。清代小说《老残游记》第五回中也出现过:"既说都是虚诳,不用说就是我造的谣言了。"[3]无独有偶,在西方的《荷马史诗》中也有宙斯信使如何散播谣言的记载[4]。记载中古希腊联军围攻特洛伊城达十年之久,联军军心涣散。于是宙斯散播谣言说"特洛伊人将面临一场巨大的灾难",古希腊联军军心大振,终于占领了这座城市。

从 20 世纪中叶开始的不到一百年的研究中,学者们对谣言概念的定义莫衷一是。对谣言比较系统的研究始于二战期间,美国谣言控制学说代表人物罗伯特·纳普(Knapp)收集整理了 1942 年间的 1000 个战时谣言,根据谣言的不同目的和内容进行了分类,并作了系统性分析,这项研究为后来谣言的理论研究工作奠定了重要基础。在纳普看来,谣言是"旨在使人相信的宣言,它与当前时事有关,在未经官方证实的情况下广泛流传"[5]。法国学者卡普费雷则认为:"我们称之为谣言的,是在社会中出现并流传的未经官方公开证实或者已经被官方所辟谣的信息。"[6]美国社会学家特希布塔尼认为:"谣言是在一群人议论过程中产生的即兴新闻。"《现代汉语词典》上对谣言的定义是"没有事实根据的消息"[7]。《辞海》对"谣言"一词的解释是"凭空捏造的不可信的话"[8]。《韦伯斯特英文大字典》[9]指出,谣言是一种缺乏真实根据,或未经证实、公众一时难以辨别真伪的闲话、传闻或舆论。虽然谣言定义至今仍有着很多不同的说法,但学者们对谣言的某些认识却是统一的:①信息性,即谣言是一种与某人、某事、某问题的事实有出入的信息;②传播性,即谣言会在某一范围内一定数量的人群中传播,并被许多人相信;③未知性,即谣言是未经证实的消息或信息,它不一定是虚假的,有时也会被证明是真实的[10-14];④非官方性,即谣言多与当前时事有关,在未经官方证实的情况下广泛传播。总的来说,谣言是未经证实的消息与观点,经由人际网络广泛迅速传播,反映了部分群体的看法或态度,也是一种典型的舆论现象。

舆论定义一般有广义和狭义的区分。舆论在广义上是指"公众意见",表示公众态度或看法等,强调公众的基本倾向和基本精神。一些有代表性的对舆论广义性的定义包括:"舆论,是显示社会整体知觉和集合意识,具有权威的多数人共同意见"[15];"舆论是社会或社会群体对近期发生的、为人们普遍关心的某一争议的社会问题的共同意见[16]";"舆论是公众对其关心的人物、事件、现象、问题和观念的信念、态度和意见的总和,具有一定的一致性、强烈性和持续性[17]"。这几个对舆论的定义基本上都具有"公众意见"的基本含义。为了解释民意的需要,广义的舆论研究不断地发明和借用了一些相关概念,如"潜舆论[18]""舆论场[19]"等概念,使广义的舆论研究在范围上变得越来越广泛,有些时候甚至会出现把舆论研究的学者与民意研究学者之间画等号的现象。相比起来,狭义的舆论研究更强调了舆论本身的突出特点,即总是把舆论与媒体之间的关系放在第一位,强调舆论是不离开媒体的公众意见,或者是一种主要依靠媒体的公众公开意见。无论是谣言或是舆论,都可以看成群体对某种观点的意志与态度的一种集中表现。

这些态度或者观点依靠网络在每个个体间传播与演化,从人际网络的口口相传到线上网络的即时广播,谣言传播与舆论演化在突破时空限制的同时,也给维持正常的社会秩序带来巨大的挑战。20世纪以前,信息技术不发达,人们的交流也受限于地域,只能与自己身边的家人、朋友进行观点上的交互,谣言与舆论对社会的影响范围和程度受到一定的限制。21世纪以来,随着互联网的快速发展,人与人之间的交流摆脱了时空的束缚,更加自由、便捷,信息可以快速传播到全球各地。谣言与舆论的传播也不再局限于人们面对面的口口相传,可以通过微信、微博、QQ、推特、Meta(即Facebook)等社交平台来快速传播,使得谣言传播与舆论演化更加方便快捷。根据中央网信办(国家互联网信息办公室)违法和不良信息举报中心的数据显示,2021年全国各级网络举报部门受理网络违法和不良信息举报1.66亿件。同时,微信等社交平台2021年全年,针对各类谣言,共发布辟谣文章3189篇,为累计超过3.1亿人次提供了辟谣科普[20]。而谣言与负面舆论数量的井喷式增长,也严重扰乱了社会生活[21]。例如,2011年,日本发生福岛地震引起核泄漏后,"核辐射可以通过服用碘盐来预防"的谣言在我国传播,不少居民相信该谣言,去超市疯抢碘盐。此外,网络舆情引发的网络暴力、舆情战争等事件也在频繁出现。2019年,韩国女演员崔雪莉因为受到网络暴力,遭受到网友的恶意侮辱跟谩骂,在家中自杀。2021年,一位28岁女子被造谣"出轨快递小哥",遭受网络暴力。这一系列事件引发了人们对于网络暴力、社会性死亡等话题的讨论。特别的是,若舆论被别有用心的媒体或个人精心策划、恶意抹黑,大众的信念、心理易被影响与控制。如美国特朗普政府为了推翻委内瑞拉的马杜罗政权,有计划、有预谋地发动了舆论战,将委内瑞拉经济困难这一短板无限放大,迅速挑起了委内瑞拉国内民众对政府的不满,矛盾从底层迸发,造成局势动荡不安,严重威胁到社会稳定、国家安全。谣言传播与舆论不当演化可能会引发群众的慌乱,扰乱正常的社会秩序,最终侵害群众权益,威胁社会稳定,甚至损害国家的形象和利益,值得进行关注和深入研究。

作为社会问题研究的热点,谣言传播与舆论演化研究旨在通过总结归纳传播主体(个体或群体)观点在传播环境(社会网络或互联网)中的变化过程、最终群体观点状态分布状况和影响结果,深入了解谣言传播与舆论演化的路径和机理,揭示其中的规律,刻画描述谣言与舆论的传播行为。在此基础上,研究者可以提出科学的控制或引导策略,减少谣言传播与负面舆论演化可能造成的后果。目前,对谣言传播与舆论演化的研究多从传播主体与传播环境展开。作为谣言传播与舆论演化这一复杂过程的主体,个体的基础属性、社会属性以及心理属性等个体因素,在很大程度上决定了个体对其他个体的影响程度以及个体自身对于谣言与舆论消息的判断和应对策略。

谣言传播与舆论演化实际上是个体不断接收信息,通过思维反应产生新的信息,并选择对象传播出去的信息传播过程。接收信息个体的属性、认知方式、历史经历、心理效应和行为动机的差异,会影响到个体对接收到的信息的态度、认知反应过程(形成自身传播消息)和传播行为(传播对象选择等),最终导致大相径庭的谣言传播或舆论演化结果。另外,社会网络是谣言传播与舆论演化过程的信息传播渠道,其拓扑结构对谣言传播以及舆论演化的结果也有较大影响。社会网络是个体之间持续互动(建立联系和断绝联系)生成的关系体系。这种个体间的联系建立与联系断绝可以简化为线上或线下复杂网络节点间的不同连断边机制。不同的连断边机制形成了具有不同节点度分布、平均路径长度、集聚系数等拓扑特性的社会网络,使得信息传播的渠道产生显著的差异,限制或加速了信息传播,最终影响谣言传播过程与舆论演化结果。

多年来,谣言传播与舆论演化的研究在各个领域都取得了较大进展,但仍面临着跨学科、传播个体多样化、难以重复实验等难题。社会学、心理学学者从定性的角度提出了诸多谣言传播与舆论演化的理论和假设,比如:在舆论传播中,为获取他人关注,刻意无视事情真相,进行负面评论的"负面偏好"[22]式舆论表达;大多数人为避免被孤立的状态,在观点不一致时选择沉默,致使民意螺旋下降的"沉默的螺旋"理论[23];等等。这些理论和假设来自特定谣言(舆论)传播事件或谣言(舆论)传播事件集合,采用了由特殊具体事例推导出一般原理、原则的归纳法,具有一定的理论价值和实践意义。但由于所涉及的谣言与舆论信息内容不完整,个性化或特异性强,难以覆盖谣言传播与舆论演化的各种复杂影响因素,无法从多个角度和层面来对传播与演化机理进行深入研究和反复检验。在此基础上,信息科学领域的学者借鉴传染病、气体扩散等传播动力学原理,基于从一般性的原理或原则出发推导得出具体陈述或个别结论的演绎法,建立用于计算机仿真的谣言传播与舆论演化数学模型,采用计算实验、建模与仿真等理论方法对相关问题进行定量建模研究,模拟了谣言传播与舆论演化的发生过程,进行了相关数值分析。但是,这些早期的谣言传播与舆论演化模型大多对个体属性和行为进行了较大简化,忽视了个体复杂因素的影响,且与社会学、心理学的研究成果结合较少,难以验证已有的谣言传播与舆论演化规律与机制或发现更深层次、更复杂的传播规律与机制。

1.2　计算实验方法简介

自然界和人类社会中存在着诸如社会系统、人脑系统、人体系统、地理系统(包括生态系统)等的复杂系统。这些复杂系统是具有较大数目基于局部信息做出行动的智能性、自适应性主体的系统,一般由一些相互连接的部分所组成,而整体显示出一种或多种和单个部分性质差别较大的性质。人类个体行为的不定性、多样性、复杂性极大地增加了复杂人类社会系统研究的复杂程度和难度,正如 Lewontin 等[24]指出的那样:"我对社会学家所处的位置相当同情。他们面对着最复杂和顽抗的有机体的最复杂和困难的现象,却不能像自然科学家那样具有操纵他们所研究的对象的自由。相比之下,分子生物学家的任务太简单了。"

传统的社会系统研究方法分为统计学方法和动力学方法。统计学方法可以发现一些社会现象的规律,但其静态特性和对个体的差异及其造成的后果的忽视带来了很多研究准确性的问题。动力学方法(也可以称为牛顿型方法)基于通过微分方程中初始条件、边界条件或扰动的引入,动态反映了不同版本的社会状态和演化过程,展示了人类社会系统从稳定、发散、吸引到混沌、分岔和涌现等一些非常复杂和有趣的现象。但是,建模的困难和随意性、参数的选择和标定的局限性,以及有意义的可解析性缺失都给该方法带来了挑战。计算机仿真社会的研究正是在这一背景下出现的。20 世纪 80 年代以来,随着计算机的广泛应用和数值方法的发展成熟,利用仿真的方法研究社会系统的动态特性成为现实,并引起越来越多的重现。仿真社会取得了很大的进展,尤其是在经济和政治问题的分析方面[25]。然而,社会仿真固守实际社会是唯一现实存在的信念,并以实际社会作为检验研究成果的唯一参照和标准,追求"真实"。20 世纪 90 年代初,美国兰德公司(Rand)的 Builder 和 Bankes 为研究信息技术的社会冲击影响而提出了人工社会的概念[26]。其主要手段是利用计算机生成各类人工社会(artificial societies),进而研究不同信息技术、设施和能力等外界因素对它们的影响。人工社会已迈向了"多重社会"的认识,认为人工社会也是一种现实,是现实社会的一种可能的替代形式[25]。计算机和人工社会的方法为复杂人类社会系统的研究提供了一种新的思路,有望在解决实际社会问题中发挥越来越大的作用[27]。复杂人类社会系统问题涉及人与社会的动态变化,问题本身也在不断变化和发展之中,不可避免地需要一个不断认识、实验验证的过程。然而,复杂人类社会系统涉及经济、法律、道德等方面因素,传统实验常常无法深入开展[11,12],需要在人工社会的基础上,基于"不断探索和改善"的原则,建立有效可行的实验方法。

计算实验(computational methods for experiments)[28]作为复杂系统研究方法论中重要的一环,为人工社会或者社会控制论(cybernetics)研究提供了实验方法基础。计算实验方法是计算机科学高速发展和人工社会方法兴起的产物。作为一种自下而上的跨学科研究方法,它建立在基于代理(Agent)的建模方法之上,极大地扩展了建模的自由度和表现能力[29,30],为复杂人类社会系统研究提供了有力支撑。计算实验与仿真实验的不同点在于它并不是仅仅将计算机看作一个工具,而是将其视为一种生长培育各种自然系统现象的"实验室"。该"实验室"支持人类社会系统中的各个研究对象自主行动并涌现形成社会群体行为,支持进行重复性的复杂人类行为实验和决策分析。社会科学计算实验的核心思想是通过抽象与符号化,把社会现象、社会科学问题最基本的情景(情节与环境背景),如人的心理活动与行为、组织的基本特征与功能、社会基本运行机制等系统进行建模,构造人工社会,以此为基础再以计算机为"实验室"开展各种社会现象情节和动态演化过程的实验,通过对实验结果的分析研究社会现象[29],极大地提高认识、揭示复杂社会现象的能力。

人类社会系统计算实验的关键是对社会现象和问题进行情景建模。建立的模型一般由社会智能主体基元层次(主体的记忆、认知、学习、偏好、行为等)、智能主体层次(企业、社会组织、政府等)和社会系统层次(行政区域、经济系统、行业、供应链等)组成[29]。界定研究的问题与环境、设定研究的基本假设、建立可计算模型、实现计算实验、评估和比较实验结果等步骤构成计算实验研究的基本范式[31]。通过以上步骤,将人抽象为计算机可实现的主体,综合专家知识设计实验环境、平台和规则,进行各类系统复杂行为(比如谣言传播与舆论演化行为)和社会决策分析的"实验",以此来发现复杂系统和社会发展的内在规律和演化机理。

由于使用计算实验方法可对难以获取数据的复杂系统进行实验研究,目前该方法已经在社会舆论、供应链协调与管理、传染病的传播机理与公共卫生管理等许多社会科学研究领域都有应用,并取得了不少创新性成果[32-46]。在国内,张维[47,48]等运用计算实验方法对常规金融方法难以分析的各种市场异象做出解释,并在此基础上,借助计算实验方法的独特优势,结合"中国情景"特征,建立了具有中国金融市场制度及投资者特点的金融市场实验模型。Wang[49,50]将新一代高性能计算技术、cyberspace社会传感器等与计算实验方法相融合,从信息获取、建模、实验、决策等层面突破目前软科学和计算科学交叉借鉴的困境,提高计算实验的社会经济计算能力。盛昭瀚等[51-53]基于计算实验方法先后开展了供应链协调与优化、太湖流域系统演化及其管理政策分析、供应链计算实验平台设计、社会舆论传播以及软件盗版管理等问题研究。本书也利用计算实验方法,结合神经网络、BDI等建模方式对谣言传播过程中的演化情况进行了研究,同时也针对个体不同的心理状况与认知模式,分析了个体异质特性对舆情传播这种群体涌现现象造成的影响,对后续的舆情监控与治理提供了理论基础。众多的跨学科应用也进一步印证了计算实验方法在复杂系统研究中的强大作用,通过在微观行为与宏观现象间建立连接,刻画人与社会复杂行为的关系,这也为本书后续在复杂人类社会系统中研究谣言传播与舆论演化提供了有力支撑。

1.3 谣言传播与舆论演化计算实验研究的目的及意义

谣言传播与舆论演化是一种典型的人类社会的群体涌现行为,受个体异质性、群体反应以及外部环境共同影响,内在规律复杂,需要结合心理学、社会学以及自然科学的知识,实施大量探索和验证性的实验来进行深入、广泛的研究。然而,由于谣言与负面舆论传播的危害性大,不可能在实际社会系统中对已经发生的谣言或负面舆论传播行为进行重复验证实验,或者对潜在的谣言传播规律进行探索性的实验,因此,需要利用充分考虑个体异质特性的、自下而上的、反映复杂群体涌现行为的、融合不同学科领域知识的谣言传播与舆论演化计算实验方法,通过计算机模拟微观的、个体的、简单的、局部的、非线性的相互作用来涌现出异常复杂的、群体的宏观行为,以此来研究社会系统的演化规律、系统与环境的交互机制及系统动力学原理,更真实地再现社会网络中的谣言与舆论传播过程。

谣言传播与舆论演化计算实验研究的目的如下:

(1)解决现实中谣言传播与舆论演化不可实验、不可重复的问题。计算实验利用计算机和 Agent 技术"培育生长"社会,模拟并"实播"社会群体的各种状态和发展特性,为谣言传播实验研究提供更多参数种类和更大参数范围的选择,使得实验设计限制大为减少,可以把各种谣言传播与舆论演化现象和情景"搬到"计算机系统中,并对社会谣言与舆论扩散进行大量可控、可重复的"实验"研究。

(2)克服传统谣言传播与舆论演化研究方法微观机理和整体建模不足的困难。从个体建模出发,不仅能对个体之间的交互行为进行建模,还能从全局的角度刻画谣言传播与舆论演化环境对个体交互的影响,尽量"生长培育"出符合实际谣言传播与舆论演化过程的虚拟谣言传播和舆论演化行为,实现对个体异质性以及系统整体性的详细建模,再现已经发生过和正在发生的谣言传播和舆论演化现象。

(3)深入探究谣言传播与舆论演化的规律和机理。计算实验方法结合社会学、心理学、管理学等多学科知识,从微观个体到社会群体,通过计算模拟和涌现观察,生成大量虚拟谣言、舆论消息。通过对实验过程进行动态、及时、有效的分析,从纷繁复杂的消息海洋中找出隐含的谣言传播与舆论演化规律。

(4)对谣言传播与舆论演化趋势进行预测。谣言传播与舆论演化的计算实验可与定性分析、定量分析、案例分析、统计调查等方法集成在一起,能够更好地研究结构复杂、宏微观相互作用、动态与演化性强的谣言传播和舆论演化现象,并预测谣言传播与舆论演化趋势。

谣言传播和舆论演化现象由来已久,对社会影响巨大。随着计算机、互联网、移动信息技术的飞速发展,人们获取信息的手段和速度有了质的提高,谣言与舆论的传播范围变得更广、速度更快、影响更大。个人社交媒体的兴起,个体话语权的提升,使得几乎任何个体都能方便地在互联网上发起、搜索、分享、讨论各种话题,进一步促进和加快了谣言与舆论的传播,可能给社会、个人生活以及国家安全造成一些不利影响。计算实验方法能够通过计算机"生长模拟"个体谣言传播和舆论演化的行为,进而探寻谣言传播与舆论演化的规律及特性,提前预知谣言与舆论的发展动态,也能够对研究人员提出的控制谣言传播与舆论演化的策略进行测试与验证,规避可能造成的严重后果。本书综合运用舆论动力学、个体 Agent 建模、认知心理学、计算实验和复杂系统等理论与方法,分析谣言传播和舆论演化机理和特性,并研究控制和引导策略对谣言传播与舆论演化的影响,对人类社会的谣言传播与舆论演化现象研究以及减轻谣言与不当舆论带来的经济损失和社会危害,有着十分重要的理论和现实意义。

1.4 本书结构与主要内容

针对现有谣言传播与舆论演化跨学科研究、谣言传播与舆论演化个体多样化、难以进行大规模重复性实验以及分析评估困难等实际难题,本书采用计算实验的基本理论方法,充分借鉴社会学、心理学现有研究成果,将定性与定量研究、归纳与演绎方法结合,围绕谣言(舆论)传播异质性个体 Agent(个体社会属性、个体心理效应、个体认知方式、个体行为模式)、谣言传播与舆论演化计算实验平台的设计与实现、群体谣言传播与舆论演化规律、谣言传播与舆论演化社会网络以及谣言与舆论控制与引导策略评估等问题展开深入研究,力图实现对谣言传播与舆论演化研究方法的有效突破,为多学科融合研究谣言与舆论演化传播机制与规律提供一种新途径。

为使脉络清晰,本书按照循序渐进的方式,划分为基础知识篇(第 1 章至第 4 章)、谣言传播篇(第 5 章至第 8 章)和舆论演化篇(第 9 章至第 13 章),总计 3 篇 13 章。本书的篇章结构如图 1.1 所示。

基础知识篇中的第 1 章概述了谣言传播与舆论演化的研究背景,简述了计算实验方法的来源和内容,分析了研究工作目的及意义,给出了全书的篇章架构。基础知识篇中第 2 章、第 3 章和第 4 章分别介绍了谣言传播个体模型、社会网络模型以及谣言传播计算实验方法与平台。针对谣言传播与舆论演化,第 2 章描述了谣言传播个体模型,包括考虑个体属性的谣言传播数学建模、基于学习记忆的谣言传播逻辑模型。第 3 章介绍了几种常用的社会网络模型,并对其进行了分析,如小世界网络、随

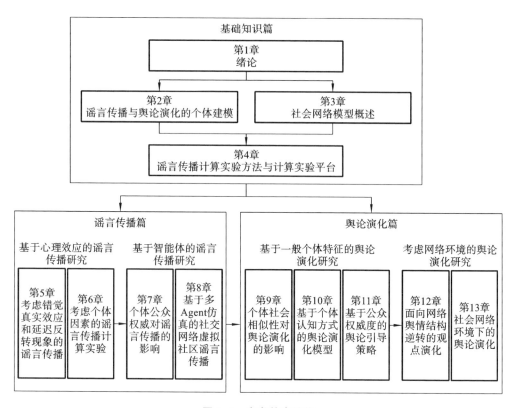

图 1.1 本书篇章结构

机网络、无标度网络、动态网络和多层网络模型等。最后还介绍了人际关系网络,并指出其存在的优势和缺点。第4章介绍了谣言传播计算实验研究方法以及谣言计算实验平台的设计和实现。

  谣言传播篇由第5章至第8章组成。第5章探讨了谣言传播中的心理学影响作用,提出一种考虑错觉真实效应的谣言传播元胞自动机模型,仿真分析发现,考虑错觉真实效应时谣言的传播过程中存在潜伏因素反转现象,进而发生传播雪崩,且错觉真实效应越强,潜伏因素反转现象越明显。第6章围绕影响谣言传播的个体基础属性、个人经验、心理属性(心理效应与行为动机)等个体因素,以基于 Agent 的建模思想为主线,采用联想记忆模型实现 Agent 对谣言消息内容的学习和记忆;结合社会学对心理效应和行为动机的研究成果,设计了信息内容的谣言传播个体 Agent 模型;利用正交实验方法设计并实现了谣言传播计算实验,验证了谣言传播个体模型的合理性和部分谣言传播规律。第7章结合谣言传播中社会个体的思维、反应和行为特点,将公众权威概念引入传统的 BDI 模型,并针对经典的 BDI 模型逻辑推理过于复杂的问题,将其与模拟人脑联想记忆功能的神经网络理论相结合,提出了谣言传播社会个体的 PA-BDI 模型,进行了谣言传播计算实验,为谣言的传播机制和辟谣机制的研究提供了一个新的视角。第8章基于多 Agent 仿真,探讨社交网络虚拟社区的谣言传播规律。通过收集某社交网站的网络结构数据，建立在线社交网络上谣言传播的多 Agent 仿真模型。仿真结果表明，交友型的虚拟社区并未杜绝谣言在该网络中的传播；与无标度网络相比，真实网络条件下的谣言再次传播的风险较大。

舆论演化篇由第 9 章至第 13 章组成。第 9 章分析了个体社会相似性对舆论演化的影响，提出一个考虑了社会关系对观点更新影响的改进 Hegselmann-Krause 模型（SSHK 模型），将异质的个体社会属性引入舆论演化模型中，依据社会属性计算出个体间的社会相似性，以此来描述个体之间社会关系密切程度。最后对同质 SSHK 模型以及异质 SSHK 模型进行实验设计，并讨论了这两种模型对观点演化结果的影响。第 10 章将认知心理学与舆论动力学更加深度地融合，引入个体场独立认知方式，在此基础上提出了基于个体场独立与场依存认知方式的舆论演化模型。通过大量仿真计算实验，验证了模型的可行性，并对个体认知方式不同倾向对舆论演化的影响与个性化推荐方式所形成的"信息茧房"效应对群体观点极化造成的影响进行了探究。第 11 章研究的是基于公众权威度的舆论引导策略，在个体自身属性异质性的基础上为舆论引导问题提出了基于公众权威度的舆论引导策略，以此对网络中公众权威度较高的人进行观点的牵制，并为基于公众权威度的舆论引导策略设计仿真实验研究，在不同社会网络中对不同的舆论引导策略进行了实验，论证了公众权威度引导策略的实用性。第 12 章以网络舆情结构逆转现象为现实背景，引入观点动力学探讨观点逆转的演化规律。构建了考虑意见领袖与普通个体差异及观点自然逆转的动力学模型，给出了关于观点演化的计算机仿真结果，并对其自然逆转现象进行了讨论，通过敏感性分析进一步检验所提出的改进模型的灵敏度和稳健性。第 13 章重点分析了在不同社会网络下的谣言传播计算实验，并在不同社会网络间文化与政策的差异的基础上讨论了考虑遗传因素和变异因素的不同社会熟人网络下的舆论演化情况。同时基于实验结果提出了一种文化-政策驱动舆论演化的机制，对于研究真实社会网络中舆论的演化有积极的推动作用。

参 考 文 献

[1] 范晔. 后汉书[M]. 北京：中华书局，2000.
[2] 施耐庵. 水浒传[M]. 北京：人民文学出版社，1975.
[3] 刘鹗. 老残游记[M]. 北京：人民文学出版社，1982.
[4] 荷马. 荷马史诗-奥德赛[M]. 北京：人民文学出版社，1997.
[5] Knapp R H. A psychology of rumor[J]. Public Opinion Quarterly，1944，8（1）：22-37.
[6] 让-诺埃尔·卡普费雷. 谣言：世界最古老的传媒[M]. 上海：上海人民出版社，2008.
[7] 中国社会科学院语言研究所词典编辑室. 现代汉语词典. 第 7 版[M]. 北京：商

务印书馆,2016.

[8] 辞海编辑委员会.辞海[M].上海:上海辞书出版社,1990.

[9] Mish F C. Merriam webster's collegiate dictionary[M]. Springfield: Merriam-Webster,1998.

[10] Proctor P. Longman English-Chinese dictionary of contemporary English[M]. Hong Kong: Longman Group (Far East)Ltd,1988.

[11] 胡钰.大众传播效果[M].北京:新华出版社,2000.

[12] Allport G W, Postman L. An analysis of rumor[J]. Public Opinion Quatrerly, 1947,10 (4):501-517.

[13] 卡普费雷.郑若麟,边芹译.谣言[M].上海:上海人民出版社,1991.

[14] 刘建明.舆论传播[M].北京:清华人学出版社,2001.

[15] 刘建明.基础舆论学[M].北京:中国人民大学出版社,1988.

[16] 喻国明.解构民意:一个舆论学者的实证研究[M].北京:华夏出版社,2001.

[17] 孟小平.揭示公共关系的奥秘[M].北京:中国新闻出版社,1989.

[18] 彭广林.潜舆论·舆情主体·综合治理:网络舆情研究的情感社会学转向[J].湖南师范大学社会科学学报,2020,49(5):142-149.

[19] 余秀才.网络舆论场的构成及其研究方法探析——试述西方学者的"场"论对中国网络舆论场研究带来的启示[J].现代传播(中国传媒大学学报),2010, 2010(5):120-123.

[20] 李培林,陈光金,王春光,等.社会蓝皮书:2022年中国社会形势分析与预测[M].北京:社会科学文献出版社,2022.

[21] 中国互联网信息中心.第49次中国互联网络发展状况统计报告[R].北京:中国互联网络信息中心,2022.

[22] 李彪.网络舆论表达"负面偏好"的生成机制及治理路径[J].人民论坛,2021,6 (17):102-105.

[23] 伊丽莎白·诺尔-诺依曼.沉默的螺旋:舆论——我们的社会皮肤[M].北京:北京大学出版社,2013.

[24] Lewontin R, Segerstråle U. It ain't necessarily so: The dream of the human genome project and other illusions[J]. Science and Society, 2002, 66 (2): 274-282.

[25] 王飞跃,史帝夫·兰森.从人工生命到人工社会——复杂社会系统研究的现状和展望[J].复杂系统与复杂性科学,2004,1(1):33-41.

[26] Builder C H, Bankes S C. Artificial Societies: a concept for basic research on the societal impacts of information technology[R]. Santa Monica: RAND,1991.

[27] 王飞跃.人工社会、计算实验、平行系统——关于复杂社会经济系统计算研究的讨论[J].复杂系统与复杂性科学,2004,1(4):25-35.

[28] 王飞跃.计算实验方法与复杂系统行为分析和决策评估[J].系统仿真学报,2004,16(5):893-897.

[29] 盛昭瀚.计算实验:社会科学研究的新方法[N].光明日报,2012-04-11(11).

[30] 王飞跃.关于复杂系统研究的计算理论与方法[J].中国基础科学,2004,6(5):3-10.

[31] 朱庆华,刘璇,沈超,等.计算实验方法及其在情报学中的应用[J].情报理论与实践,2012,35(12):1-6.

[32] 盛昭瀚,张维.管理科学研究中的计算实验方法[J].管理科学学报,2011,14(5):1-10.

[33] 张军.研究社会系统演化的计算实验方法[J].实验室研究与探索,2008,27(10):40-43.

[34] 吕宜生.基于人工交通系统的路网交通运行状况评估的计算实验[J].吉林大学学报(工学版),2009,39(S2):87-90.

[35] Framinan J M, Nagano M S, Moccellin J V. An efficient heuristic for total flowtime minimisation in no-wait flowshops[J]. The International Journal of Advanced Manufacturing Technology,2010,46(9-12):1049-1057.

[36] 王飞跃,邱晓刚,曾大军,等.基于平行系统的非常规突发事件计算实验平台研究[J].复杂系统与复杂性科学,2010,7(4):1-10.

[37] Zhu F, Li G, Li Z, et al. A case study of evaluating traffic signal control systems using computational experiments[J]. IEEE Transactionson Intelligent Transportation Systems,2011,12(4):1220-1226.

[38] 刘小峰.基于计算实验的流域水环境治理模式研究[D].南京:南京大学,2011.

[39] 金帅,盛昭瀚,刘小峰.基于计算实验的排污权交易系统效率研究[C].武汉:世界湖泊大会.2009.

[40] 金淳,张一平.基于 Agent 的顾客行为及个性化推荐仿真模型[J].系统工程理论与实践,2013,33(2):463-472.

[41] 陈曦,费奇,李炜.基于计算实验的公众恐慌研究初探[J].华中科技大学学报(社会科学版),2009,23(2):34-37.

[42] 金淳,董秋,吕苗.基于 Agent 的网站促销下消费者行为仿真研究[J].系统工程理论与实践,2014,34(4):845-853.

[43] 刘小明,王飞跃.基于 Agent 的区域交通流协调控制的研究[J].计算机工程,2003,29(9):45-47.

[44] 唐贤伦,张衡,李进,等.基于多 Agent 粒子群优化算法的电力系统经济负荷分配[J].电力系统保护与控制,2012,40(10):42-47.

[45] 郭昊坤,吴军基.Agent 技术在中国智能电网建设中的应用[J].电网与清洁能源,2014,30(2):12-16.

[46] 王子甲,陈峰,施仲衡.基于 Agent 的社会力模型实现及地铁通道行人仿真[J].华南理工大学学报(自然科学版),2013,41(4):90-95.

[47] 张维.计算实验金融研究[M].北京:科学出版社,2010.

[48] 张维,赵帅特,熊熊,等.基于计算实验方法的行为金融理论研究综述[J].管理评论,2010,22(3):3-11.

[49] Wang F Y. Social computing:from social informatics to social intelligence[J]. IEEE Intelligent Systems,2007,22(2):79-83.

[50] Wang F Y. Toward a paradigm shift in social computing:the ACP approach[J]. IEEE Intelligent Systems,2007,22(5):65-67.

[51] 盛昭瀚.社会科学计算实验理论与应用[M].上海:上海三联书店,2009.

[52] 盛昭瀚,李静,陈国华.社会科学计算实验基本教程[M].上海:上海三联书店,2010.

[53] Sheng Z H, Huang T, Du J G, et al. Study on self-adaptive proportional control method for a class of output models[J]. Discrete and Continuous Dynamical Systems-Series B,2008,11(2):459-477.

第 2 章 谣言传播与舆论演化的个体建模

个体作为谣言传播和舆论演化的主体,具有异质性的学习能力、逻辑推理能力和记忆预测能力,应该重点关注。现有谣言传播与舆论演化模型大多是对传播信息、个体属性和个体行为进行简化,需要加强对谣言或舆论信息本身以及个体的社会属性、心理属性、认知能力、学习记忆能力、逻辑推理能力等复杂因素的建模研究。

本章分析与谣言传播与舆论演化相关的个体社会学属性、统计学属性和心理属性;在此基础上,分别讨论了基于社会属性(含基础属性)和心理属性的个体数学模型研究进展和基础理论;考虑到个体的认知、学习记忆和逻辑推理能力,采用定量与定性相结合的方式对谣言传播与舆论演化中的个体进行了逻辑建模。逻辑建模部分主要包括面向地震谣言知识与谣言消息内容的谣言知识建模,基于个体记忆预测机制的个体谣言学习记忆模型,以及考虑个体信念形成与改变过程的基于 BDI 理论谣言传播个体建模。自下而上的计算实验方法的根本核心是个体模型,谣言传播与舆论演化的个体数学建模和逻辑建模研究将为本书谣言传播篇和舆论演化篇中的个体模型提供基本理论基础。

2.1 影响谣言传播与舆论演化的个体属性

个体属性的差异是导致谣言传播与舆论演化过程中个体消息认知和传播行为差异的重要原因。谣言与舆情的传播扩散是一种大量微观个体参与的宏观现象,个体属性异质性的存在使得它们传播过程的复杂性与不确定性大大增加。从个体属性的角度出发,研究舆论与谣言的影响对于理解其传播现象的本质具有重要意义。在现实生活中,具有不同年龄、性别、社会影响力、心理属性等个体属性的个体会对谣言传播与舆论演化产生不同作用。为了研究个体异质性属性对谣言传播与舆论演化的影响,本章将相关的传播个体属性分为 3 类,即基础属性、社会属性、心理属性,如图 2.1 所示。

基础属性是指人口统计中常用的、反映人口结构的属性变量,也称为人口统计学属性,如性别、年龄、受教育程度、职业等。这些个体属性的差异通常会对谣言与舆论的传播、演化产生较大影响[1]。

目前许多学者研究了不同年龄段、不同性别的个体在信息传播行为上的差异。作为一种自下而上、自发形成的公共舆论,谣言的传播与演化受个体基础属性的影响

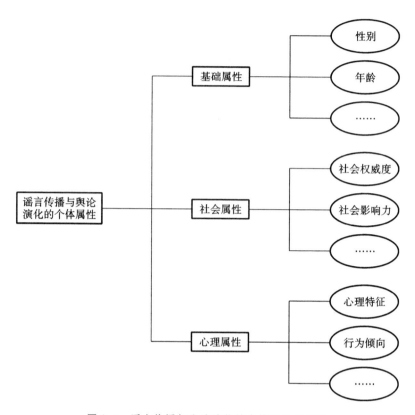

图 2.1 谣言传播与舆论演化的个体属性分类图

尤为明显。研究发现:与年轻人相比,老年人不仅更容易相信假新闻或谣言消息,还更有可能传播谣言[2,3];65岁以上老年人在Meta上分享的假新闻数量是最年轻群体分享数量的5.69倍[4,5]。从社交媒体使用频率的角度出发,Guo[6]发现年龄是影响"微信使用频率"与"谣言传播意愿"之间关系的重要因素:对于年轻人而言,频繁使用微信会缓解谣言焦虑,从而降低他们传播谣言的意愿;对于老年人而言,微信的频繁使用却会加重谣言焦虑,进而增加他们的谣言传播意愿。老年人经常受到各种健康、安全问题的困扰,更加关注健康养生、社会安全等信息[7],更容易被引发焦虑的谣言触动,进而接受并传播与健康、安全相关的谣言[8]。另外,现代社交平台、大众媒体产生的海量信息容易使老年人受到新闻过载的困扰[9]。由于认知能力下降以及媒体素养缺失,老年人在面对谣言时很可能无法准确分辨[10]。此外,老年人群体往往具有更低的信息检索效率,在面对不确定信息时往往会依赖家人和朋友[11]。这些因素都会导致谣言更容易在老年群体中大规模扩散。

在性别属性方面,大量研究表明男女在谣言传播过程中所扮演的角色、对谣言的易感性以及识别谣言的能力上具有显著差异。宗乾进等[12]搜集分析了近年来微博上的造谣案例,结果表明在这些案例中男性作为谣言制造者的比例(86%)远远高于女性(14%)。陈春彦[13]分析了60例网络谣言传播案例,发现男女造谣的动机具有较大差异,男性造谣往往具有利己或无利特征,女性造谣则体现出显著的利他特征。除了在造谣行为上男女具有较大差别外,谣言的易感性也具有较大的性别差异。张原等[14]通过有关健康类谣言的调查发现健康类谣言的易感人群以女性居多。在谣言识别能力方面,苏钰婷[15]指出个人识别谣言的能力与性别相关,男性识别谣言的得分显著高于女性。综上所述,在谣言传播过程中,男性往往充当谣言制造者的角色,女性则更容易成为谣言的传播者;女性更容易受到谣言消息的影响,男性则更能够识别谣言。

社会属性是指个体在社会环境的影响下,从人际关系中逐渐衍生出的属性,如社会权威度、社会影响力、社会相似性等。社会属性能够在一定程度上衡量个体在社会关系中影响他人或受他人影响的程度,也是谣言与舆论传播中受到广泛关注的一类重要个体属性。

不管是线下个体之间的传播,还是在线社区、微博等方式的传播,都存在少数关键的,具有高权威性、高影响力或者与自身类似的个体改变其他大部分个体的观点的情况。谣言与舆论消息一旦被贴上专家言论的标签或者给出了详细的专业描述,其传播效率将大大提升。这是因为大多数个体并不具备相关领域的专业知识,他们经常依靠有着公认较高权威、高影响力的个体(如BBS版主、某地或某专业较为权威和有威望的个体)的行为来指导自己的行为。这种高权威度个体一般被称为意见领袖。根据拉扎斯菲尔德(Paul Lazarsfeld)的意见领袖理论[16],网络大V作为意见领袖具有影响他人态度的能力,在谣言或舆论的传播过程中发挥着重要作用。Weeks等[17]通过构建理论模型研究了社交媒体中意见领袖在说服他人了解新闻和政治方面的重要影响力;Park等[18]通过Twitter中对美国648名大学生的在线调查分析了意见领袖的特征,结果发现意见领袖与在线网民参与有着显著的正相关关系;Joyce等[19]通过调查新浪微博中曝光的29起腐败案件,研究了意见领袖在各类用户中的影响程度,发现新闻机构和网络媒体是主要的意见领袖,并能在一定程度上主导舆论。由此可见,社交网络舆情中的意见领袖的个人观点或行为,对舆情(谣言或舆论)传播具有决定性的作用。意见领袖不仅仅是社交网络中舆情传播的重要代表,更具有一定的社会影响力和舆情引导能力,在涉及群众社会利益的问题中发挥着独特作用[20]。因此,谣言与舆论传播过程中,这些高权威度与影响力的意见领袖以及与自身属性存在相似性[21]的传播个体等应引起研究者的重视。

心理属性是指个体在进行心理活动时经常表现出的稳定特点以及一定的行为意识倾向[22]。个体是谣言与舆论演化过程中的传播主体,不同个体的心理属性会在个体的相互交流中对谣言的扩散与演化产生影响。比如:类似于惊恐效应、第三人效应、蝴蝶效应等社会生活中较为常见的心理效应[23]以及不同个体的行为动机,都会在一定程度上决定个体对待谣言信息的态度及相应的传播行为。

许多学者从心理学角度出发,在谣言传播研究中引入了与之相联系的心理学机制。Anthony和Jaeger等[24,25]对人群中个体的焦虑程度与谣言传播之间的关系进行了研究,基于实验调查结果发现,个体越焦虑,就越容易主动地去扩散谣言。除去焦虑情绪之外,恐慌、释放压力、寻求满足乃至泄愤等种种心理都是刺激传播者迅速传播谣言的重要因素[26-28]。对于谣言与舆论信息的接收者来说,受群体压力,不自觉地改变自身态度与行为的从众心理[29],或是基于对新异刺激的探究,迫切地寻找相关小道消息的好奇心理[30],以及出于自我保护本能而产生的"宁可信其有,不可信其无"的心理意识等[31],都是个人心理活动在谣言或舆论传播过程中的具体体现。

无论是传播者还是接收者,其心理活动作为影响个体行为的内在动力,也时刻影响着个体在面对消息时的行为动机或个体行为意识倾向。行为动机是人们的行为意愿,是行为主体基于自身的兴趣或目的表现出来的主观意图和特定行为选择[32]。面对谣言和舆论,个体可能会置身事外,不加以传播;也可能添油加醋以引人注意。个体行为动机对个体行为的影响主要体现在两个方面:一是对个体传播消息内容进行修改;二是为个体传播对象的选择提供依据。常见的行为动机包括平息事态、置身事外、搬弄是非和获得认同等。此外,在谣言传播的过程当中,个体对于谣言持有的态度极易受自身心理状况的影响,在自觉或不自觉中迫于环境的压力改变自身对谣言的认知。

由上面的内容分析可知,个体自身的基础属性、社会属性以及心理属性深刻影响着个体对谣言与舆论消息的认知、逻辑判断及后续传播行为。本章后面将结合这些属性分别对谣言传播与舆论演化的个体数学模型和个体逻辑模型进行研究。

2.2 谣言传播与舆论演化的个体数学模型

个体在谣言或舆论传播过程中的传播行为可以通过反映不同属性(年龄、性别、权威度、行为动机等)个体的数学关系结构,即数学模型来刻画。以定量与定性相结合的方式建立相应的量化数学模型,可以简洁清晰、结构化地描述由个体属性带来的个性化传播行为。本节在总结谣言传播和舆论演化基本模型的基础上,从社会学属性和心理属性角度分别介绍基于社会属性的个体数学模型与基于心理属性的个体数学模型。

2.2.1 谣言传播与舆论演化基础数学模型

在过去的几十年里,从统计物理和计算机仿真视角出发,用定量方法去理解人类社会的种种复杂现象,成了一种研究范式[33]。作为其中一个重点研究领域,观点传播与演化(谣言传播、舆论演化)等关注的是微观层面的个体观点交互如何涌现出宏观层面的谣言传播现象或公共舆论。这类研究通常分为谣言传播模型和舆论演化模型。经典的谣言传播模型,如 SIR 模型[34]、元胞自动机模型等,在观点传播过程中,仅向邻居传播信息,而不发生观点的变化。舆论演化模型,比如 HK 模型[35]、

Deffuant 模型[36]、MHK 模型以及 Sznajd 模型[37]等，大都假设个体观点是某个实数范围内的连续值或离散值。本节将对经典的谣言传播与舆论演化相关数学模型进行简要介绍。

1. 谣言传播相关数学模型

(1) SIR 模型。

Kermack 与 MeKendrick 在 1927 年用微分动力学的方法建立了经典的传染病 SIR 模型。SIR 模型将总人口 $N(t)$ 分为易感者、感染者和移出者 3 类。定义易感者所占比例为 $s(t)$，表示 t 时刻未染病但有可能被传染的人数占总人数的比例。定义感染者所占比例为 $i(t)$，表示 t 时刻已被感染而且具有传染力的人数占总人数的比例。定义移出者(移出者通常包括两类，一类会再度感染，另一类具有永久免疫力)所占比例为 $r(t)$，表示 t 时刻已从感染者中移出的人数占总人数的比例。规定 $s(t)+i(t)+r(t)=1$。

SIR 模型的建立基于以下 3 个假设。①不考虑人口的自然出生、死亡和人口流动等种群动力因素，人口总数保持一个常数，即 $N(t)=K$。②感染者一旦与易感者接触，易感者会以一定概率成为感染者。假设在以 t 时刻为起点的某个单位时间内，一个感染者能传染的易感者数与此系统内易感者总数 $s(t)N(t)$ 成正比，比例系数为 λ，则在这个单位时间内产生的新感染者数为 $\lambda s(t)i(t)N(t)$。③t 时刻，单位时间内从感染者中移出的人数与病人数量成正比，比例系数为 μ，单位时间内移出者的数量为 $\mu i(t)N(t)$。在以上 3 个基本假设条件下，传染病 SIR 模型图如图 2.2 所示。

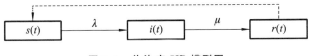

图 2.2 传染病 SIR 模型图

微分形式的 SIR 模型如式(2.1)所示。其中，i_0、s_0 分别表示初始状态下感染者、易感者在总人群中的比例。

$$\begin{cases} \dfrac{\mathrm{d}i(t)}{\mathrm{d}t} = \lambda s(t)i(t) - \mu i(t) \\ \dfrac{\mathrm{d}s(t)}{\mathrm{d}t} = -\lambda s(t)i(t) \\ \dfrac{\mathrm{d}r(t)}{\mathrm{d}t} = \mu i(t) \\ s(t)+i(t)+r(t)=1 \\ i(0)=i_0, \quad s(0)=s_0 \end{cases} \quad (2.1)$$

(2) 元胞自动机模型。

元胞自动机(cellular automata，简称 CA)[38]模型是一种时间和空间都离散的数学模型，散布在规则网格中的每一个元胞都取有限的离散状态，遵循同样的转换规则作同步更新。大量的元胞通过彼此间的相互作用逐步演化构成动态系统的演化。

元胞自动机最基本的组成包括元胞、元胞空间、邻居及转换规则(变换函数)四部分。简单地讲,元胞自动机可以视为由一个元胞空间和定义于该空间的变换函数组成。用数学符号来表示,标准的元胞自动机是一个4元组:$CA = (L_d, S, \mathbf{N}, f)$,这里 CA 代表一个元胞自动机系统;$L$ 表示元胞空间,d 是一正整数,表示元胞空间的维数;S 是元胞有限的离散状态集合;$\mathbf{N}$ 表示一个元胞所有邻域内元胞的组合(包括中心元胞),即包含 n 个不同元胞状态的一个空间矢量,记为 $\mathbf{N} = \{s_1, \cdots, s_i, \cdots, s_n\}$,$n$ 是元胞的邻居个数,$s_i \in \mathbf{Z}$(整数集合),$i \in (1, 2, \cdots, n)$;f 是转换规则,表示将 s_n 映射到 S 上的一个转换函数。

元胞自动机的主要原理是通过一个状态转移函数 f,根据元胞当前状态及其邻居状况确定下一时刻该元胞状态。可以记为:$s_i(t+1) = f(s_i(t), s_\mathbf{N}(t))$,其中 $s_\mathbf{N}(t)$ 为 t 时刻的邻居状态组合。

2.舆论演化相关数学模型

(1)Deffuant 模型。

假设网络中的个体有 N 个,并且每个个体在 t 时刻都存在观点值 $x_i(t) \in [-1, 1]$,其中的值在区间内连续变化。在 Deffuant 模型中,一个节点随机选择邻居个体并决定它们是否根据有界置信规则进行交流。更进一步,在每个时间迭代中,个体 i 随机选择一个个体 j 进行交流。对于预先定义的置信度 ε,如果观点差异满足 $|x_i(t) - x_j(t)| < \varepsilon$,则根据式(2.2)进行观点更新:

$$\begin{cases} x_i(t+1) = (1-\alpha)x_i(t) + \alpha x_j(t) \\ x_j(t+1) = (1-\alpha)x_j(t) + \alpha x_i(t) \end{cases} \quad t = 0, 1, 2, \cdots \quad (2.2)$$

式中,$x_i(t+1)$,$x_j(t+1)$ 分别是在 $t+1$ 时刻个体 i 和个体 j 在受到影响后的观点更新值,α 是个体之间交互的收敛参数。

(2)HK 模型。

HK 模型引入信任半径作为影响观点演化的重要参数 ε。在个体选择邻居个体的过程中,个体判断是否会继续与邻居个体进行交流的因素是自身与邻居个体的观点差值以及信任半径。个体在下一时刻的观点值是上一时刻所有邻居个体观点的平均值。HK 模型的具体交互规则如式(2.3)所示:

$$x_i(t+1) = \begin{cases} x_i(t) + \dfrac{\sum\limits_{j \in N_i} x_i(t)}{\overline{N}_i(t)}, & \overline{N}_i(t) \neq \varnothing \\ x_i(t), & \overline{N}_i(t) = \varnothing \end{cases} \quad (2.3)$$

式中,$\overline{N}_i(t)$ 为个体 i 的可交流邻居个体集合,$\overline{N}_i(t) = \{j \in V \cap j \neq i \mid |x_i(t) - x_j(t)| \leqslant \varepsilon_i\}$。

(3)MHK 模型。

个体在网络中是具有异质性的,每个个体对自身观点的信任程度都是不一样的,

MHK 模型[39]将自信参数引入 HK 模型。MHK 模型中引入自信度 λ 参数(λ 的取值为 0~1),它表示个体信任自身观点的程度。λ = 1 表示个体始终坚持自己的观点,λ = 0 表示个体完全信任他人的观点。MHK 模型的具体交互规则如式(2.4)所示。

$$x_i(t+1) = \begin{cases} \lambda_i x_i(t) + \dfrac{(1-\lambda_i)}{|\overline{N}_i(t)|} \sum_{j \in N_i} x_j(t), & \overline{N}_i(t) \neq \varnothing \\ x_i(t), & \overline{N}_i(t) = \varnothing \end{cases} \quad (2.4)$$

式中,$\overline{N}_i(t)$ 为个体 i 的可交流邻居集合,$\overline{N}_i(t) = \{j \in V \cap j \neq i \mid |x_i(t) - x_j(t)| \leqslant \varepsilon_i\}$。

(4) Sznajd 模型。

一维 Sznajd 模型建立在规则的格子链上,每个格子表示一个个体。表示格子个体的对某事件的可能态度取为自旋状态 $s_i = +1$(赞同)和 $s_i = -1$(反对),由于个体之间的相互影响,个体的态度会发生改变,改变规则如式(2.5)所示:

$$\begin{cases} s_{i-2} = s_{i-1} = s_i = s_{i+1}, & \text{若 } s_i s_{i+1} = 1 \\ s_{i-1} = s_{i+1}, s_{i+2} = s_i, & \text{若 } s_i s_{i+1} = -1 \end{cases} \quad (2.5)$$

2.2.2 基于社会属性的个体数学模型

个体的个体权威度、社会影响力与社会相似性等属性产生于人与人之间的社会交往中,体现了一个人的社会关系以及在此种社会关系下其对他人的影响。由于众多异质个体的社会关系相互交织,差异性的个体因素复杂多变,个体社会属性对谣言传播与舆论演化产生的影响难以预估。研究者们不断地进行探索与研究,试图建立各种基于社会属性的谣言传播或舆论演化数学模型,以更好地分析和解释谣言传播与舆论演化现象。

在研究个体的权威属性与社会影响力可能对谣言传播产生的影响时,张志花等[40]对经典 SIR 模型进行扩展,考虑了意见领袖对免疫者 R 人群的唤醒作用,将 R 人群划分为普通免疫者 R_1 与冬眠者 R_2,并设置了新的谣言传播规则:①当一个无知者 I(ignorant)遇到一个传播者 S(spreader)时,无知者以 λ 的比率转变为传播者;或者无知者对此谣言不感兴趣,也分不清真假,以 γ 的概率转变为冬眠者。无知者遇到谣言传播者后,表明他已经知道了谣言,从而就从对谣言的无知状态转为知谣状态,所以有 λ + γ = 1 成立。②当一个传播者遇到一个免疫者时,传播者以 α 的比率转变为免疫者;或者因传播者自身对谣言不感兴趣或遗忘,以 δ_1 的比率转变为免疫者,以 δ_2 的比率转变为冬眠者。③当一个冬眠者遇到一个领袖传播者时,以 β 的比率被其唤醒,β 为唤醒率。④冬眠者遇到领袖传播者将被唤醒转变为传播者,免疫者不再传播谣言,也不会被领袖传播者唤醒。通过上述规则构建了基于 SIR 的微博谣言传播模型,传播式如式(2.6)所示:

$$\begin{cases} \dfrac{\mathrm{d}i(t)}{\mathrm{d}t} = -<k>s(t)i(t) \\ \dfrac{\mathrm{d}s(t)}{\mathrm{d}t} = \lambda<k>s(t)i(t) + \beta<k>s(t)r_2(t) - \alpha<k>s(t)r_1(t) - (\delta_1+\delta_2)s(t) \\ \dfrac{\mathrm{d}r_1(t)}{\mathrm{d}t} = \alpha<k>s(t)r_1(t) + \delta_1 s(t) \\ \dfrac{\mathrm{d}r_2(t)}{\mathrm{d}t} = \gamma<k>s(t)i(t) - \beta<k>s(t)r_2(t) + \delta_2 s(t) \end{cases}$$

(2.6)

式中,$<k>$ 为网络平均度。张志花等通过 SIR 模型发现唤醒机制增大了谣言影响力,加快了谣言的传播,并进一步重点分析了意见领袖对微博中不实信息传播的影响,发现意见领袖对不实信息的传播能够增强不实信息的影响力[41]。陈皋等[42]在此基础上,通过计算网络节点的 PageRank 值作为个体的权威度,提出了 P-SIR 模型,验证了具有不同权威度的个体对他人观点值的改变有不同的影响。

对于舆论演化而言,Hegselmann 等[43]考虑了个体异质性,对经典 HK 模型进行了扩展,在参与舆论演化的群体中引入了影响力参数,并通过仿真探索普通同伴、激进个体、魅力领袖对普通个体的观点更新产生的影响。同样的,Afshar 和 Asadpour[44]考虑群体中存在舆论引导者的情形,通过引入邻居与自身的置信参数 W_i^{MN}、W_i^{MS},得到了新的观点演化规则,即 $x_i(t+1) = W_i^{\mathrm{MS}} x_i(t) + W_i^{\mathrm{MN}} x_j(t)$,并发现舆论引导者社交性强、思维开放时,能够更好地控制舆论方向。在此基础上,有学者[45]提出了意见领袖-跟随者的 HK 模型,将领导者意见视为定值 $x_l(t) = x_l(0)$,其他个体的观点按照经典 HK 模型进行演化,并根据这种模型研究了群体观点的共识问题。Zhao 等[46]又进一步细化了意见领袖模型,建立了一个基于正面、负面意见领袖的 HK 模型,并通过实验证明了提高意见领袖的信任度会对普通个体的观点更新产生巨大影响;在一定信任阈值内,提高意见领袖的信任水平可以让群体观点更快达成一致,但是这种影响是有限制的,当超过信任阈值时,群体观点达成一致的速度不会继续加快,并且意见领袖的影响力将受到限制。

与个体权威属性相似,在对舆论演化与谣言传播的规律研究中,也有大量学者考虑了社会相似性。社会学中对关系的研究指出,具有相同社会特性的个体容易产生信任,从而建立较强的关系。尤其是在中国,血缘、地缘都会影响人们对彼此心理距离的估计,一般人们在建立和维护关系的时候,如果存在某种相互认同或相互拥有的东西会使得关系更加亲密、持久,即俗话所说的"物以类聚,人以群分"。人际吸引表示的是一种人与人之间相互依赖的状态,它是人际关系的一种积极肯定的表现形式。在人际吸引中最重要的基本原则之一就是相似性原则,即人们往往更喜欢与自己相似程度较高的人[47]。张亚楠等[48]针对舆论传播过程中个体交互的广泛性和个体社会影响力的差异性,在 HK 模型的基础上建立了社交网络舆论模型。新模型通过引入个体间亲密度 $C_{ij} = \mathrm{e}^{1-d_{ij}}$(其中 d_{ij} 指网络中连接两个节点 i 和 j 的最短路径上的

边数),对个体交互集合进行了扩展,使得关系亲密的两个个体即使意见相差加大也可进行交流,构建了更切合实际的观点交互规则。刘佩[49]对个体间的相似性做了更为详细的诠释,提出了一个考虑了社会关系对观点更新影响的改进 HK 模型,将个体间的社会相似性 S_i 引入经典边界信任模型中,邻居筛选规则转变为:① $S_{i,j} < S_{\text{threshold}}$,② $|x_i(t) - x_j(t)| < \varepsilon$。这种考虑了个体社会相似性的 SSHK(social-similarity-based-HK)模型更加真实地体现了社会关系对舆论传播的影响。为了更清晰地展现相似性对谣言传播的影响,张潇[50]在经典 HK 模型中综合考虑个体的性别、年龄、教育水平、经济水平、地理距离等因素,构建了三类相似性指标,即相同相似性、程度相似性、相反相似性,加权得到个体的社会相似性,并在此基础上提出了 MIHK(multiple-influence-HK)模型,用以研究社会相似性以及信任阈值对个体接收与传达谣言信息带来的影响。但在现实生活中,参与谣言传播和舆论演化的个体不仅具有信息接收、处理和发送能力,还是一群具有思维、情感的人,他们可以依据自身情绪以及心理状态来指导个体之后的行为策略。因此,在研究谣言传播与舆论演化的过程中,考虑个体心理属性因素进行数学建模也是必要的。

2.2.3 基于心理属性的个体数学模型

经典模型本身往往存在大量简化,研究人员为了使模型更符合现实规律,将心理学知识引入扩展模型中,实现了信息科学与心理学的学科交叉。他们深入探究了群体的心理学现象,挖掘出一系列个体的心理属性。

以最常见的从众心理为例,其作为个体普遍具有的心理现象[51],对于谣言传播与舆论演化起到的作用不容忽视。田西柱[52]、陆秋琴等[53]在进行谣言传播研究时,基于元胞自动机框架,为每个节点赋予从众性指标,针对不同子区域建立了不同的元胞自动机从众模型。该模型凭借能够产生自组织行为的优点对以后网络群体行为的管理和网络环境的稳定发展有着重要的帮助,也能够为实际社会群体行为提供一定的参考依据。而对于传播范围更广、社会危害也更大的谣言来说,个体的从众心理更易引发爆炸式的传播,因此朱冠桦[54]和万佑红等[55]基于均质网络,建立了改进的 SIR 谣言传播模型以及相应的动力学方程,并用蒙特卡罗方法对考虑从众现象的谣言传播演化过程进行了仿真。研究结果表明,改进的 SIR 谣言传播模型能够真实刻画在线均质社交网络中的从众现象对于谣言传播的增幅作用。与之类似的是,在对舆论演化的研究中,部分学者也从从众等心理效应出发,对舆论观点的演化过程进行了较为深入的探究。张峰等[56]针对传统舆论演化动力学研究忽略个体决策内驱力的问题,将有限信任模型与社会心理学从众效应理论相结合,建立依从、趋同和内化三种个体状态及状态转移策略,提出了基于期望牵引力和信任邻居群的动态决策演化(DOET)模型,引入期望牵引力 $\delta(i,t)$ 来表征外部群体一致性压力使个体作出与自身期望 $S_{\text{in}}(t)$ 背离的决策,具体规则为 $S_i(t+1) = S_i(t) + \omega\delta(i,t)[S_{\text{in}}(t) - S_i(t)]$。与 HK 模型对比,DOET 模型可进一步刻画社会网络中群体舆论演进和个体交互的行为特征。

除此之外,还有众多个体心理因素在谣言传播过程中产生的影响被逐渐挖掘。仝秋娟等[57]通过分析个体对领袖观点接受与排斥的不同心理,构造了非线性耦合函数。非线性领袖观点表示为 $C_i[x_0(t)-x_i(t)] \cdot e^{\{-\beta^{-1}[x_0(t)-x_i(t)/\lambda]^2\}}$ (其中,λ 为观点的接受因子,表示个体对领袖观点的接受与采纳程度;β 为排斥因子,表示个体对领袖观点的排斥与拒绝程度)。引入非线性领袖观点影响的 HK 模型,研究了受两种心理作用的个体对系统观点达成共识的影响。除此之外,刘晓[58]在对舆论传播的研究过程中,对谣言传播与舆论演化两种模式进行了融合。其在经典 Galam 观点动力学模型中引入偏见、从众以及坚持己见的个体,并建立了新的信息传播模式,不知晓消息的个体 N_w 通过规模为 r 的小团体中知情者 N_v 以概率 $1-(1-k)^i$ 提及消息了解情况(i 为知情者人数),其中团体规模为 r 的概率 P_r 满足 $\sum_{r=1}^{L} P_r = 1$,由此得到消息传播函数为:$V_{t+1} = 1 - \sum_{r=1}^{L} P_r \sum_{i=0}^{r-1} \frac{r-i}{r}(1-k)^i C_i^r (1-V_t)^{r-i} V_t^i$。将改进的 Galam 观点动力学模型与消息传播模型相融合以后,模型不仅更符合实际的舆论传播现状,还大大完善了舆论动力学体系。

由上述所列举的数学模型可以看到,无论是个体与生俱来的性别、年龄等因素,还是后天形成的心理、受教育程度的差异,都会在一定程度上影响舆论与谣言的最终发展方向,但决定谣言传播与舆论演化本质的因素还是在于谣言与舆论本身的传播机理。谣言与舆论在传播过程中会发生怎样的变化,传播者的态度与行为选择是否会随之变化,为了将这些问题研究透彻,需要建立谣言传播与舆论演化的个体逻辑模型。

2.3 谣言传播与舆论演化的个体逻辑模型

具有认知思维能力的个体会对谣言或观点信息进行一个包括接收、思考、加工修改和传播在内的整体处理。目前,大多数的数学建模都只是停留在消息的接收、简单修改与传播层面,忽略了在实际的谣言传播与舆论演化过程中,具有思维能力的个体根据自身经验知识,对信息内容进行思考,根据行为动机进行内容修改并传播的过程。个体的逻辑思维在很大程度上决定了个体对于谣言与舆论消息的判断、应对策略(根据行为动机进行修改和传播等),仅仅利用 2.2 节介绍的数学模型难以全面反映个体从接收消息到传播消息所经历的一系列思维反应过程以及消息内容的变化规则。

个体逻辑模型侧重于刻画个体思维逻辑结构,通常是指形式逻辑规定的程序和规范,包括概念定义、逻辑操作、逻辑思维。个体逻辑模型可以用来描述个体多样化逻辑思维的生成和记忆,又可以支持运用数理逻辑实现个体行为的选择决策。将逻辑模型运用到谣言传播与舆论演化中,能够准确地描述谣言或观点信息,也能够模拟个体不断更新认知并形成行为反应的思维反应过程,适合对谣言传播与舆论演化的复杂机理进行研究。本节将以自然灾害(地震)类谣言传播为例,从谣言(观点)知识建模、个体消息学习记忆建模与基于BDI理论的谣言传播个体信念建模(逻辑模型)三个方面来介绍谣言传播与舆论演化模型当中消息内容的逻辑建模方法。

2.3.1 谣言知识建模

目前对谣言传播的研究涉及心理学、信息科学等多个学科,各学科领域的学者使用不同的方法进行了相关研究,并获得了诸多谣言传播的知识。这些成果知识大都分散在不同领域,其基本概念的表述形式和应用范围也不同,很难进行统一的知识管理,也很难用于对谣言传播的跨学科研究。本小节将基于本体理论,采用OWL建模语言,从谣言传播相关知识的范围界定、分类、俘获等角度出发,对谣言(观点)知识进行建模,构建一个可共享的、可扩展的谣言传播领域知识本体,实现谣言传播知识的复用和共享,为后面的个体学习记忆以及个体逻辑建模中的谣言传播领域知识与信息描述提供支持。

1.谣言知识本体建模

(1)本体建模理论简介

20世纪末,随着人工智能的发展,本体被应用于知识建模领域,用来描述某个领域内知识之间的复杂关系。目前,学界较认可的本体定义是Studer等[59]提出的"本体是共享模型的明确形式化规范说明"。本体一般分为四类:领域本体、任务本体、通用本体、表示本体[60]。其中,领域本体用于描述具体领域内的概念、概念属性以及概念之间的关联关系;任务本体用于描述特定领域内具体任务的求解知识;通用本体是为多个相关的领域提供通用知识;表示本体没有特殊的领域要求,主要用于概念化描述具体的知识。考虑到知识分类和知识表达形式的特点,本节所建的谣言传播领域知识本体主要涉及领域本体和任务本体。

一般而言,建立本体的目的是对某个领域(比如:谣言传播领域)的知识进行管理和建模。对某个领域内的知识进行描述有很多方式,Devedzic等[61]提出可将某个领域的知识体系当作一个集合,集合所包含的内容包括不同种类的知识。根据知识的具体表达形式,某个特定领域内的知识可以分为动态知识和静态知识[62]。本节中的谣言传播领域本体主要用于描述谣言传播领域内的静态知识,而任务本体主要描述动态知识。

本体建模包括本体设计、本体构建、本体整合、本体进化等过程,较为流行的建模方法主要包括TOVE方法[63]、七步法[64]、骨架法[65]等。本节使用七步法来构建谣言传播领域知识本体,主要步骤如下:①确定本体的领域范畴;②列举该领域内的现有本体,尽量复用已有本体;③列举该领域内的重要概念;④定义类层次结构;⑤定义类属性;⑥定义属性的定义域和值域;⑦为类创建实例。

本体表达是对本体进行形式化编码,将其从自然语言的表述方式转化为计算机可处理的表达方式。目前使用最多的本体表示语言是 OWL。OWL 是一种基于 Web 的本体建模语言,包括 OWL Full、OWL DL、OWL Lite。由于 OWL DL 可提供对较强推理逻辑与表达逻辑的支持,本节以 OWL DL 作为本体表示语言。

(2) 领域知识的管理

谣言传播领域本体主要用于描述谣言传播领域内和个体相关的概念、概念的属性和概念之间的关系,其定义主要包含本体名称、唯一标识符、父本体与子本体名称、相关本体集合、本体类集合、属性集合以及实例集合,具体如图 2.3 所示。

```
Ontology Name:                    // 本体名称
Type: conception ontology
{
    Id:                           //唯一标识符
    Father:                       //父本体名称
    Child:                        //子本体名称
    Relations: {part-of(x,y),instance-of(x,y)...}
                                  //相关本体集合
    Classes:    {  Class1,
                   Class2,
                   ......
                }                 //本体类集合
    Attributes: { Attribute1(type,value,unite),
                  Attribute2(type,value,unite),
                  ......
                }                 //属性集合
    Individuals: { Individual1,
                   Individual2,
                   ......
                 }                //实例集合
}
```

图 2.3 谣言传播领域本体的定义

根据搜集到的地震谣言信息及相关知识,本节将谣言的领域知识分为自然科学知识、社会科学知识、心理科学知识和个体模型知识,如图 2.4 所示。自然科学知识包括已发生的危机事件和地震相关基本常识等;社会科学知识包括已发生的谣言事件和与个体相关的社会学知识等;心理科学知识包括与个体相关的各种心理效应和相应的个体推理规则;个体模型知识是指与谣言传播个体模型相关的知识。

谣言传播领域本体基本概念中的个体基本属性主要用于生成异质性个体并使个体具有不同的基本属性值(包括本章第 2 节中的各类个体基础、社会属性);事件描述规则主要用于量化描述已发生的谣言事件(信息)、危机事件(信息)和谣言(地震谣言)相关基本常识等;传播学中的传播规律是指已收集到的传播规律和通过后期计算实验得到的新传播规律。心理状态、行为动机和传播行为等概念主要用于谣言传播过程中的个体思维推理和行为选择,如表 2.1 所示。

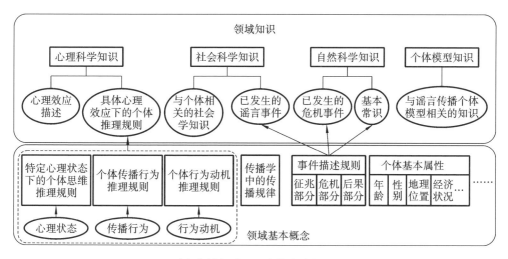

图 2.4 谣言传播领域知识本体中的领域知识结构

表 2.1 领域知识中的个体心理状态知识(部分)

名称	发生条件	对个体的影响	具体的解释
从众心理	在谣言传播过程中,个体常会迫于群体压力,调节自身对谣言的看法以达到群体认同	个体自觉或不自觉地将本我与特定群体相联系,又自觉或不自觉地承受群体压力,从而进行自我调节至与群体意愿相契合	人们的既有倾向性会影响他们对谣言的态度,原本持有坚定立场的人在谣言发生时,会保持相对谨慎的态度
重复效应	谣言一遍一遍地传播,个体多次接收到相同或相似的谣言	在谣言刚开始传播时,并不是所有的人都选择相信谣言。但随着谣言一遍一遍的传播,人们的信念就会发生动摇,直至最后信以为真	谣言的反复传播并不能使谣言变成事实,但是借助重复的力量,完全可能诱使更多的受众相信谣言
偏见效应	对某一个人或团体所持有的一种不公平、不合理的消极否定的态度	对这个人或团体发布的信息持一种否定的态度	人们由于对官方的管理手段存在偏见,往往不愿意相信官方发布的真实情况和公布的真实数据,而宁可相信民间传播的小道消息
选择效应	个体总是有目的地接收自己感兴趣的信息,忽视自己不感兴趣的部分,回避与自己立场相左的部分,而只接收与自己观念相同、立场一致的信息部分	受传者会创造性和歪曲性理解原有信息	将原本真实的信息自我转化为谣言,影响信息的正常传播和准确理解

续表

名称	发生条件	对个体的影响	具体的解释
宁信心理	在受众遭遇关系自己利益，或者对自己较为重要的事件时，出于担忧、恐慌等会选择相信部分谣言	"宁信其有，不信其无"	面对和自己密切相关的谣言，个体倾向于认同，自身极易受感性的、本能的情绪传染。个体为了避免谣言成真对自己造成影响，选择相信谣言并做出相应行为

心理状态、行为动机和传播行为等概念分别对应着不同的推理规则。这些规则主要依靠查阅资料并进行有针对性的提取获得，是构建谣言传播任务本体的主要依据。下面以从众心理为例，描述一组个体思维推理规则。

从众心理是指在断定、认知上表现出符合于群体的心理现象[67]。人数越多、群体的看法越一致，就越容易产生从众心理，这是一种影响从众心理的社会因素[68]。自信心、性格是影响从众心理的个人因素，自信心不足、性格软弱的个体容易从众；男性对从众心理的抵抗能力强于女性[69]。从众心理分为以下几类。第一类是真从众[70-72]，表面服从，内心也接受。个体之所以表现出真从众，是因为个体对群体态度真正认同。因此，可以考虑邻域个体的公共权威度（public authority degree，PAD，具体定义见第 7 章），若公共权威度平均值（public authority average，PAA）很高，则领域个体此时表现出很高的权威，其所持态度更容易被接受、认同。第二类是权宜从众，个体为了趋避某种损失或迫于某种压力，被迫改变原有态度。第三类是盲目从众，当存在外部舆论导向时，个体选择完全依从舆论所指引的群体态度。第四类是非从众，个体在群体一致性的压力下保持独立性。

不同从众心理所对应的推理规则不同（如规则 1~4 所示）。规则中的主要变量是个体领域集合中对所接收事件的态度为相信的个体占领域个体总数的比例（bp，阈值为 bpT）。

规则 1：对于真从众个体，若 bp>bpT 且 paa>paT，个体对所接收事件的态度更新为非常相信；若 bp≤bpT 且 paa>paT，个体态度更新为非常不相信；否则，个体态度保持不变。

规则 2：对于权宜从众个体，若 bp>bpT 且原有态度是非常或一般相信，则个体对所接收事件的态度更新为非常相信；若 bp>bpT 且原有态度是非常或一般不相信，则个体态度更新为一般相信；若 bp≤bpT 且原有态度是非常或一般相信，则个体态度更新为一般不相信；否则，个体态度更新为非常不相信。

规则 3：对于盲目从众个体，若 bp>bpT，则个体对所接收事件的态度更新为非常相信；否则，个体态度更新为非常不相信。

规则 4：对于非从众个体，个体对所接收事件保持原有态度不变。

行为动机和传播行为的关系密切,个体行为动机对其传播行为的选择有重要影响。根据传播学对传播动机的描述,个体行为动机主要包括平息事态、置身事外、自我保护、搬弄是非、获得认同和无动机状态等,每种行为动机都有相应的传播行为,描述为规则5～10。

规则5:如果行为动机是平息事态,无论是否相信所接收的事件,个体都会缩小事件的影响并传播。

规则6:如果行为动机是置身事外,无论是否相信所接收的事件,个体都不传播。

规则7:如果行为动机是自我保护,若相信该事件,个体会保持原样传播谣言,否则,不传播。

规则8:如果行为动机是搬弄是非,即使不相信该事件,个体也会扩大事件的影响并传播。

规则9:如果行为动机是获得认同,若相信该事件,个体会扩大影响并传播,否则,缩小影响并传播。

规则10:如果行为动机是无动机状态,无论是否相信所接收的事件,个体都选择保持原样传播。

领域本体中的个体推理规则汇总如表2.2所示。

表2.2 领域本体中的个体推理规则

名称	内容	所属过程	知识类型
规则1	对于真从众,若$bp>bpT$且$paa>paT$,个体对所接收事件的态度更新为非常相信;若$bp\leq bpT$且$paa>paT$,个体态度更新为非常不相信;否则,个体态度保持不变	个体心理推理过程	领域知识
规则2	对于权宜从众,若$bp>bpT$且原有态度是非常或一般相信,则个体对所接收事件的态度更新为非常相信;若$bp>bpT$且原有态度是非常或一般不相信,则个体态度更新为一般相信;若$bp\leq bpT$且原有态度是非常或一般相信,则个体态度更新为一般不相信;否则,个体态度更新为非常不相信	个体心理推理过程	领域知识
规则3	对于盲目从众,若$bp>bpT$,则个体对所接收事件的态度更新为非常相信;否则,个体态度更新为非常不相信	个体心理推理过程	领域知识
规则4	对于非从众,个体对所接收事件保持原有态度不变	个体心理推理过程	领域知识
规则5	对于平息事态,无论是否相信所接收的事件,个体都会缩小事件的影响并传播	个体行为选择过程	领域知识

续表

名称	内容	所属过程	知识类型
规则 6	对于置身事外,无论是否相信所接收的事件,个体都不传播	个体行为选择过程	领域知识
规则 7	对于自我保护,若相信该事件,个体会原样传播谣言,否则,不传播	个体行为选择过程	领域知识
规则 8	对于搬弄是非,即使不相信该事件,个体也会扩大事件的影响并传播	个体行为选择过程	领域知识
规则 9	对于获得认同,若相信该事件,个体会扩大影响并传播,否则,缩小影响并传播	个体行为选择过程	领域知识
规则 10	对于无动机状态,无论是否相信所接收的事件,个体都选择原样传播	个体行为选择过程	领域知识

个体模型知识是指与现有的谣言传播个体模型相关的知识,包括个体模型名称、模型的分解结构等。本节以谣言传播中的个体 BDI 模型为例来说明个体模型知识结构,如图 2.5 所示。图 2.5 展示了从众心理下的个体 BDI 模型所包含的态度形成、心理推理和个体行为选择三个过程,以及每个过程对应的子分解过程。

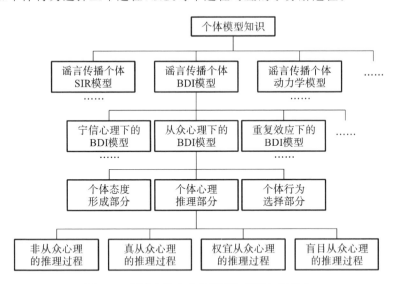

图 2.5 领域本体中个体模型知识的知识结构

(3)谣言传播领域本体的建模

①**本体框架的建立。**

建立本体框架的第一步是定义合理的类层次结构。在明确了领域知识的覆盖范围之后,需要明确该领域内的主要概念、概念之间的包含关系等,本节提出了谣言传播领域知识本体的类层次结构,如图2.6所示。

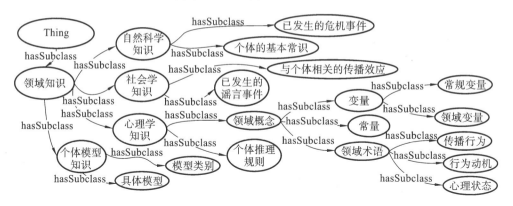

图2.6 谣言传播领域知识本体的类定义过程

建立本体框架的第二步是定义类属性。数据属性是所有类实例都具有的数据方面的属性(如类型、具体内容等),对象属性是不同类实例之间的关系。建立类属性不仅实现了类自我描述,而且与其他类建立了关联关系。图2.7中的实线属性代表本体类之间的对象属性,而虚线属性代表着本体类自身的数据属性。

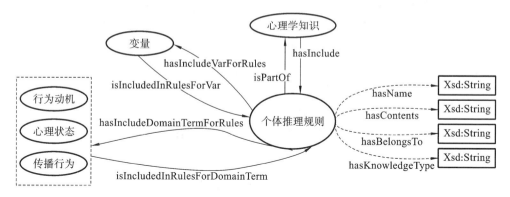

图2.7 以类"求解知识语句"为中心的属性定义过程

②本体类实例的添加。

在定义了类层次结构和类属性之后,需要为本体类添加相应的类实例。在知识管理过程中的知识分类和本体框架中的类之间存在对应关系,实例的添加可按照这种对应关系进行。添加实例时要注意数据属性和对象属性的设定,图2.8为类"个体推理规则"添加实例的内容。

添加实例过程如下:首先,为实例设置一个不重复的实例名,并将其添加到类"个体推理规则"中;其次,为实例添加数据属性,如 hasName、hasContents、hasBelongsTo、hasKnowledgeType 等(见图2.7),分别对应列"名称""内容""所属过程""知识类型"等的具体内容;最后,为实例添加对象属性。首先,将图2.8中所列"所含变量""所含领域术语""知识类型""所属过程"等内容作为实例添加到本体框架中相应的类中;然后,为实

名称	内容	所含变量	所含领域术语	知识类型	所属过程
规则1	对于真从众,若bp>bpT且paa>paT,个体对所接收事件的态度更新为非常相信;若bp≤bpT且paa>paT,个体态度更新为非常不相信;否则,个体态度保持不变	bp,bpT,paa,paT,AttitudeToEvent	从众心理	领域知识-个体推理规则	个体心理推理过程
规则2	对于权宜从众,若bp>bpT且原有态度是非常或一般相信,则个体对所接收事件的态度更新为非常相信;若bp>bpT且原有态度是非常或一般不相信,则个体态度更新为一般相信;若bp≤bpT且原有态度是非常或一般相信,则个体态度更新为一般不相信;否则,个体态度更新为非常不相信	bp,bpT,AttitudeToEvent	从众心理	领域知识-个体推理规则	个体心理推理过程
规则3	对于盲目从众,若bp>bpT,则个体对所接收事件的态度更新为非常相信;否则,个体态度更新为非常不相信	bp,bpT,AttitudeToEvent	从众心理	领域知识-个体推理规则	个体心理推理过程
规则4	对于非从众,个体对所接收事件保持原有态度不变	AttitudeToEvent	从众心理	领域知识-个体推理规则	个体心理推理过程
规则5	对于平息事态,无论是否相信所接收的事件,个体都会缩小事件的影响并传播	AttitudeToEvent	平息事态	领域知识-个体推理规则	个体行为选择过程
规则6	对于置身事外,无论是否相信所接收的事件,个体都不传播	AttitudeToEvent	置身事外	领域知识-个体推理规则	个体行为选择过程
规则7	对于自我保护,若相信该事件,个体会原样传播谣言,否则,不传播	AttitudeToEvent	自我保护	领域知识-个体推理规则	个体行为选择过程

图 2.8 类"个体推理规则"添加实例内容

例添加对象属性(图 2.7 中的所有实线代表的关系)。

③本体模型的创建流程及存储。

谣言传播领域知识本体的构建是在 Java 环境下,以 Eclipse+Oracle 为开发工具,使用 OWL API、Jena API 进行应用程序的开发,具体流程如图 2.9 所示。

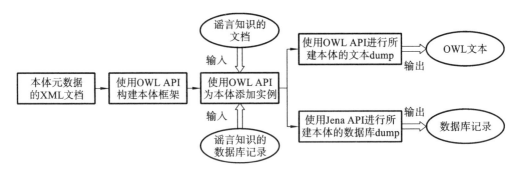

图 2.9 构建谣言传播领域知识本体的技术流程

其中,本体元数据的 XML 文档是定义类层次结构、类属性的配置文件,通过使用 OWL API 构建本体框架并添加类实例。这部分的输入是谣言知识的文档或数据库记录。通过本体备份(dump)过程,可将本体模型以 OWL 文本或以 Oracle 数据库记录的形式备份下来。图 2.10、2.11 是 OWL 文本形式的本体模型表示。

```
<owl:Class rdf:about="&Ontology1391947052531;个体推理规则">
  <rdfs:subClassOf rdf:resource="&Ontology1391947052531;心理学知识"/>
</owl:Class>
<owl:Class rdf:about="&Ontology1391947052531;变量">
  <rdfs:subClassOf rdf:resource="&Ontology1391947052531;领域知识"/>
</owl:Class>
<owl:Class rdf:about="&Ontology1391947052531;心理学知识"/>
<owl:Class rdf:about="&Ontology1391947052531;心理状态">
  <rdfs:subClassOf rdf:resource="&Ontology1391947052531;领域术语"/>
</owl:Class>
<owl:Class rdf:about="&Ontology1391947052531;社会学知识">
  <rdfs:subClassOf rdf:resource="&Ontology1391947052531;领域知识"/>
</owl:Class>
<owl:Class rdf:about="&Ontology1391947052531;自然科学知识">
  <rdfs:subClassOf rdf:resource="&Ontology1391947052531;领域知识"/>
</owl:Class>
```

```
<owl:ObjectProperty rdf:about="&Ontology1391947052531;hasInclude">
  <owl:inverseOf rdf:resource="&Ontology1391947052531;isPartOf"/>
</owl:ObjectProperty>
<owl:ObjectProperty rdf:about="&Ontology1391947052531;hasIncludeDomainTermForRules">
  <owl:inverseOf rdf:resource="&Ontology1391947052531;isIncludedInRulesForDomainTerm"/>
</owl:ObjectProperty>
<owl:ObjectProperty rdf:about="&Ontology1391947052531;hasIncludeVarForRules"/>
<owl:ObjectProperty rdf:about="&Ontology1391947052531;isIncludedInRulesForVar"/>
<owl:ObjectProperty rdf:about="&Ontology1391947052531;hasIncludeVarForRules"/>
<owl:ObjectProperty rdf:about="&Ontology1391947052531;isPartOf"/>
<owl:DatatypeProperty rdf:about="&Ontology1391947052531;hasBelongsTo"/>
<owl:DatatypeProperty rdf:about="&Ontology1391947052531;hasContents"/>
<owl:DatatypeProperty rdf:about="&Ontology1391947052531;hasKnowledgeType"/>
<owl:DatatypeProperty rdf:about="&Ontology1391947052531;hasName"/>
```

图 2.10　本体类(左)、属性(右)的 OWL 文本片段

```
<!-- http://www.semanticweb.org/ontologies/2014/1/Ontology1391947052531.owl#规则1 -->

<owl:NamedIndividual rdf:about="&Ontology1391947052531;规则1">
  <rdf:type rdf:resource="&Ontology1391947052531;个体推理规则"/>
  <hasBelongsTo rdf:datatype="&xsd;string">个体心理推理过程</hasBelongsTo>
  <hasContents rdf:datatype="&xsd;string">对于真从众，若bp&gt;bpT且paa&gt;paT，个体对所接收事件的态度更新为非常相信；
    若bp&lt;=bpT且paa&gt;paT，个体态度更新为非常不相信；否则，保持不变。
  </hasContents>
  <hasName rdf:datatype="&xsd;string">规则1</hasName>
  <hasKnowledgeType rdf:datatype="&xsd;string">领域知识</hasKnowledgeType>
  <hasIncludeVarForRules rdf:resource="&Ontology1391947052531;AttitudeToEvent"/>
  <hasIncludeVarForRules rdf:resource="&Ontology1391947052531;bp"/>
  <hasIncludeVarForRules rdf:resource="&Ontology1391947052531;bpT"/>
  <hasIncludeVarForRules rdf:resource="&Ontology1391947052531;paT"/>
  <hasIncludeVarForRules rdf:resource="&Ontology1391947052531;paa"/>
  <hasIncludeDomainTermForRules rdf:resource="&Ontology1391947052531;从众心理"/>
  <isPartOf rdf:resource="&Ontology1391947052531;心理学知识-Indi"/>
</owl:NamedIndividual>
</rdf:RDF>
```

图 2.11　本体中类"个体推理规则"实例的 OWL 文本片段

通过程序生成谣言传播领域本体的 OWL 文本,可通过本体软件 protégé 加载,并进行所建本体的可视化展示。图 2.12 是使用 protégé 中的 OntoGraf 插件加载本体实例"规则 1"的可视化结果。实例"规则 1"属于个体推理规则,分别为实例"领域变量"(如 paa、bp、AttitudeToEvent 等)、"领域术语"(如从众心理)等建立了对象属性。实例"规则 1"的数据属性在右边的框中。

图 2.12　protégé 中以实例"规则 1"为中心的知识扩展图

2. 谣言消息内容建模

(1)谣言消息内容的组成。

社会心理学家 Allport 和 Postman 提出了谣言传播的基本规则[73],如式(2.7)所示:

$$R = i \times a \tag{2.7}$$

式中,R 是指谣言传播的影响程度,i 指谣言相对于传播个体的重要性,a 指谣言事件的模糊程度。影响谣言传播影响程度的两个方面都与谣言消息的内容相关。

从谣言消息的内容来看,谣言可分为政治谣言、经济谣言、军事谣言、社会生活谣言和自然现象谣言。政治谣言与社会生活中的重大政治热点问题相关,或是与政治人物相关。经济谣言是指企业间由竞争而发起地对对手的恶意中伤和攻击。军事谣言主要出现在战争年代,对士气和战争进程都有重要影响。而社会生活谣言多是指关于娱乐圈从业人员等公众人物的八卦消息等。从内容上看,这些类型的谣言消息涉及范围极其广泛,无法在内容构成上对其进行归纳总结。而这些谣言的具体内容如何对传播过程产生影响,就更加具有特殊性,缺乏共性的现象或规律。自然现象谣言较为特殊,其描述内容较为规律,多为描述某种罕见的天气异常、生物异常等自然现象,继而谣传即将发生某种自然灾害(比如地震),影响人类的生活。自然灾害(地震)所带来的人员伤亡、经济损失往往十分巨大,其重要性不言而喻。自然现象谣言中对异常天气的描述表达形式多样,容易传播。根据式(2.7),自然现象(地震)谣言的重要性和模糊性都比较大,自然现象谣言传播的影响程度十分巨大,而且自然现象谣言比较容易表达和被人理解。因此,本节的主要研究和建模工作都围绕自然现象(地震)谣言的传播展开。

谣言是没有任何根据的事实描述,并带有诽谤的意见指向,不是中性的传闻,而是攻讦性的负向舆论[27]。谣言之所以被称为谣言,是因为它所描述的事件是虚假的、没有根据的,但这种虚假性仅从谣言消息本身是无法进行判断的。谣言本质上是一种舆论,作为一种信息表现方式,它在内容构成上和真实事件信息并没有根本上的区别。在大多数情况下,谣言的始作俑者为了使谣言更具有迷惑性和关注度,会尽可能地将谣言消息描述得如同真实事件消息一样,并具有真实事件消息的全部特征和组成部分。因此,在研究谣言消息内容的组成时,必须兼顾谣言消息和真实事件消息的通用性。对谣言消息内容结构的描述,应当同样可以对真实事件消息进行描述和表达。

根据这一原则,本节对搜集到的地震类谣言消息进行总结和分析,将地震类谣言的内容分为以下几个必要的组成部分:

①征兆部分。该部分是地震类谣言中最重要的组成部分,是对异常的自然、社会现象的描述,往往构成了地震相关谣言的诱因。地震类谣言中常见的征兆现象如表2.3所示。

表 2.3 常见地震类谣言征兆组成

生物异常	地下水异常	气候异常	地面异常	电磁异常
鸽子惊飞	突升涌出	特大暴雨	地气异常	微波站异常
青蛙上街	突降枯竭	异常炎热	地鼓异常	电子闹钟失灵
冬眠中止	变色浑浊	突降冰雹	地动异常	日光灯自明
鱼跃水面	井水升温	阴雨绵绵	山体滑坡	无线电通信中断
蜜蜂群迁	井口变形	久旱不雨	地声异常	收音机失灵
鼠类骚动	冒泡不止	黄雾弥漫		
植物枯萎	井水异味			

②危机部分。该部分描述了由征兆部分描述的自然现象所带来的危机类型、危机程度、危机发生频率,以及危机持续时间等。主要有:

〔地震、水灾、滑坡、无线电中断、疫病、虫灾、旱灾、泥石流〕

需要注意的是,征兆部分和危机部分可能出现相同的事件类型,但是在构成谣言消息内容时,其意义并不一样。以旱灾事件为例,当出现在征兆部分时,表示的内容是某次地震有出现过旱灾等征兆;而当出现在危机部分时,表示的内容是真实发生的旱灾危机事件。

③后果部分。该部分描述了危机部分所述带来的人员损失、建筑物损失、经济损失等各方面的后果。对于已经发生的真实事件或谣言事件(可能作为个体经验进行学习),可以通过这一部分来描述事件的后果,从而进行区分。例如征兆和危机部分描述相同的两条消息,如果后果部分程度严重,则可以看作一条真实的地震类消息;如果后果部分程度轻微,甚至没有造成任何人员、经济等损失,则可以理解为一条谣言消息。对于正在传播的一条消息,由于没有对消息内容的真实性进行有效确认的方式,无法判断其是谣言还是真实事件,此时后果部分所描述的意义为当前传播该消息的个体所认为的其所描述的征兆和危机可能具有的后果。

至此,本节将地震类消息(谣言或事实)解构为征兆、危机、后果三个部分,并逐类进行描述。通过对后果部分赋予不同的意义,这种描述方法可以通用地表达已经发生过的地震事件、地震相关谣言和正在传播的地震有关消息。基于这种消息内容结构,再结合所需应用的个体经验知识学习记忆方法的需求,对消息进行量化描述,即可完成谣言消息的建模。具体建模方法将在下文阐述。

(2)谣言消息的建模。

在谣言传播过程中,消息内容对个体意见形成、传播行为选择等多方面起着重要作用。结合上文内容,这里将已经发生过的地震事件、地震相关谣言和正在传播的地震有关消息用一种统一的模型结构予以表述,如表 2.4 所示。

表 2.4 消息模型结构

消息模型			
征兆部分 O		危机部分 C	后果部分 R
生物异常	生物异常程度	危机类型	人员伤亡
地下水异常	地下水异常程度	危机距征兆时间	未成年人伤亡
气候异常	气候异常程度	危机严重程度	经济损失
地面异常	地面异常程度	危机发生频率	建筑物损失
电磁异常	电磁异常程度	危机持续时间	日常生活影响
			持续时间
			影响范围

为了满足量化计算需要,这里采用二进制代码的形式表示各个消息内容组成部分的枚举类型或值类型,对消息进行量化转换。具体表现形式为:

$$I = \{O, C, R\}$$

即消息 I 由征兆 O、危机 C 和结果 R 三个部分组成。其中:

① 征兆部分 O 定义为

$$O = \{D_{creature}, D_{water}, D_{climate}, D_{ground}, D_{ray}\}$$

征兆部分包括具体征兆种类(生物异常、地下水异常、气候异常、地面异常和电磁异常等)及其异常程度。以生物异常为例,它包括种类和程度两部分:

$$D_{creature} = \{k_{creature}, d_{creature}\}$$

其中 $k_{creature}$ 为 7 位二进制逻辑量,0 表示该征兆不存在,1 表示该征兆存在,每位取值对应的征兆为鸽子惊飞、青蛙上街、冬眠中止、鱼跃水面、蜜蜂群迁、鼠类骚动、植物枯萎。$d_{creature}$ 为数值量,每 2 位表示一个对应征兆的严重程度。每种征兆种类的排序参见表 2.5。严重程度取值范围为:{00(无征兆),01(程度较轻),10(程度较大),11(程度严重)}。其他各类异常以相同的形式进行表示。消息"地下水出现异常,有较严重的变化浑浊现象,气候则表现为严重的暴雨与较轻的炎热异常,无其他明显征兆"中,地下水异常征兆部分二进制代码为(0010000,00 00 10 00 00 00 00),气候异常征兆部分为(110000,11 01 00 00 00 00)。该消息征兆部分的完整二进制代码可表示为:{(0000000,00 00 00 00 00 00 00),(0010000,00 00 10 00 00 00 00),(110000,11 01 00 00 00 00),(00000,00 00 00 00 00 00),(00000,00 00 00 00 00 00)}。

表 2.5 征兆部分种类取值表

生物异常	地下水异常	气候异常	地面异常	电磁异常
鸽子惊飞(0/1)	突升涌出(0/1)	特大暴雨(0/1)	地气异常(0/1)	微波站异常(0/1)
青蛙上街(0/1)	突降枯竭(0/1)	异常炎热(0/1)	地鼓异常(0/1)	电子闹钟失灵(0/1)
冬眠中止(0/1)	变色浑浊(0/1)	突降冰雹(0/1)	地动异常(0/1)	日光灯自明(0/1)
鱼跃水面(0/1)	井水升温(0/1)	阴雨绵绵(0/1)	山体滑坡(0/1)	无线电通信中断(0/1)

续表

生物异常	地下水异常	气候异常	地面异常	电磁异常
蜜蜂群迁(0/1)	井口变形(0/1)	久旱不雨(0/1)	地声异常(0/1)	收音机失灵(0/1)
鼠类骚动(0/1)	冒泡不止(0/1)	黄雾弥漫(0/1)		
植物枯萎(0/1)	井水异味(0/1)			

②危机部分 C 定义为

$$C=\{C_{\text{kind}},C_{\text{time}},C_{\text{degree}},C_{\text{frequent}},C_{\text{duration}}\}$$

危机部分包括危机类型、危机距征兆时间、危机严重程度、危机发生频率和危机持续时间,建模方式可参考征兆部分。其中危机类型分为地震、水灾、滑坡、无线电中断、疫病、虫灾、旱灾、泥石流等8种,采用8位二进制逻辑量,0表示该征兆不存在,1表示该征兆存在。危机部分的具体取值见表2.6。

表2.6 危机部分对应取值表

危机类型	危机距征兆时间	危机严重程度	危机发生频率	危机持续时间
地震(0/1)	7天及以上(111)	特别严重(101)	一天内频繁发生(101)	7天及以上(111)
水灾(0/1)	3~7天(110)	严重(100)	一天一次(100)	3~7天(110)
滑坡(0/1)	1~3天(101)	较重(011)	一周2~6次(011)	1~3天(101)
无线电中断(0/1)	12~24小时(100)	一般(010)	一周及以上一次(010)	12~24小时(100)
疫病(0/1)	4~12小时(011)	程度轻微(001)	一次(001)	4~12小时(011)
虫灾(0/1)	0.5~4小时(010)	不确定(000)	不确定(000)	0.5~4小时(010)
旱灾(0/1)	0.5小时以内(001)			0.5小时以内(001)
泥石流(0/1)	不确定(000)			不确定(000)

③后果部分 R 定义为

$$R=\{R_{\text{humanloss}},R_{\text{young}},R_{\text{building}},R_{\text{economy}},R_{\text{dailylife}},R_{\text{duration}},R_{\text{range}}\}$$

后果部分包括人员损失、未成年人损失、建筑物损失、经济损失、日常生活影响程度、持续时间和影响范围,建模方式可参考征兆部分的严重程度。各后果部分的具体取值见表2.7。

表2.7 后果部分对应取值表

人员损失	未成年人损失	建筑物损失	经济损失	日常生活影响程度	持续时间	影响范围
100人及以上(101)	30人及以上(101)	大面积坍塌(101)	非常严重(101)	非常严重(101)	1个月以上(101)	多省及以上(101)
50~99人(100)	10~29人(100)	大面积受损(100)	损失严重(100)	影响严重(100)	1~4周(100)	省内(100)

续表

人员损失	未成年人损失	建筑物损失	经济损失	日常生活影响程度	持续时间	影响范围
10～49 人 (011)	4～9 人 (011)	个别坍塌 (011)	损失一般 (011)	影响一般 (011)	3～7 天 (011)	市辖区内 (011)
10 人以下 (010)	1～3 人 (010)	个别受损 (010)	损失较轻 (010)	影响较轻 (010)	1～3 天 (010)	乡镇以内 (010)
无损失 (001)	无损失 (001)	无损失 (001)	无损失 (001)	无影响 (001)	1 天以下 (001)	个别地点 (001)
不确定 (000)	不确定 (000)	不确定 (000)	不确定 (000)	不确定 (000)	不确定 (000)	不确定 (000)

以某次特大暴雨和山体滑坡引起的大型泥石流事件为例,该事件包括"特大暴雨"和"山体滑坡"两个征兆,分别属于气候异常和地面异常。因此,征兆部分 O 中,气候异常 $D_{climate}$ 中 $k_{climate}$ 第一位取"1"对应"特大暴雨",$d_{climate}$ 取"10"表示暴雨程度较大;地面异常 D_{ground} 中 k_{ground} 第四位取"1"对应"山体滑坡",d_{ground} 取"01"表示滑坡程度较轻。征兆部分其他位置为 0。该事件征兆部分可表示为如下的二进制形式:

征兆部分:{(0000000,00,00,00,00,00,00,00),(0000000,00,00,00,00,00,00,00),(1000000,10,00,00,00,00,00,00),(0001000,00,00,00,00,00,01,00),(0000000,00,00,00,00,00,00,00)}

该事件中危机类型是泥石流,危机类型 C_{kind} 第 1 位取"1"。假设相应征兆发生在泥石流出现的 6 小时前、死亡人数在 10～49 人(含未成年人 2 名)、建筑物大面积毁损、经济损失重大、对社会人员日常生活影响不大、持续时间 1 天、影响范围很小,可得到如下危机和后果的二进制码:

危机部分:{00000001,(000,000,000,000),(000,000,000,000),(000,000,000,000),(000,000,000,000),(000,000,000,000),(000,000,000,000),(011,100,010,010)}

后果部分:{011,010,100,100,011,001,010}

综上所述,采用适当位数的二进制字符串,可以对谣言消息或真实事件消息所包含的枚举量或数值量进行形式化描述,组合得到描述整条消息或事件的二进制字符串,实现对地震灾害类型相关消息或事件的建模。

2.3.2 个体消息学习记忆建模

接收到新的谣言或消息时,具有学习和记忆能力的人会根据自身记忆进行相应预测,并对该消息产生对应的反应行为。因此,个体经历和知识水平对个体接收到相关内容消息后做出怎样的联想和判断,有着至关重要的作用。学者们提出了谣言传播中的个体学习认知模型。张志余[74]在对大量地震谣言进行总结归纳的基础上,将地震谣言抽象成二进制字符串的形式,并结合神经网络,提出了一种根据个体经验知识对谣言进行联想记忆的模型。在此基础之上,陈曦采用同样的地震谣言消息量化方法,提出了一种基于 HTM 网络的个体谣言学习认知模型[75]。以上的模型从微观层面对谣言传播中个体认知环节进行了建模,支撑了对谣言或消息内容的修改过程。

本节介绍了个体的记忆预测机制,并结合 BP 神经网络、联想记忆、HTM 等学习认知模型,利用消息内容建模方法,实现了对个体经历和知识的学习以及接收消息后的预测反应。

1. 个体的记忆预测机制

现有谣言传播个体模型研究中,较少考虑到具有思维、情感和生活经历的个体依据生活经验和学习内容,进行自身的谣言传播行为。个体会对以往的生活经历中影响深远或者重复多次的事件记忆非常深刻,具体的细节也会记忆得相对清晰。在特定的环境下,当再次面临一些相关联的情景时,个体会结合记忆中的内容,对当前情景做出判断。这就是心理学中描述的个体记忆预测行为。现在的人体生理学和心理学研究证明,人的记忆预测也同人类大脑生理结构密切相关,这对于个体形成下一步的行为具有重要的指导作用。因此,这里主要从人脑的生理学角度介绍个体记忆预测的特点和框架。

(1) 大脑按时间顺序存储模式序列

当个体针对某一事物产生记忆时,大脑会按时间顺序逐步且持续地传递记忆信息,并以之前了解或经历的顺序再次呈现。人类的记忆都存储在大脑中,可以在任何时候被分段提取。每一次记忆提取的过程中只有少数神经元和突触在起作用,个体只能按照联想顺序记起相关内容。按照顺序模式存储是大脑记忆系统的固有特性。

个体记忆的这一特点表现为个体以往经过的事件都以一定的时间顺序进入个体的脑海中,并以这个顺序形成对该事件的记忆,存储在大脑中。当个体唤醒这一部分记忆时,呈现出来的顺序也遵循记忆存储时的时间顺序。

(2) 大脑以自联想的方式回忆起所存储的模式

自联想记忆系统能够使个体根据不完整或者混乱的输入信息回忆起全部内容。这种自联想的过程无时无刻不在发生。例如:观察树丛掩映后的某个熟人的脸,虽然看到的可能只是他的某一些脸部器官,但还是可以立马在大脑中反应出他是谁。一个记忆片段可以激活全部的记忆,这是自联想记忆的精髓。自联想记忆是大脑存储记忆的基本特征。

在信息传播中,个体收到一个小的片段或者含有模糊的甚至残缺的信息后,仍可在大脑中存储的以往生活经历记忆中找到与之匹配的信息,并将与该信息关联的整个生活经历联想出来。

(3) 大脑以恒定的形式存储记忆

大脑记忆的是世界上各事物独立细节之间的重要联系。记忆之所以能够被大脑存储下来,是因为大脑抓住了信息间相互关系的精髓,而不是某个瞬间的细节本身。

当个体接触到某些事物时,大脑接收到的是详细的、高度特征化的输入信息,大脑会将输入信息转化成一种恒定形式并加以存储,用于与新的输入模式进行比较,从而达成记忆的存储、唤醒和识别等功能。

在谣言传播中,个体记忆的这一特点表现为个体对于谣言消息的记忆并非完整地记下每条消息的详细内容,而是会将消息进行分解和聚类。大脑记下的是分解后以通用形式表征的模式单元,以及模式与模式之间的联系,比如哪些现象会经常出现在另一现象之后等。这样的存储方式大大增加了大脑的灵活性。

(4)大脑按照层级结构存储记忆

通过对大脑的生理解剖发现,大脑皮层总共分为6层,每层由众多神经元组成。神经元细胞的轴突接触到另一个细胞的树突时,产生的连接叫作突触。在大脑皮层的6层结构中遍布着神经元,它们与离自己最近的其他神经元相连接,并伸出长长的轴突,向旁边的其他层区延伸。当连接建立时,突触就形成了,连接的强弱被称为突触的强度。突触的形成和强度的变化是促使记忆存储的关键。

大脑形成记忆后,会根据这些记忆去推测未来,即实现预测。记忆的四大特点是实现预测的必要因素,而预测是实现智能的必要因素。

预测是大脑皮层的主要功能,大脑利用记忆不断对看到的、听到的、感觉到的事物进行预测,这些预测与感觉输入信息流结合之后就形成了认知。这个过程可以抽象为模型框架或记忆-预测框架。记忆-预测框架是一个"自上而下"的分层框架,是智能的核心框架。首先,大脑必须存储一系列的模式,形成以恒定形式储存的记忆。接着,根据新旧模式之间的相似性,以自联想回忆的方式检索这些模式,并唤醒一系列相应记忆。这样,对于过去事件的认识才能应用到与之相似但是完全不相同的情况中去。

个体对目前消息的预测是个体适应世界、不断进步的必经之路,也是学习记忆的目的。在谣言传播中,个体也在这一记忆预测机制的作用下,按照时间顺序以一种恒定的模式进行学习,形成了对既往消息的记忆,然后在面对谣言消息时,唤起相应的记忆,对当前事物或消息做出预测,并基于自己的预测形成对消息的判断,指导自身下一步的传播行为。

2. 联想记忆模型

联想记忆是个体处理外界消息的一个重要中间过程,分为自联想记忆和异联想记忆,主要由人类大脑中海马CA3区中神经元网络实现[76]。海马CA3区的结构如图2.13所示,从DG(海马齿状回,dentate gyrus)区到CA3区的连接对记忆的贡献很大,对于记忆过程,来自DG区的消息输入CA3区的所有部分;从EC区(嗅皮质区,entorhinal cortex)到CA3区的连接对记忆恢复必不可少。对于联想过程,来自EC区的消息被输入CA3a层和CA3b层进行处理,结果被输入CA3c层进行进一步处理。CA3a层和CA3b层可实现记忆"被唤醒"的过程,CA3b层和CA3c层之间的连接可实现由一种记忆联想到另一种记忆的过程。因此,可模拟海马CA3区的结构建立联想记忆模型。考虑到大脑中神经元突触结构和 Hopfield 网络的连接方式很类似,也都可以用 Hebbian 学习规则[77]描述,因此使用人工神经网络对海马 CA3 区的联想记忆功能进行建模[78]。

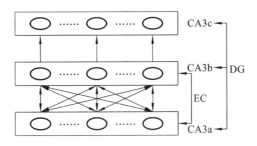

图 2.13　海马 CA3 区的结构图

联想记忆模型如图 2.14 所示。其中:自联想网络包含两层神经元,类 CA3a 层有 m 个神经元,类 CA3b 层有 n 个神经元,这两层可实现自联想记忆功能;异联想网络为类 CA3c 层,该层神经元可分为 C 类(n 个)和 C_1 类(p 个),同类神经元之间无连接,和另一类神经元全互连,类 CA3c 层可实现异联想记忆功能。对于自联想网络,这里采用一种改进的 Hopfield 网络。类 CA3b 层既是输入层也是输出层,类 CA3a 层是反馈层。类 CA3b 层到类 CA3a 层、类 CA3a 层到类 CA3b 层的权值矩阵分别为 W_{ij} 和 U_{ij}($i=1,\cdots,n;j=1,\cdots,m$),阈值向量分别为 $\boldsymbol{\theta}$ 和 $\boldsymbol{\rho}$。给定一个初始状态 $\boldsymbol{X}(0)=(\boldsymbol{X}_1(0),\cdots,\boldsymbol{X}_n(0))$,网络开始按下面式(2.8)进行循环迭代。

$$\begin{cases} \boldsymbol{X}(t+1) = f(\boldsymbol{Z}(t) \cdot \boldsymbol{U} - \boldsymbol{\theta}) \\ \boldsymbol{Z}(t) = f(\boldsymbol{X}(t) \cdot \boldsymbol{W} - \boldsymbol{\rho}) \end{cases}, \quad t \geqslant 0 \tag{2.8}$$

式中,$\boldsymbol{Z}(t)$ 是类 CA3a 层在时刻 t 的状态,f 为非线性函数,其中

$$f(x) = \begin{cases} -1, & x \leqslant 0 \\ 1, & x > 0 \end{cases} \tag{2.9}$$

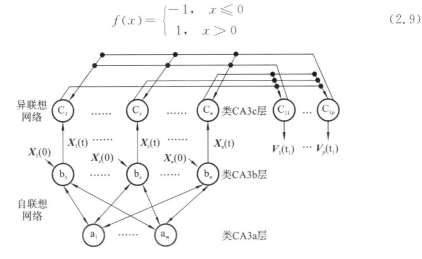

图 2.14　基于海马 CA3 区结构的联想记忆模型

当类CA3b层满足"存在时刻t,使$\boldsymbol{X}(t+1)=\boldsymbol{X}(t)$成立"时,网络达到稳定状态。假设包含$s$条记忆的样本集合$\{\boldsymbol{M}_0,\boldsymbol{M}_1,\cdots,\boldsymbol{M}_{s-1}\}$,每个样本是$n$维二值列向量,类CA3b层有$n$个神经元,类CA3a层有$m$个神经元($m=s-1$),权重矩阵$\boldsymbol{W}$的训练方式如式(2.10)所示:

$$W_{ij} = m_i^j, \quad i=1,\cdots,n; j=1,\cdots,s-1 \tag{2.10}$$

式中,m_i^j是第j个样本$\boldsymbol{M}^j$的第i个分量。类CA3a层中阈值矩阵$\boldsymbol{\rho}$的计算方式如式(2.11)所示:

$$\rho_i = \begin{cases} n-d_i+1, & d_i \text{为偶数} \\ n-d_i, & d_i \text{为奇数} \end{cases}, \quad i=1,\cdots,s-1 \tag{2.11}$$

式中,$d_i = \min\{d_H(\boldsymbol{M}^i,\boldsymbol{M}^j) | j \neq i\}$,$d_H$为海明距离。权重矩阵$\boldsymbol{U}$的训练方式如式(2.12)所示:

$$U_{ij} = \begin{cases} 0, & \text{当}\ m_i^j = m_i^0 \text{时} \\ m_i^j, & \text{当}\ m_i^j \neq m_i^0 \text{时} \end{cases}, \quad j=1,\cdots,s-1; i=1,\cdots,n \tag{2.12}$$

对于异联想网络,本节采用BAM[79]网络,类CA3c层中的神经元分为C类(n个,输入层)、C_1类(p个,输出层)。该部分的输入是自联想部分的输出$\boldsymbol{X}(t)$,给定m个记忆样本$\{\{\boldsymbol{X}^1,\boldsymbol{Y}^1\},\cdots,\{\boldsymbol{X}^m,\boldsymbol{Y}^m\}\}$,$\boldsymbol{X}^i$为$n$维二值向量,$\boldsymbol{Y}^i$为$p$维二值向量,C类神经元到$C_1$类神经元的权值矩阵训练方式如式(2.13)所示:

$$\boldsymbol{W}_c = \sum_{i=1}^{m} \boldsymbol{Y}^i (\boldsymbol{X}^i)^\mathrm{T} m_i^j \tag{2.13}$$

训练完毕,在$t-1$时刻,得到一个输入$\boldsymbol{X}(t-1)$,网络按式(2.14)中的规则开始演化:

$$\boldsymbol{X}(t) = f\{\boldsymbol{W}_c^\mathrm{T} f[\boldsymbol{W}_c \boldsymbol{X}(t-1)]\}, \quad t \geq 1 \tag{2.14}$$

这种双向反馈过程进行到两类神经元的状态都不再发生变化为止,即网络达到稳定状态。

为进一步验证上文所建立模型的可行性及准确性,对该联想记忆模型进行测试。将已发生的谣言事件、危机事件样本转化为二进制表示形式,采用联想记忆模型让个体学习样本实际危机事件、已发生谣言事件样本,完成个体记忆形成过程的训练阶段。分别对已经学习完成的模型输入已经学习样本和未发生的样本局部信息,检测联想记忆模型学习记忆能力。

这里选取地震相关消息对联想记忆模型进行测试。给每条消息赋予征兆属性、危机属性和后果属性,采用谣言消息内容建模中规则进行量化转换。为了减少工作量,这里做了一定简化,如图2.15所示。首先,用10位二进制数对征兆属性进行量化,其中前4位表示主要发生的现象,依次用3个2位表示发生现象的数量或强度、持续时间、紧急程度。然后,用8位二进制数对危机属性进行量化,依次用4个2位表示危机名称、危机发生频率、危机等级和危机持续时间。最后,用6位二进制数对危机后果进行量化,分别用2位表示人员伤亡情况、日常生活受影响程度、后果影响范围。

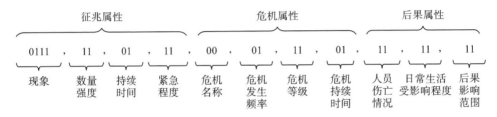

图 2.15 地震消息的量化规则

本节选取 2 条真实地震信息和 1 条谣言信息量化后作为联想记忆模型的测试实验中的测试样本：

样本 1：1976 年唐山发生 7.8 级地震，震前出现鱼类躁动、黄烟漫天等异常，并造成重大人员伤亡，量化结果为 00001110100011101111110。

样本 2：2010 年玉树发生 7.1 级地震，强震之前发生了较高等级的有感地震，并造成 2220 人遇难，失踪 70 人，量化结果为 01111101110001110111111。

样本 3：2009 年合肥派河大桥下有大量青蛙和蛇聚集，群众猜测是地震前兆，谣言散开并造成恐慌，后自行平息，量化结果为 00001100010100000000101。

在学习完成后，这里分别选取了样本 1、2、3 的前 10 位作为联想记忆模型的输入，验证模型能否根据某事件的征兆联想起该事件，测试结果如表 2.8 所示（海明距离越小表示与该样本越相似）。实验结果表明，如果训练过上述三个样本所代表的信息，再输入一条样本消息部分内容，个体会联想起所训练的信息。因此，模型可以用来表达人在受到刺激后个体会根据以前形成的记忆联想到与之相关的信息内容。

表 2.8 记忆后象测试的测试结果

模型输入	结果和样本 1 的海明距离	结果和样本 2 的海明距离	结果和样本 3 的海明距离	测试结果
样本 1 的前 10 位	0	8	14	模型联想到样本 1
样本 2 的前 10 位	8	0	14	模型联想到样本 2
样本 3 的前 10 位	14	8	0	模型联想到样本 3

记忆是人脑对已发生信息的反应，个体不会联想到记忆之外的事件。本节测试构造一条样本 1、2、3 中没有出现的新征兆消息 A：某地区连续几天天空出现形状异常的云，且覆盖范围较大，量化结果为 0101101001。测试结果如表 2.9 所示。测试结果表明模型不能由消息 A 联想到样本 1、2、3 中任意一个，证明了个体无法联想未经历的信息。

表 2.9 记忆本质测试的测试结果

模型输入	结果和样本 1 的海明距离	结果和样本 2 的海明距离	结果和样本 3 的海明距离	测试结果
消息 A	8	10	20	由消息 A 无法联想到任何样本

3. 基于 BP 神经网络的预测模型

个体在完成对信息的学习与记忆后,还需要进行相应的推理预测来形成自身下一步的传播行为选择。人类的预测功能通过由大量脑细胞互相连接形成的神经网络完成。个体通过不断学习改变脑细胞之间的连接方式,使这个庞大而复杂的网络系统的学习预测功能逐步提高。而对于这种复杂的非线性系统,不能仅通过建立线性函数完成预测信息输出的方法来正确表征个体对信息的推理预测,需要建立性能更好的、稳定性更高的模型对接收到的信息进行准确辨识和预测。BP(back propagation)神经网络具有大规模并行、自组织、自适应和自学习能力,被广泛用于处理需要同时考虑多因素和多条件的、不精确信息记忆预测的问题。

BP 算法是一种误差逆传播算法[80],它的优点在于把模拟人脑运作的复杂机理进行封装,使用者只需重点关注它可以实现的学习记忆、预测推理等功能。这样,运用 BP 神经网络来研究知识记忆和预测问题时,不仅可以实现推理过程,也可以实现对结果的预测和分析,并进行决策。BP 神经网络是模仿神经细胞的结构而构造出来的,并通过不断学习改变脑细胞之间的连接方式,不断提升网络的功能。BP 神经网络的基本工作原理是:对于每一个神经元,假设它有 n 个输入,分别为 $x_1,x_2,\cdots x_n$,那么输出值如式(2.15)所示:

$$y = f(\sum_{i=1}^{n} w_i x_i) \qquad (2.15)$$

式中,f 是一个函数,w_i 是不确定的权重系数。BP 神经网络学习记忆功能的原理就是:输入层神经元接收学习样本数据的输入,隐含层与输出层神经元对输入信息进行处理,输出层神经元输出实际结果。根据实际输出和理想输出的差来不断修正权值。反复训练多次后,使实际输出和理想输出趋于一致。学习记忆的本质就是对各连接权值进行动态调整。

结合知识建模的 BP 神经网络结构图如图 2.16 所示。网络的输入层个数由知识建模过程中结构化后的子集合(这里包括行动集、状态集、外部信息集等)决定。这里输入子集合由 4 个不同的特征向量组成,输入层节点数为 4 个。输出层是由结果集(包含了 4 种不同的结果,即相当于 4 个不同的特征向量)决定,输出层节点数为 4 个。

利用 BP 神经网络对个体行为知识进行学习时,随着个体行为知识不断学习,个体行为预测更加准确。此外,BP 神经网络还具有一定的泛化能力,当向网络输入未经过训练的非样本数据时,网络也能完成由输入空间向输出空间的映射。神经网络的泛化能力反映了神经网络的推理预测能力。当个体接收到不完整或未训练的信息时,BP 神经网络也能够依据个体历史行为知识所形成的记忆,推理预测出输入样本可能得到的结果并给出决策方案。BP 神经网络学习记忆、推理预测过程如图 2.17 所示。

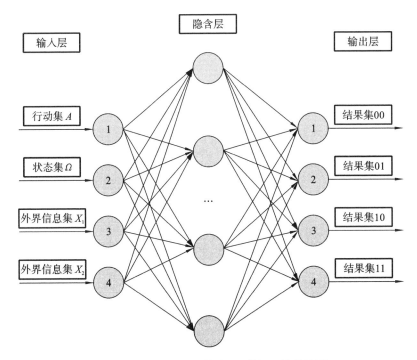

图 2.16 结合知识建模的 BP 神经网络结构图

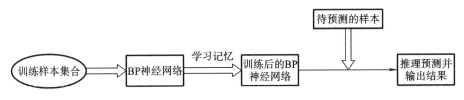

图 2.17 BP 神经网络学习记忆、推理预测过程

4. HTM 记忆预测模型

(1)经典 HTM 算法模型。

经典的 HTM(hierarchical temporal memory,层次时间记忆)算法是由美国神经科学研究学者 Jeff Hawkins 在对人脑的新皮层进行生理解剖的基础上,探索大脑的学习机制而提出的一种皮层学习算法[81]。HTM 算法模型最主要的特点就是在信息的处理过程中加入了时间标签,不仅考虑了消息在空间上的联系,还更加注意到时间在记忆和预测方面发挥的指导性作用。HTM 算法模型实现的记忆预测功能,是建立在由下至上多层网络不断累积与不断融合的基础之上的。经典 HTM 算法模型框架是"金字塔"形的分层结构,如图 2.18 所示。

底层节点接收传感器传来的并经过适当预处理后的输入数据(输入数据一般为 0/1 编码形式)后,会对输入数据的某一个或者某几个属性进行处理,发现其内在联系,并将输出传递给上层节点。上层节点对下层的输入进行融合,发掘更大范围的数

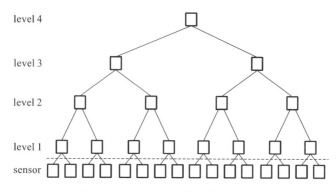

图 2.18 经典 HTM 算法模型框架图

据间的联系。以此类推,顶层节点形成对整条数据的学习,这一过程如图 2.19 所示。然后重复此过程,继续学习输入数据流中的其他信息。最后,根据这些学习到的知识,当一个新的输入数据到达时,模型结合这些记忆和当前输入做出预测。

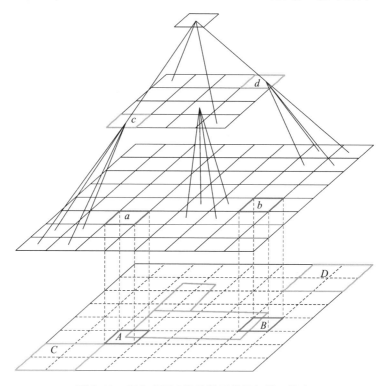

图 2.19 经典 HTM 算法模型的层级学习模式

经典 HTM 算法模型的整个学习过程包括学习阶段和推理阶段两个部分。在学习阶段,模型对输入的样本进行训练,形成记忆;在推理阶段,模型接收新的要推理的数据,结合学习阶段的记忆,进行预测。节点完成学习阶段后,进入推理阶段;在所有节点完成学习阶段后,整个网络进入推理模式,能够对新的输入模式进行推理。

节点在这两个阶段均经历了空间聚类和时间聚类。空间聚类是指模型将输入数据分解成细小的组成部分,过滤重复出现的模式,用以分辨因为尺度变换而出现大小不同、实质相同的模式,还原因为噪声、损坏等造成扭曲或者破坏的模式。时间聚类是指将这些经过空间聚类的模式根据其发生的时间先后顺序归为不同的组,每一个组内的模式是同一个模式在不同时间的表现形式。节点空间聚类和时间聚类的示例图如图 2.20 所示。

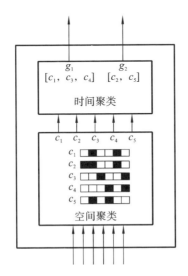

图 2.20　节点的空间聚类和时间聚类示例图

在完成学习阶段以后,对模型输入一条新的数据,模型就会按照学习阶段的过程进行空间聚类和时间聚类,最终在顶层节点产生输出,预测新的输入引起的各种可能输出的概率。

HTM 算法的显著特点是模拟人脑的学习方式对信息进行预测。它由于采取的是学习-记忆-预测的处理模式,因而在处理因果关系不确定的问题时具有良好的性能。同时它采用"金字塔"形的分层结构,每个节点的工作机制相同,大大缩小了计算成本和硬件规模。另外,HTM 算法处理的输入数据是 0/1 数据流,对原始数据是离散的还是连续的并没有严格要求。因此,HTM 算法是一种高灵活性、高效率的机器学习方法,使用 HTM 算法对谣言传播中个体记忆预测进行建模研究,克服了传统个体建模方法过于简化的弊端,更符合个体智能性、异质性的要求。

(2) 基于 HTM 的个体记忆预测模型框架和算法。

在经典 HTM 框架的基础上,本节的重点内容是介绍谣言传播个体记忆预测模型的框架和具体的实现算法。首先,提出了满足研究要求的 HTM 框架,详细介绍了模型的学习流程和各模块的功能;然后,针对模型各模块的功能实现,详细介绍了模型所使用的具体算法。

在研究谣言传播个体的过程中,本节在经典的 HTM 框架的基础上,增加了一个扩展的顶层节点,对经典的 HTM 算法进行了改进,构成一个具有四层结构的 HTM 算法模型(建立的个体记忆预测模型的框架如图 2.21 所示)。该模型顶层节点只有空间聚类,没有时间聚类,取而代之的是该监督式映射的过程[82],这一过程使用了动态规划方法进行相似性测量。

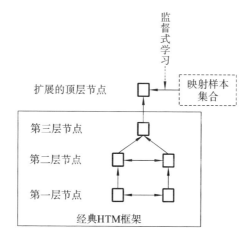

图 2.21　个体记忆预测模型的框架图

HTM 算法最重要的特点就是考虑了输入数据的时间特性,HTM 算法处理的是关于一系列输入数据的时间序列,图 2.22 所示为模型对随着时间变化的输入数据序列的聚类处理过程。

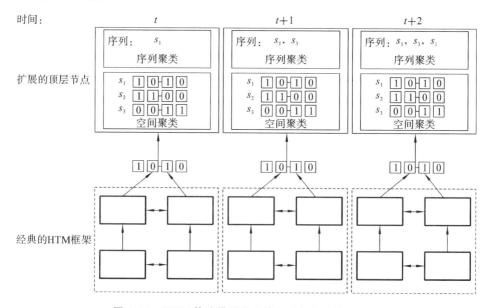

图 2.22　HTM 算法模型处理输入时间序列的示例图

普通节点和顶层节点内部的具体学习过程的示例图如图 2.23 所示。

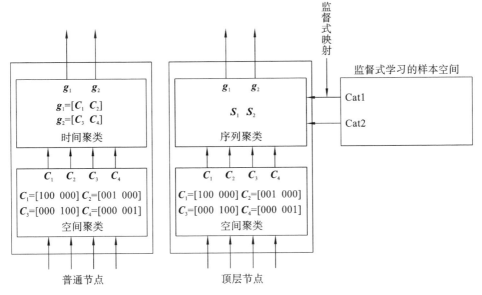

图 2.23 普通节点(左)与顶层节点(右)的内部学习过程示例图

接下来,本节将详细介绍 HTM 算法模型在学习阶段和推理阶段所用到的模型算法。模型的流程图如图 2.24 所示。

① 学习阶段。

a. 空间聚类:设定一个时间阈值 T_0,当样本中存在重复发生的消息 C_i 时,空间聚类将这些重复的消息去掉,但是会记录这一消息重复发生的次数(用 N_{Ct} 表示,且在时间阈值之内,t 表示第 t 个时间段)。至此,得到样本空间中所有不重复的事件,即空间聚类的结果,用 S_p 表示,结果集合中的消息数目用 S 表示。

b. 时间聚类:初始化一个全 0 矩阵 W_t,其维度为 $S \times S$。遍历所有消息,对每一条消息 C_i,若 C_i 向前追溯 n 个时间步长时,发生了消息 C_j,则矩阵 W_t 元素如式(2.16)所示:

$$\begin{cases} W_t(i,j) = m - n + 1, & T<C_i,C_j> \leqslant T_0 \\ W_t(i,j) = 0, & T<C_i,C_j> > T_0 \end{cases} \quad (2.16)$$

式中,m 为一个恒定的常数,$T<C_i,C_j>$ 表示样本 C_i 与 C_j 之间的时间间隔,$n=1$,$\cdots,s-1$,依此类推,直到追溯到序列中的第一条样本为止。在 W_t 建立好后,通过下面的步骤进行时间聚类:从矩阵中找出 $W_t(i,j)$ 的值最大的元素对应的行,将该样本 C_i 放在一个分组中,与之对应的列的样本 C_j 放在它的前面,如果一行中出现 k 个最大值,则将这一行对应的样本 C_i 分别放在 k 个分组中,对应的列的样本 C_j 分别放在该样本的前面;然后,在最大值对应的行中找出 $m-1,m-2,\cdots$ 元素对应的列事件,依次往前放,若其中的子集包含以前的分组,则将以前的分组去掉;重复以上两步骤,直到

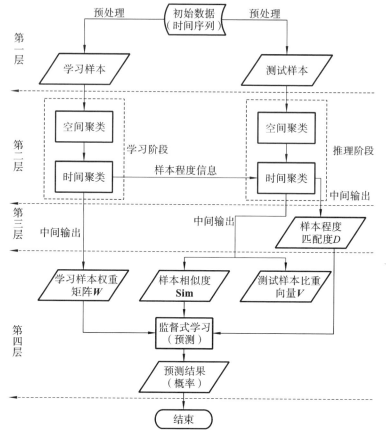

图 2.24 HTM 算法流程

遍历完 W_t 中所有元素。至此形成的分组即为时间聚类的结果，用 T_c 表示，结果集合中的分组数目用 T 表示。

在产生时间分组之后，将各个分组内的消息进行整合，形成一条记录，形成的 T 条记录将在推理阶段用到。方法如式(2.17)所示。

$$S_{P_i} = C_1 \wedge C_2 \wedge \cdots \wedge C_j ; C_j \in T_{c_i} \tag{2.17}$$

另外，还将产生一个权重矩阵 $W[T,S]$，其中元素代表的意义是某一样本属于各时间分组的权重。其计算方法如式(2.18)所示：

$$W(i,j) = \frac{N_{C_j}^i}{\sum_{j=1}^{S} N_{C_j}^i} \tag{2.18}$$

式中，$N_{C_j}^i$ 表示样本 C_j 在对应的时间分组 T_{c_i} 中出现的次数，$\sum_{j=1}^{S} N_{C_j}^i$ 表示时间分组 T_{c_i} 中所有样本出现的次数之和。矩阵 W 存储的内容是学习的结果，即 HTM 框架中的记忆部分。

② 推理阶段。

学习阶段结束以后,可以对新输入的样本进行推理。

a. 空间聚类。具体过程与学习阶段的空间聚类过程大体相同。首先记录下在学习阶段的空间聚类结果集合 S_p 中,各样本 C_i 在此输入序列中出现的次数,用 N_{C_i} 表示(如果 S_p 中有样本 C_i 没有在此输入样本中出现过,则 $N_{C_i}=0$),并把重复的样本过滤掉,然后把过滤后无重复的样本整合到一条记录中,用 S_t 表示,S_t 即为空间聚类的结果。同时,在此过程中还将产生一个该输入样本中各样本的比重向量 $\boldsymbol{V}$,$\boldsymbol{V}$ 的长度为 S,$\boldsymbol{V}$ 中的元素代表输入的样本中各样本在整个队列中所占的比重,根据每个样本出现的频率,$\boldsymbol{V}$ 的算法如式(2.19)所示:

$$V_i = \frac{N_{C_i}}{\sum_{i=1}^{s} N_{C_i}}, \quad i=1,2,\cdots,S \tag{2.19}$$

b. 监督式学习。首先,利用动态规划的方法计算 S_t 与学习过的每一个序列 S_{p_i} 的相似性。具体算法为:若 SA 和 SB 是要比较的两个序列,使用得分机制对两个序列各位的匹配、间隔、不匹配关系进行打分,得到一个矩阵 $\boldsymbol{M}$,其维度为 $n \times n$,n 为序列的长度,矩阵 $\boldsymbol{M}$ 右下角得到的数字表示全局最优分布得分,即两序列的相似度。用 **Sim** 表示,如式(2.20)所示:

$$\textbf{Sim}_i = \boldsymbol{M}(n,n), \quad i=1,2,\cdots,T \tag{2.20}$$

矩阵 $\boldsymbol{M}$ 中的每个元素按照式(2.21)进行计算。

$$M(i,n) = \max \begin{cases} M(i-1,j-1) + s(\mathrm{SA}_i, \mathrm{SB}_j) \\ M(i-1,j) + g \\ M(i,j-1) + g \end{cases} \tag{2.21}$$

式中,$s(\mathrm{SA}_i, \mathrm{SB}_j)$ 表示序列 SA 的第 i 位元素与序列 SB 的第 j 位元素匹配或不匹配的代价,g 表示间隔代价。本节中使用的得分机制如式(2.22)所示:

$$\text{得分机制}: \begin{cases} s=3, & \text{匹配} \\ s=-3, & \text{不匹配} \\ g=-1, & \text{间隔} \end{cases} \tag{2.22}$$

然后,计算输入的测试样本与已经学习过的样本中程度描述部分的匹配度 D。具体算法如下:

将测试样本集合中的每一条样本的程度描述部分与学习样本中属于同一个时间阈值 T_0 之中的每一条样本的程度描述部分进行比对并计算,取出样本的后 9 位,每 3 位一组分别转换为十进制数,学习样本的 3 个程度描述转换为十进制数后分别用 m_1、m_2、m_3 表示,测试样本的 3 个程度描述转换为十进制数后分别用 n_1、n_2、n_3 表示,则如式(2.23)所示:

$$D = \frac{1}{m \times n} \sum d \tag{2.23}$$

式中,m 表示学习样本中处于同一个时间阈值 T_0 内的样本的数目,n 表示测试样本中样本的数目，d 为测试样本中的样本与学习样本中属于同一 T_0 阈值内的样本两两之间进行程度的匹配的计算，算法如式(2.24)所示：

$$d = \begin{cases} 3 - \dfrac{|m_1 - n_1| + |m_2 - n_2| + |m_3 - n_3|}{8}, & 征兆现象相同 \\ 0, & 征兆现象不同 \end{cases} \quad (2.24)$$

依此规则逐一遍历测试样本和学习样本，最后得到测试样本与学习样本程度描述上的匹配度 D。

最后，进行预测，结合学习阶段得到的权重矩阵 $\mathbf{W}$，以及推理阶段得到的测试样本的比重向量 $\mathbf{V}$，样本的相似程度 $\mathbf{Sim}$ 和程度的匹配度 D，计算输入的测试样本的预测值，计算公式如式(2.25)所示：

$$\mathbf{Pre} = \mathbf{W} \times \mathbf{V}^{\mathrm{T}} \times \mathbf{Sim} \times D \quad (2.25)$$

对计算的结果进行归一化处理，最终得到的结果是位于(0,1)之间的小数，表示的意义是测试样本 S_t 分别落入聚类后的各个学习样本子集 S_{P_i} 的概率，概率值越大，表示测试样本 S_t 引发的后续事件越有可能与那一学习样本子集的后果事件相同，选择概率值最大的组即可作为 S_t 的预测值。

2.3.3 基于 BDI 理论的谣言传播个体信念建模

BDI 模型是在 Cohen 和 Levesque[83] 的正规模态逻辑的意图模型以及 Rao 和 Georgeff 等[84] 的 BDI 计算数逻辑模型基础上发展起来的，本质上要解决的问题是如何确定主体(Agent)的目标以及如何实现这个目标。经典的 BDI 模型(一般结构如图 2.25 所示)侧重于形式描述信念(belief)、愿望(desire)和意图(intention)，其内在逻辑是将外界感知输入作用于个体，在信念形成和信念改变作用下构成个体信念集，然后通过筛选信念集产生意见形成个体自身的愿望集，最后通过对愿望集筛选形成意图集。近年来，越来越多的学者从社会学和传播学的角度出发，基于主体思维过程对个体意识、信念等方面进行研究，利用 BDI 模型进行网络舆情分析、建立相关谣言传播个体模型[85,86]。但是 BDI 模型偏向于个体对自身信息的推理和表达，在个体思维属性的量化计算方面尚有不足。在此基础上，部分学者提出了一些基于 BDI 理论的扩展模型，例如借鉴神经网络的 BP-BDI 模型[87]，引入公众权威度的 PA-BDI 模型[88]，以及考虑个体情感模型构建的 E-BDI 模型[89] 等，对于从个体角度出发研究谣言传播与舆论演化有一定的借鉴意义。

1. 个体信念研究

经典 BDI 模型由 belief-desire-intention 三部分构成。其中，信念(belief)是 Agent 具有的关于环境信息、其他 Agent 信息和自身信息的集合，是主体进行思维活动的基础；愿望是 Agent 希望达到的状态和希望保持的状态(分别称作实现型愿望和维护型愿望)；意图是承诺的愿望。由此可知，信念(belief)是 BDI 模型的基础，是研究愿望和意图的前提。个体信念通常被认为是个体的观点或者对某件事情的看法，

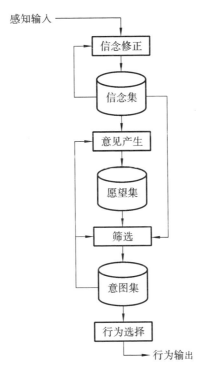

图 2.25 经典 BDI 模型结构

它属于个体的意识范畴。从某种程度上讲,信念影响着个体的态度行为及决策反应,同时它也受到个体自身的经验、文化背景、环境因素等某些异质性因素的影响。探讨个体信念包含的内容、机制及影响因素,不仅有助于加深对个体内在的认知,也对建立完善的个体信念概念、推进 BDI 模型的研究有很大帮助。

对个体信念的研究吸引了大量来自哲学、心理学、教育学、经济学、工程学及计算机科学等领域学者的广泛关注。在哲学领域中,从柏拉图到康德,他们把知识和信念关联起来,为之后的研究奠定了基础。马克思和恩格斯认为[90]:"在社会历史领域内进行活动的是具有意识的人,任何事情的发生都是有意图和目的的。"心理学领域的专家认为理想、信念、世界观是人的精神生活的最高层面,信念蕴含了认知、情感、观念和意向等成分,是人们在心理上相信的前提和主张[91]。在教育学中,对教师信念的研究[92,93]旨在提高教学成果及教师整体素质,对学习信念的研究[94]旨在探讨学习信念的内容、类型、起作用机制等。在经济学领域[95]中,研究者侧重于从个体的异质性出发去研究异质信念对股票价格、公司特质风险及预期收益率等的影响。在工程学和计算机科学领域[96]中,研究者综合了社会科学类对信念的定义与作用机制,提出了 Agent(智能体、代理)理论,建立一种自下而上的模拟人的智能体系统。工程学领域通过这种方式建模研究工程问题,计算机领域通过研究 Agent 系统的一些特性将其应用在人工智能领域中。由于个体信念不断生成并且时刻改变,本节将借鉴计算机领域的 Agent 模型,结合神经网络的知识,研究异质性个体信念形成过程模型和个体信念改变过程模型。

2. 个体信念形成过程建模

(1) 个体信念形成过程。

Agent 信念形成整体过程如图 2.26 所示。为了避免逻辑全知问题和逻辑蕴含的副作用问题,本节将 Agent 个体信念分为知识性信念和可实现信念两个部分,前者对后者起指导作用。两种信念的形成(知识性信念形成过程如图 2.27 所示,可实现信念形成过程如图 2.28 所示)都需要经过知识建模和 BP 神经网络的学习与记忆,将个体经验知识转变成信念并加入个体的信念集中。在信念的形成过程中,信念集是动态变化的。在知识性信念形成过程中,个体不同的历史经验和知识会形成异质性个体信念集;在可实现信念形成过程中,新的信念加入原有信念集中使得个体信念集不断扩充。

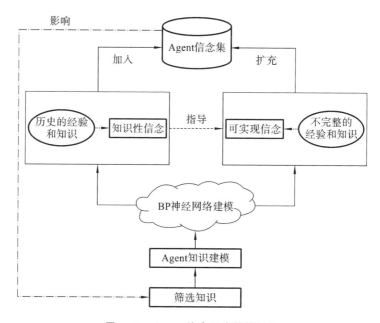

图 2.26　Agent 信念形成整体过程

① 知识性信念的形成。个体的知识性信念指当前掌握的知识,具有知识的进化和继承特性。本节通过让不同的个体学习不同的经验和知识,来表征当前异质性个体的初始信念集。这些经验和知识采用知识命题形式来表达,通过 2.3.1 节中提到的谣言知识建模方式转换为格式固定的二进制命题,然后用 BP 神经网络对这些二进制命题进行学习和记忆并转变成个体的信念,最后加入信念集中形成异质性个体的知识性信念。

② 可实现信念的形成。个体的可实现信念是指现在没有发生但将来会发生的事情,它意味着个体的倾向性和目标。将这种定义具体化并运用在本节中指的就是对

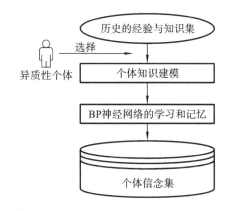

图 2.27 知识性信念形成过程

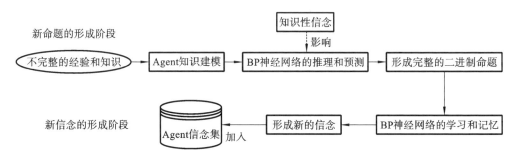

图 2.28 可实现信念形成过程

于还未发生或现在不成立的事情,个体只掌握事情可能发生的一些条件(包括状态、信息等),不清楚事情发生的结果(此时,个体只掌握不完整的知识或经验)。针对这种情况,个体会根据自身已有经验进行分析和预测,形成思维判断。为了反映这个过程,本节将可实现信念的形成分为新命题的形成和新信念的形成两个阶段。在新命题的形成阶段,个体采用知识性信念训练好的 BP 神经网络对通过知识建模形成的不完整知识命题进行推理预测,然后把这些不完整命题与对应预测结果组合起来形成一条完整的知识命题。在新信念的形成阶段,利用神经网络的学习记忆功能训练上一阶段形成的完整知识命题,再将训练结果加入个体原有的信念集当中,达到扩充信念集的目的。

(2) BP-BDI 模型。

传统的 BDI 模型缺乏对 Agent 信念的学习和预测能力的描述,而 Agent 的信念形成过程是伴随着学习记忆及推理预测等智能行为而发生的。具有泛化学习能力的 BP 神经网络正好可以弥补这一缺陷。本节将介绍基于 BP 神经网络的 BP-BDI 模型。此模型在传统 BDI 模型的基础上构建了 BP 模块模拟个体大脑的学习预测功能,能够对个体的经验知识进行学习记忆和推理预测,解决了个体信念学习形成的问题,比传统 BDI 模型更贴合实际情况,便于应用。

实现 Agent 信念形成的 BP-BDI 模型结构图如图 2.29 所示。BP-BDI 模型分为四大模块:个体学习模块、个体预测模块、推理机模块、实体对象模块。

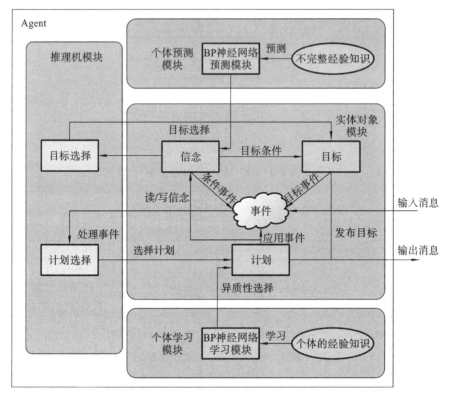

图 2.29　BP-BDI 模型结构图

个体学习和预测模块:通过 BP 神经网络实现知识的学习与预测,解决了传统 BDI 模型中的信念生成难题。随着个体学习的知识越来越多,预测结果也越来越准确。在传统 Agent 推理机无法选择正确的计划来实现其目标时,个体预测模块将根据以往的经验知识预测出可能发生的结果,直接做出决策。

推理机模块:包含目标选择和计划选择两个部分。推理机会根据 Agent 的信念进行自身的目标选择。在该模型中,目标是以一种层级化的结构存在,可能有的目标中还包含了多层子目标,大目标实现的前提是子目标的实现。计划选择存在的意义是 BDI 模型的推理机只能在基于规则的情况下对计划进行选择。

实体对象模块:主要包括信念、目标和计划三个部分,其中 Agent 信念的形成主要是由内部因素作用的结果。计划可以读写信念,在计划完成后有可能更改信念集。计划取决于信念,信念创建了目标。由图 2.29 可知,在 BP-BDI 模型中,信念是推理机模块的输入,推理机模块可以对目标和计划进行选择。其中目标决策和计划决策定义如下:

①目标决策。在本模型中,目标是个体需要去完成和实现的。但是不同个体的

目标不一致,所以个体需要根据自身信念集对目标进行选择。在 BP-BDI 模型中,每个目标的优先级都不一样,需要根据个体的异质性对目标优先级进行设定。有了目标的优先级,推理机才能进行目标选择。

②计划决策。计划是个体行为的前提,它是用户动作和目标的集合。计划里面包含着个体的动作和目标,也就是说个体的子计划的实行是通过目标驱动实现的。在 BP-BDI 模型中,推理机会通过目标选择选择要实现的目标,并通过计划来进行实现。Agent 在执行计划的过程中,会产生相应的内部事件和外部事件。内部事件可能会导致自身信念的改变,从而更新信念集;如果产生了外部事件,需要通过交互模块与外界环境进行交互。

BP-BDI 模型将该经典模型同 BP 神经网络结合,既利用 BDI 模型中基于逻辑谓词形式等严密的逻辑推导基础,又发挥了 BP 神经网络的学习预测能力。在 BP-BDI 模型的基础上进行信念形成过程的建模研究具有一定的优势。

(3)个体信念知识建模。

知识的表达形式有很多种,为了方便 BP 神经网络的学习和记忆,我们采用结构化和量化的命题形式来表达个体信念知识(称为知识命题)。结构化的知识命题包括行动集 A、自然状态集 Ω、外界信息集 X、结果集 C 四个部分,其描述如式(2.26)所示:

$$知识命题\ P = \{行动集\ A, 自然状态集\ \Omega, 外界信息集\ X, 结果集\ C\} \quad (2.26)$$

①行动集 A:也称作方案集,记作 $A = \{a_1, a_2, \cdots, a_n\}$,表示个体可能采取的所有行动的集合。

②自然状态集 Ω:亦称为状态空间,用来表示所有可能发生的状态,记作 $\Omega = \{\theta_1, \theta_2, \cdots, \theta_n\}$。

③外界信息集 X:亦称作不确定性因素集,可记作 $X = \{x_1, x_2, \cdots, x_n\}$。由于不确定性因素较多,通常选取几个对结果集影响较大的外界因素来分析。

④结果集 C:个体做出选择后会产生的各种可能后果,可记作 $C = \{c_1, c_2, c_3, \cdots, c_i\}$,其中 $i = 1, 2, \cdots, m$。

结构化的知识命题依然不满足神经网络学习的需要,本节继续将其转变为结构固定的二进制形式的知识命题,如式(2.27)所示:

$$知识命题 = 行动集 \oplus 自然状态集 \oplus 外界信息集 \oplus 结果集 \quad (2.27)$$

转换的过程是将知识命题的每一个子集合进行量化,量化的规则是使用 0/1 形式的编码来对应子集合中各元素的实际意义。所有子集合都转化为 0/1 编码后,按照式(2.27)的固定顺序将所有 0/1 码组合成一条位数固定、意义明确的二进制数据流,这一数据流就是量化后的知识命题。

下面以个体每天早上开车上班采取不同的行动、遇到不同的环境因素时产生不同结果的历史经验和知识为例,介绍个体初始信念集中知识建模的过程。每条经验和知识是一个知识命题,包含行动集、自然状态集、外界信息集、结果集的各一条记录。本例中,个体开车上班过程中的结构化知识命题的各个集合元素如表 2.10 所示。

表 2.10　结构化知识命题集合各元素含义

集合	元素及其含义
行动集 A	a_1:7:00—7:15 出发 a_2:7:15—7:30 出发 a_3:7:30—7:45 出发 a_4:7:45—8:00 出发
自然状态集 Ω	θ_1:道路畅通 θ_2:道路较拥堵 θ_3:道路严重拥堵
外界信息集 X_1	x_{11}:晴天 x_{12}:下雨 x_{13}:下雪 x_{14}:道路结冰 x_{15}:雾天
外界信息集 X_2	x_{21}:绿灯多,红灯少 x_{22}:红灯较多 x_{23}:几乎全是红灯
结果集 C	c_1:8:30—8:45 到达公司,上班未迟到 c_2:8:45—9:00 到达公司,上班未迟到 c_3:9:00—9:15 到达公司,上班迟到 c_4:9:15 以后到达公司,上班严重迟到

将上述结构化后的命题进行二进制量化处理,如表 2.11 所示。

表 2.11　命题的二进制量化处理

行动集 A	状态集 Ω	外界信息集 X_1	外界信息集 X_2	结果集 C
a_1:00 a_2:01 a_3:10 a_4:11	θ_1:00 θ_2:01 θ_3:10	x_{11}:000 x_{12}:001 x_{13}:010 x_{14}:011 x_{15}:100	x_{21}:00 x_{22}:01 x_{23}:10	c_1:00 c_2:01 c_3:10 c_4:11

如果个体某天早上 7 点出发,这天道路畅通但是在下雪,路上红灯较多,个体 8 点 50 分到达公司,上班未迟到。这一描述对于个体来说是其经历过的,也就相当于他自身

的经验知识,可以称作该个体的一个信念知识命题。按照上述建模过程对该知识命题进行结构化和量化,建模后的知识命题用二进制表示为 00000100101。

3. 个体信念改变过程建模

(1)个体信念改变过程。

Agent 信念改变一般分为三种:收缩、修正和扩展。本节将按照这种划分来研究单个 Agent 的信念改变情况。信念改变三种方式之间的关系如图 2.30 所示。影响 Agent 信念改变的因素主要由内部因素和外部因素两大部分组成。内部因素主要是个体的情感因素及自身的学习预测等。对于外部因素,本节主要考虑了个体之间的相互劝说、个体间的相似度两种。当其他 Agent 信念加入个体信念集中时,若该信念与个体信念集一致,则个体把该信念加入自身信念集进行扩充。若该信念与个体信念集不一致,首先对信念进行修正,若修正后的信念与个体原有信念集没有逻辑冲突,则加入自身信念集,称为信念修正;若修正后的信念与个体原有信念集在逻辑上仍然冲突,则删除该信念,称为信念收缩。

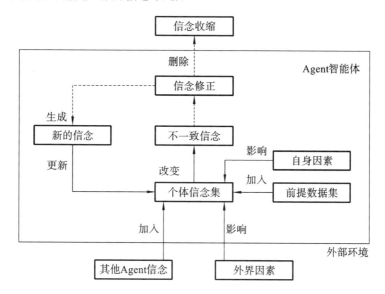

图 2.30　Agent 信念改变三种方式间的关系

单个 Agent 信念改变过程(见图 2.31)描述了单个 Agent 信念改变过程。本节通过个体 Agent A 和 Agent B 来模拟现实生活中个体之间劝说评价、情感因素及相似度等因素对 Agent 信念改变的影响。其中 Agent A 作为信念改变的研究主体,而 Agent B 作为与 Agent A 进行人际交互的个体。Agent A 和 Agent B 各自通过神经网络学习不同的历史经验和知识,并转变成自身信念,形成各自不同的信念集。从社会性的角度出发,两个个体之间存在交互关系。在交互的过程中,B 个体会对 A 个体进行劝说说服,A 个体会对 B 个体的劝说进行评价,进而选择是否接纳 B 个体的意见;同时,两个个体之间也可能由于年龄、经济状况、职业等因素存在一定的相似度,

A 个体可能会基于两者之间的相似度选择性接纳 B 个体的意见并改变自身信念。此外,A 个体也可能会根据自身对 B 个体的心情状态来调整自身信念。

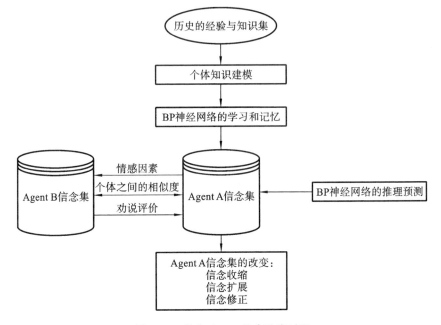

图 2.31 单个 Agent 信念改变过程

(2)信念改变-说服模型构建。

具有熟人关系的个体劝说可以改变个体 Agent 的态度和观点。本节根据熟人关系分类构建基于人际关系的劝说模型和对应的量化评价模型,支撑 Agent 信念改变的研究。

最经典的劝说模型是霍夫兰德提出的态度改变-说服模型[97]。该模型认为态度改变的过程简单来说就是外部环境信息作用于个体决策判断,进而对个体认知产生影响。面向 Agent 信念改变需求,本节对霍夫兰德提出的态度改变-说服模型进行改进,提出信念改变-说服模型,如图 2.32 所示。

信念改变-说服模型包括外部刺激、目标靶、中介过程和结果四个部分。

外部刺激是指传播者与传播者信念的相关属性。传播个体的社会权威度与社会影响力可参考 2.2 节,此处不再赘述;熟人关系 R_c 可以分为三大类,即亲人间的熟人关系、朋友间的熟人关系及同事间的熟人关系。熟人关系可以结合人际关系网络模型和关系划分模型(参见第 3 章),根据遗传连边和相似度连边进行确立。借鉴陈曦等[98]对人际关系中相似度的研究,通过异质性个体之间的属性差异来量化个体之间的相似度(相同相似度、程度相似性、反向相似性),并按照加权和的算法得到两个个体的相似度,通过公式来度量个体之间存在交互作用的概率。个体之间的相似度大小是基于异质性个体的基础属性来计算的,具体计算方法可参照第 9 章。传播者信

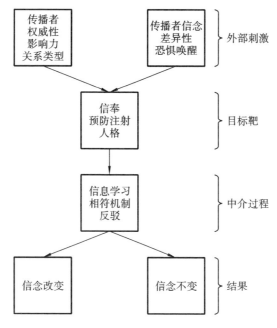

图 2.32 信念改变-说服模型

念是指传播者准备传播给个体的信念。差异性指传播者信念信息与目标个体原有信念在程度上的差异。恐惧唤醒指由于传达信念中带有一定的危险因素,接收者因为恐惧而"宁信其有"的程度,取决于事件的危险性、可能性与处理的有效性,可以借用危机强度、接收者态度与后果强度来量化表示。

目标靶指接收个体及其原有信念的相关属性,包括信奉、预防注射和人格。信奉可以代指个体深信不疑的信念(或信仰)。相比于一般个体,具有信奉的个体更难接受与其信念存在冲突的其他信念,个体本身的信念也更难被改变。预防注射指个体此前曾经经历过对自身信念的相关攻讦,锻炼了信念防御措施,建立起更为强有力的防御机制,具有更多战胜相反信念的信心与抗变能力。若已形成的信念从未接触过相反的信念碰撞,个体就易于被说服而做出改变。人格包括个体自尊、智力与防御方式等内容,自我尊重程度与智力水平越高的人越不容易被劝说,其对传入信念的防御方式也更加稳固。

中介过程指接收个体在接收外来信念以后,对外来信念的评估与接纳过程。个体通过信息学习对外来信念实现认知,通过相符机制将它与自身已有信念进行比对,并决定对这一信念的处理。若个体接受外来信念,个体信念就会改变;若个体不接受外来信念,则会触发反驳,个体会对外来信念进行驳斥,最终导致个体信念不发生改变。

信念改变-说服模型改变了经典信念更新 AGM 理论[99]中的"只要有新信念加入立马进行合并"的方法,考虑个体的实际情况进行选择,更切合现实情况。

参 考 文 献

[1] 孙静.人格特质、传播动机与网络谣言传播行为的关系研究[D].南京:南京师范大学,2016.

[2] Bopp M,Ananian C D,Campbell M E. Differences in active commuting among younger and older adults[J]. Journal of Aging and Physical Activity,2014,22(2):199-211.

[3] Grinberg N,Joseph K,Friedland L,et al. Fake news on Twitter during the 2016 U. S. presidential election[J]. Science,2019,363(6425):374-378.

[4] He L,Yang H,Xiong X,et al. Online rumor rransmission among younger and older adults[J]. SAGE Open,2019,9(3):1-9.

[5] Guess A,Nagler J,Tucker J. Less than you think:prevalence and predictors of fake news dissemination on Facebook[J]. Science Advances,2019,5(1):eaau4586.

[6] Guo L. WeChat as a semipublic alternative sphere:exploring the use of WeChat among Chinese older adults[J]. International Journal of Communication,2017,11:408-428.

[7] Rush K L,Murphy M A,Kozak J F. A photovoice study of older adults' conceptualizations of risk[J]. Journal of Aging Studies,2012,26(4):448-458.

[8] Rosnow R L. Rumor as communication:a contextualist approach[J]. Journal of Communication,1988,38(1):12-28.

[9] Holton A E,Chyi H I. News and the overloaded consumer:factors influencing information overload among news consumers[J]. CyberPsychology, Behavior and Social Networking,2012,15(11):619-624.

[10] O'Sullivan M,Jones D K,Summers P E,et al. Evidence for cortical "disconnection" as mechanism of age-related cognitive decline[J]. Neurology,2001,57(4):632-638.

[11] Sharit J,MA Hernández,Czaja S J,et al. Investigating the roles of knowledge and cognitive abilities in older adult information seeking on the Web[J]. ACM Transactions on Computer-Human Interaction,2008,15(1):3.

[12] 宗乾进,黄子风,沈洪洲.基于性别视角的社交媒体用户造谣传谣和举报谣言行为研究[J].现代情报,2017,37(7):25-29+34.

[13] 陈春彦.网络谣言制造者的性别构成和动机研究——基于60例典型案例的统计分析[J].今传媒,2015,23(1):31-33.

[14] 张原,苏钰婷.微信健康类谣言的受众识别能力研究——基于用户个体差异[J].视听,2019(10):228-230.

[15] 苏钰婷. 微信平台健康谣言的扩散及防控研究[D]. 西安:西安工程大学,2020.
[16] Katz E, Lazarsfeld P F. Personal influence: The part played by people in the flow of mass communications[M]. Routledge,2017.
[17] Weeks B E, Ardevol-Abreu A, de Zuniga H G, et al. Online influence? Social media use, opinion leadership, and political persuasion[J]. International Journal of Public Opinion Research,2015,29(2):214-239.
[18] Park C S, Kaye B K. The tweet goes on: interconnection of Twitter opinion leadership, network size, and civic engagement[J]. Computers in Human Behavior,2017,69:174-180.
[19] Joyce Y M N, Kingwa F. Challenging official propaganda? Public opinion leaders on Sina Weibo[J]. China Quarterly,2016,225:122-144.
[20] 王晰巍,张柳,韦雅楠,王铎. 社交网络舆情中意见领袖主题图谱构建及关系路径研究——基于网络谣言话题的分析[J]. 情报资料工作,2020,41(2):47-55.
[21] S J M, Liu B H, Li Q, et al. Coevolution of opinions and directed adaptive networks in a social group[J]. Journal of Artificial Societies and Social Simulation,2014,17(2):4.
[22] 林崇德,杨治良,黄希庭. 心理学大辞典[M]. 上海:上海教育出版社,2003.
[23] 石慧敏,刘京林. 浅析危机事件中谣言传播的心理效应[J]. 湖南大众传媒职业技术学院学报,2009,9(4):10-13.
[24] Anthony S. Anxiety and rumor[J]. The Journal of social psychology,1973,89(1):91-98.
[25] Jaeger M E, Anthony S, Rosnow R L. Who hears what from whom and with what effect a study of rumor[J]. Personality and Social Psychology Bulletin,1980,6(3):473-478.
[26] 王灿发,何雯. 突发公共事件中谣言传播的心理机制[J]. 青年记者,2009,2009(30):28-29.
[27] 奥尔波特. 谣言心理学[M]. 刘水平,梁元元,黄鹂. 沈阳:辽宁教育出版社,2003.
[28] 汉斯-约阿希姆·诺伊鲍尔. 谣言女神[M]. 北京:中信出版社,2004.
[29] 肖旭. 社会心理学原理及应用[M]. 成都:成都科技大学出版社,1998.
[30] 郝琦,乐国安. "非科学的心理学"对社会心理学方法论的启示[J]. 自然辩证法通讯,1999,1999(6):14-19.
[31] 孙嘉卿,金盛华,曹慎慎. 灾难后谣言传播心理的定性分析——以"5·12汶川地震"谣言为例[J]. 心理科学进展,2009,110(3):602-609.
[32] 李武,李昕,毛远逸. 亲社会行为动机视角下公益众筹信息分享行为研究[J]. 新闻与传播评论,2021,74(2):49-61.
[33] Castellano C, Fortunato S, Loreto V. Statistical physics of social dynamics

[J]. Reviews of Modern Physics,2009,81(2):591.

[34] 马源源,庄新田,李凌轩.股市中危机传播的SIR模型及其仿真[J].管理科学学报,2013,16(7):80-94.

[35] Hegselmann R,Krause U. Opinion dynamics and bounded confidence:models, analysis and simulation[J]. Journal of Artificial Societies and Social Simulation, 2002,5(3):2.

[36] Deffuant G,Neau D,Amblard F,et al. Mixing beliefs among interacting agents[J]. Advances in Complex Systems,2000,3(01n04):87-98.

[37] Sznajd-Weron K, Sznajd J. Opinion evolution in closed community [J]. International Journal of Modern Physics C,2000,11(6):1157-1165.

[38] 黎夏,叶嘉安.基于神经网络的元胞自动机及模拟复杂土地利用系统[J].地理研究,2005,2005(1):19-27.

[39] Fu G,Zhang W,Li Z. Opinion dynamics of modified Hegselmann-Krause model in a group-based population with heterogeneous bounded confidence[J]. Physica A: Statistical Mechanics and Its Applications,2014,419:558-565.

[40] 张志花,夏志杰,葛涛,等.基于唤醒机制的微博谣言传播模型[J].现代情报, 2015,35(3):28-33.

[41] 张志花,夏志杰,薛传业.网络意见领袖对微博不实信息传播的影响[J].上海工程技术大学学报,2014,28(3):282-286.

[42] 陈皋,吴广潮.基于PageRank的在线社交网络消息传播模型[J].计算机与现代化,2017(1):101-105.

[43] Hegselmann R, Krause U. Opinion dynamics under the influence of radical groups, charismatic leaders, and other constant signals: a simple unifying model[J]. Networks and Heterogeneous Media,2015,10(3):477-509.

[44] Afshar M,Asadpour M. Opinion Formation by Informed Agents[J]. Journal of Artificial Societies and Social Simulation,2010,13(4):5.

[45] Ding Y X, Tan C, Wong W S. Discrete-time Hegselmann-Krause model for a leader-follower social network[C]. Chinese Control Conference, Wuhan, 2018,9692-9969.

[46] Zhao Y Y,Kou G,Peng Y,et al. Understanding influence power of opinion leaders in e-commerce networks:an opinion dynamics theory perspective[J]. Information Sciences,2018,2018(426):131-147.

[47] Herek G M,Glunt E K. An epidemic of stigma:public reactions to AIDS[M]. American Psychologist,1988,43(11):886-891.

[48] 张亚楠,孙士保,张京山,等.基于节点亲密度和影响力的社交网络舆论形成模型[J].计算机应用,2017,37(4):1083-1087.

[49] 刘珮.基于个体社会相似性的舆论传播模型[D].武汉:华中科技大学,2015.

[50] 张潇.多重影响力作用下的双层网络舆论演化模型研究[D].武汉:华中科技大学,2019.

[51] 李云捷,伍永亮,张同航.从众行为的心理探析[J].山东省青年管理干部学院学报,2008(1):75-76.

[52] 田西柱.基于从众心理的元胞自动机模型[J].物联网技术,2014,4(4):83+87.

[53] 陆秋琴,杨少敏,黄光球.多区域耦合元胞自动机从众模型研究[J].系统仿真学报,2013,25(12):2935-2940+2945.

[54] 朱冠桦.考虑从众现象的社交网络谣言传播研究[D].南京:南京邮电大学,2015.

[55] 万佑红,王小初.考虑从众效应的谣言传播模型[J].计算机应用,2016,36(9):2381-2385.

[56] 张峰,高枫,吴斌,等.从众效应下的网络舆论演化[J].北京邮电大学学报,2014,37(S1):12-17.

[57] 仝秋娟,王欢,张建科,李琳娜.改进的Hegselmann-Krause舆论演化模型[J].西安邮电大学学报,2019,24(3):82-89.

[58] 刘晓.新媒体下的舆论引导策略研究[D].合肥:安徽大学,2012.

[59] Studer R, Benjamins V R, Fensel D. Knowledge engineering: principles and methods[J]. Data and Knowledge Engineering,1998,25(1):161-197.

[60] Gómez-Pérez A, Benjamins R. Overview of knowledge sharing and reuse components: ontologies and problem-solving methods[C].//Proceedings of the 16th International Joint Conference on Artificial Intelligence. Stockholm: IJCAI and the Scandinavian AI Societies,1999:6468.

[61] Devedzic V, Radovic D. A framework for building intelligent manufacturing systems[J]. IEEE Transactions on Systems, Man, and Cybernetics, Part C (Applications and Reviews),1999,29(3):422-439.

[62] 陆汝钤,石纯一,张松懋.面向Agent的常识知识库[J].中国科学:E辑,2000,30(5):453-463.

[63] 丁晟春,李岳盟,甘利人.基于顶层本体的领域本体综合构建方法研究[J].情报理论与实践,2007,30(2):236-240.

[64] 李震,刘斌,苗虹,殷永峰.基于本体的软件安全性需求建模和验证[J].北京航空航天大学学报,2012,38(11):1445-1449.

[65] 韩婕,向阳.本体构建研究综述[J].计算机应用与软件,2007,24(9):21-23.

[66] 冉婕,孙瑜,昌霞,等.基于OWL的成语典故本体构建研究[J].计算机技术与发展,2010,20(5):63-66.

[67] 宋官东.对从众行为的再认识[J].心理科学,2002,25(2):202-204.

[68] 宋官东.从众新论[J].心理科学,2005,28(5):1174-1178.

[69] 安苾寒.重大灾难性事件谣言的传播与应对研究——以"抢盐"谣言为例[J].中国科技信息,2012(11):176-177.

[70] van de Waal E, Borgeaud C, Whiten A. Potent social learning and conformity shape a wild primate's foraging decisions[J]. Science, 2013, 340(6131):483-485.

[71] 戴凤兰.剖析从众心理,健全应急机制——以抢盐风波为例[J].科技信息,2012(3):310+328.

[72] Tayler W B, Bloomfield R J. Norms, conformity, and controls[J]. Journal of Accounting Research, 2011, 49(3):753-790.

[73] Treadway M, Mccloskeyt M. Cite unseen: distortions of the allport and postman rumor study in the eyewitness testimony literature[J]. Law and Human Behavior, 1987, 11(1):19-25.

[74] 张志余.基于Hopfield神经网络的谣言认知模型研究[D].武汉:华中科技大学,2011.

[75] 王薇.基于HTM的谣言传播个体记忆——预测模型研究[D].武汉:华中科技大学,2013.

[76] 赵旺凶,乔清理,王丹.基于类Hopfield脉冲神经网络模型由突触缺失导致海马CA3区联想记忆功能障碍的建模仿真研究[J].国际生物医学工程杂志,2010,33(4):201-211.

[77] de Almeida L, Idiart M, Lisman J E. Memory retrieval time and memory capacity of the CA3 network: role of gamma frequency oscillations[J]. Learning & Memory, 2007, 14(11):795-806.

[78] Bierman E J M, Comijs H C, Jonker C, et al. The effect of anxiety and depression on decline of memory function in Alzheimer's disease[J]. International Psychogeriatrics, 2009, 21(6):1142-1147.

[79] Liu J, Zong G. New delay-dependent asymptotic stability conditions concerning BAM neural networks of neutral type[J]. Neurocomputing, 2009, 72(10-12):2549-2555.

[80] 丁士圻,郭丽华.人工神经网络基础[M].哈尔滨:哈尔滨工程大学出版社,2008.

[81] Hawkins J, George D. Hierarchical temporal memory - concepts, theory, and terminology[R]. New York: Numenta Inc., 2007.

[82] 韩敏.人工神经网络基础[M].大连:大连理工大学出版社,2014.

[83] Cohen P R, Levesque H J. Intention is choice with commitment[J]. Artificial Intelligence, 1990, 42(2-3):213-261.

[84] Rao A S, Georgeff M P. Modeling rational agents with a BDI-architecture[C]//

Proceedings of Knowledge Representation and Reasoning (KR&R'91). San Mateo:Morgan Kaufmann,1991:473-484.

[85] 陈为雄,李振龙.基于BDI模型的多机器人智能体系统设计[J].机器人,2004, 26(4):310-313.

[86] 郭中,王惠芳,黄永忠.一种BDI模型的实现框架[J].计算机工程与设计, 2002,23(9):26-28.

[87] Sheng Y,Rong J,Xiang W. Simulation of the users' email behavior based on BP-BDI model[C]//2015 International Conference on Cyber-Enabled Distributed Computing and Knowledge Discovery. Xi'an:IEEE,2015:16-22.

[88] 陈曦,明聪,涂琴.谣言传播中PA-BDI个体模型的研究[J].计算机工程与应用,2011,47(31):40-43.

[89] Lejmi-Riahi H,Kebair F,Said L B. Agent decision-making under uncertainty: towards a new E-BDI Agent architecture based on immediate and expected emotions[J]. International Journal of Computer Theory & Engineering,2014,6 (3):254-259.

[90] 恩格斯.马克思恩格斯选集(第四卷)[M].北京:人民出版社,1995.

[91] 姚梅林.学习信念的心理学研究[J].信阳师范学院学报(哲学社会科学版), 2004,24(2):11-14.

[92] Richradson V. Handbook of research on teaching(4th Eds)[M]. Washington, DC:American Educational Research Association,2002.

[93] Ernest P. The knowledge, beliefs and attitudes of the mathematics teacher:a model[J]. Journal of Education for Teaching,1989,15(1):13-33.

[94] Pajares F. Teacher's beliefs and educational research:cleaning up a message concept[J]. Review of Educational Research,1992,62(3):307-332.

[95] Bailey W,Mao C X,Sirodom K. Investment restrictions and the cross-border flow of information: some empirical evidence[J]. Journal of International Money and Finance,2007,26(1):1-25.

[96] Ambite J L,Knoblock C A. Agents for information gathering[J]. IEEE Expert,1997,12(5):2-4.

[97] 弗里德曼,西尔斯,卡尔史密斯,等.社会心理学[M].哈尔滨:黑龙江人民出版社,1997.

[98] Chen X,Zhang L,Li W. A network evolution model for Chinese traditional acquainance networks[J]. IEEE Intelligent Systems,2014,29(5):5-13.

[99] Alchourrón C E,Gärdenfors P,Makinson D. On the logic of theory change: partial meet contraction and revision functions[J]. The Journal of Symbolic Logic,1985,50(2):510-530.

第 3 章 社会网络模型概述

谣言传播与舆论演化都是在由个体组成的线上或线下社会网络中进行的。社会网络的小世界效应、无标度特性和超家族特性等特征对谣言传播与舆论演化都会有巨大的影响。研究人员通过改变连边规则、聚类系数等参数,构建了不同拓扑结构的经典社会网络,并以此为基础,设计了网络连接规则随时间不断变化的动态网络模型。而社会网络不仅具有动态性,还与个体异质性的交互关系相关,引入异质个体属性与个体行为的人际关系网络模型则可以反映更真实的线下社会网络。融合线下社会网络与线上社交网络形成的多层网络模型,结合了线上网络点对面辐射信息与线下网络点对点选择性两种信息传播方式,能够更加地真实反映信息的传播与演化渠道。

本章首先介绍了社会网络的基本概念和特点,以及随机网络、规则网络、小世界网络、无标度网络等经典网络模型,并结合实证数据介绍了电网、引文网络、互联网等社会网络的特性。本章接着介绍了网络结构随时间演变的动态网络模型,提出了人际网络关系形成的机制,构建了现实世界熟人社区网络结构的人际关系网络,并与经典熟人网络进行了对比。本章最后介绍了考虑多种个体属性的多层网络模型。

3.1 引 言

社会网络这个名词最初由 Barnes[1] 于 1954 年提出。社会网络中的节点代表的是个人或组织,节点通过连边(社会关系)或稀疏或紧密地串联起来。社会关系可以是人际关系、组织关系、宗教信仰关系等。在社会网络中,信息经由这些社会关系进行传播,进而产生一系列变化。研究者基于网络结构密度、中心性、集聚系数等指标,对各种类型的社会网络进行了深入细致的分析,提炼出很多有价值的规律[2]。

随着信息时代的到来,人与人之间的交流方式变得多样化,社会网络结构日趋复杂,社会网络规模不断增长。当前研究中广泛采用的社会网络模型主要以各种经典的复杂网络模型为主。复杂网络可以看作数学的一个分支——"图论"(graph theory)对现实世界中复杂系统(例如蠕虫网、城市交通网、大型电力网、科学合作网络、人际关系网等)的研究抽象和论证思想的描述。复杂网络作为研究复杂系统的一个切入点,在世界范围内掀起了研究的热潮。其理论广泛应用在生态演化、自组织涌现行为、神经网络、群体智能、认知科学、网络化系统等方面。社交网络的基本模型包括规则网络模型、遵从泊松分布的 ER 随机网络模型[3]、具有小世界特性的 WS 小世界网络模型[4],遵从幂律分布的 BA 无标度网络[5]等。另外,很多研究者基于上述经典模型进行了进一步的改进,通过加入新的假设构建了其他的网络模型[1-4]。

在建模方面,通过对社会关系结构的探索,设计演化规则,社会网络被抽象为相应的网络模型。相关研究以数学、统计物理学、计算机技术等分析方法为主,以复杂系统为研究目标,重点挖掘社会网络潜藏的特性。在复杂网络中,个体被视为节点,个体之间存在的可交互关系被视为存在连边,依据不同的连接关系可以构造不同的网络结构。相关研究中,一般根据连边规则的不同,对网络类型进行划分。当所有节点的连边规则完全一致时,该网络称为规则网络;当连边完全随机时,该网络称为随机网络。小世界网络则介于规则网络和随机网络之间,即节点从一个很小的规则网络开始,按照一个概率添加连边。在很多现实情况下,大部分个体的连边数少,而少数个体则拥有非常多的连边,这类网络被称为无标度网络。一些研究者考虑到网络拓扑结构随时间变化的问题,提出了动态网络模型[6]。一些研究者提出考虑个体的性别、年龄、受教育程度以及经济程度等因素对个体之间连边关系的影响的人际关系网络模型[5]。现实中的网络,往往同时存在着多种属性的连边和节点。研究者依照连边和节点的性质提出了多层网络模型,将复杂网络划分为多个相互耦合的网络层进行研究。

目前,社会网络研究主要集中在三个方面:①网络结构特征随时间的变化规律。随着在线网络的日益发展,在线数据为描述网络演变提供了可能性。这类研究结果为解释和预测在线社区的网络演变提供了最基本的描述性信息。②构建网络演化模型,检验网络结构特征及节点特征对网络形成和演变的影响。具体而言,网络演化模型旨在解决网络生长及演化过程解释和网络演变的趋势预测两类问题。前者旨在解释网络中节点之间连接状态的变化,从而理解网络演变的一般性规律;后者则强调网络节点之间关系建立的概率,可用于预测网络结构特征变化。③根据网络结构信息预测节点的特征变化。这类研究认为结构的动态演变影响了节点的行为。为了突出重点,本章将集中介绍网络结构特征随时间的变化和构建网络演化模型两个方面的研究成果。

3.2 社会网络的基础知识

研究者针对复杂社会网络的拓扑结构,提出了很多具有实践意义的概念和统计指标,并通过这些指标发现了社会网络的特点。本节将对社会网络的基本概念、指标和主要特点进行介绍。

3.2.1 社会网络的基本概念和指标

1. 网络的图(graph)表示[7]

一个网络可抽象为节点和连边组成的图。图可以看作一种由点集和边集组成的数据结构,表示为 $G = (V,E)$,其中,$V = (v_1,v_2,\cdots,v_n)$,表示节点的集合;$E = (e_{ij})$,i,j 为图中节点的编号,表示连边的集合。连边集合通常用数组、邻接表、邻接矩阵、十字链表或者多重链表来表示。如果节点 i 和节点 j 之间有且仅有一条无指向性的连边,则该网络为无向图,否则为有向图。网络的邻接矩阵 A 可以表示为:

$$A_{ij} = \begin{cases} W_{ij}, & \text{如果节点 } i \text{ 与 } j \text{ 之间有连边} \\ 0, & \text{如果节点 } i \text{ 与 } j \text{ 之间无连边} \end{cases} \quad (3.1)$$

式中,W_{ij} 为节点之间的连接强度,即边的权重。根据边有无权重,网络图又可分为加权网络和无权网络。连接任意两个顶点之间的节点和边组成的连线称为路径,其中边的数量称为路径长度。如果图中任意节点之间都是连通的,则图为完全图(一般称为全连通网络)。

2. 度和度分布[7]

度是节点的属性。节点 i 的度 K_i 表示该节点和其他节点之间的连接个数。在有向网络中,节点的度又分为出度和入度。其中,出度是指该节点指向其他节点的边的数目,入度是指其他节点指向该节点的边的数目。网络中所有节点的度 K 的平均值称为网络的平均度,记为 $<K>$。

度分布是衡量网络节点度的主要统计特性,一般用分布函数 $P(k)$ 来表示。度分布在定义上表示为随机选取一个节点的度为 k 的概率,也可以表述为该节点具有 k 条连边的概率。度分布还等价于网络中度数为 k 的节点数占网络结点总数的比值。度与度分布通常也是用来区分网络类型的重要指标。

3. 路径与平均路径长度[7]

路径是只沿着网络中的链接行走经过的线路。路径的长度定义为表示其包含的连接的个数。在网络中,节点 i 和 j 之间的距离 d_{ij} 定义为这两个节点之间最短路径的长度。网络直径定义为网络中所有最短路径的最大值,记为 D,即

$$D = \max_{v_i,v_j \in v} \{d_{ij}\} \quad (3.2)$$

网络的平均路径长度 L 为网络中任意两个节点之间的距离的平均值,即:

$$L = \frac{2}{N(N+1)} \sum_{i \geqslant j} d_{ij} \quad (3.3)$$

式中,N 为网络节点数。网络的平均路径长度也称为网络的平均路径长度。

4. 集聚系数[4]

社会网络中,可能存在某个节点的两个朋友也是朋友的情况,这种属性就称为网络的聚类特征。研究中一般用集聚系数刻画节点的邻居节点之间的稠密程度。节点的集聚系数是指与该节点相邻的所有节点之间连边的数目,占这些相邻节点之间最大可能连边数目的比例。网络的集聚系数则是指网络中所有节点集聚系数的平均值。网络的集聚系数描绘了网络中节点的集聚情况,即网络的聚类特征,也就是说同一个节点的两个相邻节点仍然是相邻节点的概率有多大。节点的集聚系数满足表达

式(3.4)：

$$C_i = 2E_i/[K_i(K_i-1)] \quad (3.4)$$

式中，K_i 为节点邻居总数，E_i 为节点 i 的 K 个邻居之间实际存在边数，整个网络的集聚程度可以通过所有节点的平均集聚系数刻画。

3.2.2 社会网络的主要特点

现实中的社会网络千姿百态，从结构到形式都纷繁多样。所有社会网络突出的特点就是复杂性，可以当成复杂网络来研究。这种复杂性表现在如下几个方面[8]：

(1) 复杂网络包含的网络节点的数量巨大，节点之间具有复杂的拓扑连接结构。

(2) 复杂网络具有复杂的时空演化行为并且以动态的形式存在。网络具有一定的进化能力，主要表现为节点与网络结构的变化，包括添加、删除节点以及改变节点之间的拓扑结构等。

(3) 复杂网络拓扑结构的多样性。不同节点之间的连接权重可能存在着差异性以及方向性，网络拓扑结构的连接行为可以是非随机性的或者随机性的。

(4) 网络中节点具有复杂的动力学特性，例如非线性特性、时变特性、分叉以及混沌特性等非线性动力学行为。

(5) 网络节点对应实际应用中映射关系的复杂性，同一个复杂网络模型可能对应现实世界中不同的对象。

(6) 多重因素叠加复杂性，即以上单一复杂性因素相互之间进行混杂影响。

随着复杂网络研究的发展，研究者对社会网络的认知进一步深入。现有研究普遍认为，复杂社会网络一般具有以下三个标志性特征：

(1) 小世界效应[4]。一般而言，小世界效应定义为网络中任意两点间的平均路径长度 L 随节点总数 N 的增加呈对数增长（即 $L \sim \ln N$），且网络的局部结构仍具有较明显的集群化特征。大多数现实中的网络，如微博、Meta、Twitter 等社交网络，都具有明显的小世界特征。

(2) 无标度特性[9]。人们发现一些社会网络的节点的度分布具有幂指数函数的规律。幂律函数在双对数坐标中是一条直线，该函数分布与系统大小无关，所以该特性被称为无标度特性。无标度特性反映了网络中度分布的不均匀性，只有很少数的节点与其他节点有很多的连接，成为"中心节点"，而大多数节点度很小。

(3) 超家族特性[10]。研究表明，在不同的网络中，只要组成网络的基本单元（最小子图）相同，它们拓扑性质的大致轮廓外形就可能具有相似性，这种现象被称为超家族特性。顾名思义，不同网络之间如果存在某个家族的"血缘"相近联系，则可能出现与该家族相似的特性。其原因在于它们拥有相同的或相似的网络"基因"。目前，对于超家族特性在研究理论方法和技术上都有待进一步改进和发展，需要进行更多的不同网络的实证研究和严格的理论证明。

3.3 经典网络模型

3.3.1 规则网络

复杂网络在某种意义上就是节点和节点之间通过连边规则连接所组成的,而随机网络和规则网络就是连边规则的两个极端表现。当节点之间的连边规则完全随机时,该网络就是随机网络。当节点按照确定的规则进行连边时,所得到的网络就是规则网络。在很长一段时间里,人们认为真实系统各因素之间的关系可以用一些规则网络表示,如一维链、二维平面上的欧几里德格网等。用得最多的规则网络是由 N 个节点组成的环状网络,网络中每个节点只与它最近的几个节点连接。在规则网络中,网络中任意两个节点之间的联系遵循既定的规则,每个节点具有相同的度和集聚系数。典型的规则网络如图 3.1 所示。

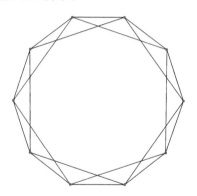

图 3.1 典型规则网络示意图

规则网络是最简单的网络模型。经典规则网络有以下几种。

星形网络:网络中有一个中心节点,其他节点都与这个中心节点相连。一个具有 N 个节点的星形网络,其中心节点的度为 $N-1$,其他的节点的度均为 1。对于星形网络来说,当 N 趋于无穷大时,它的平均路径长度趋于 2,而集聚系数趋于 1。这表明星形网络同时具有稀疏性、聚类性和小世界特性。

邻近耦合网络:网络中的每个节点都和它周围的邻居节点相连,也被称为耦合格子网络。邻近耦合网络可以看作包含 N 个节点的一个环,其中每个节点都与其邻近的 m 个邻居节点相连。图 3.1 所示的就是邻近耦合网络。

全连接网络:在图论中也叫完全图。网络中,每个节点都和其他所有节点相连接。因此,在具有相同节点数的所有网络中,全连接网络具有最小的平均路径长度 $L=1$ 和最大的集聚系数 $C=1$。虽然全连接网络模型反映了许多实际网络的特征,但它具有显著的局限性。现实中,规模较大的网络不可能实现全连接。因此,全连接网络一般被用来对小型稠密的社区进行研究。

下面用图3.1中邻近耦合网络作为例子来讨论规则网络的统计特征。在该网络中，$N=10$个节点排列成环形(以避免边界问题)，每个节点与其最近邻的m个节点连边(m为偶数，图中$m=4$)。该网络的基本特征如下：

(1)度分布：$P(k)=\begin{cases}1,\text{if }k=m\\0,\text{if }k\neq m\end{cases}$。平均度：$<k>=m$，与$N$无关。

(2)平均集聚系数：$C=\dfrac{3\times(m-2)}{4\times(m-1)}$，具有周期边界条件的邻近耦合网络包含$N$个围成一个环的点。对于图3.1，有$C=1/2$。

(3)网络直径：网络中所有最短路径的最大长度。对于近邻耦合网络有$l_{\max}=\dfrac{N}{k}$。当直径为小数时向上取整。对于图3.1，有$l_{\max}=3$。

(4)平均路径长度：两个格子间距为p的节点之间的距离不小于$2p/m$的最小整数。$<l>\cong\dfrac{l_{\max}}{2}=\dfrac{N}{2k}$。对于图3.1，有$<l>=\dfrac{5}{3}$。

3.3.2 ER随机网络模型

20世纪中叶，匈牙利数学家Paul Erdös和Alfred Rényi在前人研究的基础上发展出的随机图论，被认为是传统图论向现代网络理论发展的一个里程碑[11]。在Erdös和Rényi之前还没有人建立过能描述各种不同网络系统的模型。虽然图论中存在的七桥模型、星形网络等简化图都将现实问题抽象成了数学问题，但是在寻找一个共同框架来描述所有复杂图时，研究者们却面临着巨大的挑战。由于各种系统按照不同的规则构建各自的网络，所以Erdös和Rényi提出了一个尽可能简单的构建方式：在节点之间进行随机连接。由于具有复杂拓扑结构和未知组织规则的大规模网络的连接规则具有不可预测性，研究者将这种连接视为随机行为。ER随机网络模型主要的网络拓扑特点体现在网络结构的随机性上。网络中节点之间随机生成连接关系，如图3.2所示。

ER随机网络模型构建过程可以表述为：

(1)给定网络节点总数N。

(2)在每一个步长内，任意选择两个节点，以概率$p=\dfrac{2n}{N(N-1)}$把它们连边，其中n是预期生成网络的总边数($n<N(N-1)/2$，$N(N-1)/2$为最大可能连边数)。

(3)当边数达到n时停止演化。

用此模型可能生成$n^{N(N-1)/2}$种不同的网络，且每种网络出现的概率相同，平均边数为$pN(N-1)/2$条。

这个模型有另一个等价的表述形式：从N个有编号的节点出发，依次以概率p判断每一对节点是否存在连边，则边数的期望值自然就是$pN(N-1)/2$。

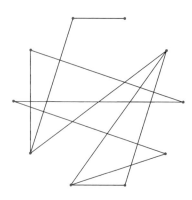

图 3.2　ER 随机网络示意图

ER 随机网络的统计特征如下：

(1)度分布：在连接概率为 p 的 ER 随机网络中，其平均度为 $<k>=p(N-1)\cong pN$。其中，N 为网络中节点总数，$<k>$ 与 N 成正比。某个节点的度等于 k 的概率遵循参数为 $N-1$ 和 p 的二项分布[3]，即 $P(k)=C_{N-1}^{k}p^{k}(1-p)^{N-1-k}$，即度分布是围绕 $<k>$ 的泊松分布。

(2)集聚系数：随机网络中两个节点之间不论是否具有共同的邻居节点，其连接概率均为 p。因此，ER 随机网络的平均集聚系数是：$C=p\cong\dfrac{<k>}{N}\propto N^{-1}$。ER 随机网络的平均集聚系数与 N 成反比。这意味着大规模的稀疏随机网络没有聚类特性，而现实中的复杂网络一般都具有明显的聚类特性。所以，一般情况下，现实中网络的集聚系数要比相同规模的随机网络的集聚系数高得多。

(3)平均路径长度：任选一个节点，与它相距为 1 的节点（邻点）有 $pN\cong<k>$ 个，而每个邻点又有同样多邻点，所以与它相距为 2 的节点有 $(pN)^{2}\cong<k>^{2}$ 个，与它相距为 l 的节点有 $(pN)^{l}\cong<k>^{l}$ 个。由于 ER 随机网络度分布服从泊松分布，可以近似地认为所有节点对之间距离都是 $<l>$。

(4)网络直径：不连通网络的直径为无穷大，但是通常可以定义为其各连通子图直径的最大值。在 p 不是很小的条件下，随机网络趋于有限直径。对于大多数的 p 值，几乎所有的随机网络都有同样的直径。这就意味着连接概率为 p 的 N 阶随机网络的直径变化幅度是非常小的，通常有 $<l>\cong\dfrac{\ln N}{\ln k}\propto \ln N$。

3.3.3　小世界网络

六度分隔理论是一个经典的社会学理论。这个理论指的是在社会网络中任意两个不相识的人之间，最多只要经过六个中间人就能产生联系。这个现象最早在卡西林的小说《链》中被提及，并在 1967 年被哈佛大学教授米尔格拉姆研究证明。米尔格拉姆尝试测量美国任意两个人之间的"距离"，即需要多少个相识关系才能把任意两个美国人联系起来。米尔格拉姆教授发邮件给随机选择的两地居民,邀请他们参与实验。信中附上实验介绍以及目标人的信息,要求收到邮件的居民仅通过相识的关系传递信件。令人震惊的是,发出的 160 封邮件最终有 42 封成功抵达。这些完成了的链条平均中间人数量为 5.5,这的确是一个非常小的数字。四舍五入后为 6,这就是著名的六度分隔理论[12]。

六度分隔理论说明,尽管一些网络系统非常大,但是其中任意两个节点之间的平均路径长度却非常小。研究者将这种社会学现象称为小世界现象,即现实社会网络中物理距离较远的两个人也可以通过较少的朋友建立起联系。虽然许多现实网络都表现出小世界特性,但它们的形成机制不尽相同。研究者提出了多种描述小世界现象的网络模型。

最早的小世界网络模型是 Watts 和 Strogatz 在 1998 年提出的网络模型(WS 模型)[4]。该模型的生成过程是由一个具有 N 个节点的邻近耦合网络环出发,环上每一个节点与自己两侧紧邻的 m 个节点相连。然后,每条边以概率 p 随机进行重连(自我连接和重边除外)。这些边的重连叫"长程连接"。长程连接大大地减小了网络的平均路径长度,而对网络的集聚系数影响较小。WS 模型的建立和生成有深刻的社会根源,即在社会系统中,大多数人直接和邻居、同事相识,但个别人也有远方甚至国外的朋友。

Watts 和 Strogatz 的论文掀起了小世界网络和 WS 模型的研究热潮。在 WS 模型提出不久,研究者注意到在 WS 小世界网络模型中,随机化重新连接的过程有可能破坏整个网络的连通性。为了克服这个问题,Newman 和 Watts 对这个小世界网络模型做了一点修改,提出了 NW 小世界网络模型[13]。在该模型中,不会断开原有的连接,而是以概率 p 对随机选定的一对节点添加新的连边(节点间需要保证没有自连接以及重复连接)。研究发现,在 p 较小和 N 足够大时,NW 模型具有和 WS 模型相同的特性。NW 模型由于随机连断边规则不同,相较于 WS 网络更少出现孤立簇。

社会网络、生态网络等实际网络都具有小世界特性。在这样的系统里,信息传递速度快,并且少量改变网络连边,就可以大幅度改变网络的特性。例如蜂窝电话网,改动几条线路,就可以显著影响连通特性。

WS 模型的构造算法如下:

(1)初始化网络:初始化网络为含有 N 个节点的邻近耦合网络。所有节点围成一个环。每个节点都和与它左右相邻的各 $k/2$ 个节点相连,其中 k 是偶数。

(2)随机重连:将上面的初始化网络中的每条边以概率 p 随机地重新连接,即将边的一个端点保持不变,而另一个端点以概率 p 变为网络中其余 $N-k-1$ 个节点中随机选择的一个节点。重连要求保证任意两个不同的节点之间至多只能有一条边,即若两个节点之间有连边,则这两个节点不进行重连。最终得到的小世界网络如图 3.3 所示。

WS 小世界网络的基本统计特性如下:

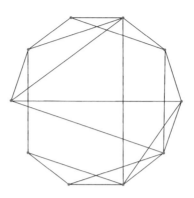

图 3.3　小世界网络示意图

（1）度和度分布：$p=0$ 时，小世界网络模型的度分布与规则网络相同，所有节点的度都为 K；$p>0$ 时，由于每条边保留一个端点不变，重连后每点至少有 $K/2$ 条边，可以把节点 i 的度写为 $k_i=K/2+c_i$，$c_i=c_i^1+c_i^2$，其中 c_i^1 是以 $1-p$ 概率保持连接不变的连边数，c_i^2 是从其他节点以 p 概率重新连接到节点 i 的连边数。当总节点数 N 够大时，这两部分的概率分布为：

$$P_1(c_i^1)=C_{K/2}^{c_i^1}(1-p)^{c_i^1}p^{K/2-c_i^1} \tag{3.5}$$

$$P_2(c_i^2)=C_{pNK/2}^{c_i^2}\left(\frac{1}{N}\right)^{c_i^2}(1-1/N)^{pNK/2-c_i^2} \tag{3.6}$$

由此可得：

$$P(k)=\sum_{n=0}^{f(k,K)}C_{K/2}^{N}(1-P)^n p^{K/2-n}\frac{(pK/2)^{k-K/2-n}}{(k-K/2-n)!}e^{-pK/2} \tag{3.7}$$

式中，$f(k,K)=\min(k-K/2,K/2)$。网络的度分布函数近似于泊松分布，如图 3.4 所示。

在图 3.4 中，各数据点为 $N=1000$ 的小世界网络模型数值模拟结果，各条线由上面的解析度分布函数得到，实心圆点表示相同参数的随机图度分布。

（2）集聚系数：当 $0<p<1$ 时，任一个节点的两个邻点仍旧是它的邻点的概率都是 $1-p$。这两个节点之间也邻接的概率也是 $1-p$。因此，小世界网络模型的平均集聚系数的期望值为 $C=\dfrac{3(K-2)}{4(K-1)}(1-p)^3$，且与 N 无关，K 表示小世界网络模型对应的规则网中每个节点的度。当 $p=1$ 时，该网络模型对应于随机网络模型，通过调节 p 的值就可以控制从规则网络到随机网络的过渡。研究发现，对于一个较小的重新连接概率 p，集聚系数改变很小，但平均路径长度却减小得很快。既具有较短路径长度又具有较高集聚系数是小世界网络的特征之一。

（3）平均路径长度：小世界网络模型的平均路径长度解析计算曾经是一个比较困难、引起热烈讨论的问题。目前大家普遍接受的是 Newman、Moore 和 Watts 用平均

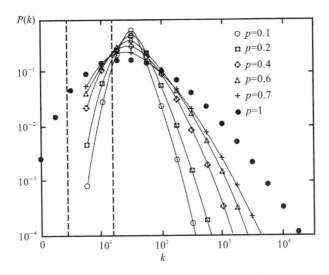

图 3.4 当 $K = 6$ 时,小世界网络度分布

场方法得到的解析表示式,如式(3.8)所示:

$$<l>(N,p) \approx \frac{N^{1-d}}{K} f(pKN) \tag{3.8}$$

式中:

$$f(u) = \begin{cases} 常数, & u < 1 \\ \dfrac{4}{\sqrt{u^2+4u}} \tanh^{-1} \dfrac{4}{\sqrt{u^2+4u}}, & u \approx 1 \\ (\ln(u))/u, & u > 1 \end{cases} \tag{3.9}$$

由式(3.8)不容易看出平均路径长度对 N 的依赖关系。研究者用更形象、准确的数值关系图的方式,展示了平均集聚系数和平均路径长度对 N 的依赖关系[14],如图3.5所示。

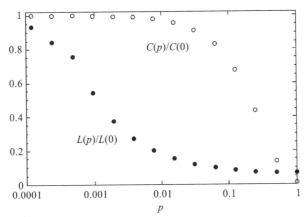

图 3.5 小世界网络模型平均集聚系数和平均路径长度对 N 的依赖关系

图 3.5 中的 $C(0)$ 和 $L(0)$ 分别表示小世界网络模型对应的规则网络中的平均集聚系数和平均路径长度，$C(p)$ 和 $L(p)$ 分别表示小世界网络模型中的平均集聚系数和平均路径长度。图 3.5 中显示，当 p 从零增加时，产生的少数随机连边对平均集聚系数影响很小，然而却立即大大降低了平均路径长度。因此，在 $0<p<1$ 区域存在一个相当大的 p 取值范围，使得小世界模型显示类似于规则网络的大平均集聚系数和类似于随机网的小平均路径长度。

（4）网络直径：由于小世界网络具有随机性，网络的度分布服从泊松分布，网络的直径不能确定，在现实中可以通过广度优先搜索算法求解。

3.3.4 无标度网络

小世界网络模型可以说是 20 世纪后期"复杂居于规则与随机之间"这一理念的体现。既然规则与随机都是简单的，那么复杂就不应该"简单地"位于规则与随机中间，而应该在很多方面高于它们，显示出各种各样的规则网络与随机网络不具有的"更高级"特性。

度分布是最受人关注的网络性质之一。规则网络所有节点的度完全相同，或者分为有限组，且每组内完全相同；而随机网络的度分布服从泊松分布，绝大部分节点的度落在一个平均值附近。这两个极端网络的度分布都呈现某种"均质性"。然而，现实中复杂网络的度分布如何？比这两个极端的简单网络的度分布高级吗？这两个问题是重要且有趣的。

Barabási 和 Albert 于 1999 年在 *Science* 上发表了一篇影响很大的论文[5]，提出了 BA 无标度网络模型，并举出例子来说明许多实际网络都具有所谓的"无标度性"，即度分布精确或近似地遵循幂函数的形式。他们的工作揭示：现实复杂网络中节点度的分布是具有强烈"异质性"的。那么，异质比均质高级吗？复杂系统理论的回答是肯定的。均质常常意味着均匀、平衡、无序（或极端有序反而导致的平庸、简单），而异质常常意味着不均匀、非平衡、（在复杂基础上的）有序。我们周围丰富多彩的世界正是由无处不在的不均匀、非平衡、复杂而有序造就的。"实际复杂网络中基本单元度分布的无标度性"显示了各个基本单元的"重要性"或"作用"非常不相同。在人群中像爱因斯坦那样的优秀人物是极少数；在食物链中像狮子、老虎那样的"顶端生物"也一定是极少数。比他们多不知多少倍的"芸芸众生"远远谈不上"优秀"，但却是支撑他们的基础。这些层次、组织等特征正是复杂性的一种体现。

ER 随机网络、WS 和 NW 小世界网络的一个共同特征是网络的度分布是近似于泊松分布形式。这种度分布在平均值 $<k>$ 处有一个峰值，然后呈指数快速衰减。这意味着当 k 远大于 $<k>$ 时，度为 k 的节点几乎不存在。因此，这类网络也称为均匀网络和指数网络。

然而，很多现实网络都不同程度拥有如下特性：大部分节点只有少数几个连接，而某些节点却拥有与其他节点的大量连接，表现在度上就是具有幂律分布形式的度分布，即 $P(k) \sim k^{-\gamma}$。这些具有大量连接的节点称为集散节点，所拥有的连接数可能高达几百个、几千个甚至几百万个。包含这种集散节点的网络，由于网络节点的度没有明显的特征长度，因此称为无标度网络，如图 3.6 所示。

图 3.6　无标度网络示意图

1950 年，Merton 提出，当"富者越富"时，幂律现象便会出现[15]。在社会学中，这种"贫者越贫，富者越富"的现象被称为马太效应。Price[16]在 1965 年对无标度网络进行最初的研究，所研究的无标度网络被称为 Price 模型。他研究了科学文献之间的引用关系网络，发现入度和出度均服从幂律分布。Price 主要对论文间的引用关系网络及其入度进行了研究，其思想是：一篇论文被引用的概率与它已经被引用的次数成正比。从定性角度来看，如果某篇文章被引用的次数越多，则该论文再次被引用的概率就越大。

近年来，在复杂网络研究上的一个重大发现是许多复杂网络，包括 Internet、万维网以及新陈代谢网络等的连接度分布网络具有幂律分布形式。无标度网络的幂律型度分布使这种网络在小世界特征的基础上又增加了许多新的性质。

一般认为，无标度网络具有以下三个重要特性。

(1) 增长特征：网络的规模是不断扩大的。

(2) 优先连接特性：新的节点更倾向于与那些具有较高连接度的大节点相连接。

(3) 鲁棒性：移走少量节点后，网络中的绝大部分节点仍是连通的，网络对节点的故障具有鲁棒性。

无标度网络的构造算法如下。

(1) 增长：从一个具有 n 个节点的连通网络开始，每次引入一个新的节点并连到 m 个已存在的节点上，$m \leqslant n$。

（2）优先连接：新节点与已存在的节点 i 相连接的概率 p_i 与节点 i 的度之间满足：$P_i = \dfrac{K_i}{\sum_j K_j}$。

无标度网络的基本统计特性如下。

（1）度分布：无标度网络以其服从幂律分布的度分布而著称。在经典的 BA 无标度网络模型中，其度分布服从 $P(k) \sim k^{-\gamma}$，即少量节点拥有数量非常大的连边，而大多数节点只有很少的连边。

（2）集聚系数：无标度模型的平均集聚系数随着网络规模 t 增加而变化，具体如式（3.10）所示。

$$C = \frac{m^2(m+1)^2}{4(m-1)}\left[\ln\left(\frac{m+1}{m}\right) - \frac{1}{m+1}\right]\frac{\ln^2 t}{t} \tag{3.10}$$

（3）平均路径长度：无标度模型的平均路径长度随网络规模 N 变化，遵循函数 $<l> \approx \ln(N)/\ln\ln N$。随着 N 的增加，规则网络的平均路径长度增加最快，无标度网络增加最慢，随机网络居于中间，而小世界网络又居于规则网络和随机网络之间。如果只考虑平均路径长度如何随 N 变化，无标度网络并不居于规则网络与随机网络之间。

（4）网络直径：无标度网络的直径也往往无法用确定的算式表述，实际中利用广度优先搜索算法进行计算。

3.3.5 现实网络

学者们通过数学建模构建各种各样的经典网络模型来研究现实社会中网络的特性。由于现实社会网络的复杂性，各种经典网络模型虽然都能在不同程度上对现实网络进行描述，但是都难以描述完整。现实网络中节点具有复杂的现实含义，节点之间的连接方式也多种多样。例如：以物体为节点的互联网和电力网络、以人为节点的科学合作网络和演员合作网络；在互联网中，节点是现实生活中的路由器，连接是网线；在电网中，节点包括发电站和变压器等，它们之间通过电缆进行连接；在社交网络中，例如演员合作网络中节点是演员，演员们通过共同参演建立连接形成网络。上述例子中节点具有多样性，节点之间的连接也具有多样性。表 3.1 统计了现实中的经典网络以及它们的经典特性。

表 3.1 现实中的经典网络与相应的经典特性

网络	节点	连接	有向或无向	N	L	$<k>$
互联网	路由器	网络连接	无向	192244	609066	6.34
万维网	网页	链接	有向	325729	1497134	3.60
电网	发电厂、变压器	电缆	无向	4941	6594	2.67
手机通话网络	用户	通话	有向	36595	91826	2.51

续表

网络	节点	连接	有向或无向	N	L	$<k>$
电子邮件网络	电子邮箱地址	电子邮件	有向	57194	103731	1.81
科学合作网络	科学家	共同研究	无向	23133	93439	8.08
演员合作网络	演员	共同表演	无向	702388	29397908	83.71
引文网络	论文	引用	有向	449673	4689479	10.43

随着21世纪信息技术的巨大飞跃，现实网络数据的收集难度大幅降低，学者们有了直接利用真实网络数据构建网络模型的机会。相比于通过数学建模进行研究，直接分析真实网络数据更具有现实意义。Mcauley和Leskovec[17]引入真实社交网络Facebook的网络数据在Gaphi中构建网络模型，并进行了网络分析。网络数据中一共有4039个节点，在Gaphi中按照模块度算法进行分类，得到了真实社交网络分布图，如图3.7所示。计算可得网络的平均集聚系数为0.6055，平均路径长度为3.6925，网络度分布如图3.8所示。可以看出，真实的线上社交网络的度分布与幂律分布相似，网络具有无标度特性。同时，网络的平均路径长度短，也具有小世界特性。

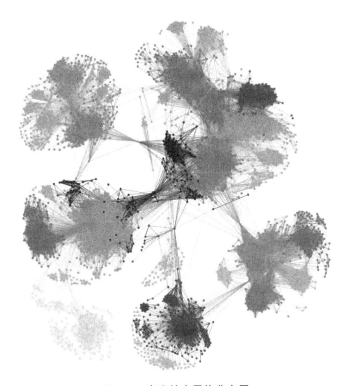

图3.7 真实社交网络分布图

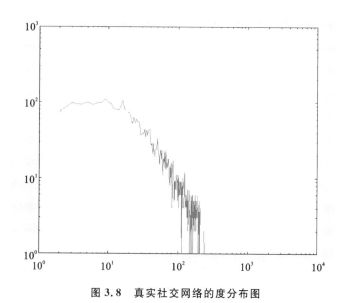

图 3.8 真实社交网络的度分布图

3.4 动态网络模型

谣言传播与舆论演化过程中,不仅信息在不断流动变化,而且社会网络中个体之间的关系也在不断变化。现实中的个体可能会因为共同的兴趣爱好等原因,结交新的朋友(建立新的连边),或者由于地理距离等因素与老朋友失去联系(断开已有连边)。研究表明,从整体上看,网络的结构在一个较长的时间段内,大体保持不变;但是网络内个体的社会关系却一直在发生变化。研究者一般将网络连接随时间不断变化的网络称为动态网络。毫无疑问,动态演化的网络结构更加贴近现实中的社会网络。近些年,互联网成为重要的信息交流平台。相较于现实社会网络,互联网中的虚拟社会网络演化频率更快,演化规则更为复杂。谣言或舆论在虚拟社会网络中的传播或演化也因此会变化。动态网络演化模型的研究对谣言传播或舆论演化有着较大的影响。本节将对几种典型的动态演化规则和动态网络模型进行介绍。

3.4.1 动态演化规则

动态演化规则是动态网络模型研究的基础。不同的动态演化规则,反映了研究的侧重点和研究人员对于网络动态过程的不同认识。下面简要介绍几种常见的动态演化规则。

1. 随机选择规则

随机选择规则是最基础的动态规则,指的是个体 i 在每一时刻,以一定的概率随机更新自己的邻居集合。在演化过程中,个体 i 首先以概率 u 随机选择一个邻居个体进行断边;然后,在所有与自己没有连边的个体集合中,以概率 v 随机选出个体 j 建立新的连边。这种网络演化规则存在一定的不确定性,网络的更新与个体本身的特征和属性没有任何联系,一般用来研究演化规则不明确的大规模网络。

2. 优先选择规则

优先选择规则是指在网络演化过程中,新加入的节点根据已有个体的特定属性(如度、介数等),优先与属性值高的节点建立连接。无标度网络模型的生成过程采用的就是典型的优先选择规则。这类规则一般用于描述理性个体在新加入某个网络后,按照自己的判断,建立连接的过程。

3. 同质性更新规则

在现实社会中,广泛存在着"物以类聚,人与群分"的现象。一般来说,个体都倾向于跟自己特征属性相似的人交流。基于此,Chen 等[18]提出基于同质性的网络结构更新规则。在这类规则中,一般假设个体具有 n 个独立的属性,每个属性有 q 个不同的值可取,且在 $[0, q-1]$ 之间取整数。所有的属性值构成了个体的属性空间。在演化过程中,每次随机选择个体 i 和其任意一个邻居节点 j。当个体 i 和个体 j 的属性相似性小于等于阈值 φ 时,个体 i 断开与个体 j 的连边,并随机选择一个不与自己相连的个体 k,建立新的连边。

4. 协同更新规则

在观点动力学研究中,很多学者会去研究网络拓扑结构对个体观点值的影响。但是,研究者逐渐认识到,个体的观点同样也会影响个体与他人之间的连边关系,进而影响网络拓扑结构。一般来说,个体不仅会与邻居进行观点交互,也会与观点相近的陌生人建立连接。同时,个体有可能会与观点差异较大的邻居断开已有的连接。也就是说,个体的观点与连边关系彼此影响、协同演化。

3.4.2 广义无标度动态网络模型

Wang 和 Chen[19]提出了一个简单的一致连接的复杂动力网络模型——广义无标度动态网络模型。在该模型中,假定 N 个相同的节点通过线性扩散耦合,构成复杂动态网络,而每个节点都是一个 n 维的动态系统。整个动态网络的状态方程可写为:

$$\boldsymbol{x}_i = f(\boldsymbol{x}_i) + c \sum_{j=1}^{N} a_{ij} \boldsymbol{\Gamma} \boldsymbol{x}_j, \quad i = 1, 2, \cdots, N \tag{3.11}$$

式中,$f(\cdot)$ 是描述节点动力学行为的非线性连续可微向量函数,$\boldsymbol{x}_i = (x_{i1}, x_{i2}, \cdots, x_{in})^T \in \boldsymbol{R}^n$ 是节点 i 的状态变量。$c > 0$,代表耦合强度。$\boldsymbol{\Gamma} \in \boldsymbol{R}^{n \times n}$ 是由 $0 \sim 1$ 组成的形式为 $\boldsymbol{\Gamma} = \mathbf{diag}(r_1, r_2, \cdots, r_n)$ 的对角常数矩阵。耦合矩阵 $\boldsymbol{A} = (a_{ij}) \in \boldsymbol{R}^{N \times N}$ 描述的是整个网络的耦合结构。若节点 i 与 j 之间有连接,则 $a_{ij} = a_{ji} = 1(i \neq j)$;否则,$a_{ij} = a_{ji} = 0(i \neq j)$。如果节点 i 的度 k_i 定义为该节点与其他节点连边的数目,则有 a_{ii}

$$=-\sum_{\substack{j=1\\j\neq i}}^{N}a_{ij}=-\sum_{\substack{j=1\\j\neq i}}^{N}a_{ji}=-k_i,(i=1,2,\cdots,N)$$。假设网络的连接结构全部都耦合在一起,不存在孤立的簇,则 A 是一个对称不可约矩阵。这个网络相较于传统的 BA 无标度网络更加脆弱,在网络中关键节点出现故障时,网络的拓扑性质会发生很大的变化。

3.4.3 局域世界演化模型

BA 无标度网络模型归纳和说明了网络无标度性的原理和机制,开创了应用统计分布规律来描述复杂网络性质的先河。如果所有的网络系统都是无标度网络,并且线性优先法则是可能导致无标度性的唯一机制,那么"富者更富"法则将是天下万物演化的唯一普遍法则。然而,BA 模型并非绝对真理。随着研究工作的进一步深入,越来越多的人逐渐认识到 BA 模型所表述的无标度性和线性优先连接机制很可能只是实际网络的一个极端情况。大多数实际网络可能是处于这个极端和另一个极端(随机网络)之间。Chen 等[20]研究发现,BA 模型所表述的优先连接机制不是对整个网络都起作用,而只是在每个节点各自的局域世界里被遵守。Barrat 等[21]针对确定性和随机性共存的具体机制(假设在网络中,优先连接法则只适用于局域世界内部,而每个节点的局域世界是随机地选取一部分节点构成的),首次将"局域世界"的概念引入无标度网络模型,提出了一个全新的局域世界演化模型。局域世界演化模型的建立过程如下。

(1)初始状态,网络有 m_0 个节点和 e_0 条边;

(2)随机地从网络已有的节点中选择 M 个节点,作为即将新加入网络的节点的"局域世界";

(3)在每一个时刻,加入一个新节点,使之与上述局域世界中的 m 个节点建立 m 条边的连边;

(4)新加入节点与已经存在的节点之间,按照式(3.12)优先连接法则在其"局域世界"内建立连接:

$$\Pi_{\text{Local}}(k_i)=\Pi'(i\in \text{Local}-\text{world})k_i/\sum_{j\text{Local}}k_j \quad (3.12)$$

式中,$\Pi'(i\in \text{Local})k_i=M/(m_0+t)$。这里的局域世界是指在 t 时刻那些被挑选出来的 $M(M\geqslant m)$ 个点。算法考虑从局域世界中优先选取 m 个节点与新加入的节点相连接。因此,在每一时刻,新加入的节点从局域世界中按照优先连接法则选取 m 个节点来连接,而不是像 BA 模型那样从整个网络中来选择。这也是局域世界演化模型与 BA 模型的根本区别。

根据以上演化模型,在 t 时刻,$m\leqslant M\leqslant m_0+t$。由此得到的局域世界演化模型有两个特殊情形:当 $M=m$ 时,新加入的节点与局域世界中的所有节点相连接,这等价于 BA 无标度网络中只保留增长机制而没有优先连接时的特例,其度分布为指数分布;而当 $M=m_0+t$ 时,每个节点的局域世界就是整个网络,此时网络模型完全等价于 BA 无标度网络模型。因此,当 $m<M<m_0+t$ 时,局域世界演化模型的度分布介于指数分布和幂律分布之间,改善了无标度网络所固有的面对恶意攻击的脆弱性,增强了网络抵抗恶意攻击的强韧性。随着局域世界的扩大,网络演化越不均匀,越接近于 BA 无标度网络,即局域世界的规模决定了网络演化的非均匀性。

3.5 人际关系网络模型

学者们通过构建同质性节点的连断边规则,提出了诸如反映现实网络的小世界特性的 WS 网络模型、反映现实网络的无标度特性的 BA 网络模型。但是,现实社会网络中节点(比如:人际关系网络中的人类个体)具有复杂性、异质性,同质性的节点无法完全反映复杂的人际关系网络。本节将研究个体属性以及个体行为的异质性连断边规则对人际关系网络生成的影响。

3.5.1 人际关系网络形成机制

每个人从出生就处于一个相对稳定的群体(家庭和亲友关系群体)。随着人的成长和发展,人的社交关系不断增减,人不断参与演化形成复杂的整体人际关系网络。个体是人际关系网络的节点,网络的连边是个体间的关系。人际关系网络的形成机制是个体基于异质性属性、结交、断交、出生或死亡等行为不断进行连断边的过程。下面将介绍各种影响人际关系网络形成的因素。

1. 个体属性

个体属性是指个体所具有和表现出来的特性,如年龄、性别、职业、爱好、权威性、性格、民族、文化背景、地区、适应度等。其中,适应度用于描述不同个体建立人际关系的积极性。个体在建立和维系人际关系时会受到自身与其他个体之间属性相似性的影响。比如,在同一个地区、从事同一个职业、年龄相仿的人更容易建立社交关系。

2. 个体行为

个体行为特指个体影响人际关系的建立和断开的行为。人际关系的建立由网络中节点之间的连边行为表示,人际关系的断开由网络中节点之间的断边行为表示。

现实中,个体人际关系的建立一般来自两种个体行为,一种是个体的朋友向个体介绍新朋友,另一种是个体主动结识新朋友。对应达尔文的进化理论,我们将个体的朋友向个体介绍新朋友的活动定义为人际关系的遗传行为(类似现实中父母将关系介绍给子女),将个体主动结识新朋友的活动定义为人际关系的变异行为。我们利用通过人口普查获得的出生率来刻画现实中的个体新增行为。新增的节点的连边初始化依靠遗传行为生成。

由于个体无法维持无限数量的人际关系,个体存在人际关系断开的行为。这种人际关系断开的行为多发生在个体属性差异较大的个体之间。我们通过个体属性相似性来描述个体间的差异,并由此产生断边行为。除此之外,个体不会永久存在。本节利用通过人口普查获得的死亡率刻画现实中的个体死亡行为。

3.5.2 人际关系网络模型构建

人际关系网络[22]的构建步骤如图3.9所示:

(1)参数初始化。根据人口普查统计数据,初始化每个节点的基本属性(性别、年龄、经济程度、受教育程度、适应度和地理位置),并设置适当的遗传连边比例、变异连边比例、个体最大连边总数。

(2)网络构造。在网络构造阶段,生成一个含 N 个节点和 M 个连边的 BA 初始网络。

(3)网络演化。网络演化的内容包括节点的出生与死亡,网络中连边的遗传行为、变异行为,以及相似性断边。考虑实际情况,设置演化步长为一年。

(4)演化完成。检查人际关系网络演化是否达到稳定状态。如果演化时间达到最大步长或人际关系网络的规模达到稳定状态,演化结束。如果不是,则跳回步骤(3),继续演化过程。

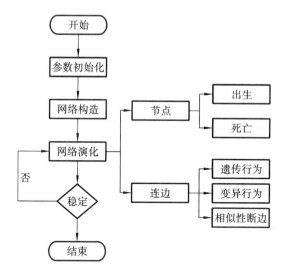

图 3.9　人际关系网络构建步骤

人际关系网络演化的详细过程如下。

(1)出生和死亡:按照出生率,每个步长生成新的节点并对其属性进行初始化,新节点的连边初始化是指从网络中随机指明两个节点作为亲属节点,建立连边。新生节点在16岁之前不进行连边行为。每个步长中,根据死亡率选择一部分旧的节点从人际关系网络中删除,与被删除的节点相关的连边全部断开。

(2)遗传连边:个体的遗传连边行为就是个体通过其已有的朋友(亲属)扩展自己

人际关系的过程。在选择新的连边时,这种连边行为不仅基于无标度网络所提出的优先连边规则,还会考虑节点的适应度。节点的适应度 F 是指个体愿意结识新个体的意愿度。个体的适应度越高,个体越乐意接受朋友的引荐。当个体 i 通过遗传连边行为建立新的连边时,选择个体 j 的遗传连边概率为 p_j^{hl},它主要受个体 j 的度 k_j、适应度 F_j 影响。概率 p_j^{hl} 如式(3.13)所示:

$$p_j^{hl} = \frac{F_j \times k_j}{\sum_m (F_m \times k_m)} \quad (3.13)$$

式中,m 为个体 i 的邻居的集合,适应度 F_j 的更新规则服从马太效应,适应度大的个体适应度将更大,适应度小的个体适应度将更小。适应度 F_j 的更新公式如式(3.14)所示:

$$F_j^* = \lambda \cdot F_j + (1-\lambda) \cdot \mathrm{RF} \cdot F_j \quad (3.14)$$

式中,λ 为调整幅度,RF 为调整系数。当个体的适应度小于 0.5 时,调整系数将服从 (0.9995,0.000592) 的正态分布。当个体的适应度大于 0.5 时,调整系数将服从 (1.0005,0.000592) 的正态分布。调整幅度设置为 0.8。

遗传连边机制的演化过程如下。

①从人际关系网络中随机选择一个个体 i,如果个体 i 的度达到了最大值,则重新选择一个个体。

②随机选择个体 i 的邻居集合中的个体 j,然后产生一个随机数,若这个随机数小于遗传概率 p_{ij}^{hl},则节点 i 和节点 j 产生新的连边。

③当演化时间结束或遗传连边数达到最大限额时,遗传演化结束,否则重复步骤①。

(3)变异连边:个体的变异连边行为是个体独立发展人际关系的过程。变异指的是个体基于与其他个体的相似程度建立人际关系的行为。若个体间的相似性较大,则建立人际关系(产生连边)的概率就较大。节点 i、j 之间连边的变异概率 p_{ij}^{vl} 如式(3.15)所示:

$$p_{ij}^{vl} = \frac{S_{ij}}{\sum_M S_{im}} \quad (3.15)$$

式中,M 指的是节点 j 的邻居节点以外的集合。

变异连边机制的演化过程如下。

①从人际关系网络中随机选择一个个体 i,如果个体 i 的度达到了最大值,则重新选择一个个体。

②随机选择个体 i 的邻居集合以外的个体 j,然后产生一个随机数,若这个随机数小于变异概率 p_{ij}^{vl},则节点 i 和节点 j 产生新的连边。

③当演化时间结束或变异连边数达到最大限额时,变异演化结束,否则重复步骤①。

(4)相似性断边:由于人际关系需要个体不断维护,个体无法无限量地建立新的人际关系,个体会在过程中不断地更新自己的人际资源。我们将基于最小相似性断边设计来平衡个人关系。这意味着一个按概率选择的个体将会删除相关的边与邻居。在计算个体的相似性时,主要根据个体属性的相似程度来衡量。根据个体的不同属性,分为相同相似性、一维相似性、二维相似性。计算过程如下:

① 相同相似性:对性别属性进行计算,两个个体属性相同则相似度为1,否则为0,如式(3.16)所示:

$$S_{ij}^1 = \begin{cases} 0, & \text{if gender}_i \neq \text{gender}_j \\ 1, & \text{if gender}_i = \text{gender}_j \end{cases} \quad (3.16)$$

② 一维相似性:对年龄、受教育程度、职业和经济状况属性进行计算。如对年龄相似度进行计算,如式(3.17)所示:

$$S_{ij}^{\text{age}} = 1 - \frac{|\text{age}_i - \text{age}_j|}{\max\{\text{age}_i, \text{age}_j\}} \quad (3.17)$$

同样得到其他属性的相似度,最后按照重要程度分别给每个属性分配权值,加权相加得到程度相似性,如式(3.18)所示:

$$S_{ij}^2 = [w^{\text{age}}, w^{\text{edu}}, w^{\text{acc}}, w^{\text{eco}}] \cdot [S_{ij}^{\text{age}}, S_{ij}^{\text{edu}}, S_{ij}^{\text{acc}}, S_{ij}^{\text{eco}}]^{\text{T}} \quad (3.18)$$

③ 二维相似性:对地理位置属性进行计算。个体的相似性与个体属性成反比,例如两个个体之间距离的远近程度,即个体距离越短,个体间的相似性越大,采用海明(Hamming)距离计算,如式(3.19)所示:

$$S_{ij}^3 = 1 - \frac{\sqrt{(\text{gpx}_i - \text{gpx}_j)^2 + (\text{gpy}_i - \text{gpy}_j)^2}}{d_{\max}} \quad (3.19)$$

得到三类相似性后,按照加权和的算法得到两个个体的相似度,如式(3.20)所示:

$$S_{ij} = [w^1, w^2, w^3] \cdot [S_{ij}^1, S_{ij}^2, S_{ij}^3]^{\text{T}} \quad (3.20)$$

得到任意两个个体的相似性之后,个体将基于相似度进行断边。相似性断边规则共有两种:

① 从人群中随机选择一个个体,将该个体与其邻居个体之间的相似度进行排序,断开该个体与相似性最小的邻居个体之间的连接。

② 类似于变异连边概率的构建,定义一个基于相似性断边的概率,从人群中随机选择一个个体,在其邻居中依据相似性断边概率来断开与某邻居的连边。

3.5.3 人际关系网络与经典熟人网络的比较

在不同的社会环境下影响人际关系网络建立的因素不同。在家族或亲情观念较重的中国农村中,个体通过亲属继承家族或亲人的人际关系非常常见;而在西方现代城市中,年轻人更多以自己主动结交朋友来建立人际关系。为了研究近代中国的乡土环境下人际关系网络(个体人际关系主要依赖家族亲属介绍,由于交通闭塞等原因,个体通过自身建立新的人际关系的机会小)的生成过程,分别用三种遗传比例

(10%、20%和30%)来表示弱、中等和强影响关系强度(依靠遗传行为建立人际关系的能力),并设置变异比例为固定值5%进行仿真计算,结果如图3.10所示。由图3.10可以发现,网络经过一段时间的演化后,拓扑特性基本维持稳定,具有分散程度较低和较高的集聚系数,符合小世界特性。由图3.10(a)可以看出,在三种影响关系强度下,演化后的网络平均路径长度变短,且仍符合小世界特性。由图3.10(b)、图3.10(c)可以看出,通过亲属之间的人际关系遗传,网络中节点的平均度显著增大。这反映了现实世界中个体在社会化过程中通过亲友扩大人际关系的过程。由于个体的精力有限,个体的人际关系无法无限扩大,因此个体的平均度以及集聚系数在演化后期趋于稳定并小幅度波动。实验结果表明,遗传比例对人际关系网络的形成产生十分重要的影响,可以作为现实中东西方人际关系网络差异的解释。在弱的影响关系强度中,网络的拓扑特性变化缓慢。在强的影响关系强度下,因为遗传比例高,个体之间可以快速通过亲友建立人际关系,其演化结果更加符合中国近代人际关系网络快速演化的特点。为此,下面选择强影响关系(遗传比例为30%)来演化中国近代人际关系网络。

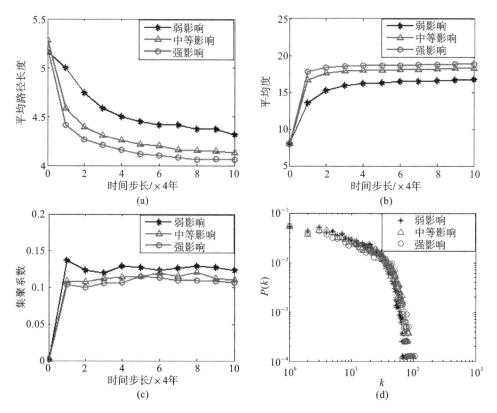

图 3.10　在三种遗传比例下随演化步长的增加网络平均路径长度、节点平均度、集聚系数与节点度概率 $P(k)$ 分布变化情况

为了验证人际关系网络的有效性,将人际关系网络和 Davidsen 网络[23]与 Huang 网络[24]进行比较。图 3.11 展示了网络演化中平均度、集聚系数以及平均路径长度的演化对比结果。从结果可以看出,本节所提出的人际关系网络拓扑特征的变化趋势类似于 Davidsen 网络。在这三个指标下,两者之间的变化都会随着时间的增长出现波动,最终结果较为相似。人际关系网络的平均度相比 Davidsen 网络可以在更短的时间达到稳定的状态。这是因为在人际关系网络的演化过程中个体之间人际关系遗传连边非常迅速。在现实中,传统东方文化下的社会人际关系紧密,家庭之间的互相介绍使得个体间快速建立起联系。相对而言,西方大城市中个体更多靠自己独立地主动结识朋友,其发展速度较传统东方社会的人际关系网络发展速度较慢。除此之外,人际关系网络的平均路径长度在一定时间步长范围内要大于 Davidsen 网络,人际关系网络的集聚系数却要低于 Davidsen 网络和 Huang 网络。该结果所对应的社会现象是传统东方文化影响下的地区,个体的人际关系建立主要基于家族以及熟人介绍(即基于遗传的连边行为)。地区的封闭使得地区之间难以建立联系(即基于变异连边的机会较少),所以网络的平均路径长度就会增加,集聚系数也会有所减小。

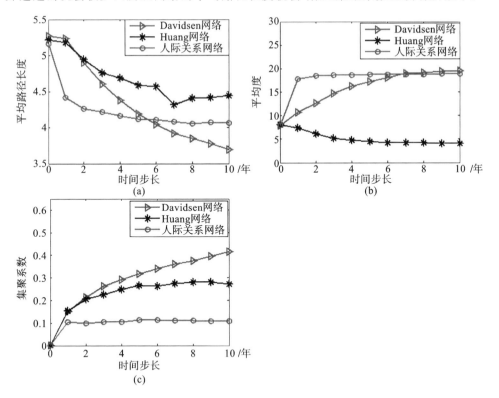

图 3.11 在三种不同网络下随演化步长的增加网络平均路径长度、节点平均度、集聚系数变化情况

图 3.12 详细对比三种网络的度分布情况。根据度分布特征,把度分布结果细分为三个区域进行讨论。在区域 I 中,人际关系网络的人口比例(36.16%)低于其他两

个网络(45.7%,90.78%),表明人际关系网络下度小的节点数量较少,代表西方人际关系的两个网络模型中度小的节点较多,大多数个体集中在区域Ⅰ。在区域Ⅱ中Davidsen网络和人际关系网络的度分布均缓慢下降,人际关系网络的人口比例(52.02%)最高。这说明由于网络中的遗传连边行为的存在,人际关系网络中大部分个体具有相似大小的度,较多个体主要聚集在区域Ⅱ。在区域Ⅲ中,Davidsen网络和人际关系网络的度分布均快速下降,这体现了现实网络中人际关系的幂律分布特性。最后,通过模型实验的比较分析,我们发现人际关系网络模型可以为被广泛接受的社会学研究成果以及中国传统农村社会结构提供有效的解释。与西方社会形成机制有所不同,中国的家庭是一个小的群体,家庭之间的相互介绍将小群体聚集成了一个大系统。这个系统中大部分节点具有较大的度,这描述了中国人际关系网络紧密的特点。相比于西方的熟人网络,人际关系网络可以构建不同文化特征(亲情关系)的社会网络,符合不同文化下社会不同发展阶段的基本情况,为谣言传播和舆论演化在不同社会情景下的研究打下了基础。

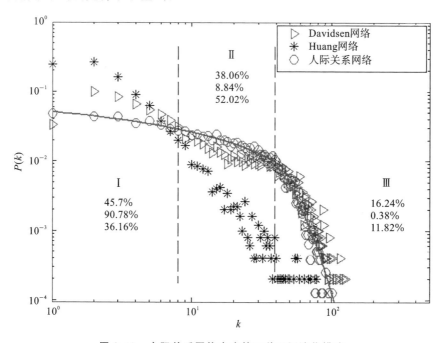

图 3.12 人际关系网络中度的三种不同演化模式

3.6 多层网络模型

本章前文介绍的多种网络都是考虑节点之间只存在单一连边的情况(可以看作单层网络),虽然从一定程度上描述了社会网络的特性,但是现实中社会网络的节点具有多元属性,节点之间的连边也可以表示多种相互关系,甚至节点之间也可能存在多条连边。为了真实地描述现实网络系统,研究者们通过节点异质和连边异质两种方式提出了不同类型的多层网络模型。这些网络模型按照节点或者连边特征划分为不同的层,每个网络层内的节点或者连边是同质的,每个网络层可以单独构成一个网络。

本节将按节点异质和连边异质的划分方式介绍三种多层网络模型。由于谣言传播与舆论演化是在线下人际关系网络和线上社交网络中同时进行的,本节基于依存型多层网络建立了一种同时考虑现实(线下)人际关系和线上人际关系的多层网络模型。

3.6.1 多层网络简介

大多数复杂系统都可以看作许多具有不同结构与功能的子网络耦合而成的复合网络[25]。例如,病毒接触网络被看作儿童-成人网络,因为儿童和成人在对抗流感病毒感染时有不同的抵抗力,且两种群体的网络结构也因为日常行为不同而存在差异。网络理论的发展在不断突破网络节点和连边同质性的限制,基于节点异质、连边异质已形成几种有代表性的网络结构,其中两种如表3.2所示。

表3.2 网络结构划分

连边性质	节点性质	
	节点同质	节点异质
连边同质	经典单层网络	节点异质单层网络、二分网、分网
连边异质	多维型多层网络	依存型多层网络

经典单层网络都假设网络中所有的节点是同样的节点,节点间连边所代表的含义也相同。这样的假设有利于帮助研究者们分析部分网络的性质与特点。但是,这样的假设也使得单层网络模型与现实网络产生了较大的差异。为了进一步对现实网络进行描述,研究者们提出了多种多层网络模型。

二分网[26]是最初级的多层网络,描述了单个网络中同一节点具有不同属性的情况,用于描述不同类型之间的节点对应关系。但是,二分网难以描述同一群体内的节点之间的多种复杂联系,只能描绘一些较为简单的、具有明确群体划分的网络结构,比如科学家与他们所著的论文组成的科学家合作网[27]、由用户(peer)和他们的数据组成的P2P(peer to peer)交流网[28]、一本书中的词与书中包含此词的句子组成的词同现网[29]。

研究者们考虑到节点异质性,提出了一种针对人际关系的节点异质单层网络,有利于探究具有不同属性的节点之间的交互关系,为研究异质个体交互行为提供了基础。在社会网络研究中,个体异质性一直都是研究的重点。

多维型多层网络是通过异质性连边构建的多层网络。多维型多层网络的实质是突破传统单个网络中连边同质性的限制。最初研究者们用不同的颜色标记网络中不同类型的连边[30]，但这一做法使得一对节点之间可能存在多条连边。为了避免这一问题，研究者们便开始运用不同的分层来表示不同的联系类型，于是形成了多维型多层网络。这种网络可以用于描述节点之间多元联系的网络。严格的多维型多层网络的特点是在每一层中都存在一个单个网络，每一层网络的节点集相同或者存在一定的交集，而层与层之间不存在连边，或仅同样节点之间存在连边，每层网络内的连边具有不同的属性。

依存型多层网络这一概念由 Buldyrev 等于 2010 年首次提出[30]。依存型多层网络由两个或更多个单个网络组成，单个网络内的节点是同质的，而网络间的节点是不同质的。依存型多层网络的概念目前也未完全统一。从实质来看，依存型多层网络是在多维型多层网络的基础上，突破节点同质性的限制，且允许不同层中的节点间产生连边的网络。Buldyrev 等最初提出的依存型多层网络对属于不同网络节点间的连边给出严格的假设：两层网络节点数是一致的，且每个节点都与另一层中某一节点存在一对一的关系；所有节点均相连且不存在一对多的连接关系。层内网络中节点间的连边称为层内连边；而层与层之间的连接称为层间连接，是一种强依存关系的连接，即节点对中某一节点的消失会引起另一节点的消失。这一严格的假设有利于在网络演化规律中得到完善的数学解析，但现实世界中很少存在符合这一严格假设的系统。因此，Parshani 等[31]便提出了部分依存型多层网络的概念，松弛的所有节点必须均依存于另一层节点的假设，设置随机数量的节点与另一层的节点存在一对一的依存关系。

3.6.2 线上/线下双层网络构建

社会网络理论研究大部分基于节点异质的单层网络进行，但是社会关系是多元共存的，人与人之间的联系一般都通过多种方式进行。20 世纪，人们主要通过线下面对面的方式交流信息，或通过线上的电视、广播媒体单向传输信息。21 世纪，随着互联网的快速发展，信息主要在线下人际关系网络与线上社交网络中传播。为了更好地研究线下人际关系网络与线上社交网络共同作用下的谣言传播与舆论演化规律，建立贴近现实的双层网络模型十分重要。因为谣言或舆论在社会中是通过在线上社交网络和线下人际关系网络这两种渠道同时进行传播或演化的，本节将考虑个体社会属性，构建一种考虑线上网络和线下网络相结合的依存型双层网络模型。生成网络结构与依存型多层网络类似，如图 3.13 所示，简称双层网络模型。

线上社交网络是一个开放的、大众化的信息平台，信息传播具有共享性。线上社交网络中，网民主要通过发布信息的方式传播信息给其他网民，呈现出点对面的全面辐射传播特点。例如，在用户发布或转发微博时，关注该用户的其他网民都可以接收到该微博信息。这种传播方式促使话题得以在社交网络中快速传播，在短时间内爆发。

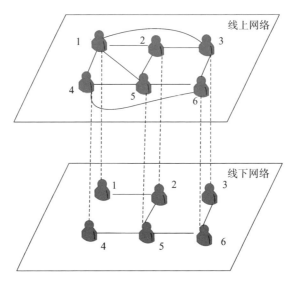

图 3.13 双层网络模型示意图

在线下人际关系网络中,个体节点传播信息是有选择性的,一般只对少数个体传播。线下人际关系网络的信息传播是采用点对点选择性信息传播方式。现实社交圈不具备匿名性,有联系的节点间彼此透明,能够真实地接触交流,对彼此的兴趣爱好、文化背景和性格特征等也有一定的了解。这些都有利于传播者以更快的速度将话题传播给自己认为合适或关注话题的人。线下人际关系网络(比如 3.5 节的人际关系网络)一般考虑现实中个体通过亲属、工作关系等日常交际活动建立和减少人际关系的情况。

一般情况下,线上网络中的交互和线下网络中的交互是同时进行的。但两者也有不同之处,即线下的地理位置限制对线上网络中的信息交互基本不会造成影响。即使两个人分别位于两地,距离很远(如上海和武汉),也完全不会受到距离的约束,可以通过线上网络进行实时交流。

线下网络代表生活中面对面实际接触的网络,其中的节点表示的是社会中的真实个体,个体在现实生活中的社会关系由节点之间的连边体现。线上网络中的节点一般表现为社交网络上的账号。线上网络代表的是 QQ、微博、微信、网页等在线交互以及获取信息的渠道,所有节点均为社会中的真实个体在网络中的对应账号或身份,节点之间的连边体现的是线上网络中个体之间的社会关系。本节暂不考虑双层网络中的节点一对多、多对一以及多对多的情形,假设线下网络和线上网络中的节点是一一对应的,但不同网络中节点之间的连边关系不同。

本节用 3.5 节中的人际关系网络模拟线下人际关系网络,用无标度网络模拟线上网络,最终完成双层网络模型的构建。双层网络构造过程如图 3.14 所示,具体步骤如下:

(1)线下人际关系网络的生成。

①系统最初有 N 个个体,构造一个具有 N 个节点的小世界网络;

②按照人口普查的结果为每个个体分配社会属性值(年龄、性别、受教育程度、经济状况以及地理位置);

③在每一时间步长内随机选择两个节点 i 和 j,两个节点之间的连边概率由遗传比例和变异比例决定,根据 i 和 j 的个体属性计算出基于相似性的断边概率;

④网络进行演化,直到达到演化步长上限,结束整个过程。

(2)网络节点的复制。对应线下网络的每一个节点,都在线上网络中生成一个对应的复制节点,其节点属性保持不变,在所有节点都复制结束后,停止生成节点。

(3)线上网络的生成。

①从复制后的节点中随机选择 m_0 个节点;

②逐渐引入新的节点并连接到老节点上,新节点选择老节点建立连边的概率等于老节点的度占网络中节点度总和的比重;

③重复步骤②,直至网络规模达到预期限定值 N。

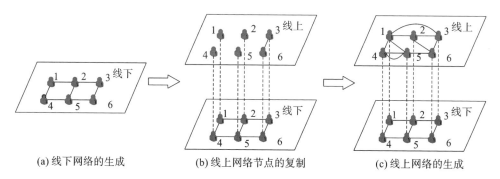

图 3.14 双层网络模型构建过程示意图

参 考 文 献

[1] Barnes J A. Class and committees in a Norwegian island parish [J]. Human Relations,1954,7(1):39-58.

[2] Scott J. Social network analysis[J]. Sociology,1988,22(1):109-127.

[3] Erdös P,Rényi A. On the evolution of random graphs [J]. Publication of the Mathematical Institute of the Hungarian Academy of Sciences,1960,5(1):17-60.

[4] Watts D J,Strogatz S H. Collective dynamics of 'small-world' networks [J]. Nature,1998,393(6684):440-442.

[5] Barabási A L,Albert R. Emergence of scaling in random network [J]. Science,1999,286(5439):509-512.

[6] Marceau V,Noël P A,Hébert-Dufresne L,et al. Adaptive networks:coevolution of

disease and topology[J]. Physical Review E,2010,82(3):036116.

[7] 汪小帆,李翔,陈关荣. 复杂网络理论及其应用[M]. 北京:清华大学出版社,2006.

[8] Wang X F,Chen G. Complex networks:small-world,scale-free and beyond[J]. IEEE Circuits and Systems Magazine,2003,3(1):6-20.

[9] Barabási A L,Bonabeau E. Scale-free networks[J]. Scientific American,2003, 288(5):60-69.

[10] Newman M,Watts D J. Renormalization group analysis of the small-world network model[J]. Physics Letters A,1999,263(4-6):341-346.

[11] Erdös P,Renyi A. On random graphs. I[J]. Publicationes Mathematicae, 1959,6(3-4):290-297.

[12] Milgram S. The small world problem[J]. Psychology Today. 1967,2(1): 60-67.

[13] Wu Z X,Xu X J,Chen Y,et al. Spatial prisoner's dilemma game with volunteering in Newman-Watts small-world networks[J]. Physical Review E, 2005,71(3):037103.

[14] Albert R,Barabási A L. Statistical mechanics of complex networks[J]. Reviews of Modern Physics,2002,74(1):47-97.

[15] Merton R K. The Matthew Effect in Science:The reward and communication systems of science are considered[J]. Science,1968,159(3810):56-63.

[16] Price D J D S. Networks of scientific papers:the pattern of bibliographic references indicates the nature of the scientific research front[J]. Science, 1965,149(3683):510-515.

[17] Mcauley J,Leskovec J. Discovering social circles in ego networks[J]. ACM Transactions on Knowledge Discovery from Data,2014,8(1):1-28.

[18] Chen X,Zhang X,Xie Y,et al. Opinion dynamics of social-similarity-based Hegselmann-Krause model[J]. Complexity,2017,2017:1820257.

[19] Wang X F,Chen G. Synchronization in scale-free dynamical networks:robustness and fragility[J]. IEEE Transactions on Circuits and Systems I:Fundamental Theory and Applications,2002,49(1):54-62.

[20] Chen X,Zhang L,Li W. A network evolution model for Chinese traditional acquaintance networks[J]. IEEE Intelligent Systems,2014,29(5):5-13.

[21] Barrat A,Weigt M. On the properties of small-world network models[J]. European Physical Journal B Condensed Matter and Complex Systems,2000, 13(3):547-560.

[22] 刘小波. 基于人际关系网络的舆情演化建模研究[J]. 情报理论与实践,2011, 34(9):100-103.

[23] Davidsen J, Ebel H, Bornholdt S. Emergence of a small world from local interactions: modeling acquaintance networks[J]. Physical Review Letters, 2002,88(12):128701.

[24] Huang C Y, Tsai Y S. Effects of friend-making resources/costs and remembering on acquaintance networks [J]. Physica A: Statistical Mechanics and Its Applications,2010,389(3):604-622.

[25] Fan C J, Jin Y, Huo L A, et al. Effect of individual behavior on the interplay between awareness and disease spreading in multiplex networks[J]. Physica A:Statistical Mechanics and Its Applications,2016,461:523-530.

[26] Borgatti S P, Everett M G. Network analysis of 2-mode data[J]. Social Networks,1997,19(3):243-269.

[27] Newman M E J. Scientific collaboration networks. I. Network construction and fundamental results[J]. Physical Review E,2001,64(1):016131.

[28] Guillaume J L, Latapy M, Le-Blond S. Statistical analysis of a P2P query graph based on degrees and their time-evolution[C]//Distributed Computing-IWDC 2004: 6th International Workshop, Kolkata, India. Springer Berlin Heidelberg,2005:126-137.

[29] Cancho R F I, Solé R V. The small world of human language[J]. Proceedings of the Royal Society of London. Series B: Biological Sciences, 2001, 268 (1482):2261-2265.

[30] Buldyrev S V, Parshani R, Paul G, et al. Catastrophic cascade of failures in interdependent networks[J]. Nature,2010,464(7291):1025-1033.

[31] Parshani R, Buldyrev S V, Havlin S. Interdependent networks: Reducing the coupling strength leads to a change from a first to second order percolation transition[J]. Physical Review Letters,2010,105(4):048701.

第 4 章　谣言传播计算实验方法与计算实验平台

谣言传播和舆论演化都是人类微观行为涌现出的宏观现象，具有不可重复、不可实验、不可预测的特点。通过构建社会个体模型和社会网络模型，在计算机中进行谣言传播计算实验是一种对谣言传播和舆论演化机制和规律进行研究的有效途径。目前，学界还没有系统性地总结基于计算实验进行谣言传播和舆论演化的研究方法，也缺少满足谣言传播计算实验多因素、多水平、多组合方式、复杂数据管理以及高频次要求的谣言传播计算实验研究平台。

本章阐述了针对谣言传播的计算实验研究方法，说明了谣言传播计算实验的研究基础，研究了包含网络建模和个体行为建模的谣言传播计算模型，讨论了包括元模型和计算实验取值策略在内的谣言传播计算实验设计。此外，本章设计了一个支撑完整谣言传播计算实验全过程的平台系统。该平台系统包括谣言传播计算数据实验管理系统和谣言传播计算实验执行系统，提供了个体管理、网络管理、实验管理、计算实验执行和结果分析等功能。

4.1　引　　言

谣言是一种未经证实的观点。谣言传播迅速，影响范围大、煽动性强、危害性大，是社会治理和国家安全关注的重点问题。谣言传播是一个微观个体在复杂网络中涌现出来的复杂宏观现象，具有涌现机制复杂、数据收集困难、难以再现的特点，使用实证的方法来研究谣言具有很大难度。计算实验是一种研究复杂系统的新兴计算方法，近年来受到国内外学者的广泛关注。计算实验方法是计算机仿真的天然扩展，其核心思想是把计算机作为"生长培育"自然实际系统替代版本的"实验室"[1,2]。不同于计算机仿真中要求仿真模型不断逼近实际系统，计算实验不要求计算模型完全再现实际系统的行为，而把计算模型作为一种可能的存在。计算实验弥补了在现实社会中难以追踪谣言传播过程，以及在实验室中进行谣言传播实验往往不能反映谣言传播的真实过程的缺点。因此，通过计算实验方法在计算机中构建谣言传播计算模型进行谣言传播的实验，成为一种研究谣言传播的有效途径。

谣言传播计算实验包括谣言传播相关模型构建、谣言传播计算实验设计、谣言传播计算实验实施等过程，本章将结合现有谣言传播计算实验的研究基础，围绕完整计算实验过程构建一套谣言传播计算实验研究方法。谣言传播相关模型构建需要考虑个体建模和社会网络建模两个方面。其中的个体建模是指结合社会学、心理学、管理学等多学科知识,进行社会中可能传播谣言的个体 Agent 模型研究(这部分内容在第2 章中已有论述);社会网络建模是利用复杂网络的相关理论和社会个体属性进行社会中个体之间联系(关系)构建的研究,生成谣言传播过程中的网络环境(这部分内容在第 3 章中已有论述)。对于这两类模型而言,基于 Agent 的建模方法业已成为一种流行的计算模型构建方法;由于实物实验与计算实验之间的区别,对于许多实物实验中的假设与边界条件,计算实验并不满足[3]。谣言传播这种人类行为通常具有复杂的非线性关系,相关计算实验设计需要确定相对应的取值策略;谣言传播计算实验实施需要解决零散繁多数据的生成与管理、计算实验方案的组合方式多样化、海量实验结果数据分析等问题。

为了支撑以上谣言传播计算实验过程,本章搭建了包括计算数据实验管理系统和计算实验执行系统的谣言传播计算实验平台系统。该平台系统为谣言传播理论研究提供灵活多样的实验环境,为谣言的产生和传播机理研究提供计算实验支撑服务,将谣言传播这一人类社会行为的理论研究和实验探索相结合,力求有效地开展谣言传播研究工作。

4.2 谣言传播计算实验研究方法

真实社会中谣言的传播路径难以追踪,在社会上散播谣言进行谣言传播实验有悖于道德伦理,甚至可能触犯法律。学者们在实验室中进行了谣言传播模拟实验,取得了不少成果[4]。然而谣言传播的模拟实验一旦进入实验室,往往会由于样本数量不够、真实环境难以模拟、个体差异性不够等原因而不能很好地模拟出谣言传播的实际过程。近年来,一些学者选择用实证的方法来研究谣言,通过给实验者发放问卷或者在社交媒体上收集数据,对谣言相关事实、现象、数据进行分析,提炼谣言传播的规律或知识[5,6]。实证研究往往只能验证或否定当前情景下的某些规律或知识,在其他情景下是否适用以及是否具有普适性还有待深入研究。

随着计算机和信息技术的发展,针对谣言传播的实证研究和实验研究越来越依赖于社交媒体数据和各种计算机模型。利用网络媒体数据在计算机中构建出谣言传播相关模型,在计算机中构建一个定制化的谣言传播虚拟环境,开展各种情景(社会环境或个体属性)下的谣言动态传播与演化计算实验,并通过对实验结果的分析研究谣言传播这一社会现象,成为研究谣言传播社会现象的新角度和新方法。

4.2.1 谣言传播计算实验研究基础

谣言传播计算实验是在计算机中模拟各种社会环境、个体和网络环境来研究谣言传播的各种机理和规律。现有的谣言传播社会实验、实证研究和计算机仿真研究是谣言传播计算实验的基础。

1. 谣言传播社会实验及实证研究

为了克服谣言数据难以收集、在社会上发布谣言违背道德和法律等问题,早期的谣言传播研究方法是在实验室进行谣言传播社会实验。实验社会心理学之父奥尔波特[3]在实验室里进行了经典的"连续复述方式"谣言传播实验,观察在同一标准情景下,个体传递消息时连续描述的变化过程,模拟谣言传播过程中信息的变化,揭示谣言传播中的社会因素。该实验的主要过程是:统一要求实验对象仔细听将要听到的内容并"尽可能准确地"将听到的内容复述出来;第一名实验对象进入房间,由选定实验者将带有十二个细节的屏幕(所有实验对象无法看到屏幕)展示或描述给他;这名实验对象接着将内容讲述给第二名实验对象;重复这个复述过程,直到最后一位实验对象复述他听到的消息。实验结果发现,即使只经过六七个人的口头传播,消息也会产生很大的歪曲,丢失许多细节。奥尔波特的实验说明了省略与突出、强化和推断是谣言歪曲的重要过程,同化、强化和简化是消息传递被歪曲的三分模式。简化、强化和同化并存的过程,反映了谣言传播者的"自发行为的结果"。

在实验室进行谣言传播实验虽然可以很好地追踪和再现谣言传播过程,但是其场景和真实的情况有较大差异,使得谣言的传播失去了自发性和自然性。实验室的气氛和实验"尽可能准确地"复述的要求可能会使得实验对象的描述变得小心翼翼,尽最大努力在描述时准确地转述他所听到的一切,使连续描述实验中的谣言远比实际传播的谣言缺乏个人色彩,更为客观。而在现实生活中,由于双方社会关系的存在,讲述者往往会为了听者的利益给他的故事增加色彩。实验室中谣言从接收到转述之间时间间隔很短,这意味着实验室中的谣言在传播后变化不如现实社会中大。在实验中,实验对象力求准确,其本身的恐惧、仇恨、希望难以激发起来。总之,实验对象并不能客观地代表真实生活中那种自发的谣言中介个体,谣言传播实验结果还不够充分反映其内在机理。

近年来,随着网络和计算机的发展,更多学者使用实证研究的方法研究谣言传播事件。在实证研究中,研究者亲自收集观察资料,并用数理统计的方法对数据进行分析,通过总结归纳可以用来提出或检验理论假设。有学者以自填问卷和结构访问的方式展开调查,以研究何种谣言更具传播力,结果显示正面或负面的谣言比中性的谣言更容易传播,包含知名来源的谣言比未标示来源的谣言更容易传播,包含图片或视频内容的谣言比仅包含文字的谣言更容易传播等[7]。有学者针对新冠肺炎相关的网络谣言,将被试者分为恐惧谣言调查组和希望谣言调查组进行实验,发现受众面对希望类的疫情网络谣言比面对恐惧类疫情网络谣言表现出更高的信任度,受众也会更容易传播这类谣言[8]。还有学者选取12个新媒体中重大、突发、流传已久的谣言案例作为参考依据,通过网络大数据分析研究了大学生对谣言的辨别能力[9]。谣言传播的实证研究也有一定的局限性,比如:研究成本较高,研究周期长,实证数据的获取和清洗整理往往需要耗费大量的人力、物力或精力;实证研究往往过于强调依据获取数据之间的关系,通过归纳总结这些数据来阐述一种社会现象或者因果关系,然而谣言传播的机理复杂,仅仅依赖获取的数据难以发现潜在或隐含的客观规律。

2. 谣言传播建模与仿真

谣言传播建模与仿真是指构造谣言传播中的个体、环境和信息模型,并利用这些模型在计算机上进行谣言传播研究。谣言传播建模与仿真的方法主要涉及实际社会系统、相关模型建立和计算机实现三个基本部分。谣言传播建模主要研究社会系统与相关模型之间的关系,它通过对实际社会系统的观测和检测,在忽略次要因素及不可检测变量的基础上,用数学的方法进行描述,从而获得实际社会系统的简化近似模型(个体模型、环境模型和信息模型)。谣言传播仿真主要研究能在计算机上运行的程序,构建与谣言传播相关模型之间的关系,借助某些数值计算和问题求解,反映个体行为或信息传播过程。

早期的谣言传播建模与仿真方法通常忽略个体的异质性,采用自上而下的建模与仿真方法,通过数学方程或离散事件模型描述谣言传播行为,因而只适用于描述极其简单的谣言传播社会系统。例如,SIR 传播模型中用一系列方程组描述谣言传播动态和演化特征[10]。随着研究问题和因素复杂性的增加,传统的自上而下的建模与仿真方法已经无法满足谣言传播复杂机理的建模与仿真需求。研究人员转而采用自下而上的建模与仿真方法,例如基于代理(Agent)的建模与仿真方法。这种方法可以更好地描述谣言传播或演化过程中的非线性关系。

一般的计算机仿真研究需要首先进行模型验证,通过校准使得计算机模型尽可能逼近现实中的系统。一种较为流行的解决方法是通过比较计算模型输出与实际系统输出间的统计特征证明计算模型的等价性。但是谣言传播多角度、多要素的实际数据难以获取,验证工作难度很大。此外,虽然仿真模型验证领域已经存在大量研究工作,但是对于验证有效性的争论一直存在。Sargent[11]对各种验证方法进行综述,认为不存在通用的测试方法。Fagiolo 等[12]也认为仿真模型的实证验证仍然需要进行大量研究工作。

谣言传播计算机仿真属于计算实验的范畴,谣言传播计算机仿真通常忽略个体的异质性,主要面向极其简单个体模型进行简单系统仿真,而谣言传播计算实验研究将考虑谣言传播中各种异质性个体属性和复杂因素,以复杂系统作为研究目标。谣言传播计算机仿真计算实验是谣言传播计算机仿真的自然扩展,可以理解为谣言传播计算机仿真的超集。

4.2.2 谣言传播计算模型构建

谣言传播计算模型主要包括个体建模和网络建模两个部分,已经分别在第 2 章和第 3 章进行了详细介绍。本节仅对谣言传播中的个体建模和网络建模进行简述。

1. 个体建模

谣言涉及的个体主要是指公众,但在一些特定模型中,谣言涉及的个体除了公众以外,还有媒体、政府以及意见领袖等。本书第2章对谣言传播与舆论演化的个体模型进行描述。谣言传播和演化也是一种观点传播和演化,可以融合在一起考虑。与第2章不同,本节将谣言传播个体建模大致分为基于概率的建模方法、基于规则的建模方法与基于博弈演化的建模方法三种。

基于概率的建模方法使用概率分布描述个体的决策与交互过程。设置谣言传播个体可能的状态集,个体的谣言传播行为最终表现为状态按不同概率进行的迁移。例如,谣言传播 SIR 模型中,个体被划分为以下几种状态:S(susceptible,易感状态)、I(infected,感染状态)、R(removed,被移除状态)。陈一新等[13]学者在普通 SIR 模型的基础上加入辟谣状态 D(denied)的概念,提出了 SIDR 模型,增加的辟谣者能够将处于感染状态的个体转化成被移除状态。

基于规则的建模方法在谣言传播计算模型构建中应用最广。根据规则的复杂程度,可将基于规则的建模方法分为基于逻辑推理的建模方法与基于简单规则的建模方法。基于逻辑推理的模型有利于表达人类的思维过程,可以很好地实现基于个体(Agent)心理属性、社会属性与行为规则的推理过程,如 BDI(Belief-desire-intent)建模框架中谣言传播个体模型就是基于逻辑推理的模型。虽然基于逻辑推理的模型表现能力强,但是其复杂度高且计算负荷大。许多研究问题并不需要如此复杂的模型,一些基于简单规则的模型(例如有界置信模型[14])就可以满足研究问题的要求。有界置信模型设置了个体交互时的信任半径,个体不会听取和自己意见相差太大的个体的意见。舆论传播模型 HK 模型、DW 模型及相关改进模型都属于有界置信模型。

基于博弈演化的建模方法使用博弈论的思想,模型通过多次博弈过程得到演化稳定策略。每个时刻,个体都会根据自己的总体收益改变自己的选择。Zhao 等[15]提出的基于博弈的演化模型中引入了恶意节点,并给予了恶意节点特有的收益函数,使群体中的普通个体和恶意个体进行博弈。

除上述三种建模方法以外,也有一些混合模型同时应用两种或三种方法。例如,Voter 模型[14,16]中个体随机接受某一个邻居的意见,Majority rule 模型[17]中个体接受随机小组中的多数意见等。

2. 网络建模

谣言依赖于社会网络或社交网络进行传播,网络的拓扑结构会显著地影响意见(谣言)的演化过程[18]。早期的谣言计算模型多建立在简单拓扑结构之上,例如方形栅格[19]、规则网络[19]、完全网络[19]等。随着复杂网络研究的兴起,基于复杂网络的社会网络建模可以更好地描述个体之间的相互影响[19]。常见的复杂网络包括随机网络[20]、小世界网络[20]、BA 无标度网络等[20]。很多学者基于复杂网络得到了许多谣言或观点演化的研究成果。例如:网络的小世界特性加速了信息和意见在社会中的传播速度;Voter 模型在小世界网络中产生了有趣的亚稳定状态[20]。在无标度网络中,中心节点的意见可以决定网络能否达成共识。此外,网络的度分布直接影响达成共识的速度[21]。

现实中的社会网络具有动态变化的特性。例如：现实中的个体可能会由于兴趣爱好而结交新的好友，也可能会因为地理位置的迁移而断开与一些邻居的联系。一般将网络连接随时间不断变化的网络称为动态网络。常见动态网络的连断边规则有随机选择、优先选择、同质性选择等。为了考虑个体属性和个体行为对社会网络的影响，一种考虑遗传连边、变异连边和相似性断边的人际关系网络被提出[22]，它更加真实地反映了社会网络动态形成的特性。在这种人际关系网络下的研究，除了线下的人际关系以外，在信息时代，移动电子设备的普及使得人们更容易通过互联网与其他人交流。线上的社交行为成了另一种重要的交流方式。线上网络和线下网络结合起来的线上线下双层网络模型也得到了研究人员的关注[23]。

4.2.3 谣言传播计算实验设计

在计算实验设计的过程中，需要确定实验方法和实验参数等内容。谣言传播计算实验设计是指针对不同的研究目的，需要设计不同的计算实验方案。不同的计算实验方案中个体模型、网络模型、个人基础数据、谣言信息等数据和参数组合方式多种多样，确定谣言传播计算实验的取值策略非常重要；当研究因素（实验参数）较少时可以选择全面析因的取值策略，当研究因素很多，因素的水平数也很多时，需要设计合理的取值策略才能兼顾有效性和效率。

谣言传播计算实验涉及的因素很多，比如第 2 章中涉及的很多个体属性都是相关因素。在含有大量因素的谣言传播计算实验中，如果针对每一种水平的组合都进行实验，所需的实验次数将呈指数型增长。除实验次数这一指标外，实验取值策略还有多个衡量指标[24]，其中模型相关性在计算实验中非常重要。谣言传播计算模型大多描述复杂非线性关系，简单系统的实物实验中的经典假设在谣言传播计算模型中并不成立。模型无关的取值策略不依赖于某一特定模型的假设，而是关注由标准实验输入定义的 k 维单位立方体构成的设计空间。因此，模型无关的取值策略被广泛地应用于计算实验中。模型无关的取值策略包括全面析因实验、拉丁超立方体抽样设计方法、正交设计实验和均匀设计实验等。

1. 全面析因实验

全面析因方法是指对每一个因子的不同水平组合做同样数目的实验。例如，在一项实验中有 q 个因子，它们分别有 $t_1, t_2, \cdots, t_q$ 个水平，将每个因子的不同水平组合均做一次实验，全面析因实验至少需做 $t_1 \times t_2 \times \cdots \times t_q$ 次实验。如果所有因子的水平数相同且都为 t，则需要做 t^q 次实验。

当因子的个数不多、每个因子的水平数也不多时，人们常用全面析因的方法，并且通过数据分析可以获得较为丰富的结果，结论也比较精确。当因子较多、水平数较大时，采用全面析因的方法需要进行的实验次数会非常多。

2. 拉丁超立方体抽样设计方法

拉丁超立方体抽样[25]是一种从多元参数分布中近似随机抽样的方法，属于分层抽样技术。每个与轴垂直的超平面最多含有一个样本。假设我们要在 n 维向量空间里抽取 m 个样本。拉丁超立方体抽样的步骤是：

(1) 将每一维分成互不重叠的 m 个区间，使得每个区间有相同的置信度。概率密度越大的区域，则区间越窄。

(2) 在每一维里的每一个区间中随机抽取一个点；这些点构成了拉丁超立方体的总体，一共 m^n 个点。

(3) 从每一维里随机抽出总体中选取的点，将它们组成向量。

在拉丁超立方体抽样中使用的技术是"抽样不替换"。一旦样本从分层抽取之后，这个分层将不再被抽样，因为它的值在样本集中已经有代表了。最终，每个分层都有一个样本被取出。

需要注意的是，拉丁超立方体抽样要求每个变量的分区数量 m 都相同。不过，该方法并不要求当变量增加时样本数 m 同样增加。

其实拉丁超立方体抽样设计并不繁复，是一种简单而有效的方法。相对于绝对随机的蒙特卡洛方法，拉丁超立方体抽样对于输入概率分布中包含低概率结果情况的分析很有帮助。通过强制模拟中的抽样包含的"偏远"事件，拉丁超立方体抽样确保偏远事件在模拟的输出中被准确地代表，甚至当低概率结果非常重要时，可以只模拟低概率事件对输出分布的影响。

3. 正交设计实验

正交设计实验[26]是一种实验次数较少，效果又与全面析因实验相近的实验设计方法。正交设计通过正交设计表来实现，正交设计表记为 $L_n(t^q)$。其中，L 代表正交设计；n 为正交设计表的行数，表示选用该正交设计表安排实验时需要实验的次数；q 为正交设计表的列数，表示可以安放的因素和交互作用数；t 为正交设计表中每列数字的种类数，表示能容纳的因素水平数。标准正交设计表的实验次数 n、因素数 q、水平数 t 之间满足如下关系：

$$n = q \cdot (t-1) + 1 \tag{4.1}$$

正交设计实验具有"整齐可比、均匀分散"的特点。整齐可比是指正交设计表的每一列中不同数字出现的次数是相同的；均匀分散是指任意两列所有可能的组合出现的次数相同。"均匀分散"使实验点有代表性；"整齐可比"便于实验数据的分析。和全面析因实验相比，正交设计实验大大减少了实验次数。

4. 均匀设计实验

均匀设计[26]是假设实验点在实验范围内均匀散布的一种多因素、多水平的实验设计方法，可以进一步减少实验次数。该试验是在正交设计的基础上放弃正交设计表的"整齐可比性"，进一步提高实验点的"均匀分散性"。其思想是从所有实验点中挑选出部分具有代表性的实验点，使得 n 次实验所取的 n 个具有代表性的点在所考察的范围内尽可能地充分均衡分散而仍能反映主要特征，并根据点在空间的散布程度提供均匀设计表。均匀设计最大的优点是可以选取较大的因素水平数，而实验次数又最节省,这是绝大多数实验设计方法所不具备的。然而,均匀设计只考虑实验点在实验范围内充分地"均匀散布"而不考虑"整齐可比",因此对实验结果进行统计分析比较复杂。

与正交设计实验类似,均匀设计实验也是通过一套精心设计的表来进行实验设计。每一个均匀设计表有一个代号 $U_n(q^s)$。其中,U 表示均匀设计;n 表示实验次数;q 表示每个因子的水平数;s 为表的列数,表示可以安放的因素和交互作用数。每一个均匀设计表还需要对应一个使用表,使用表可以给出不同因素数 s 应该选择的列号,以及此时对应的均匀性。

4.3 谣言传播计算实验平台

谣言传播计算实验涉及大量的个体和网络数据,实验方案配置考虑到的因素众多,实验数据和结果分析工作繁重。目前,研究人员一般采用通用的软件平台,比如 MATLAB、Anylogic 等来实现谣言传播模型的构建、计算和仿真,缺乏一个专业化、针对性的研究平台来管理实验数据、实验方案和实验结果。

4.3.1 谣言传播计算实验平台总体框架及实验流程

1. 谣言传播计算实验平台总体框架

谣言传播计算实验平台(其框架如图 4.1 所示)分为数据层、功能层和应用层。应用层包含实验方案设计、实验数据准备、谣言传播计算实验及实验结果分析。其中:实验方案设计包括方案管理、消息管理、个体管理、网络管理、实验管理等功能;

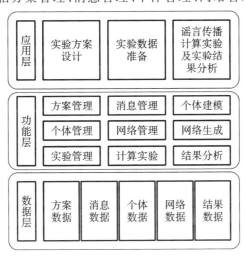

图 4.1 谣言传播计算实验平台框架

实验数据准备包括个体建模、网络生成等功能；谣言传播计算实验及实验结果分析包括计算实验、结果分析等功能。这些功能构成了整个谣言传播计算实验平台的功能层。数据层综合管理计算实验全过程中涉及的所有数据。计算实验全过程中涉及的所有数据根据功能不同分为方案数据、个体数据、网络数据、消息数据和结果数据等。

谣言传播计算实验平台包括谣言传播计算实验数据管理系统（简称数据管理系统）和谣言传播计算实验执行系统（简称计算实验执行系统）两个部分，总体结构如图4.2所示。

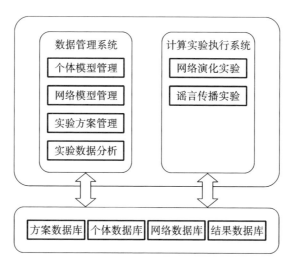

图 4.2　谣言传播计算实验平台总体结构

数据管理系统采用插件模式，每个模块为一个独立的插件，插件之间互不关联，需要关联的地方通过数据层来联系。数据管理系统主要用于实验方案设计、实验数据准备和实验结果分析功能。该系统支持个体模型管理、网络模型管理、实验方案管理、实验数据分析等功能，支持进行复杂计算实验的实验方案（包括实验使用的谣言传播计算模型、计算实验取值策略和执行方法等）制定。在谣言传播计算实验完成之后，数据管理系统还负责基于大量实验数据进行熵计算等结果分析。计算实验执行系统用于计算实验的执行，即进行谣言传播计算实验。它根据数据管理系统设定的网络生成或实验方案进行网络演化生成和谣言传播计算实验，并将网络生成或实验结果存储到数据库中。谣言传播计算实验中使用社会网络生成也是一个复杂演化计算过程，需要专门设计开发功能生成一系列网络数据，方便后期在同一网络数据基础上进行实验结果分析对比。数据管理系统和计算实验执行系统共用一个数据库，支持数据之间进行交换。

数据管理系统使用.NET开发，采用模块化设计，主要包括平台管理模块、个体管理模块、网络管理模块、计算实验方案模块和系统管理模块等。计算实验执行系统使用 Anylogic 软件平台开发,完成对个体连接行为和谣言传播行为的建模,实现 Agent 之间的动态交互,并集成互动的二维动画功能,实现了网络演化和计算实验过程的可视化。在网络演化和计算实验过程中生成的大量数据(包括每个时刻每个个体连边或断边情况,个体传递的消息内容等)存储在 SQL Server 数据库中,供后期分析使用。

谣言传播计算实验平台支撑了计算实验方法在谣言传播这一传统社会学和心理学研究领域的应用,可以将定性、定量相结合来模拟研究和验证已有的谣言传播现象的产生和演化机制,并支持探索研究新的谣言传播产生和演化机制。此外,该平台还能够融合系统科学、社会科学和信息科学的交叉优势,利用信息熵理论对多信息来源的谣言传播信息进行不同角度、不同层次的动态度量,为社会谣言治理策略的效果进行量化评估提供便利。

2. 谣言传播计算实验的流程

谣言传播计算实验的流程如图 4.3 所示。

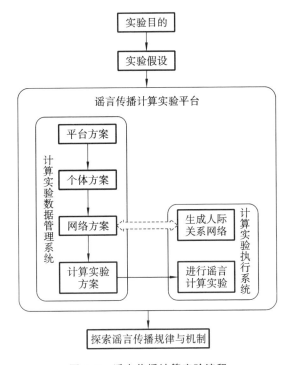

图 4.3 谣言传播计算实验流程

(1)确定实验目的。根据不同谣言传播研究项目的客观需求,明确谣言传播计算实验目的。

(2)提出实验假设。根据实验目的,结合理论基础与现实情况,研究者提出相应的实验假设,确定实验因素。

(3)配置平台方案。新建数据平台方案,确定方案基本信息,建立平台实验整体方案的初始数据。比如,实验背景描述、实验目的、创建时间、实验个体数量与网络集群数量、个体基本属性(性别、年龄、受教育程度、职业等)。根据实际需要,对平台方案进行复制、修改、查询、导出、导入、删除等业务操作。

(4)配置个体方案,生成个体数据。根据实验需要配置个体方案,包含个体模型、个体知识学习方案、谣言消息方案(征兆消息、危机消息、后果消息、谣言消息队列等)、个体学习模型(自联网神经网络)等。根据个体方案生成参与谣言传播的个体数据(包括个体属性和知识经验)。

(5)配置网络方案,生成网络数据。在数据管理系统中选择确定网络方案,包括网络模型、网络模型所对应的基础数据等。在计算实验执行系统中选择调用网络方案及其数据,设置网络模型初始参数,演化生成谣言传播计算实验所需的人际关系网络。

(6)确定计算实验方案。根据实验目的,组合个体方案与网络方案,配置此次研究的计算实验方案。

(7)进行谣言传播计算实验。调用计算实验方案,配置具体参数和控制实验进程,进行谣言传播计算实验,收集实验数据并存储。

(8)探索谣言传播规律与机制。制定观测指标,分析计算实验数据,探索谣言传播规律与机制。例如:采用信息熵度量谣言信息的混乱程度,从而分析谣言传播的严重程度;谣言传播扩散周期可以用来衡量谣言危害变化情况。

4.3.2 谣言传播计算实验数据管理系统

如第 2 章所述,谣言传播中的个体不仅具有异质性的基础属性、社会属性和心理属性(比如个体性别、年龄、教育程度、职业、地理位置、心理特征等),而且具有学习能力和逻辑推理能力(基于个人经验与知识进行判断)。这些个体数据会影响个体对谣言消息的接收、认知与反应。个体信息传播行为特点与规律还与所在社会网络环境息息相关,个体在不同社会网络中的传播行为和效果大不相同。不同的计算实验方案中个体模型、网络模型、个人基础数据、谣言信息等数据和参数组合方式多种多样。计算实验生成的数据也庞大复杂,后期分析工作任务繁重。因此,谣言传播计算实验所需管理数据量大、方案组合方式复杂、后期数据分析难度高,亟需一个谣言传播计算实验数据管理系统提供支撑。

谣言传播计算实验数据管理系统(简称数据管理系统)以 Visual Studio 的.NET 平台为开发工具,采用 Visual Sourcesafe 作为代码管理和版本控制工具进行多人联合开发。数据管理系统负责创建和管理计算实验所需数据和存储、分析实验结果。所创建的数据包括用于计算实验执行系统的个体和网络数据。实验结果由谣言传播计算实验执行系统收集生成,数据管理系统负责存储和分析。数据管理系统的主要功能可以分为平台管理、个体管理、网络管理、计算实验管理和结果分析。

数据管理系统采用插件模式，每个模块为一个独立的插件，插件之间互不关联，需要关联的地方通过数据库来联系。数据管理系统包括平台管理、个体管理、网络管理、计算实验管理和结果分析等模块，如图4.4所示。

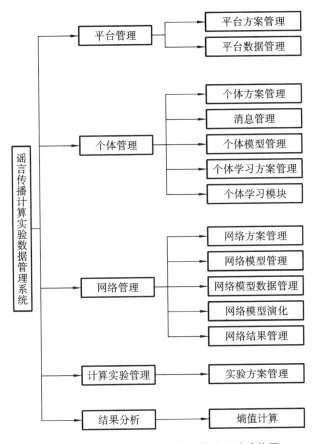

图 4.4 谣言传播计算实验数据管理系统功能图

1. 平台管理功能

平台管理功能主要分为平台方案管理与平台数据管理。平台方案是谣言传播计算实验平台针对不同研究目的的总体实验数据方案；平台数据则指平台方案对应的个体基本设置数据。

平台方案生成的总体实验方案包含作为实验基础数据的个体属性比例信息，包括从人口普查数据中获取个体数量以及个体集群数、人口分布、性别分布、年龄分布和受教育程度分布、职业分布等信息，用于生成符合实验需求的具体个体集。平台方案管理主界面会显示项目方案列表，同时会显示项目方案列表中对应平台方案基本信息、个体参数信息，比如平台方案名称、创建者和个体性别、年龄、受教育程度、地理位置等属性的比例分布等信息。平台方案管理对平台方案信息进行管理和维护，主要操作包含新建方案、复制方案、修改方案、查询方案、导出方案、导入方案和删除方案,其主界面如图 4.5 所示。

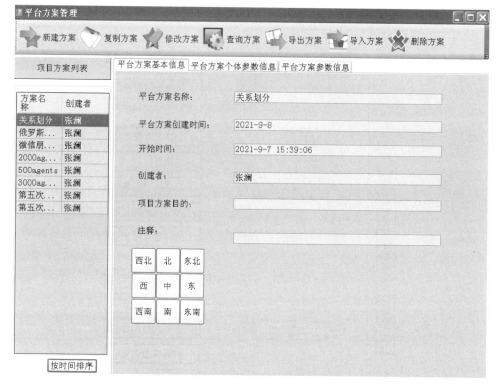

图 4.5 平台方案管理主界面

平台数据代表根据平台方案生成的具体个体数据集。平台数据管理功能实现了依据同一方案生成不同的数据版本用于不同的计算实验,确保实验数据之间不会相互干扰,同时又能支撑进行计算实验数据对比的作用。平台数据管理主界面会显示项目数据列表及其对应生成项目数据版本与数据比例信息,比如项目方案名称、项目数据名称、创建者与项目数据目的等。平台数据管理的主要业务操作包含生成数据、输出数据、删除数据、匹配数据、导出数据等,其主界面如图 4.6 所示。

2. 个体管理功能

个体管理功能用于配置计算实验中个体模型和经验学习信息,并存储管理生成数据,主要包括个体方案管理、消息管理、个体模型管理、个体学习方案管理和个体学习模块。个体方案中指定了所用的个体模型;消息管理功能用于管理所有消息;个体模型管理功能可以用于管理个体模型方案。

个体方案管理总体管理个体模型和经验学习数据,统筹了个体模型与个体学习方案的关系,统一提供管理计算实验的具体模型,保证了个体数据的独立性与可复用性。个体方案管理界面会显示个体方案列表与个体方案信息,比如个体方案名称、应用模型、创建者与创建时间、方案目的等信息。个体方案管理的业务操作包含新建方案、修改方案、查询方案和删除方案等,其主界面如图 4.7 所示。

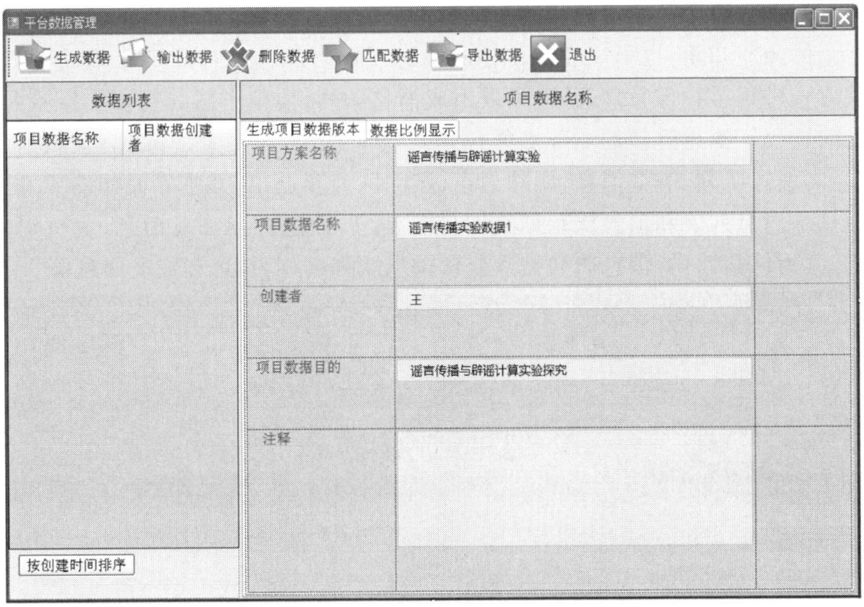

图 4.6　平台数据管理主界面

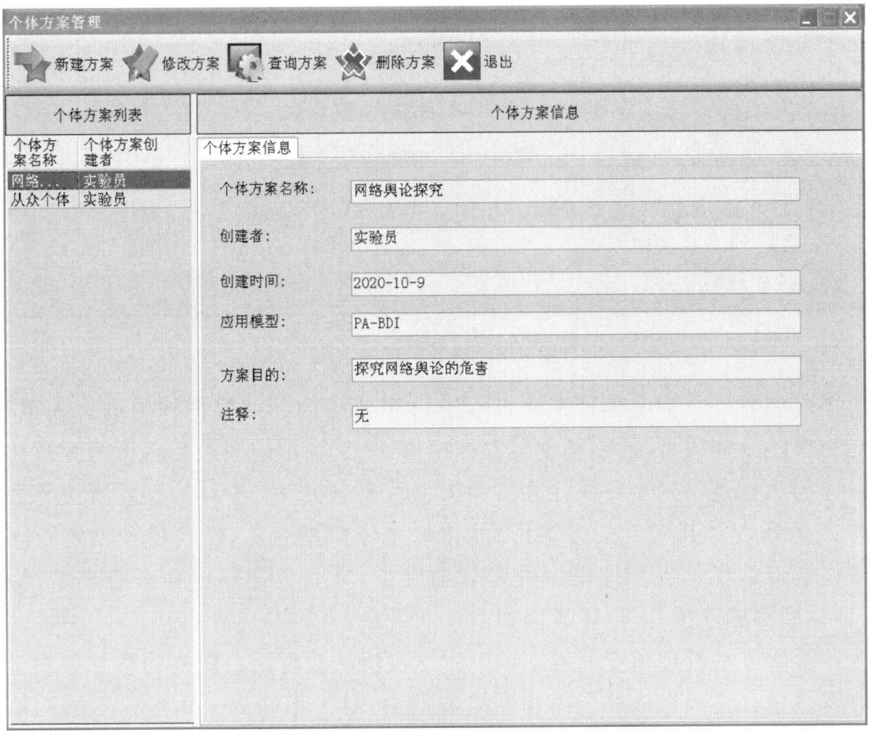

图 4.7　个体方案管理主界面

消息管理负责个体学习和实验中投放消息的维护与管理。这里的消息既可以用来表示个体经验知识,也可以表示传播的消息或谣言。消息按照第2章谣言消息内容建模方式进行维护与管理,并且可以组成消息队列,模拟个体的按历史经验顺序学习消息的过程。消息管理的业务操作包含新建消息、修改消息、修改消息队列、复制消息、复制消息队列、查询消息、删除消息、删除队列和退出,其主界面如图4.8所示。主界面显示消息列表和消息队列列表对应的信息,消息分为征兆消息、危机消息、后果消息、人为认知四类,消息队列信息包含消息队列名称、长度和成员信息等。

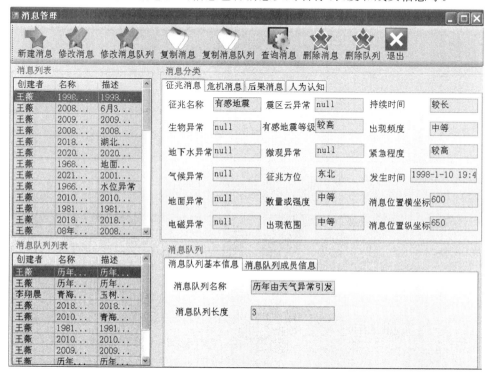

图 4.8 消息管理主界面

个体模型管理负责对计算实验过程中可能使用的具体模型种类进行配置管理。其功能是描述个体模型种类(基于概率的模型、基于规则的模型与基于博弈演化的模型),具体的执行逻辑则需要在计算实验执行系统中实现。个体模型管理主界面会显示个体方案列表及其对应的方案信息,比如个体模型名称、创建者和创建时间等信息。个体模型管理负责个体模型的管理与维护,其业务操作包含新建模型、修改模型、查询模型和删除模型等,主界面如图4.9所示。

个体学习方案管理负责配置维护个体学习消息或者消息队列的学习方案。个体学习方案是指在已经生成的个体和网络数据中,对于不同的个体配置不同的消息或消息队列组合作为学习内容。其主界面会显示消息学习方案列表与消息队列学习方案列表所对应的基本信息与详细信息,比如消息学习方案和消息队列学习方案的名

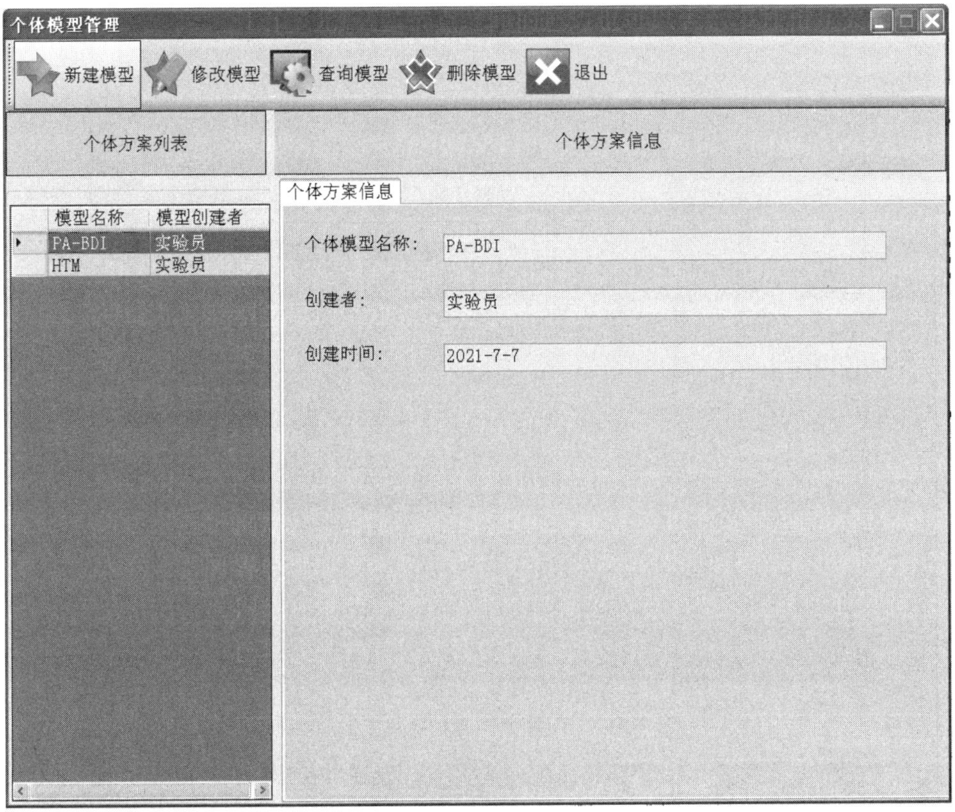

图 4.9 个体模型管理主界面

称、创建时间与创建者。"新建个体消息学习方案"页面则会提供根据个体属性的筛选方案来配置消息队列的功能,并同时提供消息内容的预览功能,如图 4.10 所示。个体学习方案管理的业务操作包含新建消息学习方案、新建消息队列学习方案、修改消息学习方案、修改消息队列学习方案、查询消息学习方案、查询消息队列学习方案、删除消息学习方案和删除消息队列学习方案等,其主界面如图 4.11 所示。

个体学习模块功能主要是根据个体学习方案调用相关学习模型进行个体消息或知识的学习,生成个体学习数据并存储在数据库中。在学习过程中,可以预览方案的具体学习内容信息,也可以在对结果不满意的情况下,清除原有结果,重新计算。目前,个体模型库中包含 HTM 模型、联想记忆模型等多个模型。其主界面如图 4.12 所示。在联想记忆模型中可以查看个体学习队列和学习结果,分别如图 4.13 和图 4.14 所示。

3. 网络管理功能

网络管理功能用于配置计算实验中网络模型(随机网络、小世界网络,以及熟人网络等)演化生成的网络及相关参数,管理网络演化结果数据,主要包括分为网络模型管理、模型数据管理、网络方案管理、网络模型演化和网络结果管理功能。

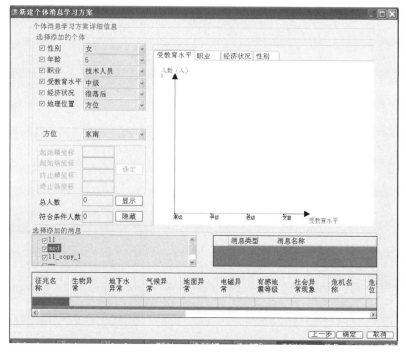

图 4.10 "新建个体消息学习方案"页面

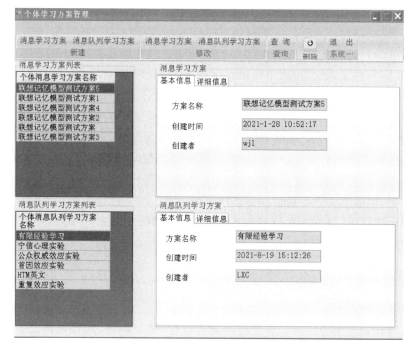

图 4.11 个体学习方案管理主界面

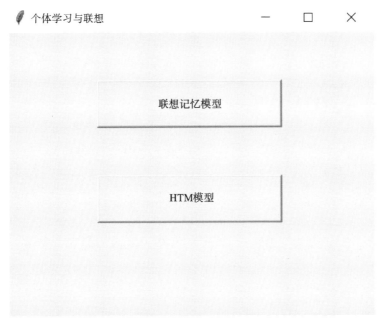

图 4.12　个体学习模块主界面

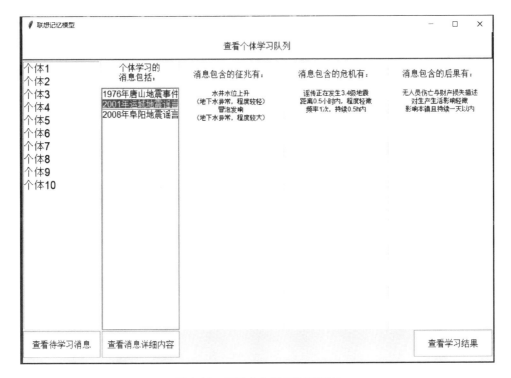

图 4.13　查看个体学习队列界面

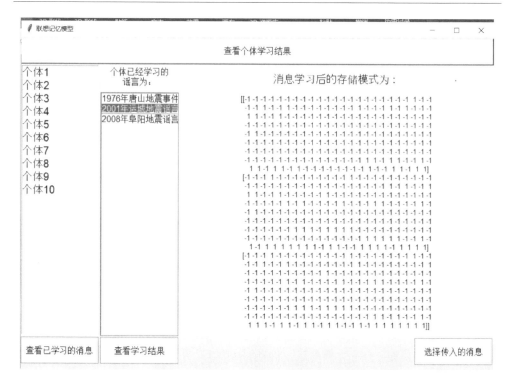

图 4.14　查看个体学习结果界面

网络模型管理模块用于定义网络的名称、步骤和说明,以及设定网络通用的初始参数。网络模型管理主界面会显示网络模型列表及其对应的网络模型信息和初始参数,比如网络模型编号、网络模型名称、创建者和创建时间等信息。该模块负责网络模型的管理与维护,业务操作包含新建模型、复制模型、修改模型、查询模型和删除模型等,主界面如图 4.15 所示。

网络模型数据管理是在网络模型和平台数据基础上,维护管理网络模型初始参数数据。网络模型数据管理主界面会显示网络数据列表、网络数据信息和网络模型初始参数。其业务操作包含生成数据、复制数据、修改数据、查询数据、导出数据、导入数据和删除数据等,主界面如图 4.16 所示。

网络方案管理负责实现网络部分的整体配置功能,选择特定的网络模型,以及该模型下的网络参数数据,用于具体的网络演化过程。网络方案管理主界面会显示网络方案列表、网络方案版本信息、网络模型选择、参数的输入,业务操作包含新建方案、复制方案、修改方案、查询方案、导出方案、导入方案和删除方案等,主界面如图 4.17 所示。

网络模型演化用于选择已经配置的具体网络模型、网络模型数据、网络方案和网络结构进行网络模型演化,同时将演化完成的结果存储到数据库中。其主要业务操作包括开始演化、暂停演化、结束演化,主界面如图 4.18 所示。网络模型演化功能集

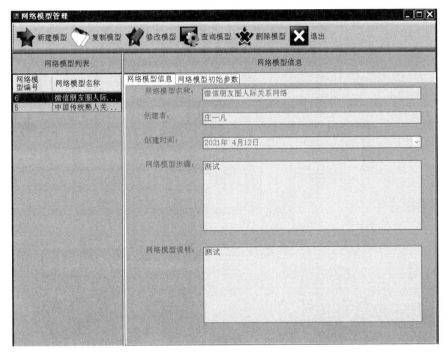

图 4.15 网络模型管理主界面

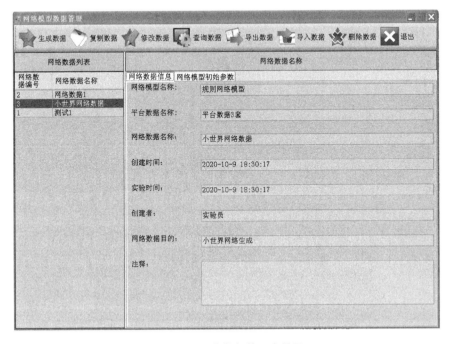

图 4.16 网络数据管理主界面

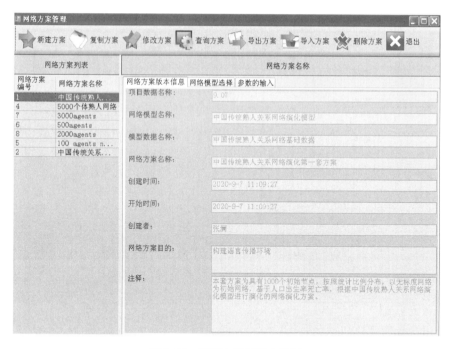

图 4.17 网络方案管理主界面

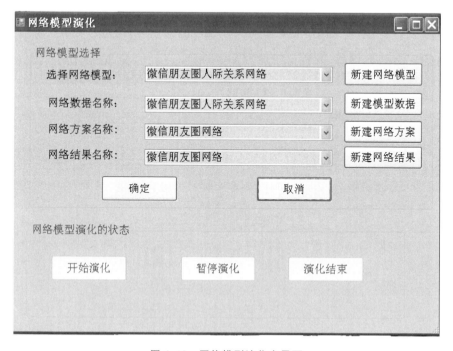

图 4.18 网络模型演化主界面

成在计算实验执行系统中。

网络结果管理负责实现网络演化结果数据的管理功能。同一网络方案的不同演化进程会得到不同的网络演化结果,而不同的结果会有着不同的作用,需要分版本进行管理。网络结果管理主界面会显示网络结果输出列表以及对应的网络结果数据版本与网络结果,比如网络结果编号、网络结果名称、创建者和创建时间、数据目的和结果注释等信息。网络结果管理的业务操作包含生成结果、复制结果、修改结果、查询结果、导出结果、导入结果和删除结果等,主界面如图4.19所示。

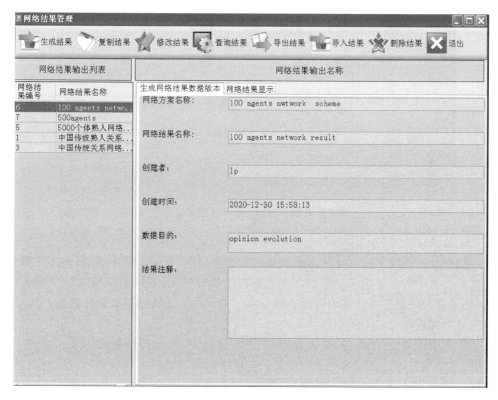

图 4.19 网络结果管理主界面

4. 计算实验管理

计算实验管理模块用于配置具体的计算实验方案。计算实验方案是计算实验的具体实施方案,配置好的计算实验方案将用于谣言传播计算实验执行。实验方案的内容包含具体使用的个体数据和网络数据、设置初始化参数,以及确定参数取值策略等。

实验方案管理主界面会显示配置完成的实验方案列表及其对应的实验方案信息和实验情景。实验方案信息包含实验方案名称、创建时间与创建者、开始时间、实验方案目的与描述等信息。实验情景包括实验中传播的消息以及消息发生的范围、时间等信息。实验情景决定谣言传播的初始状态和情形。实验方案管理的业务操作包含新建方案、删除方案、导出方案和导入方案等,主界面如图4.20所示。

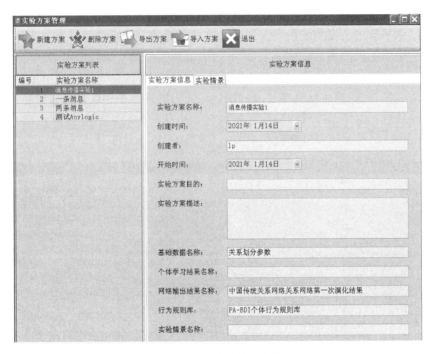

图 4.20　实验方案管理主界面

5. 结果分析

结果分析模块负责对计算实验数据进行分析计算，主要以各种信息熵值计算为主。热力学中的熵是表示分子状态混乱程度的物理量，香农借鉴了热力学中熵的概念，用信息熵的概念来描述信源的不确定度。本章将信息熵的概念进行扩展，用来度量传播中谣言信息的不确定程度。

根据个体属性（如年龄、受教育程度、经济状况、所处地理位置和所从事职业）的不同，本章通过统计各个属性不同取值的人群中相信谣言的人数比例，计算对应该属性的信息熵，表征按此属性分类情况下相信谣言者分布的均匀性。均匀程度越大（熵值越大），说明此属性对谣言传播的影响程度越小。

以受教育程度为例，设教育熵为 H_{edu}，依个体受教育程度的高低对人群进行分类（分为文盲、初等、中等、高等四类）。计算各类人群中相信谣言的人数比例，R_i 表示第 i 类教育程度人口总数，r_i 表示第 i 类教育程度人群中相信谣言的人数，则有：

$$Q_i = r_i / R_i \qquad (4.2)$$

式中，Q_i 表示第 i 类受教育阶层中相信谣言人数的百分比，对 Q_i 进行归一化处理，使其满足概率形式以进行信息熵的计算，计算公式如下：

$$P_i = Q_i / \sum_{i=1}^{n} Q_i \qquad (4.3)$$

式中，n 是总的种类数；P_i 可以理解为各类人数相等时，在某个个体 j 相信谣言的条件下，个体 j 属于种类 i 的概率。P_i 越大，说明 Q_i 越大，即这一类人群中相信谣言的人数比例越多。信息熵的定义为：

$$H = -\sum_{i=1}^{n} P_i \log_2 P_i \tag{4.4}$$

在教育属性种类划分中，$n=4$，代入式(4.4)得到 H_{edu}，称 H_{edu} 为本次谣言传播过程中某一时刻的教育熵。同理，可以类似地定义经济熵 H_{eco}、年龄熵 H_{age}、地区熵 H_{loc}、职业熵 H_{job} 等。这些信息熵反映了谣言传播过程中，各种属性和对谣言信任程度之间相关性的大小。熵值越大，说明 P_i 之间的差异小，即在该类属性人群中，相信谣言者的比例 Q_i 基本相同，人们是否相信谣言与该个体属性的相关性越小。容易证明，当 P_i 之间完全无差异(即 $P_i = 1/n$)时，信息熵会达到最大值 $\log_2 n$，其中 n 是划分的种类数。仍以教育熵为例，当教育熵 $H_{edu} = 2$ 时，各个受教育阶层的人群中，相信谣言的人数比例相同，可以认为对该谣言信任程度与个体的受教育程度无关。

针对谣言消息中征兆信息和后果消息等的分类，也可以计算谣言消息的征兆内容熵和后果内容熵。以征兆内容为例，征兆内容可以分为动物异常、天气异常等9类。统计某一时刻所有消息数量，以及包含每类征兆内容的消息数量，代入式(4.4)中，令 $n=9$，即可获得征兆内容熵。该熵值可以表征该时刻人群中传播的谣言信息中征兆内容的相似程度，表征了谣言信息内容的异变程度，即谣言传播的以讹传讹等现象。可见，应用信息熵的方法进行分析，可以对谣言消息传播情况量化度量，从而深入研究谣言传播机制。

熵值计算主界面会显示计算实验方案列表与计算实验方案对应的详细信息，比如实验方案名称、编号、计算实验方案信息、计算方案结果信息等。结果信息包括不同时间段中不同信息熵值结果。熵值计算主界面如图4.21所示。

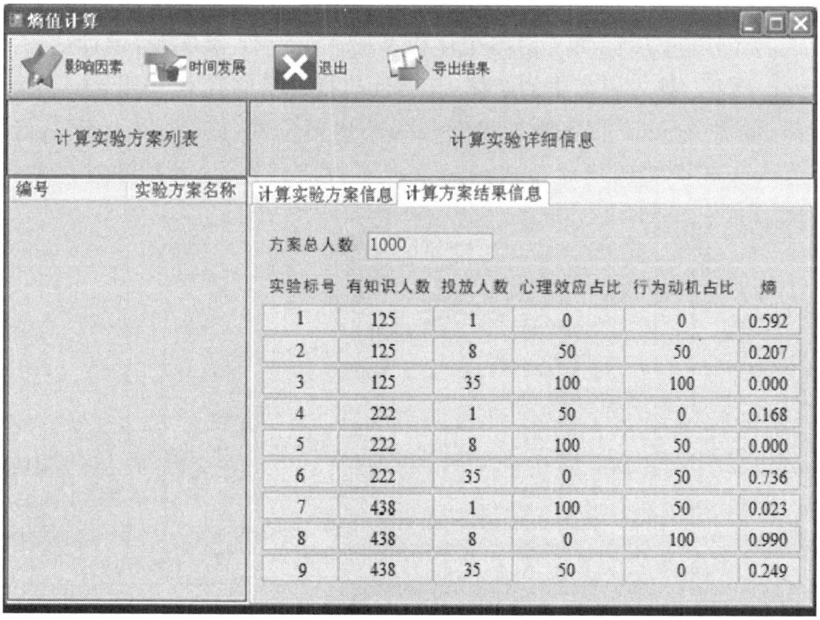

实验标号	有知识人数	投放人数	心理效应占比	行为动机占比	熵
1	125	1	0	0	0.592
2	125	8	50	50	0.207
3	125	35	100	100	0.000
4	222	1	50	0	0.168
5	222	8	100	50	0.000
6	222	35	0	50	0.736
7	438	1	100	50	0.023
8	438	8	0	100	0.990
9	438	35	50	0	0.249

方案总人数 1000

图 4.21 熵值计算主界面

4.3.3 谣言传播计算实验执行系统

谣言传播计算实验中的网络生成和谣言传播过程是动态演化进行的,需要根据前期配置的个体和网络数据进行个体建模,并迭代计算到一定条件结束。

谣言传播计算实验执行系统充分利用 Anylogic 提供的 Agent 建模方法和离散事件建模方法,进行人际关系网络生成、接收消息后的个体反应和传播行为动态演化,并采用 SQL Server 数据库存储计算实验中的各种过程数据和结果数据。

计算实验执行系统利用 Agent 建模的方法,自下而上进行个体模型设计,分别结合网络生成算法和逻辑反应模型进行个体建模。系统通过个体基于不同规则的连边和断边,逐步演化生成谣言传播人际关系网络;通过个体之间消息发送和逻辑反应过程,实现谣言消息的传播演化。系统利用 Agent 建模的方法对个体交互过程进行建模和演化实验,利用离散事件进行各个模型之间的数据交互与收集。这种设计把模型的演化运行与模型之间交互分离开来,既可以随时增加某个模型进行计算实验,也方便增加某个事件(如动态增加个体、减少个体等事件)来扩展平台的功能。同时,对于某一模型而言,由于模型的结构比较独立,可以方便地通过不同的算法和参数设置来进行实验数据对比。

1. 个体模型设计与实现

个体在 Anylogic 软件中以 Agent 对象的形式存在。在创建个体 Agent 对象时,建模方式可以分为基于规则的个体建模和基于逻辑的个体建模。

以人际关系网络中的个体为例,人际关系网络中的个体建模方式是基于规则的个体建模。Anylogic 中的熟人网络个体模型使用 Person 类实现,设计如图 4.22 所示。Person 类表示熟人网络中的个体,其属性包括自身的观点(opinion,消息形式)、年龄(age)、性别(gender)、受教育程度(edu)、地理位置(geoX 和 geoY)、经济程度(eco)等。Person 类实例化后生成的对象拥有对信息接收、处理和发送的能力,在

图 4.22 基于规则的个体模型设计

Anylogic 中通过 receive、process 和 send 函数来完成。receive 函数负责接收来自其他个体或者环境的消息；process 函数负责处理接收到的消息，个体根据接收到的消息，考虑对方的属性和消息内容，形成自己的反应（更新自己的观点或消息）；send 函数负责将自己的新观点（消息）传播给符合规则的邻居。

与基于规则的个体模型一样，基于逻辑的个体模型也会接收邻居的观点，更新自身的观点，然后发送给邻居。但是逻辑模型的构成更为复杂，其更新观点的机制也更加复杂。以 BDI 模型为例，进行基于 BDI 理论的个体建模时，需要给个体设置信念集、愿望集、意图集等集合，并设定个体的信念函数来更新信念集，设定愿望产生函数来更新愿望；设定意图筛选函数来更新意图；设定行为选择函数来确定行为。在 Anylogic 中的 BDI 个体模型设计如图 4.23 所示。其中基于 BDI 理论的个体具有信念集（beliefList 集合）、愿望集（desireList 集合）、意图集（intentionList 集合）和行动集（actionList 集合）等属性，以及接收外界环境的信息（receive 函数）、更新信念（updateBelief 函数）、更新愿望（updateDesire 函数）和更新意图（updateIntention 函数）、从行动集中选择一个行动并执行（chooseAction 函数）等行为。

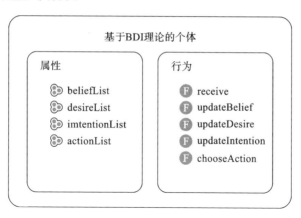

图 4.23　基于 BDI 理论的个体模型设计

2. 网络生成功能实现

网络生成是谣言传播计算实验执行系统的功能之一。网络作为谣言的传播途径，是谣言传播计算实验的基础。谣言传播用到的常用网络（小世界网络或无标度网络）和人际关系网络都可以通过 Anylogic 软件生成。随着演化时间的推移，人际关系网络中个体可能会断开已有连边，也会形成新的连边。根据第 3 章中内容描述，人际关系网络演化包括遗传连边、变异连边、相似性断边三个动态过程，并且涉及个体的加入和迁移，即新生的个体会被加入网络，而死亡的个体会被移除。人际关系网络的演化流程如图 4.24 所示。

Anylogic 中的人际关系网络模型设计如图 4.25 所示。init 函数负责设置网络的基本参数，如网络大小（size）、演化时间（evolutionTime）等，并且可以从数据库中读取个体数据来构成网络中的群体；addPeople 函数的功能是按年出生率生成新的个体；

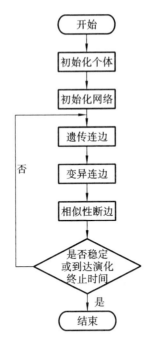

图 4.24　人际关系网络演化流程

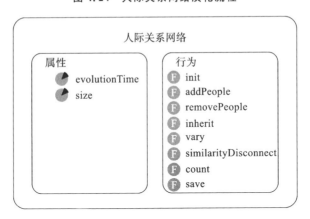

图 4.25　人际关系网络模型设计

removePeople 函数的功能是按年死亡率移除年龄已经达到寿命的个体；inherit 函数、vary 函数和 similarityDisconnect 函数分别用于实现遗传连边、变异连边和相似性断边功能。此外，还有 count 函数和 save 函数。count 函数用于统计网络的参数，save 函数用于将网络数据存入数据库。构建好网络模型后，可以通过演化生成动态网络。具体步骤如下：

（1）选择网络方案。数据管理系统制定的网络方案在这里显示以供选择。网络方案包含群体大小等参数信息，如图 4.26 所示。

（2）选择网络初始参数。网络初始参数包括初始布局类型、初始网络类型、连接

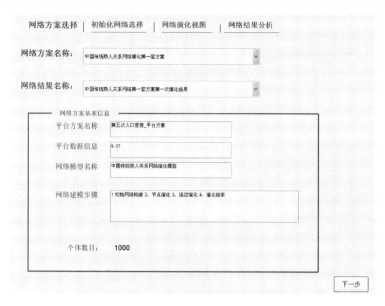

图 4.26 网络方案选择界面

范围、断边连边概率等。人际关系网络生成规则涉及遗传、变异比例等参数,也需要进行相关设置。具体界面如图 4.27 和图 4.28 所示。

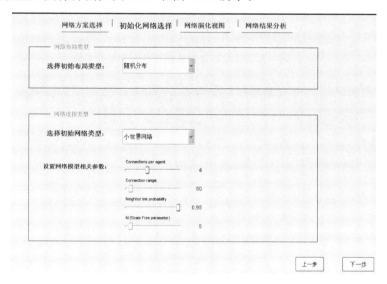

图 4.27 网络布局类型与连接类型设置

(3)网络演化生成。该功能包括网络演化的开始与停止,系统会实时统计网络演化相关数据,生成后将数据保存到 SQL Server 数据库。具体界面如图 4.29 所示。

3. 谣言传播计算实验执行功能设计与实现

谣言传播计算实验执行功能是谣言传播计算实验的核心功能。在谣言传播计算

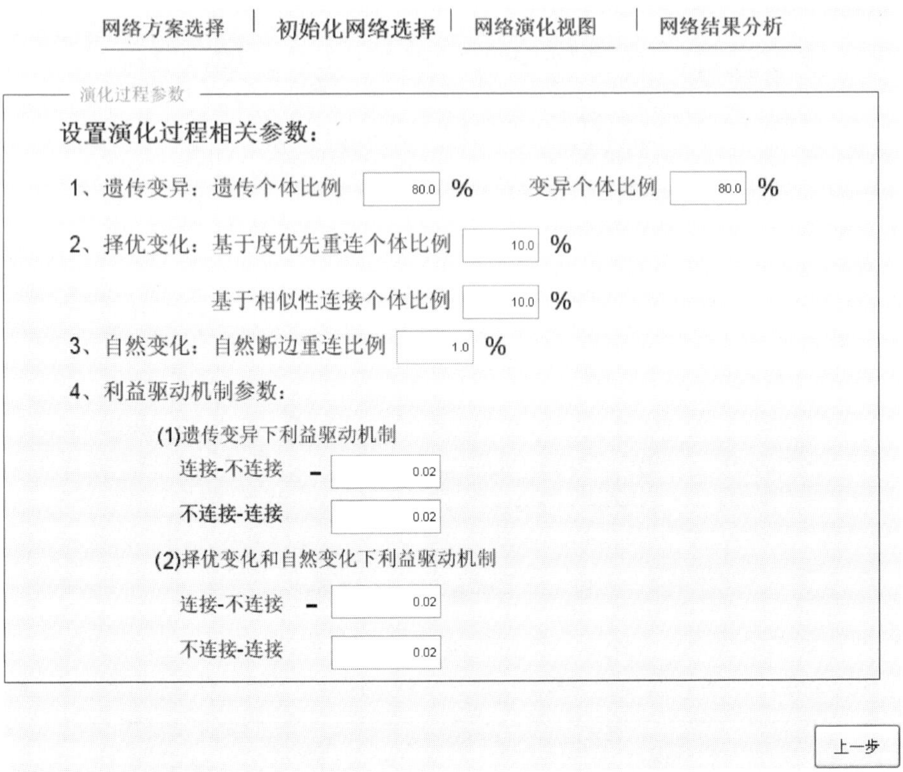

网络方案选择
初始化网络选择
网络演化视图
网络结果分析
演化过程参数
设置演化过程相关参数：
1、遗传变异：遗传个体比例 80.0 %　变异个体比例 80.0 %
2、择优变化：基于度优先重连个体比例 10.0 %
基于相似性连接个体比例 10.0 %
3、自然变化：自然断边重连比例 1.0 %
4、利益驱动机制参数：
(1)遗传变异下利益驱动机制
连接-不连接 0.02
不连接-连接 0.02
(2)择优变化和自然变化下利益驱动机制
连接-不连接 0.02
不连接-连接 0.02
上一步

图 4.28　人际关系网络演化过程参数初始化设置

RumorExperiment : Simulation - AnyLogic Professional
人际关系网络演化
生成初始人际关系网络
设置仿真时间 20 天
进入谣言传播仿真实验
演化信息列表
生成完成。
个体总数：1062

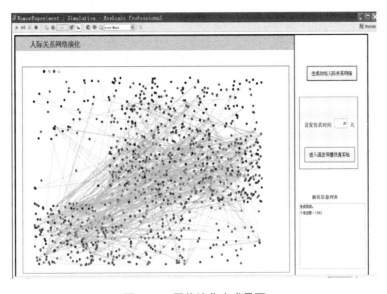

图 4.29　网络演化生成界面

实验数据管理系统中的计算实验管理模块中配置了具体的计算实验方案后,进行具体计算实验执行。谣言传播计算实验的总体流程如图 4.30 所示。

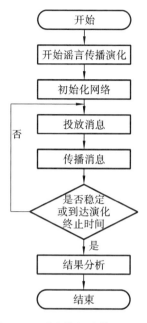

图 4.30 谣言传播计算实验流程

(1) 选择实验方案。读取并选择数据管理系统配置的计算实验方案。系统从数据库中直接获取个体和谣言消息等数据。每个个体包含行为规则、行为动机和心理效应等属性。每条消息包含征兆、危机、结果等属性,并带有投放时间和投放地点的标签。

(2) 开始谣言传播演化。在 Anylogic 平台上模拟谣言传播过程。

(3) 判断是否到达演化终止时间。比较当前演化时间和设置的结束演化时间,如果当前演化时间小于结束演化时间,则继续步骤(4),否则跳到步骤(6)。

(4) 投放消息。谣言消息包含了地理信息,只会传播给相应范围内的个体。遍历所有的消息,将需要在此时投放的消息投放给对应地理位置的个体。接着跳到步骤(3)。

(5) 传播消息。所有个体回顾上一时刻接收到的谣言信息,根据自身的心理效应和行为动机选择性地传播。执行完当前步骤后,跳转到步骤(3)。

(6) 进行谣言传播仿真实验结果分析。

谣言传播计算实验过程如下:

用户选择完计算实验方案后,方案信息部分会显示出当前的网络方案名称、个体方案名称、行为规则库、实验情景等信息,图 4.31 为实验方案选择界面。

设置演化时间(即模拟谣言传播的天数),点击"开始演化"按钮,进行谣言传播计算实验。屏幕中央会显示个体的交互过程。用户可以进行谣言消息、权威消息、辟谣消息等消息的投放时间设置。图 4.32(a)~(d)分别表示谣言传播计算实验进行第5、10、15、20 天后的状态图。

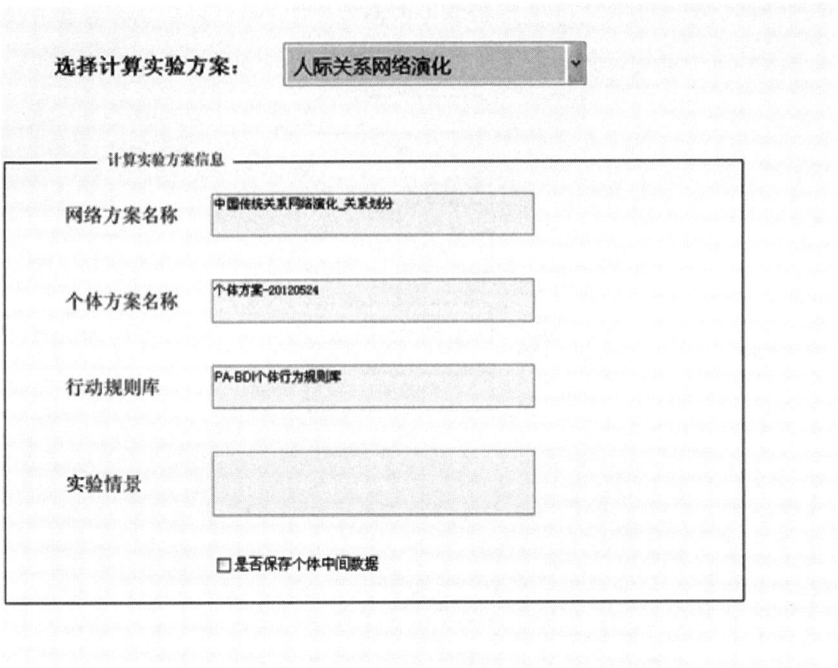

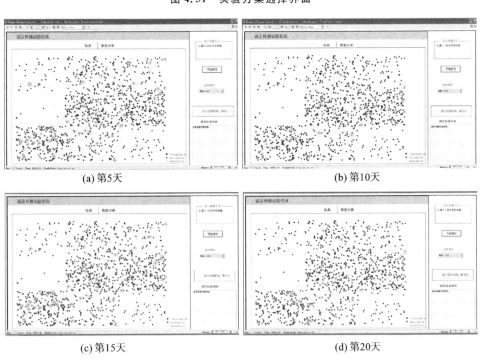

图 4.31　实验方案选择界面

(a) 第5天　　　　　　　　　　　　　(b) 第10天

(c) 第15天　　　　　　　　　　　　　(d) 第20天

图 4.32　谣言传播第 5、10、15、20 天后的状态图

参 考 文 献

[1] 王飞跃.计算实验方法与复杂系统行为分析和决策评估[J].系统仿真学报,2004,16(5):893-897.
[2] 王飞跃.人工社会、计算实验、平行系统——关于复杂社会经济系统计算研究的讨论[J].复杂系统与复杂性科学,2004,1(4):25-35.
[3] 崔凯楠,郑晓龙,文丁,等.计算实验研究方法及应用[J].自动化学报,2013,39(8):1157-1169.
[4] 奥尔波特.谣言心理学[M].刘水平,梁元元,黄鹏,译.沈阳:辽宁教育出版社,2003.
[5] 冯强,马志浩.网络谣言的传播效果与社会阶层差异——以网络食品谣言为分析对象[J].新闻与传播评论,2019,72(4):28-41.
[6] Gupta S,Jain G,Tiwari A A. Polarised social media discourse during COVID-19 pandemic:evidence from YouTube[J]. Behaviour and Information Technology,2023,42(2):227-248.
[7] 熊炎.何种谣言更具传播力?——谣言内容、传谣意愿与谣言讨论热度[J].现代传播(中国传媒大学学报),2016,38(9):71-75.
[8] 刘洋洋.新冠肺炎疫情下网络谣言的受众信任研究[J].统计与管理,2021,36(2):30-35.
[9] 张舒雅,李沐庭,张淇翔.媒介素养视阈下大学生谣言辨别能力的实证研究[J].科技传播,2021,13(6):106-108.
[10] Wang Q,Jin Y,Cui Y,et al. Rumor spreading with nonlinear infectivities in weighted networks[C]//5th IEEE International Conference on Broadband Network and Multimedia Technology. Guilin,China:IEEE,2013:139-143.
[11] Sargent R G. Verification and validation of simulation models[J]. Journal of Simulation,2013,7(1):12-24.
[12] Fagiolo G,Moneta A,Windrum P. A critical guide to empirical validation of agent-based models in economics: methodologies, procedures, and open problems[J]. Computational Economics,2007,30:195-226.
[13] 陈一新,陈馨悦,刘奕,等.基于SIDR模型的谣言传播与源头检测研究[J].数据分析与知识发现,2021,5(1):78-89.
[14] Redner. A guide to first-passage processes[M]. Cambridge:Cambridge University Press,2001.
[15] Zhao J W,Chen X. An opinion evolution model based on heterogeneous benefit with malicious nodes added[J]. Complexity,2021,2021:6642698.

[16] Durrett R, Gleeson J P, Lloyd A L, et al. Graph fission in an evolving voter model [J]. Proceedings of the National Academy of Sciences, 2012, 109(10): 3682-3687.

[17] Galam S. Minority opinion spreading in random geometry [J]. The European Physical Journal B - Condensed Matter and Complex Systems, 2002, 25（4）: 403-406.

[18] Suchecki K, Eguíluz V M, San Miguel M. Voter model dynamics in complex networks: Role of dimensionality, disorder and degree distribution [J]. Physical Review E: Statistical Nonlinear and Soft Matter Physics, 2005, 72 (3): 036132.

[19] 王祁月, 刘润然, 贾春晓. 复杂网络上的意见动力学对谣言传播的影响[J]. 物理学报, 2021, 70 (6): 351-358.

[20] Castellano C, Vilone D, Vespignani A. Incomplete ordering of the voter model on small-world networks[J]. Europhysics Letters, 2003, 63 (1): 153-158.

[21] Sood V, Redner S. Voter model on heterogeneous graphs[J]. Physical Review Letters, 2005, 94 (17): 178701.

[22] Chen X. A network evolution model for Chinese traditional acquaintance networks[J]. Intelligent Systems, 2014, 29(5): 5-13.

[23] 张潇. 多重影响力作用下的双层网络舆论演化模型研究[D]. 武汉: 华中科技大学, 2019.

[24] Chen V C P, Tsui K L, Barton R R. A review on design, modeling and applications of computer experiments[J]. IIE Transactions, 2006, 38 (4): 273-291.

[25] McKay M D, Beckman R J, Conover W J. A comparison of three methods for selecting values of input variables in the analysis of output from a computer code[J]. Technometrics, 2000, 42(1): 55-61.

[26] 方开泰, 马长兴. 正交与均匀试验设计[M]. 北京: 科学出版社, 2001.

谣言传播篇

第 5 章 考虑错觉真实效应和延迟反转现象的谣言传播

社会转型期所累积的复杂社会矛盾常常通过谣言的形式被释放和表达出来,而网络与现实社会虚实互动的背景决定了互联网正成为谣言的重要传播载体。传统谣言传播中的错觉真实效应(illusory truth effect)在以信息网络平台为载体的新媒体领域传播过程中依然起到重要的作用,据此本章提出一种考虑错觉真实效应的谣言传播元胞自动机模型。首先对社会心理学中的错觉真实效应给出形式化描述,引入错觉真实效应因子表示错觉真实效应的影响强度;随后对谣言传播的经典 SIR 模型进行扩展,在此基础上构建了谣言传播的元胞自动机模型,给出了该模型的算法实现,此模型能够对谣言的传播过程进行更加细致和真实的描述,仿真结果与实际案例数据的对照分析验证了模型的有效性。仿真分析发现,考虑错觉真实效应的谣言传播过程中存在潜伏因素反转现象,继而引发传播雪崩,使得传播的强度和广度远大于无错觉真实效应的情况。错觉真实效应越强,潜伏因素反转现象越明显,传播雪崩的强度越大,谣言传播的整体持续进程越短,峰值传播者个体及最终免疫者越多,表明谣言传播的强度和广度越大。值得注意的是,利用潜伏因素反转现象可以预测谣言的大规模雪崩传播,从而进行及时有效的干预。

5.1 引 言

在网络高度发展的今天,网络上谣言的传播对现实社会事件的发展起着重要的作用。虚实社会互动正成为社会运行的重要机制与特征。谣言是一种未经证实的信息,它具有表达社会诉求、话语博弈等社会功能[1],是转型期社会矛盾积累到一定程度的特殊爆发形式。谣言的传播往往伴随着恐慌的蔓延,群体博弈和敏感信息的传播与求证,在相当程度上影响着社会稳定。以 2011 年发生的"抢盐事件"为例[2,3],碘盐可防辐射的谣言在社会上大规模传播,造成了食盐被哄抢,导致了大面积的盐荒和民众对于辐射污染的不必要的恐慌,严重扰乱了正常的商业秩序和社会秩序。再以 2008 年的"广元蛆橘"事件为例[4],一则大面积传播的关于蛆橘的谣言造成了国内柑橘市场的动荡,带来了十几亿元的经济损失。可见,如果不能对谣言传播进行有效的控制,可能使恐慌蔓延,扰乱市场秩序并造成巨大的经济损失。反之,如能对网络谣言传播的过程进行合理引导,利用虚拟社会网络传递正确、权威、非偏激的信息,实现信息透明化,既可以对极端群体性事情的消除与正常秩序的恢复起到积极的作用,又能促进社会稳定和社会公平,实现韧性社会的管理。因此,研究网络媒介上谣言传播的过程与特性对于揭示虚实互动背景下的谣言传播机制和引导式的复杂社会管理具有重要的理论与现实意义。

早期研究谣言的传播规律时,多借鉴以 SIR 模型[5]等为代表的传染病模型。如薛一波等[6]在经典 SIR 模型的基础上,将一般的感染状态细分为正向感染和负向感染两种,提出了 SPNR 谣言传播模型并对谣言传播规律进行了仿真研究,以新浪微博为实例进行对照。虽然将传染病模型及其改进模型应用于谣言传播研究取得了一定的进展[7,8],但谣言传播具有一些与传染病传播不同的特点,因此使用经典的传染病模型不能完全表达出谣言传播的某些特征。具体而言,作为一种社会群体心理行为,谣言传播中存在从众效应、遗忘效应、错觉真实效应等心理学效应,它们影响着谣言的传播过程。但疾病传播过程并不存在上述心理学规律,传统的传染病模型中也未包括这些影响因素。为了更真实地反映谣言的传播过程,需要在模型中考虑这些对其有重要影响的心理学规律。

目前在一些群体行为模型研究中已引入了心理学因素,如 Reynolds[9,10]和 Tu 等[11]应用了群体心理学中个体相互模仿的规律,Musse 等[12]和 Thalmann 等[13]则考虑了在心理学上被勒庞称为"群体精神统一性"[14]的从众效应。谣言传播研究可借鉴这些基于心理学知识的群体行为模型。Zhao 等[15]的研究考虑了遗忘机制对于谣言传播的影响,发现遗忘机制对于谣言传播动力过程和传播力有明显影响。谣言是通过参与个体的转发行为在网络中传播的,在这一过程中参与个体对谣言的判别将会对其转发行为产生重要的影响。而对于参与者而言,谣言一般不易判别,其来源常常也是不确定的。在这种特殊语境中,心理学上的认知偏见效应——错觉真实效应会发生作用,影响个体对谣言的判别,进而影响谣言的传播动力学行为。"谎言说了一千遍就成了真理"、"三人成虎"等由来已久的常识性认知也印证了错觉真实效应在谣言传播中发挥着活跃的作用,反映了接收谣言信息的次数影响着人们的接受程度,进而影响到谣言在人与人之间的传播。已有的关于谣言的研究也证实错觉真实效应广泛存在于谣言传播的过程中[1],因此在谣言传播过程中考虑错觉真实效应是确有必要的。以往关于谣言传播中错觉真实效应多为描述性和思辨性的研究,并未对其进行模型化的研究和机理性的探讨。基于以上情况,本章将考虑错觉真实效应进行建模,并在此基础上对谣言的传播过程进行研究。

目前对谣言传播建模的方式可分为自底向上和自顶向下两种。经典 SIR 模型使用偏微分方程对谣言的传播问题进行描述,多使用平均场方法进行求解,可视为采用的自顶向下的建模方式,是将谣言传播系统作为一个整体进行研究。而自底向上的建模方式通过定义构成系统的简单个体及它们之间的局部的非线性相互作用规则,来涌现出复杂和多样的宏观行为,这种建模方式更接近于复杂系统的真实运行模式,可以对宏观规律进行涌现研究。

随着现代计算机计算能力的不断增强,以元胞自动机为代表的自底向上的建模仿真逐渐成为谣言传播的主要研究方式之一。近年来,有学者使用元胞自动机及多Agent仿真作为工具,在小世界、无标度等网络结构上对舆情传播进行了研究,如Gong等[16]使用多Agent仿真的方法,对随机网络和小世界网络上的信息传播模式进行了研究,研究结果表明网络结构会影响信息传播的模式。由于自底向上的建模方式可以更真实地反映系统的运行状况和规律,而错觉真实效应适合用来描述谣言传播系统中个体之间的相互作用规则,因此本章采用自底向上的元胞自动机模型作为建模和仿真工具。

本章结合网络谣言传播中存在的错觉真实效应,以元胞自动机为工具对谣言传播过程进行建模,建立了基于元胞自动机的谣言传播模型,对谣言的传播过程特性进行研究,分析了错觉真实效应对谣言传播过程的影响。5.2节介绍错觉真实效应并对其进行形式化描述,5.3节建立考虑错觉真实效应的谣言传播元胞自动机模型,5.4节利用建立的模型进行仿真和分析,5.5节阐述潜伏因素反转现象的产生机理,5.6节通过实例验证进行分析,5.7节对本章加以总结和展望。

5.2 错觉真实效应及其在 SIR 模型中的形式化描述

5.2.1 经典 SIR 模型

信息传播与传染病在人群中的传播具有类似特征,可借用传染病动力学模型分析信息在人群中的传播。目前比较有代表性的传染病动力学模型是由 Kermack 和 McKendrick 建立的 SIR 传染病模型[5]。SIR 模型将总人口分为以下三类:易感者(susceptibles),其数量记为 $s(t)$,表示 t 时刻未染病但有可能被该类疾病传染的人数;染病者(infectives),其数量记为 $i(t)$,表示 t 时刻已被感染成为病人而且具有传染力的人数;恢复者(recovered),其数量记为 $r(t)$,表示 t 时刻已从染病者中移出的人数。设总人口为 $N(t)$,则有 $N(t)=s(t)+i(t)+r(t)$。

SIR 模型的建立基于以下三个假设:

(1)不考虑人口的出生、死亡、流动等种群动力因素。人口始终保持一个常数,即 $N(t) \equiv K$。

(2)一个病人一旦与易感者接触就必然具有一定的传染力。假设 t 时刻单位时间内,一个病人能传染的易感者数目与此环境内易感者总数 $s(t)$ 成正比,比例系数为 β,从而在 t 时刻单位时间内被所有病人传染的人数为 $\beta s(t)i(t)$。

(3)t 时刻,单位时间内从染病者中移出的人数与病人数量成正比,比例系数为 γ,单位时间内恢复者的数量为 $\gamma i(t)$。

在以上三个基本假设条件下,可知:当易感个体和感染个体充分混合时,感染个

体的增长率为 $\beta s(t)i(t)-\gamma i(t)$，易感个体的下降率为 $\beta s(t)i(t)$，恢复个体的增长率为 $\gamma i(t)$。传播过程可以用微分方程表示如下：

$$\begin{cases} \dfrac{\mathrm{d}s(t)}{\mathrm{d}t} = -\beta i(t)s(t) \\ \dfrac{\mathrm{d}i(t)}{\mathrm{d}t} = \beta i(t)s(t) - \gamma i(t) \\ \dfrac{\mathrm{d}r(t)}{\mathrm{d}t} = \gamma i(t) \end{cases} \quad (5.1)$$

基于式(5.1)求解的 SIR 模型可以根据已有数据比较准确地拟合曲线，并利用相轨线分析得出使传染病不蔓延的措施，理论依据充分。

SIR 模型应用于谣言传播领域时可以描述如下：初始的所有节点都处于易感染状态，对应个体未曾接触过谣言信息；然后部分节点接触到谣言信息，以一定概率转变为感染状态，对应个体将成为谣言信息的传播者；进而这些节点试着感染处于易感染态的节点，即对应个体将谣言信息传播给未接触过谣言信息的个体，使其听信和传播谣言信息。或者，这些节点进入恢复状态，即免疫状态，处于免疫状态的节点不再参与谣言信息的传播。

假定谣言传播 SIR 模型中包括 N 个个体，可分为对谣言的未知者 I、传播者 S 和免疫者 R 三类。假定谣言信息经由传播者与其他类人群的接触而传播。这种接触由元胞自动机中元胞间的邻接关系定义，用一个无向社会接触网络 $G=(V,E)$ 表示。其中 V 表示网络中的节点，E 表示网络中的边。传播规则（即局部作用规则）可定义如下：

（1）当传播者与未知者接触时，未知者以概率 λ 转变为传播者；
（2）当传播者与其他传播者或免疫者接触时，传播者以概率 α 转变为免疫者。

上述第(1)条规则描述了个体对谣言的接受概率，与谣言的紧急程度、重要性和可信度等指标相关。第(2)条规则描述了个体在与其他人的接触中了解到谣言是无新意的或不真实的时，对谣言失去兴趣，从而转变为免疫者，不再传播谣言。

5.2.2　考虑遗忘机制的 SIR 模型

在经典的 DK 和 MK 模型中，免疫者都是终止谣言传播的唯一机制。在经典 SIR 模型中，传播者转变为免疫者的唯一途径是与其他传播者或免疫者接触。而事实上，谣言传播的终止可能是由于传播者的遗忘或对谣言失去兴趣，这一自发停止传播谣言信息的情况在经典模型中未得到充分关注。考虑上述情况，对基本 SIR 模型进行拓展，得到考虑遗忘机制的谣言传播模型。假定谣言传播者会以一定概率自动终止谣言的传播，谣言传播从一个或多个节点开始，以人群中不再存在传播者为结束[17]。考虑了遗忘机制的 SIR 模型可用图 5.1 表示[15]。

图 5.1 中传播者在接触到其他传播者或免疫者时，以概率 α 转变为免疫者，终止谣言传播，同时还可能在不接触其他个体的情况下，由于对谣言的遗忘自发以概

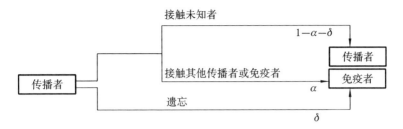

图 5.1 考虑了遗忘机制的谣言传播过程

率 δ 转变为免疫者,终止谣言传播。遗忘机制在包括谣言传播在内的所有信息传播过程中均普遍存在。除了遗忘机制外,谣言传播中存在一种有显著作用的心理效应——错觉真实效应,下面将对其进行研究,建立考虑了错觉真实效应的谣言传播模型。

5.2.3 考虑错觉真实效应的谣言传播模型

心理学效应影响着谣言传播中个体的行为,在传播过程中起着重要的作用。Zhao 等[15]在谣言传播的建模中就曾考虑到个体遗忘机制的影响。错觉真实效应影响着个体对谣言的接受程度,在以往对谣言传播过程的建模中很少被考虑到。本节将考虑此效应的作用,对谣言传播过程进行建模和仿真研究。

1. 谣言传播中的错觉真实效应

错觉真实效应又被称为真相错觉效应、重复成真效应,是一种心理学上的认知偏见现象[18]。该效应指重复接触到的信息会更容易让人们信以为真,即人们听到某一信息的次数越多就越容易相信它。"谎言说了一千遍就成了真理"即是错觉真实效应的典型体现。在对错觉真实效应进行研究时,被试者需要依靠从不熟悉的信息源中得到的信息对有一定判别难度的问题进行判断。这时,他们常常会寻求启发式的线索。在这一过程中,他们可能会考虑信息源的可信度、接收信息时的语境或信息本身的属性。有证据表明,人们如果此前接触过相关的信息,则更倾向于相信此次接收到的信息。也就是说,对一个相对有难度的判断的预曝光将引起被试者主观真理感觉的错觉性的增加[19],心理学上将这一现象称为错觉真实效应。

心理学研究认为错觉真实效应的产生可能与知觉流畅性有关。知觉流畅性指个体在知觉水平上对外部信息加工难易程度的一种主观体验,它通常被认为是一种元认知体验。越是容易听到或看到一个内容(也就是经常被重复的内容),我们大脑里面的相关神经元就会越快被激活,而这对于大脑来说,该内容就是更容易识别和加工的内容。因此,重复出现的内容可以减少加工的心理成本,所以我们会更加相信它。可见,根据接收到特定信息的频次来判断其真实性是我们大脑的策略,而这种信息加工方式就会形成错觉真实效应。

错觉真实效应在谣言传播中具有重要意义。谣言多源自非官方或非权威的信息源,其以信息的不确定性和模糊性为特征,是一种未经证实的消息。因此,人们在对谣言的真伪进行判断时,非常符合错觉真实效应的作用情境。人们在首次从非正式的渠道获得未经确认的消息时,并不能确定其真假,而当再次听到或多次听到消息时,便更倾向于相信和传播这一谣言信息。错觉真实效应在谣言传播中普遍存在,这一点在以往的谣言研究中也得到过反复的证明[20]。而人们对所接收到的谣言信息的判断对于他们是否会进一步进行谣言信息的传播具有重要的意义,会影响谣言信息在人际网络中的传播动力学行为。因此,有必要建立一种考虑错觉真实效应的谣言传播模型。

2. 错觉真实效应的形式化描述及对 SIR 模型的拓展

基于经典 SIR 模型,纳入错觉真实效应,并在建模中对其做出形式化的描述。将参与谣言传播的个体分为未知者 I、传播者 S 和免疫者 R 三类,并且假定谣言经由传播者与其他类人群的接触而传播。

错觉真实效应主要影响未知者 I 向传播者 S 转化的过程。当未知者首次从传播者处接收到谣言信息时,由于信息未经证实,未知者并不一定会相信此谣言并继续传播。假定未知者第一次接触到传播者时,其转变为传播者的概率为 λ。随着谣言在网络中不断传播,某一个曾接收到谣言信息,但并未转化为传播者的未知者个体可能会再次从与其相连的个体处接收到谣言信息,在不考虑错觉真实效应时,一般模型中会认为未知者转变成传播者的概率仍为 λ,即不论未知者是第几次接收到谣言信息,其转变成传播者的概率都是相同的。而从常识上来说,一个人第一次听到某谣言信息的概率,与多次听到后相信及再传播此谣言信息的概率应该是不同的。这种差异可以用错觉真实效应进行解释。错觉真实效应指出,未知者再一次接收到谣言信息时,更倾向于相信和传播此谣言,即他转变成传播者的概率要比第一次接收到此谣言信息时高,而且他接收到谣言信息的次数越多,转变成传播者的概率越高。为了表征未知者接收谣言信息次数的影响,为每一个未知者个体设定一个计数器(计数值记为 p_n),用来记录他接收到谣言信息的次数。此外,用来对错觉真实效应进行描述的参数还包括:

(1)转变概率上限 P_{max}

因个体的特性和具体谣言内容的不同,有的个体可能无论听到多少次某条谣言信息也不会相信和传播,因此未知者转变成传播者的概率有一个上限,在此设定为 $P_{max} \in (0,1]$。

(2)错觉真实效应因子 i_t

错觉真实效应作用的强弱受参与谣言传播群体的特性和谣言具体特征的影响。例如,当群体对所传谣言相关背景或知识的了解水平较低时,个体在对谣言进行判别时将更容易受到错觉真实效应的影响。错觉真实效应的强弱与谣言本身的可信度、谣言的重要性、参与传播个体对谣言的认知程度、传播个体的心理特质等因素相关。借鉴传染病模型中将环境状况、疾病特征等影响疾病在人与人接触过程中传染可能性的因素归结为感染率参数,在本模型中,我们将影响错觉真实效应的各种因素的共同作用效果归结为一个参数——错觉真实效应因子 i_t,用来表达在某一具体传播情境中错觉真实效应作用的强弱程度。

根据以上参数定义,结合错觉真实效应的作用模式,杨帆等[21]将错觉真实效应作用下某一未知者 i 在第 p_n 次接收到谣言信息时转变为传播者的概率描述为以下形式:

$$p_i(p_n) = (\lambda - P_{\max})e^{-i_t(p_n-1)} + P_{\max} \tag{5.2}$$

式中,当 $p_n = 1$ 时,$p_i(p_n) \to \lambda$,λ 即为未知者首次接收到信息时向传播者转变的概率;当 $p_n \to \infty$ 时,$p_i(p_n) \to P_{\max}$,转变概率趋向于最大转变概率;p_n 的值越大,$p_i(p_n)$ 的值也越大,表明个体接收到谣言信息的次数越多,越容易转变为传播者;错觉真实效应因子 i_t 的值越大,$p_i(p_n)$ 的值也越大,表明未知者个体更多地受到错觉真实效应的影响,从而更容易相信和传播谣言。

根据以上分析,可同时考虑错觉真实效应和遗忘机制,将上述 SIR 基本模型中的局部作用规则拓展为:

(1)当传播者与未知者接触时,未知者以概率 $p_i(p_n) = (\lambda - P_{\max})e^{-i_t(p_n-1)} + P_{\max}$ 转变为传播者;

(2)传播者以概率 δ 遗忘谣言,自动转变为免疫者;

(3)当传播者与其他传播者或免疫者接触时,传播者以概率 α 转变为免疫者,以概率 $1-\alpha-\delta$ 继续保持为传播者。

下面以考虑错觉真实效应和遗忘机制的拓展 SIR 模型为基础,构建谣言传播自下向上仿真的元胞自动机模型。

5.3 考虑错觉真实效应的谣言传播元胞自动机模型

5.3.1 谣言传播的元胞自动机模型定义

元胞自动机可以通过一个四元组来定义:

$$CA = (S, X, V, f) \tag{5.3}$$

式中,S 表示元胞空间,X 表示元胞状态,V 表示元胞邻域,f 表示元胞状态转换规则。使用元胞自动机构建网络谣言传播模型需要结合谣言传播语境对这四个要素分别进行定制化的定义。

谣言传播群体:抽象为模型的元胞空间 S。谣言在一个由所有参与谣言传播的个体构成的群体形成的虚拟社会网络上进行传播,将谣言传播网络中的每个节点对应为一个元胞,其中第 i 个节点记为元胞 $\text{cell}_i (i=1,2\cdots,N)$,节点总数为 N,则所对应的 N 个元胞共同构成本模型的元胞空间。

传播谣言个体的属性:抽象为元胞状态 X。每个元胞代表一个传播网络中的主体 Agent(虚拟与现实社会中的个体)。每个主体在接收到谣言信息时有相信和不相信两种状态,以 accept_flag 分别取值 0 和 1 来表示这两种状态,参照前面提到的谣言传播中的错觉真实效应[18],个体接收到谣言信息的次数会影响其对待谣言信息的态度,据此定义压力累积值 p(取值为非负整数 $0,1,2,\cdots$),表示个体接收到谣言信息的累积次数,用其表征谣言信息在个体上的累积心理暗示效应。这样一个元胞状态可以表达为 $A=\{(0,p),(1,p)\}$。

谣言传播网络的节点连接定义:抽象为元胞邻域 V。在谣言传播网络中,节点之间是否会进行谣言信息的交换取决于节点之间是否存在通信连接,而与节点的空间位置无关,这一点与传统 CA 中不同。传统 CA 中元胞邻域是以空间位置为依据确定的,例如最常用的 von Neumann 型和 Moore 型邻域。这种邻域定义强调网络中节点的地域局部交互;而在谣言传播网络中,节点间的信息传递具有全局特征,与局部位置特征无关,仅与元胞节点间的连接关系相关。宋玉蓉等[22]超出元胞自动机的传统邻域定义方式,采用网络的邻接矩阵 A 直接定义各元胞邻域关系,如图 5.2 所示,从而可以使用元胞自动机模型对诸如 Internet、WWW、P2P 和 E-mail 等信息技术网络中节点交互具有全局特性的对象进行仿真研究。考虑以上因素,本章将参照上述邻域定义方式,使用由复杂网络定义的邻接关系来定义各元胞的邻域。节点 i 的元胞邻域定义为:

$$V_i = \{\text{cell}_j \mid d\|\text{cell}_i,\text{cell}_j\| \leqslant \text{hop}_i, \text{cell}_j \in S, j=1,2,3,\cdots,N\} \quad (5.4)$$

式中,S 表示包含所有节点的元胞空间;N 为元胞总数量;$d\|\cdot\|$ 表示连通两个节点所经历边的数量,即元胞间的距离;hop_i 为邻域范围参数,在此取为常数值 1,即元胞 i 的邻居仅包含与之直接连接的元胞。

图 5.2 基于网络的元胞邻域定义

传染病传播中多使用随机网络、规则网络、小世界网络、无标度网络、指数网络等理想网络模型。由于作为谣言传播平台的社交网络普遍具有小世界和无标度特性[23,24],本节主要以上述理想网络模型为基础进行研究。

社交网络是现实世界中的一种复杂网络,各节点的度(即拥有的连接数)服从幂律分布。也就是说,大多数"普通"节点拥有很少的连接,而少数"热门"节点拥有极其多的连接。这样的网络称作无标度网络(scale-free network),网络中的"热门"节点称作枢纽节点(hub)。谣言传播的社会网络中,大多数节点的度会很小,而少数节点的度很大,度大的节点在消息的传递上具有更高的话语权和重要程度。Barabási 和 Albert 在 *Emergence of scaling in random networks*[24]中提出了无标度网络的概念。该文通过研究万维网的拓扑结构发现其节点度分布服从幂律分布,随即提出了构造无标度网络的一种经典模型——BA 模型。无标度网络是节点度分布(近似)为幂律分布的网络模型,其节点度概率分布 $P(k)$ 与网络中度为 k 的节点出现的概率有如下关系:

$$P(k) \sim k^{-\gamma} \tag{5.5}$$

式中,幂指数 γ 是描述网络结构特性的一个参数,取值通常为 2~3。节点度呈幂律分布的直观表现是:大多数节点的度较小,而少数枢纽节点的度很大。

具体来说,在构建 BA 模型时,首先随机构造一个很小的网络,然后遵循以下两个机制:

(1)增长:每次加入一个新的节点。这模拟现实中的网络不断增长变大。

(2)优先连接:在新节点加入时,优先选择与高度数的节点连接。新节点与某个原有节点 i 连接的概率由式(5.6)给出:

$$P(k_i) = \frac{k_i}{\sum_i k_i} \tag{5.6}$$

式中,分子 k_i 为节点 i 的度,分母为所有已有节点的度之和。

重复(1)、(2),达到预先设定的节点数和边数后,网络构建完成。

BA 网络具有小世界和无标度特性,可作为社交网络的较好近似。下面参照 BA 模型[24]生成谣言传播的网络模型,并以此作为元胞自动机模型的邻域定义。其具体算法实现步骤如下。

步骤 1,生成具有 n 个节点的随机网络,作为生成的初始核心网络。

步骤 2,生成一个新节点 m,它以一定概率与某已有节点相连。概率的计算方法如下。

(1)计算现有网络总度数 $d_{\text{sum}} = \sum_{i=1}^{N} \sum_{j=1}^{i} l_{ij}$,其中 N 为当前节点总数,

$$l_{ij} = \begin{cases} 0, & i \text{ 与 } j \text{ 无连接} \\ 1, & i \text{ 与 } j \text{ 有连接} \end{cases};$$

(2)选取某网络中已有节点 n_i,计算其度数 $d_{n_i} = \sum_{j=1}^{N} l_{n_i j}$,计算其连接概率 $p_{\text{link}} = d_{n_i}/d_{\text{sum}}$,生成一个 0 到 1 之间服从均匀分布的随机数 Random_flag,若 Random_flag $\leqslant p_{\text{link}}$,则连接 m 和 n_i;

(3)对网络中现有的所有节点重复(2)中的计算过程,与 m 建立连接。

步骤 3,重复步骤 2 直到网络规模达到预期的要求。

谣言传播个体间的局部作用规则:抽象为元胞状态转换规则 f。对于元胞之间的局部交互规则,这里依据谣言传播的微观规律进行定义。

在个体之间相互作用的描述上,传染病模型多使用接触感染概率来描述个体状态的转变规则,而在谣言传播中,谣言对个体的影响往往并不是简单地由一次接触决定的,而是多次作用的结果,存在错觉真实效应。在已有研究中,这一效应被反复证明存在于谣言传播过程中。本章在建模中考虑到了这一谣言传播中特有的心理学规律。

谣言的传播是一个复杂的社会心理学过程。要对其建立恰当的模型,不仅需要对其传播的社会网络有正确的描述,还需要对驱使个体参与传播过程的行为机理有正确的定量公式化描述。互联网社交网络的相关研究表明,许多此类网络适合用幂律度分布的网络模型来表示[25,26],因此这里采用无标度网络模型表达节点之间的连接关系,并在此基础上进行仿真计算。局部作用规则可由 5.2 节中给出的模型定义。

考虑到谣言传播中的错觉真实效应,在谣言信息传播过程中人一般不会在第一次接收到相关信息时便相信,而是在反复多次听到相关信息后,才会转为相信此信息,并继续传播这一谣言,即节点接收到谣言信息的次数越多,节点由未知者状态转换到传播者状态的概率越大。据此,定义压力累积值 p_n 来表征谣言信息在某个个体上产生的心理暗示累积效应。某个元胞从其邻居处接收到一条谣言信息时,其压力累积值 p_n 增加 1。

根据以上设定,假定传播从网络初始化状态的某一个或若干个传播者开始,同时考虑错觉真实效应和遗忘机制,可将各元胞间的局部作用规则定义为:

(1)当传播者与未知者接触时,未知者以概率 $p_i(p_n) = (\lambda - P_{max})e^{-i_t(p_n-1)} + P_{max}$ 转变为传播者。$\lambda = p_i(1)$ 表示接触到谣言总次数为 1 时未知者向传播者的转变概率;i_t 为错觉真实效应因子,用以表征信息重复接收次数对个体状态转变概率的影响程度。

(2)传播者以概率 δ 遗忘谣言,自动转变为免疫者。

(3)当传播者与其他传播者或免疫者接触时,传播者以概率 α 转变为免疫者,以概率 $1-\alpha-\delta$ 继续保持为传播者。

5.3.2 算法实现

下面说明个体交互规则的算法实现。算法实现的几点假设条件如下:

(1)在迭代过程中,社会网络的结构不发生改变;

(2)每个个体仅与其邻域中的个体进行交互;

(3) 目标社会网络可以用 BA 模型进行近似。

本章定义有三种类型的个体,即未知者(ignorants,I)、传播者(spreaders,S)和免疫者(stiflers,R)。未感者的状态用 $(1,p_n)$ 来表示,如果一个未感者在迭代过程中与传播者有接触,则其 p_n 值增加,且其会以一定概率转变为传播者。曾与传播者接触的未感者 p_n 值大于 0,如果未转变为传播者,则称其为潜伏者。潜伏者表示那些曾接触谣言但并未成为谣言传播者的个体,它属于未感者中的一种亚类型。传播者的属性由向量 $(0,p_n)$ 来描述,在迭代过程中,传播者以概率 δ 自发地转变为免疫者,当其与未感者接触时,状态不发生变化;与传播者或免疫者接触时,则以概率 α 转变为免疫者。免疫者的状态用 $(2,p_n)$ 来表示,当个体 a(agent$_a$)与个体 b(agent$_b$)在某次迭代中接触时,个体 a(agent$_a$)的属性 (state, p_n) 的更新算法如下:

if(agent$_a \in$ ignorants)do
  if(agent$_b \in$ spreaders)do
    agent$_a(p_n) \leftarrow$ agent$_a(p_n)+1$
    $p_a(p_n) \leftarrow (\lambda - P_{max})e^{-i_t(p_n-1)} + P_{max}$
    flag$\leftarrow$rand()
    if (flag$<p_a$)do
      agent$_a$(state)$\leftarrow 0$
    end if
  end if
end if
if(agent$_a \in$ spreaders)do
  flag$\leftarrow$rand()
  if (flag$<\delta$)do
    agent$_a$(state)$\leftarrow 2$
  end if
  if(agent$_b \in$ spreaders or agent$_b \in$ stiflers)do
    flag$\leftarrow$rand()
    if (flag$<\alpha$)do
      agent$_a$(state)$\leftarrow 2$
    end if
  end if
end if

根据以上元胞自动机定义和假设条件,可对谣言传播过程进行仿真计算。计算流程如图 5.3 所示。

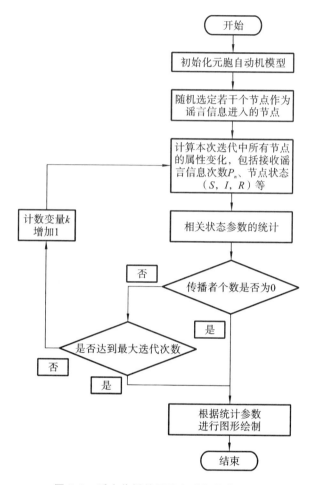

图 5.3 谣言传播的元胞自动机仿真流程

5.4 仿真计算结果及分析

5.4.1 复杂网络邻域结构的建立

针对谣言传播的社交网络普遍具有小世界[23]和无标度特性[24],本章采用 BA 网络作为上述案例中的谣言传播网络结构的近似模型。参照 BA 模型[24]生成谣言传播的网络模型,以此作为元胞自动机模型的邻域定义。首先,建立一个包含一定数量的初始节点的初始网络,节点间的连接采用随机连接方式。这里建立了一个包含 10 个节点的初始随机网络,如图 5.4 所示。然后以此为基础,通过优先连接的方式增长为一个复杂网络,用以模拟虚拟社会中的个体连接结构。在上述初始网络的基础上以度优先连接方式添加 1000 个节点,得到一个包含 1010 个节点(元胞)的网络,如图 5.5 所示。

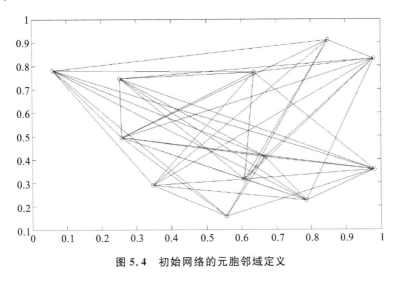

图 5.4　初始网络的元胞邻域定义

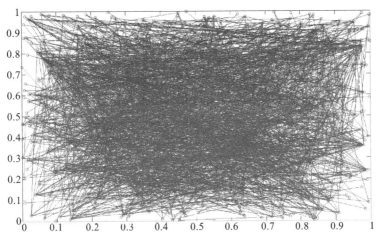

图 5.5　一个包含 1010 个节点的网络的元胞邻域定义

对上述网络中网络节点的度进行统计,得到如图 5.6 所示的结果,其对数分布如图 5.7 所示。从图 5.7 可见其对数分布基本呈线性关系,说明所生成网络的节点度分布满足幂律分布,具有无标度特征。

5.4.2　错觉真实效应因子对传播过程的影响

以参数错觉真实效应因子 i_t 表示错觉真实效应的影响程度,其值越大,个体受错觉真实效应的影响越大,即在反复接收到谣言信息时由未知者转变为传播者的概率越高。当 $i_t=0$ 时,式(5.2)中未知者个体每次接收信息时转化为传播者的概率均退

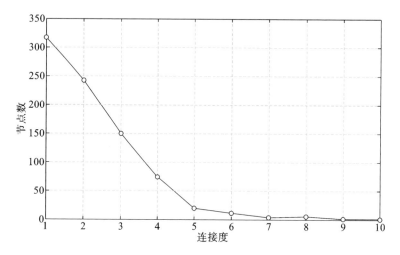

图 5.6　网络节点的度分布

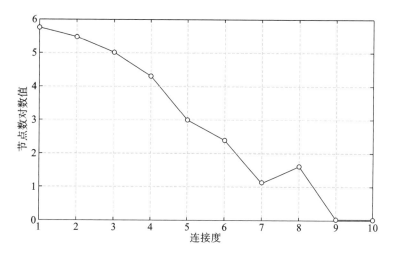

图 5.7　网络节点度的对数分布

化为未知者个体单次接收信息时转化为传播者的概率 λ,此时相当于个体不受错觉真实效应的影响。下面设置节点总数量为 1000 个,单次接触转变概率 $\lambda=0.03$,免疫概率 $\alpha=0.06$,遗忘概率 $\delta=0.03$,未知者向传播者转变概率的上限值 $P_{max}=1$,分别取 $i_t=0$,$i_t=0.05$,$i_t=0.5$,$i_t=1.0$,$i_t=2.6$,使用上述元胞自动机模型进行仿真计算,以观察错觉真实效应因子对谣言传播过程的影响,所得到的传播者演变曲线如图 5.8 所示。

仿真结果显示,当不考虑错觉真实效应的影响,即 $i_t=0$ 时,在谣言传播的发展阶段,传播者随时间增加,最多时网络中同时有 16 个传播者,此后进入谣言传播的收敛阶段,传播者数量逐渐减少,至 58 步减少到 0,谣言的传播过程结束。而当考虑错觉真实效应时,哪怕其影响比较弱,如错觉真实效应因子 $i_t=0.05$ 时,可以看到谣言传

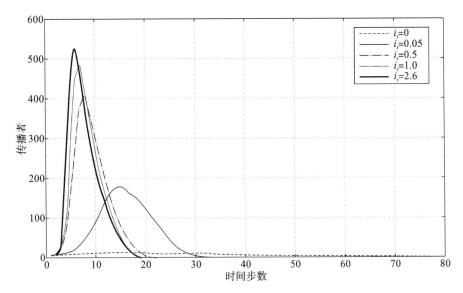

图 5.8　错觉真实效应因子对传播者演化过程的影响

播过程中传播者的最大数目有显著的增加,在第 15 步达到了 179 个,表明谣言传播的剧烈程度增加,同时谣言传播过程亦比无错觉真实效应结束得更快,在第 34 步结束。在考虑错觉真实效应的发展趋势图中,可以观察到传播者数量有一个短时间内快速上升至极大值而后下降的过程,我们把这一现象称为传播雪崩现象。随着错觉真实效应因子的增加,传播雪崩现象的强度逐渐增强,而在不考虑错觉真实效应,即错觉真实效应因子为 0 时,则观察不到明显的传播雪崩现象,这提示错觉真实效应是传播雪崩现象的重要形成因素。同时,随着错觉真实效应因子的增加,传播者到达最高峰的时间逐渐提前,整个传播进程的时间也逐渐缩短。这表明错觉真实效应的影响越强,谣言的传播情况也会越剧烈。

谣言传播结束后免疫者的数量代表曾听说并传播过谣言的个体数量,反映了谣言流行的广泛程度和影响的范围,可将其作为谣言传播的广度的指标。图 5.8 对应的免疫者和未知者变化曲线分别如图 5.9 和图 5.10 所示。

仿真结果显示,当不考虑错觉真实效应的影响,即 $i_t=0$ 时,谣言传播结束时免疫者的数量为 59 个;而错觉真实效应因子 $i_t=0.05$ 时,谣言传播结束时免疫者的数量为 696 个,远多于不考虑错觉真实效应时的情况。随着错觉真实效应因子的增加,传播雪崩现象的强度在增强,传播结束时免疫者的数量也在增加,在 $i_t=2.6$ 时,达到了 942 个,即有 94.2% 的个体都受到了此次谣言传播的影响。这表明,错觉真实效应的影响越强,传播雪崩现象的强度越强,谣言传播的广度也越大,即谣言所形成的影响力越大。

仿真结果显示,当不考虑错觉真实效应的影响,即 $i_t=0$ 时,谣言传播过程中,未知者随时间减少,到 76 步时传播过程结束,此时未知者数目为 941 个,即有 941 个个

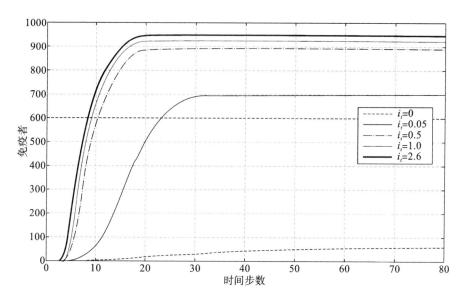

图 5.9 错觉真实效应因子对免疫者演化过程的影响

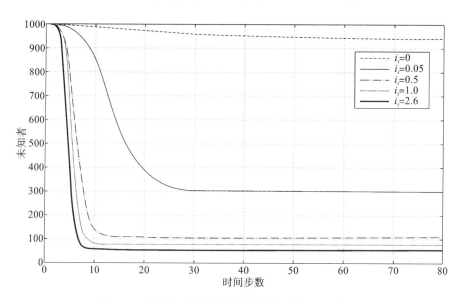

图 5.10 错觉真实效应因子对未知者演化过程的影响

体从来未听信过此谣言。而当考虑错觉真实效应时,如错觉真实效应因子 $i_t=0.05$ 时,谣言传播在第 34 步结束时未知者的数量为 304 个,远低于不考虑错觉真实效应时的数量。随着错觉真实效应因子的增加,传播雪崩现象的强度增强,传播结束时未知者的数量在减少,这表明未听说过此谣言的人数在越少,谣言的散布范围越广,这与免疫者的演化结果构成印证关系。

综上,错觉真实效应与传播雪崩现象有着密切的关系,影响着谣言传播的强度与广度。谣言的大规模传播和影响力的最大化是从传播雪崩开始的,如果可以对传播雪崩现象进行预测或控制,则可以对谣言传播的进程进行有效的引导和干预。

5.4.3 潜伏因素反转现象及其特征

错觉真实效应导致了谣言传播中的潜伏者(lurkers)群体的形成,潜伏者群体处于一种非稳定状态,易于转变为传播者。为研究其变化规律及其在谣言传播过程中的作用,设置节点总数量为1000个,单次接触转变概率$\lambda=0.03$,免疫概率$\alpha=0.06$,遗忘概率$\delta=0.03$,未知者向传播者转变概率的上限值$P_{\max}=1$,分别取$i_t=0.1,i_t=0.5,i_t=2.5$,考察潜伏者密度及相应的传播者密度在谣言传播过程中的演化趋势,得到10次平均的仿真结果如图5.11所示。

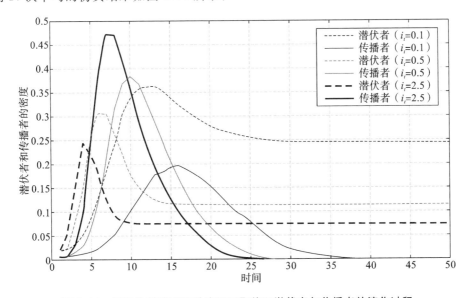

图 5.11 不同的错觉真实效应因子取值下潜伏者与传播者的演化过程

图5.11中虚线代表潜伏者密度,而与其具有相同线型的实线代表对应的传播者密度。可以看到,传播者密度均有一个急剧增加至峰值而后下降的过程,本章将这种现象称为传播雪崩现象,它是谣言传播的高潮。同时可以发现,在不同的错觉真实效应因子取值下,潜伏者密度的变化都呈现出一种类似的变化趋势:在初期保持增长,到某一特定时刻发生反转,开始急剧下降,进而跟随而来的是传播雪崩,传播者密度急剧增加至峰值。我们将这一现象称为潜伏因素反转现象,它指的是在错觉真实效应、社会网络连接结构和未知者、潜伏者、传播者、免疫者的转换规则共同作用下,潜伏者群体的增加因素和减少因素的作用平衡随谣言传播进程发生移动和反转而产生的一种潜伏者密度变化趋势由谣言形成和酝酿期的增长转变为下降的现象。潜伏因素反转现象是由于影响潜伏者数量的因素发生反转,潜伏者减少机制的作用超过其增加机制,大量潜伏者转化为传播者而形成的,以潜伏者密度达到峰值为标志,发生

在谣言传播酝酿期和高潮期的交界处,是错觉真实效应作用下谣言传播过程中的一种普遍现象,它标志着谣言传播过程进入一个新的阶段,同时也预示着传播雪崩的到来。潜伏因素反转现象具有以下三个主要特征:

(1) 发生时间是在传播雪崩发生之前,即传播者密度达到峰值之前;

(2) 潜伏因素反转现象发生时,传播者密度仍处于相对较低的水平;

(3) 潜伏因素反转现象的发生时间受错觉真实效应因子的影响,错觉真实效应越强,其发生时间越早。

5.5 潜伏因素反转现象的产生机理

潜伏因素反转现象是在错觉真实效应和其他谣言传播规则共同作用下动态平衡随谣言传播进程移动的结果。这种反转发挥着塑造谣言传播过程的作用,其产生机理的直观描述如图 5.12 所示。

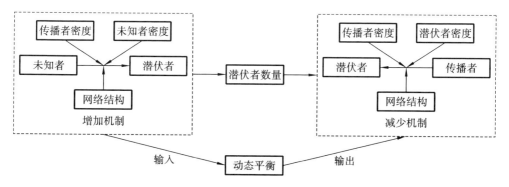

图 5.12 潜伏因素反转现象的产生机理

在谣言传播的过程中,会有未知者与传播者接触而转变为潜伏者,这是潜伏者数量的增加机制,而这种增加机制受到传播者密度、未知者密度与网络结构的影响,传播者密度越高,未知者密度越高,则潜伏者增加的势头越强。网络结构影响着传播者与未知者的接触方式与概率,接触概率越高,潜伏者增加的趋势越强。另外,在谣言传播的过程中,会有潜伏者与传播者接触而转变为传播者,这是潜伏者数量的减少机制,而这种减少机制受到传播者密度、潜伏者密度与网络结构的影响,传播者密度越高,潜伏者密度越高,则潜伏者减少的趋势越强。网络结构影响着潜伏者与传播者的接触方式与概率,接触概率越高,潜伏者减少得越快。增加机制输入潜伏者,使潜伏者数量增加;而减少机制输出潜伏者,使其数量减少。这种以潜伏者数量为核心的输入与输出达成一种动态平衡,共同决定着潜伏者数量的变化趋势。

在谣言传播的形成期和酝酿期,传播者密度稳步增加,未知者密度水平较高,因此增加机制活跃,而此时潜伏者密度处于相对较低的水平,减少机制受到抑制,因此在这两个过程中,增加机制的作用强于减少机制,占据主导地位,平衡向潜伏者增加的方向移动,潜伏者数量逐渐增长,密度增加。随着传播者、潜伏者密度的稳步增加和未知者密度水平的降低,增加机制活跃度逐渐受到抑制,而经过形成期和酝酿期的积累,潜伏者密度和传播者密度逐渐增加至较高的水平,减少机制逐渐得到强化,在某一个时刻减少机制的作用将与增加机制达到相等的状态,在这一时刻潜伏者的数量达到动态平衡,潜伏者密度曲线的斜率为0。此后减少机制开始占据主导地位,平衡向潜伏者减少的方向移动,潜伏者数量由增加转为开始减少,潜伏者密度由上升开始转为降低,这样便产生了潜伏因素反转现象。与此同时,标志着谣言传播高潮的传播雪崩开始孕育,并在不久后跟随出现。因此,通过监测潜伏者密度曲线的斜率,以斜率为0作为标志性事件,可以监测到潜伏因素反转现象的发生并由此预测任其继续发展下去即将发生的传播雪崩。

潜伏因素反转现象及紧随其后的传播雪崩现象影响着谣言传播的广度和烈度,它们在整个谣言传播过程中的作用原理如图5.13所示。

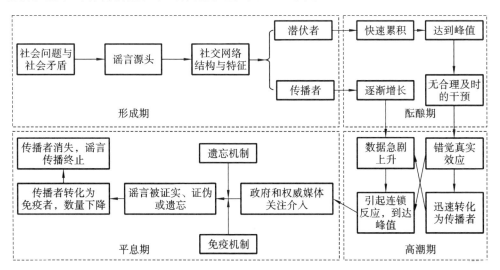

图 5.13 谣言传播进程

伴随着转型期社会矛盾的积累[27-29],环境危机和社会急剧变化带来的动荡往往让人们产生失控的感觉,将社会变迁中的某些现象和问题视为对社会整体价值观念和利益的破坏,从而陷入"集体道德恐慌",这种恐慌最终以谣言的形式表达出来[1]。谣言产生后,便会透过社交信息网络进行传播。依据个体情况的不同,有的个体在听到谣言时会相信和再传播谣言,从而成为传播者;而有的个体在听到谣言后并不会立即相信谣言,从而成为潜伏者。在谣言的形成期和酝酿期,传播者的数量是缓慢增长的,因为谣言毕竟是未经证实的消息,只有一小部分人接受和传播它。但由于社交网络的小世界特性,听说过谣言的人,即潜伏者数量却在快速增长,直到在酝酿期的后期达到最高峰。此时已经累积了相当数量的潜伏者,其后随着谣言的继续传播,很多潜伏者在再次接收到谣言信息时转化为传播者。随着传播者数量的攀升，借助错觉真实效应，潜伏者比未知者更容易转变为传播者，这样谣言在网络中得到更频繁的传播，从而引发了连锁反应，即大量潜伏者在短时间内集中转化为传播者，潜伏者数量开始由峰值下降，发生潜伏反转，随之而来的是传播者数量急剧增加，并迅速达到峰值，谣言传播进入高潮期。这一连锁反应导致的传播者爆发式增长的现象即传播雪崩现象。

由图 5.13 及上述分析可以看到，正是错觉真实效应作用下的连锁反应引起了传播者数量短时间的急剧增长，因此错觉真实效应在传播信息现象的产生机制中起着重要的作用。由于在传播雪崩现象发生之前，潜伏者的数量先达到了峰值而发生了潜伏因素反转，因此可以利用潜伏因素反转来对传播雪崩现象进行预测。在传播者到达峰值后，谣言的传播形成了一定的社会影响，政府与媒体介入进行谣言信息的调查、澄清和引导工作；在遗忘机制和谣言免疫机制的共同作用下，谣言得到证实、证伪或失去新闻性而被受众遗忘，传播者转化为免疫者；当所有传播者均转化为免疫者时，谣言将不再继续在网络中传播，至此谣言的传播过程结束。由图 5.8 和图 5.11 可以看到，潜伏因素反转现象和接踵而至的传播雪崩现象塑造了谣言传播演化的基本形态，决定了谣言传播过程的主要特征。

如图 5.11 所示，在谣言传播的初始阶段，传播者的增长并不明显，听说过谣言的潜伏者则逐渐增加，直到传播雪崩现象发生时，传播者的数量才开始急剧上升。而当不考虑错觉真实效应时，也观察不到相应的传播雪崩现象，这说明错觉真实效应所带来的潜伏者密度的演化过程是传播雪崩现象的形成基础。传播雪崩现象的强度可用传播者的峰值数量来衡量，由于传播者的峰值数量可以反映谣言传播的剧烈程度，亦可将其作为谣言传播的烈度指标。而图 5.11 所示的结果表明错觉真实效应的影响程度直接影响到传播雪崩现象的强度。错觉真实效应越强，传播雪崩现象的强度越强，同时谣言传播的烈度也越高，广度也越广。可见，传播雪崩现象的发生对谣言传播的烈度和广度有着很大的影响，在传播雪崩现象发生之前对其进行预测具有重要意义。而潜伏因素反转现象早于传播雪崩现象发生，因此可以用其来对传播雪崩现象进行预测。

综上，错觉真实效应的影响越强，则潜伏因素反转和传播雪崩现象也越强烈，谣言传播的烈度和广度都越强，谣言所形成的影响力越大。谣言传播高潮的到来以传播者数量达到峰值为标志，谣言传播的高潮期是谣言传播影响力形成的主要和关键阶段。图 5.11 清楚地显示了潜伏因素反转现象与传播雪崩现象之间的关系，即传播者数量在潜伏者数量达到峰值一小段延时之后再达到峰值，传播者的急剧增加是以潜伏者数量达到一定基数为基础的，因而传播雪崩现象在潜伏者达到峰值之后发生。因此，可以通过对潜伏者变化趋势的监测，依靠潜伏因素反转现象达到预测传播者峰值的目的。由于谣言传播的高潮期是谣言影响力或破坏力形成的重要时期，在这之前对传播过程加以引导和干预将能极大降低谣言传播的影响和可能带来的损失。值得注意的是,由图 5.11 可以看到,在潜伏因素反转现象发生时,传播者数量仍处于一个相对较低的水平,这意味着利用潜伏因素反转现象可以实现对传播雪崩现象的早期预报,大幅降低谣言传播的不利影响。

5.6 实例验证与分析

5.6.1 事件背景

以 2011 年由于某灾害性事件而产生的谣言传播导致日用商品盐遭到大面积的抢购事件为例进行实例验证并加以分析。有记者搜集将近百万字的资料发现:3 月 14 日某地开始出现抢购苗头,方式主要是口口相传或者电话通知,其后抢购潮传至宁波,紧接着波及全国;3 月 16 日,谣言开始通过网络盛传并迅速在全国传播开来,直接作用于人们的现实生活,导致了集体抢购事件的发生。3 月 17 日,抢盐潮从东部沿海开始向内陆和中西部地区蔓延,并席卷了包括北京等国内 31 个省市,至此谣言自由传播形成的恐慌达到高潮。随后政府和媒体开始强力介入,谣言传播被抑制,社会恐慌状态逐渐得到缓解和消除。

5.6.2 仿真结果及分析

下面将以此谣言传播事件为背景,进行相关仿真研究。有关此次抢购的谣言传播过程主要发生在普通网民中,主要传播途径是信息社交网络,相关研究表明此类社交网络具有小世界与无标度特性,因此采用 BA 网络模型生成邻接网络。设定参与的总节点数为 2500;虽然此谣言披有科学外衣,但是并不完美,有一定科学和社会常识的人可能察觉到其中存在破绽或说服力不足,因此首次听到此谣言便相信的概率不高,单次接触转变概率设定为 $\lambda=0.03$;由于此谣言关系到自身健康,重要性较高,个体在特定时间段内遗忘的概率不高,设定为 $\delta=0.03$;免疫概率设定为 $\alpha=0.06$;未知者向传播者转变概率的上限值 $P_{\max}=1$。由于此谣言关系到个人健康与环境污染,重要性较高,而同时涉及物理和医学知识,对普通民众而言分辨的难度较大,同时信息的来源不确定,因此非常符合错觉真实效应的作用情境,人们在多次接收到此谣言信息后,更倾向于相信和继续传播它,所以设定错觉真实效应因子 $i_t=0.5$。使用以上参数可仿真计算得到谣言传播过程中传播者的变化趋势,如图 5.14(a)所示。

图 5.14(b)为由新浪微博数据中统计得到的有关此次抢购事件的信息传播者的变化情况,与图 5.14(a)对比可以看到,在谣言传播过程中的形成期、发展期、高潮期

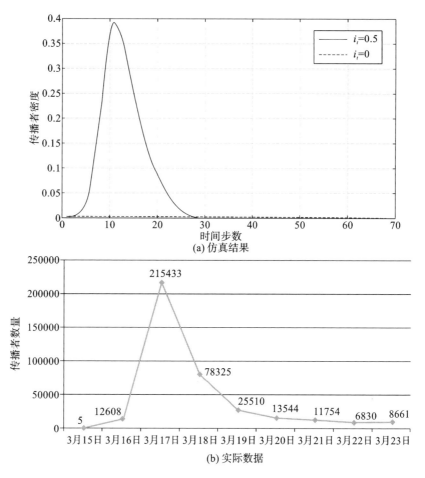

图 5.14 "抢盐事件"中传播者的变化趋势

和衰退期的变化趋势和传播效果上,仿真结果与新浪微博中传播的真实数据基本吻合。值得注意的是,图 5.14(a)中的虚线所示是 $i_t=0$,即不考虑错觉真实效应时的传播者变化曲线,其变化趋势比实际数据更为平缓。相比之下考虑错觉真实效应的曲线与实际数据的变化趋势更加吻合,反映了实际数据中表现出来的传播雪崩现象。以上现象说明该仿真模型具有较好的可信度和有效性,能在一定程度上反映谣言传播的过程以及在此过程中错觉真实效应所起到的作用。

在一项关于此次谣言传播的调查中,对听说过此谣言而并未再传播和参与抢购的人群统计如图 5.15 所示。

听闻过此谣言而没有进行再传播和抢购的人可视为潜伏者。由图 5.15 可见,潜伏者密度的峰值发生在 3 月 15 日,而在图 5.14(b)中可以观察到此谣言的传播峰值发生在 3 月 17 日,即潜伏者峰值早于传播者峰值出现,这印证了仿真实验中观察到的潜伏因素反转效应及其特征。

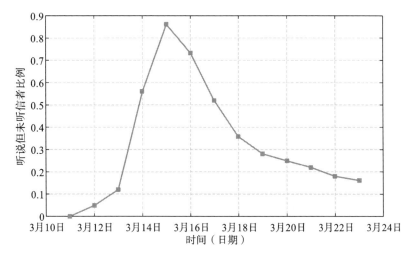

图 5.15 "抢盐事件"中潜伏者的变化趋势

5.6.3 抢购事件中错觉真实效应的作用

在此次谣言传播的初期,有部分未知者听到此谣言,但由于来源不清加上信息本身的模糊性,并不容易判定其真伪,因此未必相信它,也不一定会继续传播它;而随着此谣言的进一步传播与扩散,越来越多的人听说了这一谣言。将听说过谣言信息但未转变为传播者的未知者称为潜伏者,则潜伏者在整个谣言传播过程中的变化曲线如图 5.16 所示。

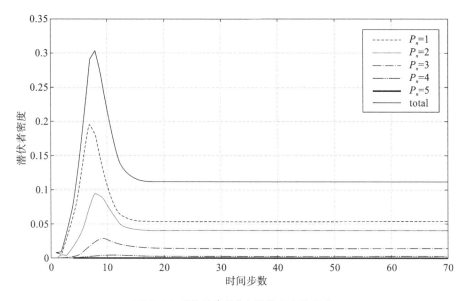

图 5.16 "抢盐事件"中潜伏者变化趋势

图 5.16 中 total 曲线为所有潜伏者的总密度，其他分别为听说过 1 次、2 次、3 次、4 次和 5 次谣言的潜伏者密度。可见，在发展期潜伏者的总密度逐渐增加，并在第 5 步时达到最高值。这反映了潜伏个体的积累过程。潜伏者处于一种相对不稳定的状态，当再次接收到谣言信息时，将更容易转变为传播者。

随着传播过程继续发展，人们会反复从其社交信息网络中听闻这一谣言，而这时很多人此前都听说过这条信息，在错觉真实效应的作用下，他们变得更倾向于相信和再传播这一谣言，所以短时间内会有大量潜伏者转化为传播者，引起传播者密度的急剧增加，这样反过来让更多的人有更多机会重复听到这条谣言，从而进一步促进了谣言传播者数量的急剧上升，谣言传播进入高潮期。从图 5.17 潜伏者与传播者密度的对比曲线中可以清楚地看到这一过程。

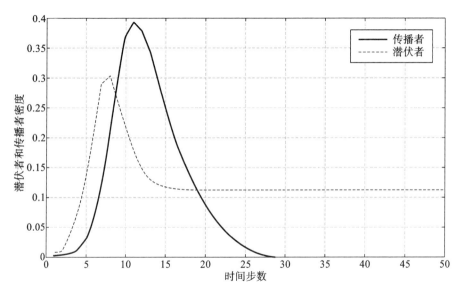

图 5.17 "抢盐事件"中潜伏者与传播者的变化趋势

图 5.17 中实线为传播者密度曲线，虚线为对应的潜伏者密度曲线。可以看到，潜伏者与传播者密度到达峰值的时间之间存在一个时间差。潜伏者密度在第 8 步时先于传播者达到峰值 0.3028；而此时传播者密度还处于低位，为 0.2023。潜伏者的积累为传播者随后的急剧增长奠定了基础，在其最高点孕育着接下来谣言传播的爆发。随后在第 11 步，传播者密度快速上升达到峰值 0.3917，而同时潜伏者密度则快速下降到 0.1759，表明在这 3 步的短暂时间里大部分潜伏者转化成了传播者。如图 5.17 所示，在不考虑错觉真实效应时，观察不到这种实际数据中可以看到的谣言爆发式传播特征。可见，错觉真实效应在传播过程的形成中具有重要的作用。

传播到达顶峰后，由于辟谣机制和权威信息的介入，听信过此谣言的个体逐渐转为免疫者，传播者数量下降至低水平，谣言传播结束。因此，此次事件中传播者数量整体上呈现由小基数急剧上升,而后逐渐下降的趋势。与不考虑错觉真实效应得到的计算结果进行比较发现,错觉真实效应在潜伏因素反转现象的形成以及谣言由酝酿到爆发的急剧传播过程中起着重要的作用,同时也影响着谣言波及的人群规模及谣言传播的整体进程。

在谣言的引导与控制中,往往希望能够在谣言形成大规模传播前进行干预,这样可以用较小的代价获得较好的效果,并且减少谣言可能带来的损失。由上述分析可以看到,由于潜伏因素反转现象中潜伏者的密度会先于传播者达到峰值,因此可以通过监测潜伏者的变化趋势来预测谣言传播的发展进程,从而可以在传播者急剧上升达到峰值之前,即谣言开始剧烈传播之前加以干预和引导。这对于谣言传播的早期干预具有现实意义。

5.7 结　　论

在当前虚实社会互动的背景下,本章分析了谣言传播研究对于社会转型期实现柔性复杂社会管理的意义及错觉真实效应在谣言传播中的重要作用,进而建立了一个考虑错觉真实效应的谣言传播模型,以模拟谣言在社会网络上的传播过程与特性。仿真实验发现了谣言传播过程中的潜伏因素反转现象,且错觉真实效应是导致传播雪崩现象的重要机制。实验结果与实际案例数据的对照印证了模型的有效性。研究得到的主要结论归纳如下:

(1)对谣言传播中的错觉真实效应进行了形式化描述,并以此为基础建立了一个改进的 SIR 模型,更加真实地描述了谣言的传播过程,更加准确地揭示了谣言的传播特性。仿真结果表明,错觉真实效应的存在会使谣言传播的剧烈程度增加,使谣言的散布范围更广、影响力更大。

(2)谣言传播过程中存在传播雪崩现象,且错觉真实效应越强,传播雪崩现象越显著,谣言传播烈度和广度也越强,其所形成的影响越大,同时谣言传播的整个过程呈缩短的趋势。传播雪崩现象是由错觉真实效应作用下发生的连锁反应导致的,错觉真实效应是传播雪崩现象产生的主要原因之一。

(3)考虑错觉真实效应的谣言传播过程中存在潜伏因素反转现象,可以利用它与传播雪崩现象的时间相位关系特征来预测传播雪崩现象,从而在传播者密度较低时,即谣言大规模传播之前对其进行干预,减少谣言传播可能带来的损失。

由于考虑了错觉真实效应,本章建立的模型可以更好地反映谣言的传播过程,在此基础上所发现的潜伏因素反转现象及其与传播雪崩现象之间的关系有利于更清晰地认识谣言的传播特性,并可用于对谣言的传播进行及时的干预和引导,具有较强的理论与现实意义。

参 考 文 献

[1] 周裕琼. 当代中国社会的网络谣言研究[M]. 北京:商务印书馆,2012.

[2] 罗爱华. 抢盐事件的传播学分析[J]. 新闻传播,2011(4):126.

[3] 杜瑜芳. 从"抢盐"事件分析传言中的心理机制[J]. 中国传媒科技,2012(16): 246-247.

[4] 严冬雪,李赫然,张蔚然. "蛆橘"传言流变调查:一条短信毁了一种水果[J]. 中国新闻周刊,2008(40):38-41.

[5] Kermack W O, Mckendrick A G. A contribution to the mathematical theory of epidemics[J]. Proceedings of the Royal Society A,1927,115(772):700-721.

[6] 薛一波,鲍媛媛,易成岐. SPNR:社交网络中的新型谣言传播模型[J]. 信息网络安全,2014(1):5-9.

[7] Goffman W, Newill V A. Generalization of epidemic theory:an application to the transmission of ideas[J]. Nature,1964,204(4955):225-228.

[8] Daley D J, Kendall D G. Epidemics and rumours[J]. Nature,1964,204(4963): 11-18.

[9] Reynolds C W. Flocks, Herds and schools:a distributed behavioral model [C]//Proceedings of the 14th Annual Conference on Computer Graphics and Interactive Techniques. Ontario:ACM Press,1987:25-34.

[10] Reynolds C W. Steering behaviors for autonomous characters[C]//Miller Freeman Game Group. Game Developers Conference. San Francisco, CA: Miller Freeman Game Group,1999:763-782.

[11] Tu X D, Terzopoulos D. Artificial fishes:physics, locomotion, perception, behavior[C]//Proceedings of the 21st Annual Conference on Computer Graphics and Interactive Techniques. Ontario:ACM Press,1994:43-50.

[12] Musse S R, Thalmann D. A model of human crowd behavior:group interrelationship and collision detection analysis[C]//In:Thalmann D, van de Panne M eds. Computer Animation and Simulation '97:Proceedings of the Eurographics Workshop in Budapest. Vienna:Springer,1997:39-51.

[13] Thalmann D, Musse S R, Kallmann M. From individual human agents to crowds[J]. Informatik/Informatique,2000(1):6-11.

[14] 古斯塔夫·勒庞. 乌合之众——大众心理研究[M]. 冯克利,译. 北京:中央编译出版社,2000:11-19.

[15] Zhao L J, Wang Q, Cheng J J,et al. Rumor spreading model with consideration of forgetting mechanism:a case of online blogging LiveJournal[J]. Physica A:

Statistical Mechanics and Its Applications,2011,390(13):2619-2625.

[16] Gong X G,Xiao R B. Research on multi-agent simulation of epidemic news spread characteristics [J]. Journal of Artificial Societies and Social Simulation,2007,10(3):1.

[17] Nekovee M,Moreno Y,Bianconi G,et al. Theory of rumour spreading in complex social networks [J]. Physica A:Statistical Mechanics and Its Applications,2007,374(1):457-470.

[18] Moritz S,Kther U,Woodward T S,et al. Repetition is good? An Internet trial on the illusory truth effect in schizophrenia and nonclinical participants[J]. Journal of Behavior Therapy and Experimental Psychiatry,2010,43(4):1058-1063.

[19] Dechene A,Stahl C,Hansen J,et al. The truth about the truth:a meta-analytic review of the truth effect[J]. Personality and Social Psychology Review,2010,14:238-257.

[20] Hasher L,Goldstein D,Toppino T. Frequency and the conference of referential validity[J]. Journal of Verbal Learning and Verbal Behavior,1977,16(1):107-112.

[21] 杨帆,郭平,马龙邦,等.群落网络中谣言传播仿真与分析[J].后勤工程学院学报,2010,28(6):85-89.

[22] 宋玉蓉,蒋国平,徐加刚.一种基于元胞自动机的自适应网络病毒传播模型[J].物理学报,2011,60(12):1-10.

[23] Watts D J,Strogatz S H. Collective dynamics of 'small-world' networks[J]. Nature,1998,393(6684):440-442.

[24] Barabási A L,Albert R. Emergence of scaling in random networks[J]. Science,1999,286(5439):509-512.

[25] Ebel H,Mielsch L,Bornholdt S. Scale-free topology of E-mail networks[J]. Physical Review E,2002,66:035103.

[26] Csanyi G,Szendroi B. Structure of a large social networks[J]. Physical Review E,2004,69:036131.

[27] 郑杭生.改革开放三十年:社会发展理论和社会转型理论[J].中国社会科学,2009(2):10-19+204.

[28] 孙立平.转型与断裂:改革以来中国社会结构的变迁[M].北京:清华大学出版社,2004.

[29] 陆学艺,李培林,陈光金.2013中国社会形势分析与预测[M].北京:社会科学文献出版社,2010.

第6章 考虑个体因素的谣言传播计算实验

在谣言传播过程中,个体基础属性、个体经验与知识、心理属性等个体因素影响着个体对于谣言消息的判断和应对策略,对谣言消息的传播和变化起到了重要作用。考虑到个体因素的种类繁多、组合方式复杂,采用自下而上的 Agent 建模方法,设计科学合理的计算实验方案,开展大规模的谣言传播计算实验成为研究谣言传播机理的一种重要手段。

本章围绕影响谣言传播的个体基础属性、个人经验、心理属性(心理效应与行为动机)等个体因素,以基于 Agent 的建模思想为主线,采用联想记忆模型实现 Agent 对谣言消息内容的学习和记忆;结合社会学对心理效应和行为动机研究成果,设计了信息内容的谣言传播个体 Agent 模型;利用正交实验方法设计并实现了谣言传播计算实验,验证了谣言传播个体模型的合理性和部分谣言传播影响规律。

6.1 引　　言

个体在谣言传播过程中对消息进行认知、反应,对于谣言传播有着重要作用。研究谣言传播中具有异质性个体属性和生活经历的个体对于消息的认知和反应行为(修改和传播)是谣言传播研究中的一个重要方面。

目前与谣言传播研究相关的谣言传播模型 SIR 模型[1]、观点演化模型(Sznajd 模型[2]、Deffuant 模型[3] 和 HK 模型[4])对信息或观点的描述大多是一些简单的数值量,忽略了谣言自身内容的复杂性与多样性。例如,用离散数值(-1 和 1)表示个体对观点的反对和赞成(Sznajd 模型),用[0,1]连续区间上的实数代表个体观点(Deffuant 模型和 HK 模型),SIR 模型中没有谣言信息内容。另外,这些谣言传播或观点演化模型中的个体对信息的加工处理非常简单,基本上忽视了异质性的个体属性、个体经历等对谣言信息加工改变的影响。因此,为了更好地研究谣言传播规律,需要考虑各种个体因素在谣言传播过程中促使谣言消息内容发生的变化。

在现实生活中,谣言传播中的个体拥有自身属性和生活经历,会根据生活经验、心理效应和行为动机等属性来指导自身的传播行为。个体对其经历过的对自身影响较大的事件或信息的记忆会较为深刻。在特定的环境下,再次面临一些相关联的情景时,个体会结合记忆中的内容联想到相关信息,并对当前情景做出自身判断。这种记忆加联想就是个体的一种认知行为,会影响到个体谣言传播行为。因此,在谣言传播研究中考虑引入个体的联想记忆能力,建立谣言传播个体联想记忆模型,为真实反映谣言传播中个体认知和反应行为提供了一种解决思路。

谣言传播从本质上来讲是一种信息不断被加工修改后进行传播的过程,谣言所包含的消息内容变化也是谣言传播中的重要内容之一。在谣言传播过程中,个体的认知、记忆、思维情感以及逻辑分析判断都可能引起对谣言信息内容的修改。因此,探究谣言传播过程中谣言消息内容的变化机制也具有十分重要的意义。最初考虑谣言消息内容变化的数学模型来自物理学的相变理论,Shao 等[5,6]对谣言消息的内容进行了初步量化,并建立了谣言传播的 Potts 模型,研究了简单谣言在传播中发生的语义变化。该模型基于自旋系统原理将谣言在传播过程中的累积变化放大,难以解释是什么因素引起的谣言消息内容变化[7]。为了准确地表达复杂的谣言传播行为,必须对影响消息内容变化的个体因素及其对消息内容的影响方式进行研究[8,9]。目前,社会科学主要将引发谣言消息内容改变的因素归结为心理效应和行为动机[10,11]。在谣言传播中,个体常常会不由自主地受到一些心理效应(比如从众、偏见、重复、宁信等)的影响,产生不同程度的认知偏差。心理效应是指某种人物或事物的行为或作用,引起他人产生相应变化的因果反应或连锁反应,是社会生活中较为常见的心理现象和规律。心理效应具有普遍性,但不同心理效应的触发条件所涉及的因素不同,造成的认知偏差也有差异。个体会根据自身记忆,对当前接收到的新消息认知后,根据行为动机(平息事态、置身事外、自我保护、搬弄是非和获得认同等)决定对该消息的后续修改或传播行为。在谣言传播的过程当中,不同心理效应和行为动机的个体在人群中所占的比例不同,整个人群层面反映出来的谣言传播特性和规律也会随着发生改变。

具有不同思维、情感、记忆、认知和逻辑判断能力等属性的个体相互交流信息,形成了具有强烈非线性特征的人类社会谣言传播现象。基于 Agent 的建模仿真技术是最具活力、最有影响力的复杂系统建模方法之一。其基本思想是从研究个体微观行为着手,采用自下向上的方式,将具有自己的属性(比如年龄、职业等),具有自己的行为(比如传播消息、修改消息等)的独立个体作为 Agent,通过 Agent、环境,以及 Agent 和 Agent、Agent 和环境之间的交互描述来对现实世界进行建模,从而仿真获得系统宏观行为或现象。从个体出发的基于 Agent 的建模仿真技术,对于研究不同个体因素对谣言传播的影响具有先天优势。

由于影响谣言传播的个体因素众多,涉及的实验参数组合繁多,为了更好地利用实验方法对谣言传播这一复杂的社会现象进行分析,需要对实验方案进行正交实验设计。正交实验设计是一种常用的研究多因素、多水平的设计方法[12]。作为一种高效率的实验设计方法,正交实验设计与基于 Agent 的建模方法相结合,极大地扩展了模型的自由度和表现能力[13],为研究谣言传播复杂社会现象提供了有效支撑。

本章围绕计算实验、Agent 建模等相关理论和方法,结合个体基础属性、个体经验与知识、心理属性（心理效应和行为动机）等个体因素，建立了影响谣言消息内容的谣言传播 Agent 个体模型；利用第 2 章提出的联想记忆模型实现 Agent 个体对谣言消息进行学习记忆和联想的功能；采用正交实验设计方法设计实验方案，利用第 4 章搭建的谣言传播计算实验平台系统进行考虑不同个体因素的谣言传播计算实验，并总结了一些谣言传播内在机制及规律，验证了谣言传播计算实验方法的可行性。

6.2 个体因素对谣言消息内容变化的影响

在谣言传播过程中，个体因素对谣言消息内容的变化起决定性作用。异质性个体接收到消息后，会依据自己的经验与知识水平对谣言加以修改或补充，初步形成个体对谣言的认知。在不同心理效应的影响下，个体对谣言的认知和态度也会产生相应转变。在不同的行为动机驱动下，个体对消息的传播方式和传播对象的选择也会受到影响。谣言消息内容在这个传播过程中发生变化，并进一步影响最终的传播结果。为了研究谣言消息内容的变化对整个谣言传播过程的影响，需要对影响谣言消息内容变化的个体因素进行总结分析，以便在个体 Agent 模型设计中加以考虑。影响谣言消息内容演化的个体因素主要包括个体属性与社会网络、个体经验与知识水平，以及个体心理效应与行为动机。

6.2.1 个体属性与社会网络

每个人都有着不同的属性（包括年龄、性别、受教育程度、经济状况、所处地理位置等）。多种个体属性组合起来构成一个独一无二的个体，也形成了个体的社会地位与社会关系。社会学所指的社会关系是人们在共同的物质和精神活动过程中所结成的相互关系的总称，即人与人之间的一切关系[14]。关系有强弱之分，其中具有相同社会特性的个体之间容易产生信任，就是俗话所说的"物以类聚，人以群分"。在交往过程中，人们往往更容易与具有相同兴趣爱好或是相同地位的人建立较强的社会关系；相反，地理位置相隔较远的陌生人，或社会特征相似性程度较低的个体，即使他们之间建立联系，一般也是较弱的社会关系。

异质性个体间形成的社会关系共同组建成了一个相对稳定的关系体系，这就是社会网络。不同的社会关系会形成结构各异的社会网络，谣言消息在不同的社会网络中传播与演化，其内容会相应地演化成不同形式。另外，在谣言传播过程中，接收到谣言消息的个体属性不同，会对谣言消息产生不同的理解与认知，再结合个体异质性的心理属性与知识水平，传播者对谣言消息内容的改变大相径庭，最终会对谣言传播和演化结果产生重要影响。

6.2.2 个体经验与知识水平

个体经验是指人从多次实践和经历中得到的知识或技能。其中,知识指人类认识自然和社会的成果。不同的个体的年龄、职业与受教育程度等因素存在一定的区别,生活经历与认识自然的水平有所不同,导致不同的个体学习能力和知识水平有相应的差异。一般来说,年龄大的个体有更为丰富的经验;受教育程度越高,个体的知识水平就越高。不同的经验和知识水平会给谣言消息内容带来不同的改变。这种个体经验和知识水平的异质性所带来的个体谣言传播行为的区别,也是谣言传播过程中影响谣言消息内容变化的重要因素。比如:在自然灾害类谣言当中,曾经有过相关自然灾害经历的个体可能会联想起自己之前的经历,并将相关细节添加到当前传播的谣言消息中,或者对当前传播谣言消息的某些细节进行修改,导致谣言消息内容发生改变。2019年8月,台风"利奇马"登陆中国浙江、山东等省市。"台风登陆,居民生产生活受到较大影响"等相关报道的细节被迅速扩充,并在当地民众的社交平台上疯传。"台州椒江一桥二桥不要走了,大桥已被台风吹倒"、"风太大了,象山大树砸扁私家车"、"台风导致变压器泡水漏电"等谣言相继被官方辟谣。实际上,这些谣言有些描述的是2018年台风"海燕"袭击日本时的景象。传播者对当前状况不明,联想到之前的经历或台风带来的危害,对谣言细节进行了增添,导致谣言消息内容在传播过程中产生变化。此外,许多谣言都是因为传播者自身知识水平不足,对消息错误理解产生的。例如:新型冠状病毒感染疫情期间,部分民众由于缺乏相关专业知识,针对学界宣布的"新冠病毒对75%酒精不耐受"的结论,将"酒精"与"酒"混为一谈,演变出"浓度更高的95%酒精可以灭杀病毒"和"喝酒可以消杀新冠病毒"的谣言。由此可见,个体的经验与知识水平可以在一定程度上改变谣言的消息内容,对谣言的传播演化产生深远影响,需要在谣言传播个体模型中加以考虑。

6.2.3 个体心理效应与行为动机

心理效应是指大多数人在相同情境下或对某种相同的刺激,产生相同或相似的心理反应的现象,是社会生活中较为常见的心理规律[15]。在谣言传播过程当中,公众个体常常会不由自主地遵从一些心理效应,对谣言消息产生不同程度的认知偏差。例如,常见的从众效应会导致个体由于群体的压力而改变自己的行为或信念。在谣言传播过程中,由于存在从众效应,个体对于谣言的判断与态度常常会因为与大部分个体不一致而发生转变,从而影响谣言传播。社会学与心理学者归纳总结出了许多对谣言传播有影响的心理效应,较为重要的包括以下几种:

(1) 从众效应[16]:个体自觉或不自觉地将本我与特定群体相联系,又自觉或不自觉地承受群体压力,从而自我调节至与群体意愿相契合,以达到认同感满足的心理过程。在谣言传播过程中,个体常会迫于群体压力,调节自身对谣言的看法以达到群体认同。新冠病毒感染疫情期间,一则"双黄连可抑制新型冠状病毒"的消息一经发出,无论是实体药房,还是线上药店,在不到两天的时间内相关药品就被抢购一空,原本处于观望状态的民众也迅速加入抢购大军。其实大部分人对于药物的实际效果和临床反应并没有进行深入的了解,只是盲目遵从身边人的所说所为,完全是从众效应的体现。

(2)重复效应[11,17]:在谣言刚开始传播时,并不是所有的人都选择相信谣言。但随着谣言一遍一遍的传播,人们的信念就会发生动摇,直至最后信以为真。谣言的反复传播并不能使谣言变成事实,但是借助重复的力量,完全可能诱使更多的受众相信谣言。"三人成虎"是一种典型的重复心理效应结果。

(3)偏见效应[18]:该效应是指对某一个人或团体所持有的一种不公平、不合理的消极否定的态度。例如,某些人由于对官方的管理手段存在偏见,往往不愿意相信官方发布的真实情况和公布的真实数据,而宁可相信民间传播的小道消息。

(4)宁信心理[19]:消息接收者遭遇关系自己利益,或者对自己较为重要的事件时,会出现"宁信其有,不信其无"的心理。在个体遭遇重大危机事件后,这种心理机制容易导致谣言的产生和传播。面对和自己利益密切相关的谣言,个体倾向于认同,自身极易受感性的、本能的情绪传染。个体为了避免谣言成真对自己产生不利影响,选择相信谣言并做出相应行为。例如,2011年日本福岛发生地震之后,关于"日本核泄漏事件可能会影响我国食盐生产"的谣言迅速流传,引发了国内的"抢盐"风波。这是由于谣言内容涉及群众日常生活中不可或缺的食用盐问题,"以防万一"的宁信心理扩大了谣言的影响力。

(5)选择效应[20]:个体有目的地接受自己感兴趣的信息,忽视自己不感兴趣的部分或者回避与自己立场相左的部分,只接受与自己观念相同、立场一致的信息。在选择效应影响下,消息传播者会通过创造性理解和歪曲性理解,将原本真实的消息自我转化为谣言消息,影响消息的正常传播和准确理解。这也就是我们常说的"断章取义"。

在个体对谣言消息产生自己的认知、判断和态度后,个体行为动机也影响着个体下一步的传播行为。行为动机是人们的行为意愿,是行为主体基于自身的兴趣或目的表现出来的主观意图和特定行为选择[21]。个体行为动机对个体谣言传播行为的影响主要体现在两个方面:①对个体传播消息内容进行修改;②为个体传播对象的选择提供依据。面对谣言,个体常见的行为动机包括平息事态、置身事外、搬弄是非和获得认同等。

(1)平息事态:通过减小事件的影响力或削弱其严重程度来息事宁人。在谣言传播过程中,该行为动机会促使个体去弱化谣言的严重性并传播给周围邻居,以达到大事化小、小事化了的目的[22]。

(2)置身事外:把自己放在事情之外,置之不理。对于谣言传播事件来说,该行为动机促使个体不关心和不传播相关谣言。

(3)搬弄是非:有意挑拨是非,刻意修改他人的话后进行传播,期望引起混乱。一般来说,搬弄是非者会进一步夸大谣言的严重性并加以大肆传播。

(4)获得认同:为了获得他人的承认,满足自身的认同感,一些个体会将自己的意见广泛传播并试图说服他人。

在谣言传播的过程当中,个体对于谣言持有的态度极易受各种心理效应的影响,在自觉或不自觉中迫于环境的压力改变自身对谣言的认知。同时,个体也会结合自身行为动机,有目的地对谣言消息内容进行加工修改并选择传播对象进行传播。因此,个体心理属性中的心理效应和行为动机对谣言传播过程的影响,也是本章所要研究的内容之一。

综上所述,促使谣言消息内容产生变化的个体因素主要体现为个体属性的异质性(基本属性、个体经历和知识水平、心理效应、行为动机等)和个体之间社会关系形成的网络特性。谣言消息的内容决定了个体对谣言消息的态度和传播行为的选择,同时不同个体因素会影响个体自身对谣言消息内容的修改。个体因素与谣言消息内容相互影响,共同作用于整个谣言传播过程,使得谣言的传播机理趋于复杂。为了了解个体因素与谣言内容相互作用的机制以及谣言演化机理,本章将采用基于Agent的建模方法,在考虑影响谣言传播的个体因素的基础上,对谣言传播过程中的个体进行建模分析。

6.3 考虑个体因素的谣言传播个体Agent模型

基于Agent的建模主要包括Agent主体、环境以及交互规则等要素。本节结合上述对谣言消息变化有影响的个体属性与社会网络、个体经验与知识水平、个体心理效应与行为动机等个体因素,对谣言传播Agent主体、社会网络环境、个体行为规则进行建模研究。

6.3.1 个体属性与社会网络建模

在现实生活中,个体属性相似的人之间是互相吸引的。在个体交互消息过程中,交互个体的选择策略也可以通过个体间的相似性来决定。这种相似性可由个体属性计算得到。不同性别的群体在同一社会背景下会呈现差异性的情绪与心理反应[23];处于不同年龄阶段的个体,由于心智发育与生活经历不同,心理特点也不尽相同[24];受教育程度[25]、经济状况[26]以及职业[27]不同的个体,会面临不同的社会压力,滋生出的情绪或心理压力会有很大的区别。基于上述研究成果,结合个体心理效应与行为动机建模需求和国内人口普查数据的要素,本章选取性别、年龄、受教育程度、经济状况和职业这5个个体属性来描述个体,并对每种属性进行分类。

本章考虑的个体属性可以描述为 $I_a = \{I_{gen}, I_{age}, I_{edu}, I_{eco}, I_{occ}\}$,根据人口普查数据设置相关属性的取值范围如下:

(1)性别I_{gen},取值范围为{男,女};

(2)年龄I_{age},取值范围为{婴儿,幼儿,儿童,少年,青年,中年,老年};

(3)受教育程度I_{edu},取值范围为{文盲,初等,中等,高等};

(4)经济状况I_{eco},取值范围为{很落后,较落后,中等,较发达,很发达};

(5)职业I_{occ},取值范围为{政府及企事业单位,专业技术人员,办事人员,商务人员,生产人员,运输人员,军人,其他}。

根据个体属性,可以对相应的个体相似性进行量化。对于不同类型的属性,可以大致分为相同相似性、一维相似性以及二维相似性。

个体属性对谣言传播过程的影响,一方面体现在传播对象的选择上,另一方面体现在社会网络的构建上。个体属性标识了个体的社会关系,不同个体间的社会关系组建成一个有机的、复杂的人际关系网络,个人通过这个网络获得信息并传播信息。

社会网络的建模将社会中的个人抽象为网络的节点,而把人与人之间的关系视为节点间的连边。个体之间社会关系的变化极大地制约着社会网络的连接规模。其中,网络连接规模的变化包括节点间的连边、断边,即网络连边的增长机制(新个体与原有个体之间的联系的增加,以及已存在个体间关系的建立)和网络连边的缩减机制(个体间已存在关系的断开)。每个个体生来就有许多从家族遗传下来的社会关系。同时,个体还会根据与其他人的共同特征的多少或相似性的高低建立或断开社会关系。这些影响网络连接规模的因素就是第3章中提到的基于个体相似性、变异与遗传的连断边机制,它们共同影响着社会网络的结构,进而影响到网络中的群体行为。

综上所述,本章将在综合考虑个体属性(性别、年龄、受教育程度、经济状况、职业)、个体相似性以及遗传变异机制后,结合节点规模和连接规模的变化生成相应的人际关系网络(具体建模流程参见第3章)。

6.3.2 个体经验与知识水平建模

经验一般指个体根据亲身经历总结归纳出的信息或技能。知识倾向于是个体被动学习获得的相关社会科学和自然科学的规律。对于有一定自然灾害类事件的经验与知识的个体而言,当他们观察到云层低厚、空气湿热等现象时,他们会把这些现象与暴雨等自然灾害事件相关联,甚至可能大致推测出降雨量、降雨时长,以及可能造成的洪水或泥石流灾害损失等,并提前准备应对措施。学习掌握了一定地震知识的个体,会对震前生物异常等征兆以及震级、震波和相应危害等信息有较为详细的了解。

为了简化描述信息和支持后期计算,本章借鉴第2章谣言消息内容的建模方法,将自然灾害类的经验和知识用征兆(往往包括对异常自然或社会现象的描述,是构成危机的诱因。暴雨前的云层、空气等天气异常或震前生物异常都属于征兆)、危机(由征兆所带来的危机类型,以及危机的程度、发生频率、持续时间等,类似于降雨量和地震震级、影响范围等)和后果(危机部分所述的自然灾害所带来的人员损失、建筑物受损、经济损失、对日常生活的影响等方面的后果,像是暴雨或地震造成的房屋倒塌、路面损毁等相关损失)三部分来描述,并采用二进制代码表达各个组成部分的枚举类型或值类型。

自然灾害类的经验和知识具体表现形式为 $I=\{O,C,R\}$,即经验(或知识)I 由征兆 O、危机 C 和结果 R 三部分组成。这里以特大暴雨和山体滑坡引起的泥石流事件为例,分别对其中"特大暴雨"与"山体滑坡"征兆、造成的"泥石流"危机以及后果严重程度进行二进制编码。本章对常见自然灾害类谣言消息二进制编码进行了简化,即不考虑同时发生多种同一类型的征兆或多个危机的情况,而是以三位二进制码表示每个征兆类型或危机下发生的内容。得到字符串为:征兆部分{(000,00),(110,10),(000,00),(010,01),(000,00)},危机部分{111,100,100,010,010},后果部分{011,010,110,011,100,001,010}。其中,征兆中只有"气候异常"和"地面异常",(110,10)对应"气候异常中的特大暴雨,且程度较重";(010,01)表示山体滑坡,滑坡程度较轻。危机部分 111 表示危机为泥石流,(100,100,010,010)表示危机发生距离征兆 12~24 小时,程度严重,一周仅发生一次且持续 0.5~4 小时。后果部分表示死亡人数为 10~49 人(含未成年人 2 名)、建筑物大面积受损、经济损失一般、对社会人员日常生活影响严重、持续时间 1 天、仅影响乡镇范围。由此可以看到,利用适当位数的二进制字符串,可以对个体的经验与知识内容进行形式化描述,完成一条经验、知识或消息内容的建模。

个体经验和知识水平对个体接收到相关消息时做出的联想和判断起着至关重要的作用。在对消息进行形式化描述的基础上,可以采用模拟人脑功能的神经网络算法,实现对个体经验和知识的学习记忆。在收到谣言消息时,个体根据各自的学习记忆结果,结合个体神经网络的生理反应,联想得到针对该特定谣言消息的经验与知识,并根据自身的心理效应和行为动机形成对谣言消息的态度和反应行为。本章将利用第 2 章中介绍的联想记忆模型[28]实现个体学习和联想功能,以模拟个体经验和知识水平。

联想记忆模型由联想记忆神经网络结构(见图 6.1)实现。该神经网络结构包括三层神经元,实现了自联想和异联想功能。其中,自联想部分由第一层神经元实现,采用 Hopfield 网络模型[29],主要功能是根据输入消息的征兆及危机类型部分,联想到个体的经历和知识(训练消息队列)中的某一样本相同的征兆和危机类型。异联想部分由第二、三层神经元实现,采用 BAM 模型[30],根据自联想部分输出的征兆和危机类型部分,通过联想将消息的其余部分补充完整。

个体经验和知识的学习过程如下:将所需学习消息队列中各条消息的征兆和危机部分作为输入,计算生成 W_1 权值矩阵;将各条消息的完整内容作为异联想部分的输入,计算生成 W_2 权值矩阵;记录 W_1 和 W_2 两个权值矩阵作为个体经验与知识的学习结果。

个体经验和知识的使用过程如下:个体针对某个谣言消息进行联想记忆时,以当

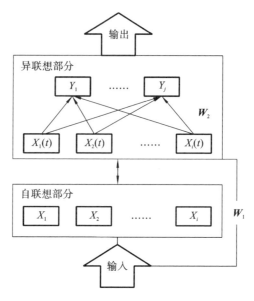

图 6.1 联想记忆神经网络结构图

前收到的消息作为输入,结合前期存储的个体知识或经历学习结果,即两个部分的权值矩阵,进行神经网络计算,得到个体由联想记忆获得的消息内容。

6.3.3 个体心理效应与行为动机建模

个体是否相信所接收到的消息内容以及个体将产生什么样的传播行为,会受到个体心理效应和行为动机的影响。本节将对不同心理效应下的消息处理和改变策略,以及不同个体行为动机下的消息修改与传播对象选择进行研究。

个体在接收到谣言消息后,消息的不同内容会促使个体产生不同的心理反应。在满足相应心理效应后,个体的态度或意见根据何种策略进行改变,也不尽相同。本节讨论了四种常见的心理效应的基本描述、考虑因素和应对策略,如表 6.1 所示。

表 6.1 心理效应的基本描述、考虑因素与应对策略

名称	基本描述	考虑因素	应对策略
宁信	宁信其有,不信其无	消息后果	相信后果最严重的消息
偏见	不相信特定来源消息	消息来源	不相信官方传播出的消息
重复	三人成虎	历史消息队列	相信重复次数最多的消息
从众	人云亦云	邻居个体意见	相信大多数邻居相信的消息

根据表 6.1,本节定义异质性个体 Agent 的心理效应属性 I_{psy} 取值范围为{宁信,偏见,重复,从众}。个体的心理效应属性取不同值时,会产生不同的策略选择,本节简化后设计的具体应对策略模型如下。

(1)宁信心理应对策略模型。个体受宁信心理影响时,会优先选择相信消息后果

中最严重的消息。比如,日本核泄漏事件引发了我国国内的"抢盐"事件,人们在听到众多有关核泄漏的危害的消息时,大多都选择相信对自身生活影响最为直接与严重的"盐污染"谣言。宁信心理应对策略模型如下:

  if I_{psy}=宁信效应 then
    个体相信的消息=第一条消息;
      for 消息 in 消息队列 do
        if 个体相信的消息.后果<消息.后果 then
          个体相信的消息=消息;
        end if
      end for
  end if

(2)偏见效应应对策略模型。个体对某个个体或群体存在偏见时,在接收到该消息来源传播来的消息后,会直接选择不相信这一类消息。例如,部分民众由于对官方存在偏见,总是质疑官方发布的真实数据。偏见效应应对策略模型如下:

  if I_{psy}=偏见效应 then
      个体相信的消息=第一条消息;
      for 消息 in 消息队列 do
        if 个体相信的消息.来源=受偏见对象 then
          删除消息;
        end if
      end for
  end if

(3)重复效应应对策略模型。重复效应会导致个体多次接收到某条重复消息后相信该消息。个体受重复效应影响时,会选择相信接收到的所有消息中出现频率最高的消息。重复效应应对策略模型如下:

  if I_{psy}=重复效应 then
      个体相信的消息=第一条消息;
      for 消息 in 消息队列 do
        if 个体相信的消息.重复次数<=消息.重复次数 then
          个体相信的消息=消息;
        end if
      end for
  end if

(4)从众效应应对策略模型。受从众效应影响的个体,会选择相信大多数邻居相信的消息。比如,新冠病毒感染疫情期间"群众疯抢双黄连药品"的案例,群众盲目跟风,不加以判断就相信大家所相信的消息,就是从众效应的体现。从众效应应对策略模型如下：

```
if I_psy=从众效应 then
    个体相信的消息=第一条消息;
    for 消息 in 消息队列 do
        if 个体相信的消息.相信的邻居数<=消息.相信的邻居数 then
            个体相信的消息=消息;
        end if
    end for
end if
```

个体在受心理效应影响后，形成对消息的初步判断，下一步将根据行为动机决定自身的谣言传播具体行为。本节结合第 2 章谣言消息内容建模方法，考虑的个体行为动机对个体行为的影响主要体现在两个方面：一是对个体传播消息征兆的程度部分进行修改；二是为个体传播对象的选择提供依据。常用的五种行为动机对个体行为的影响如表 6.2 所示。

表 6.2 行为动机对个体行为的影响

名称	对征兆的程度部分的修改	传播对象的选择
平息事态	减小	传给所有邻居
置身事外	不改变	不传播
获得认同	不改变	传给所有邻居
搬弄是非	增大	传给所有邻居
无动机	不改变	传给相似度最大的邻居

根据表 6.2，本节定义异质性个体 Agent 的行为动机属性 I_{beh} 取值范围为{平息事态，置身事外，获得认同，搬弄是非，无动机}。在个体行为动机取不同值的情况下，本节简化后设计的对应逻辑模型如下。

(1) 选择平息事态行为动机的个体会有意降低谣言消息已有征兆的严重程度，并将消息大范围传播，以达到迅速减小事件影响力的目的。比如，在重大安全事故发生初期，为了避免造成恐慌，部分组织或团体在对外宣传中会刻意降低事故带来的损失。平息事态行为动机的逻辑模型如下：

```
if I_beh=平息事态 then
    if 消息.征兆程度>0 then
        消息.征兆程度-=1;
    else
        消息.征兆程度=0;
        传播给所有邻居个体;
    end if
```

end if

(2)选择置身事外行为动机的个体一般不对消息做任何改变,也不参与消息的传播。置身事外行为动机的逻辑模型如下:

if I_{beh}=置身事外 then
  消息.征兆程度不改变;
  不传播;
end if

(3)选择获得认同行为动机的个体大肆对消息进行传播扩散,却并不会对消息加以修改。获得认同行为动机的逻辑模型如下:

if I_{beh}=获得认同 then
  消息.征兆程度不改变;
  传播给所有邻居个体;
end if

(4)选择搬弄是非行为动机的个体大肆对消息进行传播扩散,并扩大已有征兆的严重程度,但为简便起见,本章限制了个体无中生有,即造谣产生新危机征兆的能力。搬弄是非行为动机的逻辑模型如下:

if I_{beh}=搬弄是非 then
  if 消息.征兆程度>0 then
    消息.征兆程度+=1;
  else
    消息.征兆程度=0;
    传播给所有邻居个体;
  end if
end if

(5)没有任何动机的个体一般不改变消息内容,只会将消息传播给与自己相似度最大的邻居个体。无动机行为动机的逻辑模型如下:

if I_{beh}=无动机 then
  消息.征兆程度不改变;
  传播给相似度最大的邻居个体;
end if

个体接收到谣言消息后,结合上述心理效应应对策略模型和行为动机逻辑模型,根据个体心理效应属性 I_{psy} 和行为动机属性 I_{beh},形成不同的应对策略以及产生相应的个体谣言传播行为,最终完成谣言消息的演化。

6.3.4 谣言传播个体模型

考虑到具有思维、情感和经验知识的个体对谣言消息的认知与反应过程,本章将个体对谣言传播个体模型抽象成两个部分:个体态度(个体通过自身的消息处理和联想记忆,对消息产生的认知)的形成和个体行为(个体结合自身对消息的认知,做出的消息修改与传播对象选择等行为)的形成。谣言传播个体模型如图6.2所示。

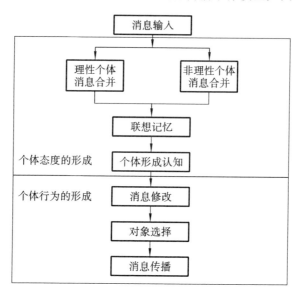

图6.2　谣言传播个体模型

1. 个体态度的形成

在现实生活当中,个体获知一些消息时,会通过自己的判断,相信自己认为正确的消息内容。个体态度的形成是这一过程的体现。在本模型中,个体态度的形成过程是个体接收到邻居个体所传递过来的消息时,如何根据所接收到的消息内容,根据自身经历进行判断,生成自身所相信的内容,即个体对所接收消息的认知。这一过程主要包括合并所接收到的消息、根据知识与经验对合并的消息进行联想记忆等流程。具体步骤如下:

(1)合并所接收到的消息

在现实社会当中,个体拥有众多的邻居个体。每个个体在一个时刻可能收到多个邻居发来的消息,需要对所接收到的消息按照一定规则进行合并处理。如果个体当前时刻仅接收到一条消息,则可省略该步骤。

消息合并按个体是否受心理效应影响可以细分为理性个体的消息合并和非理性个体的消息合并。在这里,理性是指个体在正常思维状态下,基于现有知识,通过逻辑推导来获得预期效果。理性个体对消息形成认知时,在对消息进行合并、联想记忆的过程中不受外部心理效应影响,会按照既定逻辑形成相应的自身态度;而与理性相对,非理性强调人的直觉、意志与心理等。对于非理性个体,在接收到谣言消息后,会综合自身心理因素、历史消息和邻居观点以及联想记忆来形成个体对消息的认知。在这个过程中,非理性个体依赖自身感觉和心理作用形成相应态度。下面分别对理性个体与非理性个体的消息合并流程进行讨论。

理性个体进行消息合并时遵守两个原则:尽可能多地保留合并前所有消息的征兆;当征兆类型发生冲突时,选择征兆程度较大的征兆类型。理性个体消息合并流程如图 6.3 所示。

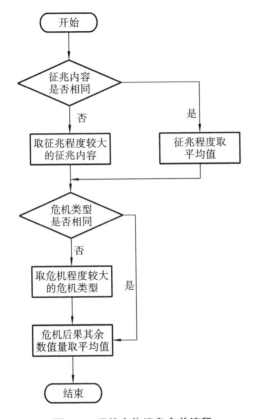

图 6.3　理性个体消息合并流程

消息合并的对象为两条消息。当接收到的消息多于两条时,根据接收顺序依次进行两两合并的操作,直到所有消息合并为一条消息。具体消息合并的步骤如下:

①确定征兆类型。逐一对比每一征兆类型,征兆内容相同时,将征兆程度取均值作为合并后的细节征兆程度;征兆内容不同时,选取征兆程度较大的征兆内容作为合并后消息的征兆内容,对应征兆程度与所选原消息中相同。

②确定危机类型。对比危机类型是否相同,若相同,则直接选定作为新消息的危机类型;如果不同,对比两条消息中危机的程度,选取程度较大的危机类型作为合并后消息的危机类型。

③确定后果的数值量。后果部分的各个数值量取平均值。

对所有消息的征兆、危机与后果三部分完成合并后,得到理性个体在接收到多条消息后经过合并处理形成的新消息。

非理性个体进行消息合并时,受到心理效应的影响较大。心理效应不同,非理性个体消息合并流程也不相同。具体流程如图 6.4 所示。

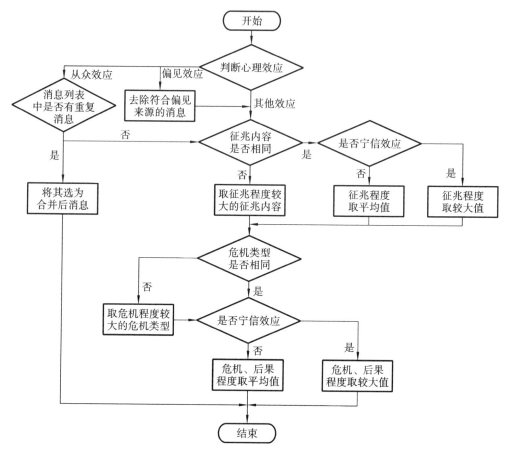

图 6.4 非理性个体消息合并流程

受重复效应影响的个体分析当前时刻合并后的消息是否出现在自身的历史消息列表当中,如果是,说明某条消息内容重复出现,符合重复效应的条件描述,个体会选取该消息作为合并完成的消息。

进行消息合并时,考察个体是否受偏见效应影响。受偏见效应影响的个体,会对某一类人群存在偏见,将删除这类人群传递过来的消息。比如,对政府机关工作人员存在不信任偏见的个体,在遍历当前时刻接收到的所有消息时,会舍弃来源于政府机关工作人员的消息,不进行合并。

在进行消息合并之前,优先考虑个体是否受从众效应影响。受从众效应影响的个体,会以周围大多数人的观点作为自己的观点。因此,在合并消息的过程当中,个体遍历当前时刻接收到的所有消息,统计是否存在相同内容的消息,如果存在,则选取相同次数最多的消息作为合并后的消息。其他接收到的消息被放弃,不再进行之后的消息合并流程。

在进行消息合并过程中,判断个体是否受宁信效应影响。宁信效应是一种"宁信其有,不信其无"的心理状态。因此,在进行消息合并时,受宁信效应影响的个体采取的策略与一般个体不同。受宁信效应影响的个体将选择两条消息中程度较大的征兆程度、危机程度和后果内容,作为合并后消息的征兆程度、危机程度和后果内容。

(2) 根据知识与经验对合并的消息进行联想记忆

谣言传播个体模型结合 6.3.2 节中的个体经验与知识水平建模内容,利用第 2 章中介绍的联想记忆模型进行联想记忆,可以获得有经验个体对该消息的真实认知。对于没有历史经验和知识的个体,可以直接将所得到的合并后消息作为个体的认知结果。通过这一过程,可以模拟现实生活中没有相关领域知识或经验的人在接收到消息时对消息的认知过程。

在进行联想记忆时,经过训练的个体将合并后的消息作为联想记忆模型的输入,结合自身对"历史上发生过的事件"学习获得的权值矩阵,进行人工神经网络计算,获得的输出即为个体根据自身经验和知识,通过联想记忆获得的消息内容。

通过联想记忆生成的消息中征兆和危机类型部分,采取自联想的方式获取。根据消息的征兆和危机部分只可能联想出个体在学习阶段学习过的"历史上发生过的事件"中已经存在的征兆和危机类型,避免了通过联想记忆得到设计枚举值之外的二进制代码组合,进而出现无法解释意义的现象。这部分消息内容反映了由经验与知识导致的消息征兆与危机的不确定性。危机的程度和后果部分采用异联想的方式获取,危机与后果的严重程度可以生成一个不确定的量化值,用以反映消息在传播过程中由个体认知导致的后果程度的不确定性。个体联想记忆具体实现方法如图 6.5 所示。

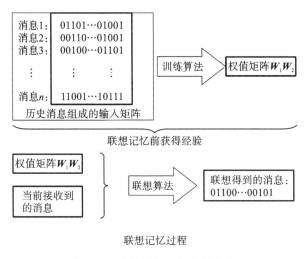

图 6.5 个体联想记忆实现方法

综上所述,可以得到理性个体与非理性个体在接收到消息后态度形成的完整流程,如图6.6所示。经过消息合并与联想记忆等操作,个体在接收到谣言消息后,形成了自身对谣言消息的认知。

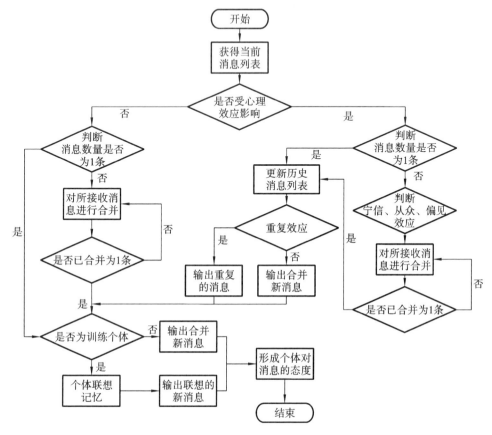

图6.6 个体态度形成流程

2.个体行为的形成

个体态度的形成阶段得到了个体在当前时刻对消息的认知(即所相信的消息内容)。在现实生活当中,由于不同行为动机的存在,人们传播给别人的消息并不一定是自己所相信的消息。在传播消息时,个体会将自身所相信的消息内容进行修改后再传播。另外,具有不同行为动机的个体在进行消息传播时,选取传播对象的策略也不尽相同。因此,在形成自身态度后,个体还存在一个根据自身行为动机生成相应传播行为的过程。该过程主要包括两个方面:对消息内容的修改、传播对象的选择。结合6.3.3节对个体的行为动机的描述,不同行为动机对消息内容的修改主要体现为对消息征兆部分程度的修改,包括增大严重程度、不改变严重程度、减小严重程度三种类型。这也再次反映了个体对消息反应过程中,传播消息内容的不确定性。不同行为动机下传播对象选择策略也包括三种:不传播、传播给所有邻居个体、选择个体基础属性相似性（见6.3.1节描述）最大的若干个体进行传播。综上所述，本章所考虑的行为动机在生成个体传播行为时的流程如图6.7所示。

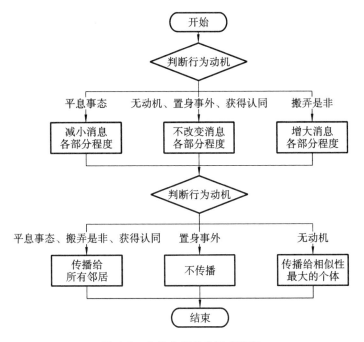

图6.7 个体传播行为形成流程

综上所述，谣言传播个体模型综合考虑了异质性个体在受自身心理效应、行为动机以及经验与知识水平的影响，在接收到消息后理性个体和非理性个体态度形成的不同过程，反映了个体对谣言消息的认知；通过不同行为动机下的个体传播行为形成过程，反映了个体对谣言消息的反应，形成了谣言传播行为。个体对谣言消息的认知（经验知识、心理效应）过程与对消息反应过程都会使得谣言消息内容在传播过程中发生改变，反映了谣言传播中消息内容变化的复杂性，因此需要进行计算实验深入研究谣言消息的演化规律和机制。

6.4 考虑个体因素的谣言传播计算实验与结果分析

现实生活中的谣言传播过程极其复杂，相关影响因素众多，无法对所有影响因素进行考虑。本次实验主要围绕被较少考虑的心理效应、行为动机和个体经验因素进行。为此，本节在实验基本假设的基础上，通过对谣言消息变化影响因素的分析，选取主要因素进行实验设计，实施计算实验后进行实验结果分析，获取相关谣言传播规律和机制。

6.4.1 实验基本假设

现实生活中的谣言传播过程是极其复杂的,相关影响因素众多,仿真模型无法对所有影响因素进行考虑,因此,通过本章第 2 节对谣言传播过程影响因素的分析,将谣言传播相关影响因素进行归纳,选取几个主要因素进行分析。考虑到现实生活的谣言传播过程是连续进行的,实验采用离散时间仿真形式对这一过程进行模拟,具体的模型假设如下:

(1)实验过程以离散的仿真步长进行推进。

(2)对自然灾害类事件,相关谣言消息、真实消息、辟谣消息采用统一的建模方式,形式化地描述其内容。

(3)实验过程中,以个体所持有的消息内容代表个体当前所相信的内容,即个体当前时刻的态度或意见。

(4)个体不做类型上的划分,但可以根据实验需要,配置个体属性、心理效应、行为动机及相关知识和经验,以实现个体的异质性。

(5)实验开始时,除被投放消息的个体外,个体相信消息内容为空;一旦个体从邻居个体处接收到消息,并生成自身所相信的消息内容,该个体将在接收到新消息之前,一直相信该消息内容,即本模型未涉及遗忘机制。

(6)实验过程中,个体所相信消息内容的演化以步长为单位,每个步长最多改变一次。

(7)个体数量和网络连接情况在实验过程中保持不变。

6.4.2 实验设计

为了深入研究影响谣言传播过程的相关因素如何在谣言传播过程中发挥作用,这里根据 6.2 节提出的个体基础属性、网络模型、个体学习方案、投放消息方案、心理效应占比、行为动机占比等 6 个影响因素,逐一讨论选取需要通过实验进行分析的影响因素,进行正交实验设计,以便实施计算实验和探寻相关规律。

(1)个体基础属性(性别、年龄、受教育程度等)因素。该因素在现有模型中的作用主要体现为计算相邻个体与自身的相似性,从而为消息传播对象选择提供依据。选择消息传播对象仅为某种行为动机下的个体传播策略,且实际生活中选择的方式多种多样,依据个体属性相似性选择只是一种较为简单的抽象模拟。为了使实验整体上更符合实际,本章采用第五次全国人口普查数据中相关社会属性的比例,对所有实验方案中的个体基础属性进行配置,不采用此因素作为正交实验对比分析的影响因素之一。

(2)网络模型因素。该因素与个体基础属性相结合,提供了谣言传播计算实验依赖的社会网络数据。不同的社会网络特性会有不同的谣言传播现象,实验选用考虑中国特色的人际关系网络[31]作为谣言传播计算实验的网络模型,与采用符合第五次全国人口普查数据的个体基础属性匹配进行配置,构成谣言传播计算实验环境。实验具体选取 1000 个初始个体,根据人际关系网络模型演化后得到人际关系网络(网络特性如表 6.3 所示)。在实验设计中,将不对网络模型因素进行对比分析,所有实验组都采用该网络进行谣言传播计算实验。

表 6.3 演化生成的人际关系网络特性

节点总数	边的总数	平均度	最大节点度	孤立节点
1166	11182	19	93	3

(3)个体学习方案因素。个体经验和知识水平因素将是实验结果讨论的重点。通过个体学习方案掌握不同的个体经验和知识后,现有的谣言传播个体模型才具有了对消息内容进行认知、修改和产生传播行为的能力。因此,个体学习方案因素是进行正交实验设计时需要考虑的因素之一。该因素的变化主要涉及方案中经过联想记忆训练的人数、经过训练的个体所学习的消息或消息队列内容等。为了突出实验研究目的和简化实验需求,本实验选择用相同内容的消息队列作为所有训练个体的学习样本,设定个体学习方案因素的变量为经过训练的个体人数。实验将群体中经过训练、学习的个体数作为进行正交实验设计时考虑的变量之一,考察该变量对谣言传播过程的影响。

(4)投放消息方案因素。初始投放的消息是谣言传播计算实验的初始输入量。在初始投放消息的基础上,所有个体通过个体 Agent 模型对自身所接收到的消息进行处理并传播。因此,本章选择投放消息方案作为正交实验设计中考虑的因素。该因素的变化方式包括改变初始投放消息的内容、改变初始投放消息的投放对象数量、是否在谣言传播实验过程中投放更多的消息等。为了突出实验研究目的和简化实验需求,本次实验选用相同内容的投放消息,且在整个实验过程中,只在开始时投放一次消息,但把初始消息投放的对象数量作为该因素的变量,进行实验设计。

(5)心理效应占比因素。个体模型中结合心理效应对所接收到的消息内容的处理方式影响着谣言传播的过程。心理效应占比因素为谣言传播模型的主要关注点之一,必须作为进行正交实验设计时需要考虑的影响因素。在众多的心理效应中,本次实验选择重复效应作为考虑对象,设定整个人群中重复效应个体所占人数比例为该因素的变量,而其他心理效应对谣言传播过程的综合影响可以在后续的实验中进行考虑。

(6)行为动机占比因素。个体根据各自的行为动机选择自己的修改消息行为和具体传播行为。行为动机占比因素也是谣言传播模型中的主要关注点,必须作为进行正交实验设计时需要考虑的影响因素。本次实验选择搬弄是非行为动机作为考虑对象,设定整个人群中搬弄是非个体所占人数比例为该因素的变量,而其他行为动机对谣言传播过程的综合影响可以在后续的实验中进行考虑。

综上所述,本章采用"个体学习方案""投放消息方案""心理效应占比"和"行为动机占比"4个因素作为考察对象,进行正交实验设计,考察这4个因素对谣言传播过程各个方面的影响,挖掘潜在的规律。

正交实验设计[32](orthogonal experimental design)是一种常用的研究多因素多水平的设计方法。其主要思想是根据正交性从全面实验中挑选出部分具有代表性的点进行实验,所选取的实验点具备"均匀分布、整齐可比"的优点。正交实验设计的一般方法是根据所选的因素数和水平数,查找对应的正交设计表。本章所选取的相关实验因素数为4,同时综合考虑各因素的特点以及实验的简便性,各因素选定3个水平。由于本次实验不考虑各因素间的相互作用,因此选择4个因素、3个水平,对共进行9次实验的正交设计表进行实验设计。

上文所述4个因素的具体水平划分方式如下。

(1)个体学习方案因素

在该因素下,具有联想记忆功能的个体以相同的消息队列作为训练样本。本节根据第2章谣言消息内容建模方法,对历史上曾经发生过的真实自然灾害相关事件的征兆、危机、后果进行建模,构建形成对应的消息队列。消息队列所包含的消息及消息内容细节如表6.4所示。

表6.4 个体训练样本消息队列

名称	内容描述	征兆	危机
水灾事件	特大暴雨引发洪水的真实事件	暴雨	水灾
核泄漏消息	地震引发的核泄漏消息	强地震、地动	核泄漏
通信中断	冰雹引起的通信中断消息	冰雹	通信中断
地震消息	气候异常引发的地震消息	久旱不雨	地震
泥石流事件	特大暴雨和山体滑坡引发的泥石流真实事件	暴雨、滑坡	泥石流
虫灾事件	植物大面积枯萎引发的虫灾真实事件	植物枯萎	虫灾
疫病事件	地震和天气变热引起的疫病传播真实事件	地震、天气变热	疫病
滑坡事件	地震和山体滑坡征兆带来的真实滑坡事件	地震、滑坡	滑坡

对这些消息进行联想记忆训练的个体用来代表有较为丰富的自然灾害相关知识的人群。这些个体根据自身联想记忆对所接收到的消息内容进行修改后再传播,对整个谣言传播过程中消息内容的变化产生了重要影响。个体学习方案因素根据整个群体中经过联想记忆训练个体人数(以下简称为有知识人数)的多少分为3个水平,如表6.5所示。

表6.5 个体学习方案水平划分

水平	有知识人数
水平一	125
水平二	222

续表

水平	有知识人数
水平三	438

(2)投放消息方案因素

在投放消息方案因素下,投放消息内容并不作为变量进行改变,所有水平的投放消息方案均采用相同的消息作为投放消息。同时,消息的投放时间也不发生改变,消息均在计算实验开始第一个时刻进行投放。初始投放消息取材于汉中地震信息,投放消息内容如表 6.6 所示。

表 6.6 投放消息内容

名称	内容描述	征兆	危机
投放消息	气候异常特大暴雨,即将引发地震的消息	暴雨、地动、轻地震	地震

投放消息方案根据作为该因素所需要改变的变量,即初始投放人数、投放个体网络拓扑特性(平均度)分为 3 个水平,如表 6.7 所示。

表 6.7 消息投放方案水平划分

水平	初始投放人数	初始投放个体平均度
水平一	1	20
水平二	8	18.4
水平三	35	19.3

为了保证实验的合理性,在随机选择了各水平下的初始投放人数后,需要对相应个体的平均度进行检测(结果如表 6.7 所示)。表 6.7 中各水平下初始投放个体的平均度在 19 左右轻微波动,而整个网络的平均度为 19。结果说明本次实验选择的初始投放个体平均度基本和整个网络的平均度相似,并没有选取极端个体作为初始投放节点,避免了因初始投放节点选取不合理而造成的极端情况。

(3)心理效应占比因素

本次实验选取重复效应作为心理效应考虑因素。具有重复心理的个体会优先选择相信之前出现过的消息,抑制新消息的出现,反复传播收到的消息,从而可能会对整个计算实验过程中出现的不同消息数量产生影响。本实验将重复效应个体占总个体数比例作为心理效应因素的水平划分依据。该因素 3 个水平的划分如表 6.8 所示。

表 6.8 心理效应占比水平划分

水平	重复效应个体占总个体数比例
水平一	0%
水平二	50%

续表

水平	重复效应个体占总个体数比例
水平三	100%

本次实验所有个体当中,除了具有重复心理的个体外,其他个体均为无心理效应个体,即只相信当前合并得到的新消息。

(4)行为动机占比因素

本次实验选取搬弄是非作为行为动机考虑因素。这种行为动机对整个谣言传播过程的影响表现在两个方面:一是会使正在传播的消息向征兆事件更严重的趋势方向发展;二是相较于无行为动机的个体,会大大加快消息的扩散速度。这是因为相对于无行为动机个体,搬弄是非者在夸大消息征兆程度后,更倾向于将消息尽可能多地传播给邻居。本实验将搬弄是非个体占总个体数比例作为心理效应因素的水平划分依据。该因素3个水平的划分如表6.9所示。

表 6.9 行为动机占比水平划分

水平	搬弄是非个体占总个体数比例
水平一	0%
水平二	50%
水平三	100%

与心理效应占比因素的设定相似,本次实验中除搬弄是非类型行为动机的个体外,其他个体均无行为动机。

综合以上对谣言传播正交实验的设计,将"个体学习方案""投放消息方案""心理效应占比"和"行为动机占比"4个因素及其各自的3个水平变量代入生成正交设计表,如表6.10所示。

在完成相关实验设计后,利用谣言传播计算实验数据管理系统对个体集、个体属性、网络与计算实验方案进行配置,并通过计算实验执行系统进行相应计算实验。

表 6.10 谣言传播正交设计表

实验次数	有知识人数	初始投放人数	心理效应占比	行为动机占比
1	125	1	0%	0%
2	125	8	50%	50%
3	125	35	100%	100%
4	222	1	50%	100%
5	222	8	100%	0%
6	222	35	0%	50%
7	438	1	100%	50%

续表

实验次数	有知识人数	初始投放人数	心理效应占比	行为动机占比
8	438	8	0%	100%
9	438	35	50%	0%

实验方案及个体学习方案生成界面如图6.8所示。图6.8左侧为谣言传播计算实验数据管理系统界面，从中可以看到根据人口普查数据生成的实验方案个体属性比例。图6.8右侧显示了个体学习方案中训练样本消息队列的创建和管理。图6.9所示为计算实验执行系统中实验执行过程。

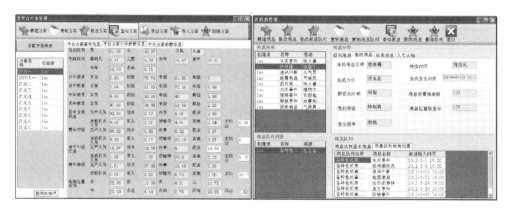

图6.8 实验方案及个体学习方案生成界面

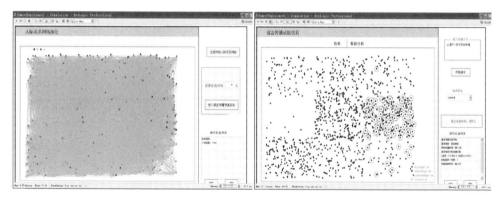

图6.9 谣言传播计算实验执行界面

6.4.3 实验结果分析

计算实验过程中，每个实验步长中每个个体所相信的消息内容被存储在数据库中，为结果分析提供支持。下面主要采用极差分析法分析实验所考虑的4个影响因素水平对各研究指标的影响关系。这里的极差D是指因素各水平中最大平均值与最小平均值之差，如式(6.1)所示。

$$D = \overline{K}_{\max} - \overline{K}_{\min} \tag{6.1}$$

$\overline{K}_{\max}, \overline{K}_{\min}, \overline{K}_i$ 定义分别如式(6.2)、式(6.3)、式(6.4)所示：

$$\overline{K}_{\max} = \max_{1 \leqslant i \leqslant n} \overline{K}_i \tag{6.2}$$

$$\overline{K}_{\min} = \min_{1 \leqslant i \leqslant n} \overline{K}_i \tag{6.3}$$

$$\overline{K}_i = \frac{1}{n} \sum_{j=1}^{n} K_{ij} \tag{6.4}$$

式中，K_{ij} 是该因素为水平 i 时，进行第 j 次实验得到的结果的均值；n 是指同一水平下的实验次数。

本计算实验中，每个因素划分为 3 个水平，每个水平进行 3 次实验。首先，计算每个因素每个水平下，3 次实验对应结果的均值，可以得到 4 个影响因素的均值响应。然后，将因素各水平均值中的最大值与最小值相减，得到极差。按照极差大小排序，即为各因素对考察指标的影响作用大小排序。

下面从产生的不同内容消息总数、整个网络中的信息熵值、消息内容的变化情况等三个方面，对按照正交实验设计安排的 9 次实验结果进行统计分析。

(1)产生的不同内容消息总数

大多数谣言或舆论演化模型的研究都以某一连续区间数值表示观点值进行展开，最终演化结果往往呈现一种收敛的态势。本章所采用的谣言传播模型引入了联想记忆、消息合并与行为动机等机制对消息内容进行修改，整个计算实验会从单一的投放消息，演化生成多种不同的谣言消息。因此，实验所产生的消息总数可以用来分析研究这种消息变异情况产生的条件或内在规律。9 次实验所产生的消息总数如表 6.11 所示，以整个实验过程中产生的消息总数为考察指标的均值响应如图 6.10 所示。

表 6.11 产生消息总数结果统计表

	有知识人数	初始投放人数	心理效应占比	行为动机占比	产生消息总数
1	125	1	0%	0%	2
2	125	8	50%	50%	62
3	125	35	100%	100%	7
4	222	1	50%	100%	87
5	222	8	100%	0%	1
6	222	35	0%	50%	228
7	438	1	100%	50%	5
8	438	8	0%	100%	437
9	438	35	50%	0%	9

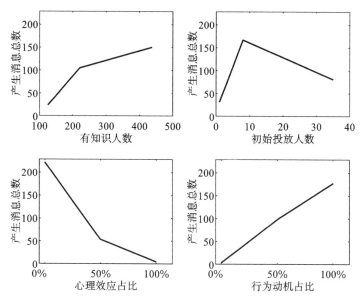

图 6.10 以产生消息总数为考察对象的均值响应

图 6.10 中横轴代表水平数,纵轴代表该因素在某一水平下 3 次实验结果的均值。响应折线图可以直观地显示出随因素水平的变化,考察指标的响应情况。可以看出,在 4 个影响因素中,与整个过程产生消息总数并无明显线性相关性的为"初始投放人数"因素,而其他 3 个因素都和产生消息总数具有一定的线性关系。

①随着人群中有联想记忆功能的个体数增加,即有知识人数增加,整个实验过程中产生的消息总数是上升的。这与本章所采用的谣言传播模型是相符合的,具有联想记忆功能的个体能够通过联想记忆,结合自身知识,在谣言传播过程中发布自己联想得到的新消息;而无此功能的个体只能在现有消息中选择相信自己认为较为合理的消息。

②随着人群中具有重复心理的人数在整个人群中占比的增加,整个实验过程中产生的消息总数是下降的。由于具有重复心理特性的个体在接收到消息的时候,会优先选择相信曾经接收到的所有消息中重复次数最多的消息,因此,即使有个体不断通过联想记忆功能将自身联想所得的新消息传播出去,但由于重复效应的存在,整个群体层面还是表现出更加倾向于相信最早出现的几条消息。

③随着人群中具有搬弄是非行为动机的人数在整个人群中占比的增加,整个实验过程中产生的消息总数是上升的。这一现象主要是因为具有搬弄是非行为动机的个体会对消息各个征兆的严重程度进行修改后传播,导致不断产生新消息。此外,具有搬弄是非行为动机的个体选择尽可能多地传播消息,加快了信息交换的速度,也使得新消息出现的可能性增大。

下面通过极差分析,进一步讨论各因素对产生消息总数的作用关系。极差分析表如表 6.12 所示。

表 6.12 以产生消息总数为考察对象的极差分析表

水平	有知识人数	初始投放人数	心理效应占比	行为动机占比
1	23.667	31.333	222.333	4.000
2	105.333	166.667	52.667	98.333
3	150.333	81.333	4.333	177.000
极差	126.667	135.333	218.000	173.000
排序	4	3	1	2

通过极差对各因素进行排序得到的结果分析表明:具有重复心理的人数占比和具有搬弄是非行为动机的人数占比相较于有知识人数而言,对整个谣言传播计算实验过程中产生的消息总数影响作用更大。其中,重复效应不仅可以使原本不相信谣言的人渐渐开始相信,也可以加固已存在消息在人们心中的地位,通过抑制新消息的流行等方式对谣言传播过程产生重要影响。也就是说,在重复效应较为流行的人群中,谣言较难在传播过程中发生内容变异。此外,虽然联想记忆是谣言传播过程中产生新消息的一个主要原因,但是搬弄是非行为动机引起消息交流次数增加,更容易增加新消息产生的可能性。这些结论与经典的社会心理学著作《乌合之众》[33]中"个人一旦融入群体,他的个性便会被湮没,群体的思想便会占据绝对的统治地位",以及"群体的行为也会表现出低智商化"的结论类似。

(2)整个网络中的信息熵值

信息熵是衡量系统不确定性程度大小的量度。一个系统不确定性越大(系统越混乱),信息熵就越高。如果某一系统 X 有 n 种互斥的可能结果,每种结果出现的可能性概率为 $P_1(X_1),P_2(X_2),\cdots,P_i(X_i)$,则衡量事物 X 的不确定性程度的熵[34]定义为:

$$H(X) = -\sum_{i=1}^{n} P_i \log_2 P_i \quad (6.5)$$

式中,对数底为 2(也可取 e 或 10)。

根据最大信息熵原理[35],信息熵的归一化定义为:

$$H = -k \sum_{i=1}^{n} P_i \ln P_i \quad (6.6)$$

式中,$k = 1/\log_2 n$,即 k 值取系统 X 中随机变量每种状态出现的概率均等的情况下信息熵极大值的倒数。

根据以上信息熵的原理,统计实验结束时刻每种不同内容的谣言消息在整个网络中出现的概率 P_i,可以计算得到的谣言信息熵值,表示该时刻各种不同内容的消息在人群中的不确定性程度。熵值越接近 1,说明人群中的意见越不统一,各种消息都有一定的人数相信;熵值越接近 0,说明人群中意见越统一。实验计算得到各次实验信息熵如表 6.13 所示。

表 6.13　实验信息熵统计

	有知识人数	初始投放人数	心理效应占比	行为动机占比	熵
1	125	1	0%	0%	0.592
2	125	8	50%	50%	0.207
3	125	35	100%	100%	0.000
4	222	1	50%	100%	0.168
5	222	8	100%	0%	0.000
6	222	35	0%	50%	0.736
7	438	1	100%	50%	0.023
8	438	8	0%	100%	0.990
9	438	35	50%	0%	0.249

以信息熵为考察指标的均值响应如图 6.11 所示。

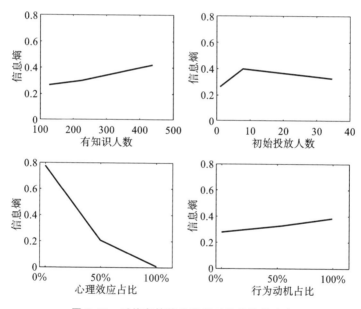

图 6.11　以信息熵值为考察对象的均值响应

由图 6.11 可知,4 个影响因素中,最终时刻网络信息熵与初始投放人数并非呈线性关系,而人群中重复效应占比与信息熵呈明显的反比关系,其余 2 个因素虽然也与信息熵呈现出线性关系,但并不显著。

①具有重复心理的个体数越多,整个人群中的信息熵值越低。这说明无论有多少条不同的消息在传播,大多数人依然选择相信相同的某一条消息。因为重复效应使人们倾向于相信曾经接收过的消息,而这种倾向反过来又使这条消息得以不断传播,如此循环,导致这一消息普遍流行。结合对整个过程中产生的消息总数的分析,重复效应一方面遏制了谣言传播过程中消息内容上的变异,另一方面也使得整个人

群的意见或对谣言事件的认识更加趋于统一。

②初始投放人数的改变,与最终人群中的信息熵值无关。这说明虽然初始投放人数增多时,在传播的初始时刻,有更多的人持有相同的观点,但随着谣言传播的进行,整个人群的观点分化并不会因此而受到影响。

③人群中有知识人数和搬弄是非人数的增加,都会最终使人群中的信息熵值上升,即使人群中的观点分布更加不均匀。这是因为有知识人数和搬弄是非人数的增加,都会增加个体对谣言消息内容进行修改的机会,这会使新消息不断产生,从而使人群较难达成比较统一的观点。

表6.14给出了以信息熵值为考察对象的极差分析情况。从该表中的极差排序来看,对信息熵值而言,重复效应占比过多会明显抑制谣言消息内容的变异,有知识人数的增加能通过增加谣言消息变异机会来促进新消息的产生,而搬弄是非人数过少不利于新消息内容的产生。

表6.14 以信息熵值为考察对象的极差分析

水平	有知识人数	初始投放人数	心理效应占比	行为动机占比
1	0.2663	0.2610	0.7727	0.2803
2	0.3013	0.3990	0.2080	0.3220
3	0.4207	0.3283	0.0077	0.3860
极差	0.1543	0.1380	0.7650	0.1057
排序	2	3	1	4

(3)消息内容的变化情况

根据6.3.4节中对谣言传播个体模型的分析可知,谣言消息内容变化的机理可分为两类:一类是个体受行为动机的影响,在传播过程中对消息的征兆程度进行修改;另一类是个体在联想记忆时,通过异联想对消息的危机与后果程度进行修改。针对这两种消息内容变化机理,本节随机选取正交实验设计9次实验中的第4次实验为例,分析消息内容的变化情况。该次实验中,有知识人数222人,初始投放1人,具有重复心理的人数占比为50%,搬弄是非人数占比为100%。在该次实验的20个仿真步长中,共先后产生了810条消息。其中,大多数消息并未广泛传播,仅有1~2人相信。下面根据消息征兆与后果、危机的变化情况选取传播过程中较有代表性的两条消息A、B,对其内容进行分析。

该次实验中,所投放消息征兆和危机的主要内容分别如表6.15、表6.16所示。

表6.15 所投放消息的征兆内容

名称	征兆	危机事件
投放消息	1.特大暴雨,程度:较高 2.地动异常,程度:中等 3.地震,程度:极低	地震

表 6.16 所投放消息的后果内容

人员伤亡	未成年人伤亡	建筑物损失	经济损失	生活影响	持续时间	影响范围
较少	很少	较少	很少	中等	较短	中等

从实验结果来看,该条消息一经投放即被更改,在第二个仿真步长即在整个人群中消失。因为该次实验中全部为具有搬弄是非行为动机的个体,个体会对消息征兆部分的程度加以修改后进行传播。在实际传播过程中占主导地位的消息 A 的征兆和危机部分的内容分别如表 6.17、表 6.18 所示。

表 6.17 消息 A 的征兆内容

名称	征兆	危机事件
消息 A	1. 特大暴雨,程度:很高 2. 地动异常,程度:很高 3. 地震,程度:特别高	地震

表 6.18 消息 A 的危机内容

人员伤亡	未成年人伤亡	建筑物损失	经济损失	生活影响	持续时间	影响范围
较少	很少	较少	很少	中等	较短	中等

对比表 6.15 和表 6.17 可以看出,消息 A 与初始投放消息的区别就在于每个征兆的程度都被放大。可见,搬弄是非者通常会夸大谣言消息的征兆程度,甚至可能会引起征兆中严重程度排序的变化,因此搬弄是非的行为动机是影响消息内容变化的重要因素。

鉴于初始投放消息在第二个仿真步长就消失,为不失一般性,本章挑选了一条在消息 A 的基础上,由个体通过联想记忆得到的消息 B(征兆和危机部分的内容分别如表 6.19、表 6.20 所示)进行分析。

表 6.19 消息 B 的征兆内容

名称	征兆	危机事件
消息 B	1. 特大暴雨,程度:很高 2. 地动异常,程度:很高 3. 地震,程度:特别高	泥石流

表 6.20 消息 B 的危机内容

人员伤亡	未成年人伤亡	建筑物损失	经济损失	生活影响	持续时间	影响范围
很多	特别多	很多	中等	中等	特别长	很小

对比表 6.17 和表 6.19 可以看出,消息 B 与消息 A 的区别为危机事件由原来的"地震"改变为消息 B 中的"泥石流"。这主要是由于个体进行联想记忆的作用。作为训练样本的消息队列中,具有"特大暴雨""地动异常"和"地震"三种征兆消息所对应的危机事件为"泥石流",在实验过程中个体联想到了该条消息,将当前消息的危机事件从地震修改为泥石流。同理,消息 B 的危机部分也与消息 A 有较大的区别,消息 B 的危机部分多与被联想到的"泥石流事件"的危机部分相似。

为了分析消息中危机事件类型的变化情况,对实验中各个时刻认为危机为"地震"或"泥石流"的个体数进行统计分析,可以得到不同危机事件类型相信人数的变化趋势图,如图 6.12 所示。

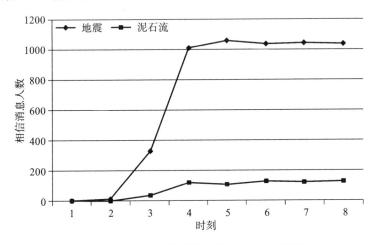

图 6.12　不同危机事件类型相信人数的变化趋势图

由图 6.12 可知,随着消息的传播,全部 1166 个个体中,相信将发生"地震"的有 1000 人左右,相信将发生"泥石流"的有 150 人左右。实验中有联想记忆能力(有知识)的个体为 222 人,因为有一部分有联想记忆能力的个体同时受"重复效应"的作用,根据联想记忆相信"泥石流"危机事件的个体不足 222 人。这也表明本章设计的谣言传播模型体现了各个影响因素的综合作用,为后期开展更为复杂的多因素影响计算实验打好了基础。

综上所述,本次谣言传播计算实验可以分析得出与经典社会心理学研究类似的结论,即群体的行为也会表现出低智商化,而且能够探寻更多规律。比如:相对于初始投放人数,个体的心理效应与行为动机以及自身的经验知识会对谣言消息的最终演化结果产生较为明显的影响。面对由众多的影响因素构成的复杂系统现象,计算实验方法展现出了更加综合、深刻的认识和分析问题的能力,便于挖掘出实验的潜在规律。此外,计算实验方法还可以在一定程度上缩略实验复杂度,提高实验效率。

参 考 文 献

[1] 马源源,庄新田,李凌轩.股市中危机传播的 SIR 模型及其仿真[J].管理科学学报,2013,16(7):80-94.
[2] Sznajd-Weron K,Sznajd J. Opinion evolution in closed community[J]. International Journal of Modern Physics C,2000,11(6):1157-1165.
[3] Deffuant G,Neau D,Amblard F,et al. Mixing beliefs among interacting agents[J]. Advances in Complex Systems,2000,3(01n04):87-98.
[4] Hegselmann R,Krause U. Opinion dynamics and bounded confidence:models, analysis and simulation[J]. Journal of Artificial Societies and Social Simulation, 2002,5(3):2.
[5] Liu Z Z, Luo J, Shao C G. Potts model for exaggeration of a simple rumor transmitted by recreant rumormongers [J]. Physical Review E, 2001, 64(4):046134.
[6] Shao C G, Liu Z Z, Wang J F, et al. Exact representation of crossover of transitions from first order to second order in the Potts model for rumor transmission[J]. Physical Review E,2001,68(1):016120.
[7] 邵成刚.胆小的传谣人传播谣言的 Potts 模型[D].武汉:华中科技大学,2003.
[8] 王俊峰.谣言传播的 Potts 模型中相变特性的研究[D].武汉:华中科技大学,2004.
[9] 王俊峰,谈效俊.谣言传播的 Potts 模型中的正则和微正则相变[J].湖北大学学报(自然科学版),2004,26(4):303-306.
[10] 石慧敏,王瑞.心理效应对公众认知的影响——以谣言传播为例[J].青年记者,2010(32):18-19.
[11] 王灿发,何雯.突发公共事件中谣言传播的心理机制[J].青年记者,2009(30):28-29.
[12] 王飞跃.计算实验方法与复杂系统行为分析和决策评估[J].系统仿真学报,2004,16(5):893-897.
[13] 王飞跃.关于复杂系统研究的计算理论与方法[J].中国基础科学,2004,6(5):5-12.
[14] 杨中芳,彭泗清.中国人人际信任的概念化:一个人际关系的观点[J].社会学研究,1999,14(2):3-23.
[15] 石慧敏,刘京林.浅析危机事件中谣言传播的心理效应[J].湖南大众传媒职业技术学院学报,2009,9(4):10-13.
[16] 沙莲香.社会心理学[M].2 版.北京:中国人民大学出版社,2006.
[17] 宋官东.从众新论[J].心理科学,2005,28(5):1174-1178.
[18] Buckner H T. A theory of rumor transmission[J]. Public Opinion Quarterly,1965,

29(1):54-70.

[19] 孙嘉卿,金盛华,曹慎慎.灾难后谣言传播心理的定性分析——以"5·12 汶川地震谣言"为例[J].心理科学进展.2009,17(3):602-609.

[20] 周庆山.传播学概论[M].北京:北京大学出版社,2004.

[21] 李武,李昕,毛远逸.亲社会行为动机视角下公益众筹信息分享行为研究[J].新闻与传播评论,2021,74(2):49-61.

[22] 张兆曙.以事件为中心:中国网络治理的基本模式[J].浙江学刊,2019(3):65-73.

[23] 方刚.性别心理学[M].合肥:安徽教育出版社,2010.

[24] 叶子豪.不同年龄段人群的心理特点及调查访问策略[J].法制与社会,2013(5):179-180.

[25] 彭敏,王婧,白笙学,等.受教育程度的不同对多主题 CQT 心理测试影响的研究[J].警察技术,2008(3):18-21.

[26] 陈军,周少贤.家庭经济状况对大学生心理健康的影响[J].中国青年政治学院学报,2012,31(4):24-27.

[27] 郑笑宇.不同社会职业群体负性情绪调节预期、社会支持、应对方式与工作投入的关系研究[D].哈尔滨:哈尔滨师范大学,2016.

[28] Chen X,Ming C,Li W,et al. Modeling on the PA-BDI agent in rumors spreading[C]//19th Annual International Conference on Management Science and Engineering. Dallas,TX,USA:IEEE,2012:194-199.

[29] 赵旺兄,乔清理,王丹.基于类 Hopfield 脉冲神经网络模型由突触缺失导致海马 CA3 区联想记忆功能障碍的建模仿真研究[J].国际生物医学工程杂志,2010,33(4):201-204.

[30] 王薇.基于 HTM 的谣言传播个体记忆——预测模型研究[D].武汉:华中科技大学,2014.

[31] Chen X,Tu Q,Zhang L,et al. Modeling study on the interpersonal relationship network of rumor spreading[C]//4th International Conference on Intelligent Human-Machine Systems and Cybernetics. Nanchang,China:IEEE,2012:84-87.

[32] 徐仲安,王天保,李常英,等.正交实验设计法简介[J].科技情报开发与经济,2002,12(5):148-150.

[33] 古斯塔夫·勒庞.乌合之众[M].武汉:华中科技大学出版社,2015.

[34] Shannon C E. A mathematical theory of communication[J]. Mobile Computing and Communications Review,2001,5(1):3-55.

[35] Jaynes E T. Information theory and statistical mechanics. II [J]. Physical Review,1957,108(2):171-190.

第 7 章 个体公众权威对谣言传播的影响

从接收谣言到传播谣言,个体会经历一系列的思维反应过程。BDI 模型可以描述谣言或舆论传播个体多样化的逻辑思维,也可以支持数理逻辑推理运算,适合模拟消息传播个体不断更新认知并形成行为反应的动态思维反应过程,有利于对谣言传播和舆论演化的复杂机制、机理进行研究。个体对消息的思维反应结果不仅会受到双方观点的影响,还会受到双方个体属性的影响,这源于个体属性的公众权威(public authority,PA)会影响消息传播个体的认知过程。结合个体公众权威和扩展经典的 BDI 理论对谣言传播和舆论演化行为进行研究具有现实意义和理论价值。

本章结合谣言传播中社会个体的思维、反应和行为特点,将公众权威概念引入传统的 BDI 模型,并针对经典的 BDI 模型逻辑推理过于复杂的问题,将其与模拟人脑联想记忆功能的神经网络理论相结合,提出了谣言传播社会个体的 PA-BDI 模型,进行了谣言传播计算实验,为研究谣言的传播机制和辟谣机制提供了一个新的视角。

7.1 引 言

新冠病毒肆虐期间,各种谣言甚嚣尘上,比如"饮用高度白酒可以抵抗新冠病毒感染"等。面对此类荒诞不经的说法,具有不同属性(本章将这种不同属性的影响归结为个体公众权威)的个体却有截然不同的表现:具有丰富医学知识的人员对这类消息不屑一顾,也不可能做出传播行为,甚至会辟谣;受教育程度较高的个体可以利用自身知识、经过思考推断出消息有误的结论,自然也不会随便参与传播谣言;文化程度比较有限的部分个体,他们的知识不足以支持他们判断消息的真伪,又考虑到自身或家人健康等问题,可能参与到不实消息的转发行列中。由此可见,从接收谣言到传播谣言,具有不同公众权威的个体会经历各自不同的思维反应过程,形成不同的应对行为,对谣言传播的影响也各不相同。

作为一种侧重研究个体思维反应的逻辑模型,BDI 模型既可以描述谣言传播个体多样化的逻辑思维,又可以支持数理逻辑推理运算实现逻辑推理,从而模拟个体不断更新认知并形成行为反应的动态思维反应过程,适合对谣言传播的复杂机制、机理进行研究。BDI 模型是一种基于思维反应过程的,对理性 Agent 进行形式化描述的逻辑模型[1],已广泛用于 Agent 个体的信念形成、偏好计算、行为意图推理等研究领域。吴鹏等[1]利用 BDI 模型对网民的集群行为进行建模推理,分析了不同突发事件主题对网民集群行为的影响。Casali 等[2]提出了等级 BDI 模型,用形式语言来描述 Agent 的信念、愿望、意图,结合推理规则计算个体偏好。张晓君等[3]认为害怕、焦虑、自信情感因素会影响 Agent 的行为,运用信念、愿望、害怕、焦虑和自信的程度,来对 Agent 的行为意图进行推理。上述 BDI 模型的研究多通过形式化描述来进行,信念的形成、改变以及推理方法比较复杂,难以实现实际应用。庄一凡[4]提出 BP 与 BDI 模型相结合的 BP-BDI 模型,研究异质性 Agent 信念的形成和改变。从社会心理学方面来说,谣言产生和传播是一个有意识引导、信息由模糊不确定变得"清晰合理"的过程,或者说谣言是来源于个体对外界环境刺激后,经由感知、记忆和思想等过程产生和运行的[5]。人的个体心理过程是一种充满相互作用的过程,记忆影响信念,愿望影响意图,意图决定行动,行动又形成记忆,不断循环。因此,第 2 章提到的联想记忆模型可以简化应用于 BDI 模型的信念形成和认知反应。

在现实社会的谣言传播过程中,具有不同公众权威的个体对其他个体产生的影响不同[6]。比如,在公共事务讨论中,各种意见领袖的意见会对其他个体产生重要影响[7-10]。个体对其他具有不同公众权威个体观点的认知和反应是谣言传播中个体思维反应过程的重要组成部分。本章把公众权威作为个体的一个综合属性,与信念、意图等结合,提出了 PA-BDI 模型,通过联想记忆模型来实现信念形成与认知反应,实现了数值计算和逻辑推理,以定性定量相结合的方式进行谣言传播问题的研究。

7.2 基于公众权威与 BDI 理论的逻辑描述模型

7.2.1 公众权威对个体思维和行为的影响

在真实的社会网络中,个体的角色和地位并不平等,个体间消息的发布和传播也不对等。比如,在舆论传播过程中,存在着普通个体与领导者。领导者包括少数"民意代表"、权威专家、公权力部门领导等。这些领导者存在一定的特殊性,主要体现为他们掌握了话语权,或者拥有公权力,能对普通个体的思维和行为产生较大影响。

为了度量这些领导者对普通个体的影响程度,本章提出"公众权威度"这一概念。在社会生活中,个体与其他个体交流的结果不仅会受到双方观点差异的影响,还会受到其他个体属性(受教育程度、年龄等)的影响。在中国社会中,人们往往对那些学识较高或者受教育程度较高的人更为信任,会更容易被他们说服而接受或倾向这些个体的观点。此外,因为年长者经历过的事情更多,对事情的看法比较深刻和全面,人们也会对年长者的观点更为信任。为此引入公众权威度(public authority degree, PAD)来衡量这种个体特性之间的差异,量化某一个体对其他个体的影响程度。

"Authority"在牛津英语词典中有五种解释:①力量,可以命令别人的力量;②许可,官方许可做某事;③组织,有权力做出决策或者在一个国家、地区有特定区域责任的一个人或者一个组织;④知识,因为其他人尊重你的知识或者官方地位而影响他人的权力;⑤专业,具有专业知识的人。本章从"authority"的第四种和第五种解释引申出公众权威度的定义。公众权威度是指因为个体在某个领域具有专业知识或者特殊的社会地位,而对别人的影响程度。公众权威度仅仅与网络中个体的自身属性相关联,而与该个体在网络中的分布以及拓扑结构无关。

公众权威度和个体的受教育程度、经济状况、年龄、职业等相关。Hofling 等[11]的实验证明,仅仅是一个简单的权威标志,比如 Dr.(英文中对具有博士学位人的前缀简称),就可以有效地让观众盲目服从。Hofling 等[11]发现,在广告代言的过程中,如果选择一些非商业型的人士,如 CEO 等权威人士代言,观众会更加容易受到影响而选择该产品。Blass[12]认为广告代言者的名誉也会影响消费者的态度倾向。Blass[13]发现观众会无条件地相信专家或者权威的数据,即使这样做毫无道理。梁岩[14]发现在认识性任务中 7~9 岁儿童选择相信成年和老年的信息提供者。此外,在国内的教育教学过程中,对教师权威的认可程度深刻影响了学生的思维和行为[15]。

为了衡量谣言传播时其他社会个体对个体的影响,本章将公众权威度作为个体被认可和信任的程度。个体的公众权威度会影响其他个体对其发布消息的认知和反应,反映了个体依据不同的信任程度对其他个体传播消息的认知和反应,继而可能产生类似于第 6 章中偏见等心理效应的效果。区别于偏见效应特指一种盲目的、不合理的消极否定结果,公众权威度对其他个体的影响是中性的、不确定的。

7.2.2 PA-BDI 模型的形式化描述

谣言传播中的社会个体既是谣言消息的接收者,也可能成为谣言消息的传播者。不同个体具有的公众权威度、思维属性(信念、愿望、意图)均不相同,导致了谣言传播过程中个体行为的多样性。考虑其他人的公众权威度对个体行为和思维的影响,本节通过描述公众权威度对信念、愿望和意图的影响,建立 PA-BDI 模型的形式化描述。

在 BDI 模型中,智能体接收外部的信息输入,根据自身信念经过内部的推理,从愿望中形成意图并产生行动输出。在考虑其他个体公众权威度时,Agent 智能体的信念产生与更新、愿望以及意图筛选形成都受到影响,最终影响个体行为。PA-BDI 模型的结构如图 7.1 所示。其中,原子表示模型的输入会经过一个原子化的过程,将非描述性的信息转化为用来描述 Agent 模型的描述性语言,即原子命题。通常每个原子命题都表示 Agent 所处世界的一个属性,比如输入的信息是"Agent 1 的年龄是 20 岁",其原子命题可以为 Age(Agent1)=20。信念是 Agent 具有的关于环境信息、其他 Agent 信息和自身信息的集合。个体的所有信念构成个体信念集合。这些信念可以是确信的,也可以是假设的,分别称为确信信念和假设信念。调度器把原子命题组合起来,形成信念。调度器一般通过逻辑推理实现,本章考虑采用联想记忆模型实现,并同时考虑个体公众权威度(个体属性)对信念形成的影响。愿望是 Agent 希望

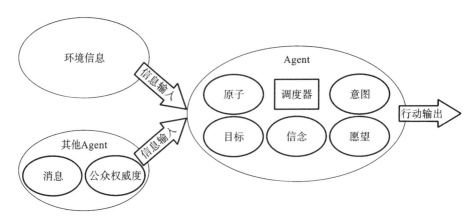

图 7.1 PA-BDI 模型结构

达到的状态或希望保持的状态(分别称为实现型愿望/维护型愿望),愿望的集合用愿望集合表示。目标是理性判断后的实际愿望或期望。意图是已经承诺的愿望,是 Agent 在不违反意图约束的前提下确信能够达到的实现型愿望。并不是每个愿望都能成为意图,但是意图是愿望的真子集。

Rao 和 Georgeff[16]描述的传统 BDI 模型中采用计算树逻辑,将可能世界的时间结构由线性扩充为分支。正规逻辑描述的世界具有分支时间结构,该世界中的每个时间点都具有线性历史和分支未来,从而反映从意识世界到未来现实世界的多条可能演化路径[17]。本节在用正规模态逻辑描述 BDI 结构的基础上,引入公众权威度的概念,建立考虑个体公众权威度的时间树,如图 7.2 所示。图 7.2 中,w_0 为可能世界,b_0、b_1 为信念可达世界,若 Agent 在过去三个时间段(t_0、t_1、t_2)了解到蜜蜂群迁、暴雨、鼠类骚动等消息,则这部分经历成为历史,是确定的、线性的。信念可达世界 b_0 是 Agent 接收到公众权威度较低的个体发出的很有可能出现山体滑坡消息后形成的。Agent 也认为发生山体滑坡的可能性较大,并在 t_5 时刻产生采取避险措施或传播该信息的行为。信念可达世界 b_1 是 Agent 得知其他个体(公众权威度较高,如地质部门、相关领域专家)发出的信息后形成的。其他个体认为由于土质等原因,即使有降雨量,但发生山体滑坡的可能性不大。Agent 认知到不会发生山体滑坡,也就不会产生避险或传播行为,故不存在 t_5 时刻的动作。作为信念可达世界全集的可能世界 $w_0 = b_0 \bigcup b_1$。

目前 Agent 思维状态模型是以模态逻辑为工具来描述的,一般知识逻辑用 KTD45 公理、信念逻辑用 KD45 公理、目标和意图用 KD 公理来分析。使用各种非经典逻辑对 Agent 思维属性建立模型是目前主流的研究方法,运用这种方法,基于公众权威度的 PA-BDI 模型各部分可描述如下。

(1)关于 Agent 意图的信念:如果一个 Agent 具有意图,那么这个意图一定是综合考虑自己已有信念和外界个体公众权威度的影响而得出的,φ 是状态,BEL 是信念算子,即 INT(φ) $\supset$ BEL(INT(φ,PA))。

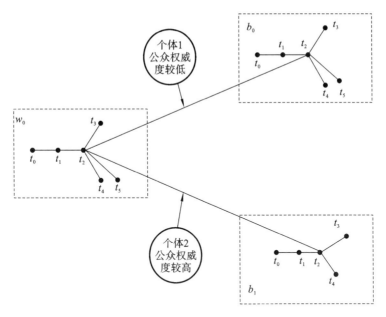

图 7.2　考虑个体公众权威度的时间树

(2) 关于 Agent 目标的信念：如果一个 Agent 具有一个获得 φ 的目标，那么该 Agent 相信它具有的这个目标，即 GOAL(φ) $\supset$ BEL(GOAL(φ))。

(3) 关于意图的目标：如果一个 Agent 打算获得 φ，它必须在已经考虑到外界个体公众权威度影响的意图中获得，即 INT(φ) $\supset$ GOAL(INT(φ, PA))。

(4) 考虑公众权威度后的 Agent 信念集：若 Agent 的信念集为 BEL，外界具有公众权威度为 PA 的个体针对某一事件的行为是动作算子 DONE，则受其影响，Agent 信念集为 BEL=BEL$\cup$DONE(PA)。

下面采用形式化描述语言研究 PA-BDI 模型各个组成部分之间的联系。在 PA-BDI 模型中，由于 Agent 的状态还会受到网络中其他节点公众权威度的影响，因此 Agent 的状态需要在传统 BDI 模型三元组的基础上用一个四元组来描述：

$$Q_{\text{PA-BDI}} = <\text{PA}, B, D, I> \tag{7.1}$$

式中，$B \in \text{BEL}, D \in \text{DES}, I \in \text{INT}$。

PA-BDI 模型的语义模型表示如下：

$$M_{\text{PA-BDI}} = <U, T, W, <, \text{PA}, \text{act}, \text{bel}, \text{des}, \text{int}> \tag{7.2}$$

式中，$U = U_{\text{ACT}} \cup U_{\text{P}} \cup U_{\text{OBJ}}$，$U_{\text{ACT}}$ 表示动作域，U_{P} 为规划域，U_{OBJ} 表示对象域，U 表示作用于某一对象、按照某一规划执行的某一动作，U_{ACT}、U_{P}、U_{OBJ} 分别为原子域。W 是可能世界的集合，W_{R} 表示可能的现实世界集合，W_{S} 表示可能的假想世界集合，则 $W = W_{\text{R}} \cup W_{\text{S}}$；$T$ 是时间点的集合，某时刻点 $t \in T$；$<$ 是时间函数，并且该时间函数属于二元时间点乘积的集合，即 $< \subseteq T \times T$，$<T, <>$ 构成可能时间的时间树；PA 是其他个体公众权威度的集合；动作函数 act 为时间树的每条边标记一个

原子动作,且有 $<\to U_{ACT}$;算子 bel 代表确信信念,算子 asm 代表假设信念,且有 bel(asm,des,int)→bel(asm,des,int,PA)。

7.3 基于 PA-BDI 模型的个体建模

依据上述 PA-BDI 模型形式化描述,本节结合实际问题做一定程度的简化,设计基于 PA-BDI 模型的谣言传播个体模型框架,如图 7.3 所示。其中:个体公众权威度与个体态度计算方法部分根据个体属性和消息内容设计公众权威度与个体态度的量化计算方法;信念、愿望与意图逻辑命题定义与学习部分在描述个体的相关数据集基础上,采用逻辑知识命题方式依次定义信念、愿望与意图逻辑知识命题,并进行编码表达和联想记忆学习;个体行为生成部分依据消息传播者的影响(公众权威度)、消息内容和自身属性形成对收到传播消息的态度,结合消息传播者属性、环境信息、态度、消息内容,利用联想记忆模型在自身信念集合中联想形成愿望集合(一组意图逻辑知识命题),进一步筛选出一个意图知识命题,并结合自身行为动机等属性进行逻辑判断,选择具体行动,最终形成个体传播行为。比如,个体自身记忆的信念中有在某种外界环境下相信他人传递的某种类似信息后,修改信息并向邻居传播后达成了自身被认可愿望(目标)的经历,则个体可能会选择自身被认可愿望作为自身意图来决定后续动作。个体可能通过收到的一条消息同时联想到多个愿望命题,可以根据与接收消息的相似度来筛选出一个承诺实现的愿望(意图命题),结合个体的行为动机(比如搬弄是非、置身事外、获得认可等),通过逻辑判断最终形成相关行动,产生具体传播行为。

7.3.1 个体公众权威度与个体态度计算方法

1. 个体公众权威度计算方法

个体公众权威度通过影响个体对接收消息的态度来影响个体信念,继而影响个体思维推理过程、传播愿望(目标)、意图以及传播行动。

为了量化度量个体公众权威度,本章参考全国人口普查资料[18-20],结合个体属性与个体公众权威度的关系,将个体年龄、所在地经济发展状况、受教育程度作为组成公众权威度的基本要素,并借助层次分析法确定各个影响因素的权重值,定义个体 i 的公共权威度为 pad_i,其定义如式(7.3)所示。

$$pad_i = [w_1, w_2, w_3, w_4] \cdot [S_{age}, S_{eco}, S_{edu}, S_{occ}]^T \qquad (7.3)$$

式中,$w_1+w_2+w_3+w_4=1$,$S_{age}, S_{eco}, S_{edu}, S_{occ} \in [0,1]$ 分别表示个体年龄、经济状况、文化程度以及职业属性。使用整数 1 到 6 分别表示婴幼儿、儿童、少年、青年、中年以及老年这 6 种年龄阶段;使用整数 1 到 4 分别表示小学及以下、初中、高中、大学(大专)及以上这 4 种个体受教育程度;使用整数 1 到 3 表示初等经济状况、中等经济

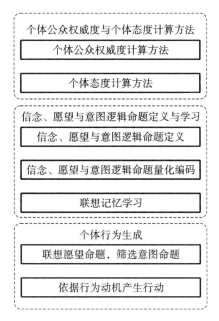

图 7.3 基于 PA-BDI 模型的谣言传播个体模型框架

状况以及高等经济状况这 3 种经济状况；使用整数 1 到 8 分别表示党政机关人员、军人、办事人员、技术人员、商业与服务业人员、农林牧渔业人员、运输业人员、其他从业人员这 8 种职业。对量化后的年龄、经济状况、受教育程度和职业这 4 个属性进行归一化处理，得到的个体公众权威度是[0,1]区间上的一个实数。合适的权重设置也是研究对象之一，针对不同的信息（比如地震相关的消息），4 项要素的权重设置会有区别，可以在计算实验平台中动态设置。

本章把量化计算后高于 2/3 的公众权威度定义为高公众权威度，高于 1/3 但是不高于 2/3 的公众权威度定义为中公众权威度，不高于 1/3 的公众权威度定义为低公众权威度。

2. 个体态度计算方法

个体态度是指个体对接收谣言消息相信程度的判断。个体对谣言信息的态度是其思维反应的结果，会影响个体信念、愿望与意图的形成和改变。个体对发来消息个体的免疫力和对谣言传播中相关信息的关注度和感受性共同形成了个体自身对接收到的消息的态度。个体属性（年龄、性别、职业）以及发送消息个体的公众权威度差异会导致接收消息个体的免疫力不同，影响个体对接收消息的相信程度。个体对不同类别谣言相关信息的关注程度和自身感受也是不同的。个体如果不太关注这类传播信息，相似的传播信息内容对自己触动不大，则对这些传播消息更容易忽略或持否定态度。因此，在 PA-BDI 模型中，个体自身免疫力、个体对传播消息的关注度和感受性是个体分辨消息真假的基础，影响着个体态度的形成。个体免疫力与个体自身的属性以及其他个体的公众权威度直接有关；关注度和感受性与个体对传播中的消息内容密切相关。本章将结合个体属性量化方法、公众权威度量化计算方法以及第 2 章中谣言消息内容建模(地震相关的消息),对个体对传播谣言消息态度进行量化计算。个体对传播谣言消息态度的量化计算方法如图 7.4 所示。

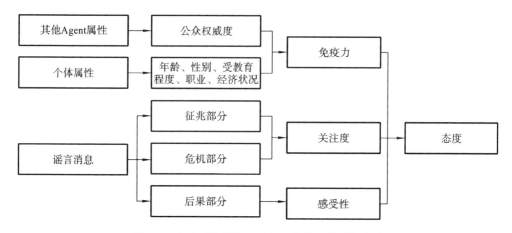

图 7.4 个体对传播谣言消息态度的量化计算方法

个体免疫力是个体对谣言消息表现出来的、不受其干扰和影响的能力。不同的个体,由于性别[21]、年龄[22]、受教育程度[22]、发送消息个体的公众权威度、职业[22]、经济状况[22]等特征的不同,对谣言消息的免疫力也不相同。下面根据这些个体属性对免疫力的影响程度分为两类进行计算。

年龄、受教育程度、公众权威度和经济状况为第一类。受这类属性影响的个体对谣言消息的相信程度可简化为线性关系:从婴幼儿到成年人,随着思辨能力的提高,个体免疫力不断提高;步入中老年后,免疫力则随年龄增长逐渐下降;随着受教育程度和经济状况的提高,免疫力越来越高;个体接收到高公众权威度个体发布的消息时,免疫力较低。公众权威度可以通过式(7.3)计算。这些线性关系可用式(7.4)至式(7.7)表示。这些线性简化可以根据社会学研究或统计结果来获取,也可以作为研究因素和变量来研究,这正是计算实验的优势。

$$S_{age} = \begin{cases} \frac{1}{14} \times age, & age \leqslant 14 \\ 1, & 15 \leqslant age \leqslant 59 \\ -\frac{1}{60} \times age + 2, & age \geqslant 60 \end{cases} \quad (7.4)$$

$$S_{edu} = 0.2 + 0.8 \times edu \quad (7.5)$$

$$S_{pad} = 1 - pad \quad (7.6)$$

$$S_{eco} = 0.2 + 0.8 \times eco \quad (7.7)$$

性别、职业等属性为第二类。这类属性与免疫力的关系十分复杂,与谣言消息内容有很大关系。比如:当谣言消息涉及的是个人求职、安置、福利等利益关系矛盾,或是对政治、社会问题等表达某种意愿时,参与者普遍为男性;当涉及家庭暴力、婚外情、虐待儿童等问题时,参与者大多为女性[22]。职业有类似关系,专业人士或高级知识分子对某类消息具有较强的辨别能力。

为了较好地描述这两个个体属性与免疫力的关系,可以在第 2 章谣言消息内容建模的基础上,参考全国人口普查数据,针对某一类谣言与免疫力相关的个人性别和职业属性设计相应的调查问卷,调查统计分析得到主观感受后进行量化计算。同样,这些个体属性也可以作为研究因素和变量来进行计算实验研究,用于研究不同性别比例与职业分布情况下,对应类型谣言传播的结果有何不同。

假设地震谣言相关信息的调查问卷情况如表 7.1 所示。其中男性的相信程度(i)从 1 分到 5 分(相信程度采取 5 分制,1 分代表非常相信,2 分代表比较相信,3 分代表半信半疑,4 分代表比较不相信,5 分代表非常不相信)的人数分别为 $N_1 = 0$,$N_2 = 20$,$N_3 = 50$,$N_4 = 230$,$N_5 = 210$;女性中,人数分别为 $N_1 = 10$,$N_2 = 40$,$N_3 = 100$,$N_4 = 180$,$N_5 = 160$。此时,有 $S_{\text{gender}} = \dfrac{\sum_{i=1}^{5} N_i \times i}{5 \times \sum_{i=1}^{5} N_i}$,代入得男性对地震谣言相关消息的免疫力为 $S_{\text{gender}}(\text{M}) \approx 0.85$。同样地,女性对地震谣言相关消息的免疫力 $S_{\text{gender}}(\text{W}) \approx 0.78$。按照同样的方法,可得不同职业人员对地震谣言相关消息的免疫力 S_{occ}。

表 7.1 免疫力相关因素问卷数量(地震谣言相关信息)

属性		问卷数量/份
性别	男	510
	女	490
职业	党政机关人员	60
	军人	20
	办事人员	70
	技术人员	80
	商业与服务业人员	190
	农林牧渔业人员	250
	运输业人员	130
	其他从业人员	200

在此基础上,个体免疫力的计算如式(7.8)所示:

$$S_{\text{Immunity}} = [S_{\text{gender}}, S_{\text{age}}, S_{\text{edu}}, S_{\text{pad}}, S_{\text{occ}}, S_{\text{eco}}] \times \begin{bmatrix} w_1 \\ w_2 \\ w_3 \\ w_4 \\ w_5 \\ w_6 \end{bmatrix} \quad (7.8)$$

式中，$\begin{cases} 0 \leqslant w_i \leqslant 1, (i=1,2,3,4,5,6) \\ \sum_{i=1}^{6} w_i = 1 \end{cases}$，且 w_i 表示各属性的权重。w_i 的取值根据社会学统计结果和专家意见，采用层次分析法确定，后期也可以设计不同的权重参数通过计算实验进行研究。

本章将个体关注度定义为个体对谣言消息中涉及的征兆部分(Omen)、危机部分(Crisis)和后果部分(Result)表现出来的关注程度。谣言消息之所以能够在社会生活中被广泛关注，是因为其征兆、危机和后果部分会影响个人的生活或者引起人们的兴趣。为了量化计算这三个因素与关注度的关系，本章在第 2 章谣言知识建模的基础上，围绕地震谣言消息设计关于征兆、危机和后果部分的调查问卷并统计分析，得到主观感受后进行量化计算。

计算方法与免疫力计算方法类似。如果征兆消息的 1000 份有效问卷中，关注程度(j)（关注程度采取 5 分制，1 分代表完全不关注，5 分代表非常关注）从 1 分到 5 分的人数分别为 $N_1 = 80$，$N_2 = 180$，$N_3 = 400$，$N_4 = 230$，$N_5 = 110$，代入 $S_{\text{Omen}} = \dfrac{\sum_{j=1}^{5} N_j \times j}{5 \times \sum_{j=1}^{5} N_j}$，得 $S_{\text{Omen}} = 0.622$。按照同样的方法，可得 S_{Crisis}、S_{Result}。

在此基础上，个体关注度的计算方式如式(7.9)所示。

$$S_{\text{Attention}} = [S_{\text{Omen}}, S_{\text{Crisis}}, S_{\text{Result}}] \times \begin{bmatrix} w_1 \\ w_2 \\ w_3 \end{bmatrix} \tag{7.9}$$

式中，$\begin{cases} 0 \leqslant w_i \leqslant 1 (i=1,2,3) \\ \sum_{i=1}^{N} w_i = 1 \ (N=3) \end{cases}$，$S_{\text{Omen}}$ 表示谣言消息的征兆部分，S_{Crisis} 表示谣言消息的危机部分，S_{Result} 表示谣言消息的后果部分，且 w_i 表示各部分的权重，w_i 的取值根据社会学统计结果和专家意见、采用层次分析法确定，后期也可以设计不同的权重参数通过计算实验进行研究。

个体感受性主要用来度量谣言传播中消息的后果信息给个体带来的感觉和影响，也是导致个体传播谣言消息的重要原因。本书第 2 章定义的谣言消息内容建模包含了征兆可能带来或者曾经带来的后果信息，可能导致个体忧虑谣言中的信息会给自己或者关心的人带来损失。现有的心理学研究成果发现，灾害造成的伤亡越严重，公众的风险感知水平越高[23]；灾害持续时间越长、影响范围越大，公众的风险感知水平越高[24]；随着财产损失的增加，个体的灾害风险感知水平随着提升；个体与灾害的空间距离越大，心理距离也越大，对风险的判断与评估也就更抽象与概要，风险感知水平越低[25]；具有相同灾害经历的个体风险感知水平更高[25]。因此，本章将第 2 章中谣言消息内容建模的后果信息中伤亡情况、影响范围、财产损失、持续时间、发生地距离进行归一化后转化为具体数值，并在此基础上，定义个体感受性 S_{Feeling} 的计算

式(7.10)如下:

$$S_{\text{Feeling}} = [S_{\text{casualties}}, S_{\text{range}}, S_{\text{wealth}}, S_{\text{duration}}, S_{\text{same}}] \times \begin{bmatrix} w_1 \\ w_2 \\ w_3 \\ w_4 \\ w_5 \end{bmatrix} \quad (7.10)$$

式中,$0 \leqslant w_i \leqslant 1, (i=1,2,3,4,5), \sum_{i=1}^{5} w_i = 1$ 且 w_i 表示各属性的权重;$S_{\text{casualties}}$ 表示后果消息中人员的伤亡情况;S_{range} 表示影响的范围;S_{wealth} 表示财产损失情况;S_{duration} 表示持续的时间。这4个属性都可以通过对第2章介绍的谣言消息内容建模中后果的程度部分归一化进行量化计算得到。S_{same} 表示是否具有相同的灾害经历,如果个体经历过相同的谣言,则 S_{same} 为1,否则 S_{same} 为0。w_i 的取值根据社会学统计结果和专家意见、采用层次分析法确定,后期也可以设计不同的权重参数通过计算实验进行研究。

在对免疫力、关注度和感受性进行量化计算的基础上,得到个体态度的计算公式如式(7.11)所示。其中,免疫力越高,个体对谣言的态度是越不相信,即两者负相关;关注度和感受性越高,则个体越可能相信谣言,即二者与态度正相关。

$$T = [1 - S_{\text{Immunity}}, S_{\text{Attention}}, S_{\text{Feeling}}] \times \begin{bmatrix} w_1 \\ w_2 \\ w_3 \end{bmatrix} \quad (7.11)$$

式中,$0 \leqslant w_i \leqslant 1 (i=1,2,3), \sum_{i=1}^{N} w_i = 1 (N=3)$,$w_i$ 表示各因素的权重,其取值根据社会学统计结果和专家意见,采用层次分析法确定,后期也可以设计不同的权重参数通过计算实验进行研究。

7.3.2 信念、愿望与意图逻辑命题定义与学习

1. 信念、愿望与意图逻辑命题集定义

根据7.2.2节中的形式化描述,PA-BDI模型包含受个体公众权威PA影响的信念、愿望和意图。其中的PA由7.3.1节中定义的个体的年龄、职业、受教育程度等属性经过式(7.3)计算得到;PA-BDI模型的信念部分包含其他Agent信息(属性及由属性计算得来的公众权威度、传播消息内容)、自身信息(属性、历史经历、行动以及对应的结果)、对周围环境的认知信息;愿望是Agent希望达到的状态或者希望保持的状态,比如保护自己的利益不受损害;意图是承诺的愿望,是个体愿意实现的愿望。为了更好地表达描述,Agent的信念、愿望和意图都由若干多个原子命题拼接而成的逻辑知识命题组成。这些原子命题(例如:C_1(Agent)= C_{12} 原子命题表示Agent的年龄是青年)的取值分别用分类描述的属性集、行动集、环境集、愿望集来表达(分类

描述都以地震灾害类谣言传播中的消息为背景设计)。

属性集用来描述信念中其他个体和自身个体信息,包括年龄、经济状况、受教育程度、职业类型、行为动机等。根据社会学分类标准[26,27]或国家统计[28]分类标准,本章个体属性集分类描述如表 7.2 所示。

表 7.2 Agent 的属性集

逻辑命题集	分类描述
属性(年龄)集 C_1	c_{11}:婴幼儿 c_{12}:儿童 c_{13}:少年 c_{14}:青年 c_{15}:中年 c_{16}:老年
属性(经济状况)集 C_2	c_{21}:高等经济状况(前 25%) c_{22}:中等经济状况(25% 到 75% 之间) c_{23}:初等经济状况(后 25%)
属性(受教育程度)集 C_3	c_{31}:大学(大专)及以上 c_{32}:高中 c_{33}:初中 c_{34}:小学及以下
属性(职业类型)集 C_4	c_{41}:党政机关人员 c_{42}:军人 c_{43}:办事人员 c_{44}:技术人员 c_{45}:商业与服务业人员 c_{46}:农林牧渔业人员 c_{47}:运输业人员 c_{48}:其他从业人员
属性(行为动机)集 C_5	c_{51}:搬弄是非 c_{52}:置身事外 c_{53}:获得认同 c_{54}:平息事态 c_{55}:无动机

某个 Agent 个体属性的描述可以用表 7.2 中个体属性集分类描述的多个原子命题组合来描述。例如:个体命题 $p_1 = c_{14} \oplus c_{22} \oplus c_{32} \oplus c_{44} \oplus c_{51}$ 表示一个拥有高中文化程度和中等经济状况的青年技术人员,拥有搬弄是非的行为动机;个体命题 $p_2 = c_{15} \oplus c_{21} \oplus c_{31} \oplus c_{41} \oplus c_{54}$ 表示一个拥有大学(大专)及以上文化程度和高等经济状况、

从事党政机关工作的中年人,拥有平息事态的行为动机。个体的属性确定后,可以将个体属性代入式(7.3)计算得到个体的公众权威度。

行动集用来描述 Agent 个体接收消息后的不同行为。个体行动集分类描述如表 7.3 所示。不同个体的行动可以描述为原子命题,例如:$A(\text{Agent}) = a_1$ 表示 Agent 的行为是扩大影响并传播。

表 7.3 个体行动集分类描述

逻辑命题集	分类描述
行动集 A	a_1:扩大影响并传播 a_2:缩小影响并传播 a_3:不修改影响并传播 a_4:不传播

环境信息集用来描述个体观察到的外界信息。个体环境信息集分类描述如表 7.4 所示,表示个体接收消息时的周围环境信息。$E(\text{Agent}) = e_1$ 原子命题表示个体观察到的周围环境是正在下暴雨。

表 7.4 个体环境信息集分类描述

逻辑命题集	分类描述
环境信息集 E	e_1:暴雨 e_2:蜜蜂群迁 e_3:鼠类骚动 e_4:天气异常 e_5:发生山体滑坡 e_6:无异常 ……

愿望集用来描述 Agent 个体希望达到或保持的状态。个体愿望集分类描述如表 7.5 所示,可以表达描述个体愿望和意图种类。$D(\text{Agent}) = d_1$ 原子命题表示个体的愿望是自己没有损失。

表 7.5 个体愿望集分类描述

逻辑命题集	分类描述
愿望集 D	d_1:自己没有损失 d_2:自己有损失 d_3:别人没有损失 d_4:别人有损失 d_5:获得关注 d_6:无愿望 ……

2. 意图逻辑命题集

意图逻辑命题集是将一系列原子命题合并形成的、个体认为可以并承诺达到某个愿望的条件-行为陈述。意图逻辑命题反映了个体在一定的外界环境下,接收到某种消息后,依据自己的属性特征进行逻辑选择行为的结果。意图可以导致多种行动,从而形成了不同的意图命题。结合上述所有的集合及其原子命题,本章将参与信息传播个体 p_1 的所有意图组合成若干个包含个体属性、消息内容、外部环境、反应行动、个体愿望的意图逻辑命题集合,如图 7.5 所示。意图逻辑命题集是个体对生活经历通过联想记忆过程形成的,其大小和内容是动态变化的。图 7.5 描述意图逻辑命题集一共有 11 条意图命题,描述了个体 p_1 历史上经历过的两条消息 m_1 和 m_2、两种外界环境 e_1 和 e_2、两种态度 t_1 和 t_2(如果个体对消息的相信程度大于 0.5,表示该个体态度为 t_1——相信消息,否则表示个体态度为 t_2——不相信消息)下的 4 种行为。以"特大暴雨和山体滑坡引起的泥石流"这一消息(m_1)为例,个体 p_1 的意图逻辑命题 $I_{1-1} = e_1 \oplus p_2 \oplus m_1 \oplus p_1 \oplus t_1 \oplus a_1 \oplus d_1$ 表示:在外界环境为 e_1(暴雨)情况下,具有某种公众权威度的个体 p_2 给个体 p_1 发送了消息 m_1,p_1 在相信该消息 m_1(态度为 t_1)后,选择了采取行动 a_1(扩大影响并传播)达到了自身愿望 d_1(自己没有损失);意图逻辑命题 I_{1-2} 代表了在和 I_{1-1} 相同的情况下,p_1 选择了行动 a_2(缩小程度并传播)达到了自身愿望 d_1(自己没有损失);意图逻辑命题 I_{1-3} 代表了和 I_{1-1} 相同的情况下,不相信该消息时,选择了行动 a_3(不修改影响并传播),达到了自身愿望 d_1(自己没有损失)。

3. 愿望逻辑命题集

愿望是 Agent 希望达到的状态或者希望保持的状态。愿望可能有机会实现,也可能永远不会实现。在本章中,用愿望逻辑命题集来描述个体所有可能被承诺的愿望(即意图)。愿望逻辑命题集是将一系列具有相同愿望的意图逻辑命题合并形成的、个体希望达到状态的条件-行为陈述。比如,I_{1-1}、I_{1-2} 和 I_{1-3} 等具有相同愿望(个体希望自己没有损失 d_1)的命题合并在一起,得到 D_1 愿望逻辑命题集,如图 7.6 所示。

4. 信念逻辑命题集

信念是 Agent 具有的关于环境信息、其他 Agent 信息和自身信息的集合。本章结合愿望、意图逻辑命题集来描述个体的信念逻辑命题集。个体 p_1 某时刻的信念逻辑命题集如图 7.7 所示。该信念逻辑命题集由个体所有愿望命题合并组成,包含了其他 Agent 信息(个体属性及由属性计算得来的公众权威度 pad、传播的消息)、自身的信息(属性、历史经历、行动以及对应的结果)以及 Agent 个体对周围环境的认知信息,由个体的生活经历不同而逐步学习记忆产生。

5. 信念、愿望与意图逻辑命题量化编码

为了实现命题的量化联想记忆学习,本章采用二进制形式表示所有原子命题取值,实现对所有命题进行二进制编码。个体属性集的编码方法如下:用 3 位二进制码来表示 6 种不同的年龄阶段,即"000""001""010""011""100""101"分别表示婴幼儿、

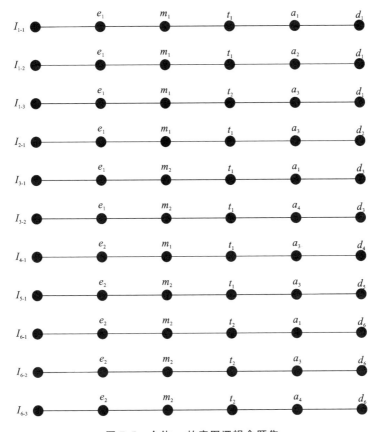

图 7.5 个体 p_1 的意图逻辑命题集

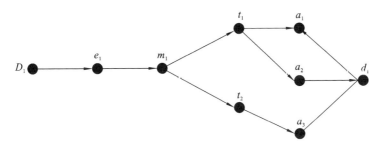

图 7.6 个体 p_1 的 D_1 愿望命题集

儿童、少年、青年、中年和老年;用 2 位二进制码表示 3 种经济状况,即"00""01""10"分别表示高等经济状况、中等经济状况和初等经济状况;用 2 位二进制码表示 4 种受教育程度,即"00""01""10""11"分别表示大学及以上、高中、初中、小学及以下;用 3 位二进制码表示 8 种职业,即"000""001""010""011""100""101""110""111"分别表示党政机关人员、军人、办事人员、技术人员、商业与服务业人员、农林牧渔业人员、运输业人员和其他从业人员;用 3 位二进制码表示 5 种行为动机,即"000""001"

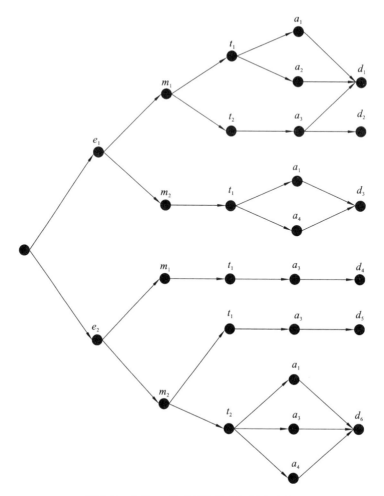

图 7.7 个体 p_1 某时刻的信念逻辑命题集

"010""011""100"分别表示搬弄是非、置身事外、获得认同、平息事态和无动机。综上所述,个体 $p_1 = c_{14} \oplus c_{22} \oplus c_{32} \oplus c_{44} \oplus c_{51}$ 可以用二进制码(011,01,01,011,000)表示。

行动集、环境信息集、愿望集和消息中的元素也可以用同样的方式进行编码。行动集中的 a_1、a_2、a_3、a_4 这 4 种行为分别用"00""01""10""11"表示。类似地,可以用 3 位二进制码表示 6 种环境信息,用 3 位二进制码表示 6 种愿望。消息使用第 2 章 2.3.1 节中的谣言消息内容建模方式来编码,以特大暴雨和山体滑坡引起的泥石流事件消息 m_1 为例,m_1 可以用"{{(0000000,00,00,00,00,00,00,00),(0000000,00,00,00,00,00,00,00),(100000,10,00,00,00,00,00),(00010,00,00,00,01,00),(00000,00,00,00,00,00)},{00000001,(000,000,000,000),(000,000,000,000),(000,000,000,000),(000,000,000,000),(000,000,000,000),(000,000,000,000),(011,100,010,010),{011,010,100,100,011,001,010}}"来表

示。在上述二进制编码的基础上,由多个原子命题组成的意图逻辑命题、愿望逻辑命题和信念逻辑命题也可以用二进制码表示。比如 $I_{1\text{-}1} = e_1 \oplus m_1 \oplus t_1 \oplus a_1 \oplus d_1$ 可以表示为:(000,{{(0000000,00,00,00,00,00,00,00),(0000000,00,00,00,00,00,00,00),(100000,10,00,00,00,00,00),(00010,00,00,00,01,00),(00000,00,00,00,00,00)},{00000001,(000,000,000,000),(000,000,000,000),(000,000,000,000),(000,000,000,000),(000,000,000,000),(000,000,000,000),(011,100,010,010),{011,010,100,100,011,001,010}},0,00,000)。

6. 联想记忆学习

与常规的 BDI 模型采用逻辑推理、冲突消解等方式来形成和更新信念的方法不同,本章结合上述信念、愿望、意图的逻辑命题集合,对所有集合等进行量化编码表示后,采用联想记忆模型来形成和更新信念。第 2 章的联想记忆模型通过扩展后,不仅用于消息的学习记忆,也可以对意图逻辑命题、愿望逻辑命题和信念逻辑命题进行联想学习记忆,通过联想记忆的过程实现信念、愿望和意图的生成与更新。具体来说,事先将对消息的态度、个体自身信息、当时环境信息、选择的行动以及对应的结果配置为二进制表达的各种意图逻辑命题、愿望逻辑命题和信念逻辑命题,通过联想记忆模型训练学习,形成个体信念记忆,为下一步个体行为形成提供支撑。

7.3.3 个体行为的形成

信息论学者 C. 香农和 W. 韦弗在其著作《传播的数学理论》一书中指出,信息的传播过程中会受到干扰(即噪声),这个干扰来自各个方面,有人为因素,也有非人为因素。特别是在谣言传播过程中,传谣者根据自己的主观选择,加上环境、心理、情绪、兴趣等各种因素,任意添加、修改谣言内容[29]。本章考虑到个体在思维和反应的基础上会形成具体传播行为,将谣言传播中个体的行为分成两个部分。一部分是个体对谣言消息进行修改。针对谣言消息,个体拥有自己的思维和反应,结合自己的愿望、意图以及行为动机,产生修改谣言消息的行为。另一部分是消息传播对象的选择。个体在修改谣言消息后,会结合行为动机传播给其他的个体。

1. 个体对谣言消息进行修改

个体接收消息后,根据接收消息、消息发送人和自身信息,采用式(7.11)计算自身对待消息的态度,然后结合自身的态度、接收消息内容、当前所处环境信息调用联想记忆模型对个体信念记忆结果进行知识命题的联想,获得记忆中最可能实现的包含消息内容、环境信息、愿望和行动等信息的愿望知识命题,最终依据行为动机对意图逻辑命题中的消息进行逻辑判断和加工处理,生成新的待传播消息。

日常生活中的谣言,在传播中构成谣言的"事实核心"被掩盖,从简化、强化和同化三个方面被歪曲。这已经成为个体和群体谣言的普遍性特征。根据周普元等[5]对 G.W. 奥尔波特《谣言心理学》的研究,个体接收信息后,在自我意识层面以模糊性和重要性两个维度,对信息进行一系列的歪曲(加工和处理),改变了谣言的"事实核心",从而变成最终待传播的消息。这种歪曲过程采用简化、同化和强化三种方式。其中,简化是指一则多要素的信息将会被谣言传播者省略不符合自身愿望的细节。这种省略是有意识地、系统性地删除细节,谣言中将会省略大量有助于了解事实真相的细节。同化主要是指根据记忆,使谣言朝着简单、协调、结构合理的方向发展,使消息更加连贯、合理、圆满。强化方式是指谣言传播者有选择性地感知、保留和描述相关数量信息,那些呈现出来的信息是保留下来的细节。

本节从模糊性和重要性两个维度出发,结合第 2 章谣言知识建模内容,对个体进行信息加工和处理(歪曲)的完整过程描述如图 7.8 所示:①对接收到的信息进行简化(增加模糊性),省略或模糊消息细节(比如征兆、后果和危机部分的严重程度);②根据个体记忆同化消息,使消息符合个体记忆中曾经认同的消息内容和逻辑;③强化消息,使得消息变短、变简洁,突出重要性。通过与联想到的知识命题中的消息对比,删除一些个体认为不重要的内容,并改变个体认为重要的内容的数量或程度。

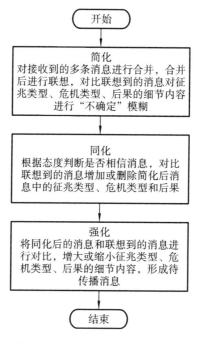

图 7.8　个体消息加工与处理过程

上述过程中不同的个体行为动机会影响简化、同化与强化方式的执行细节,本节针对无动机、搬弄是非、置身事外、获得认同、平息事态等 5 种行为动机,围绕谣言消息加工处理过程分别设计了个体的谣言消息修改流程。

无动机行为动机下的谣言消息修改流程如下:

无动机的个体行动没有特殊倾向性,根据可能达到的愿望(目的)并结合自身的联想记忆,对消息做出正常的逻辑推理。作为现实中存在的最为普遍的一类个体,无动机的个体对接收到的消息的加工处理方式可以视为一种通用的简化、同化、强化歪曲模式。

无动机行为动机下的谣言消息简化流程分为两步,如图7.9所示。第一步,对接收到的多条消息进行模糊合并,把相同的征兆类型、危机类型和后果中不同的细节内容(根据第2章谣言消息建模,征兆类型的细节内容为征兆种类及严重程度,危机类型的细节内容为危机距征兆时间、危机持续时间、危机发生频率、危机严重程度,后果的细节内容为人员损失、未成年人损失、建筑物损失、经济损失、日常生活影响程度、持续时间、影响范围)取为"不确定"(000),把不同的征兆类型和危机类型进行合并,得到初始简化消息。第二步,根据初始简化消息进行联想,把初始简化消息和联想消息非共有的征兆类型、危机类型和后果的细节内容取为"不确定"(000),最终得到一条简化消息。

无动机行为动机下的谣言消息同化流程为:把联想到并且相信的消息中的征兆危机类型和细节内容加入简化消息,将简化消息的后果更改为联想到并且相信的后果,把简化消息和联想到且不相信的消息的征兆类型和危机类型删除,后果取为"不确定"(000),形成一条同化消息。

无动机行为动机下的谣言消息强化流程为:对于同化消息和联想到且相信的消息共有的危机类型和征兆类型,取其中最大的保留或修改,形成一条待传播消息。

无动机行为动机下的谣言消息同化和强化的具体流程如图7.10所示。

搬弄是非行为动机下的谣言消息修改流程如下:

具有搬弄是非行为动机的个体根据可能达到的愿望(目的)去扩大事态,扰乱社会,突出消息中能够扩大影响的部分,忽略事态正常的细节。该类个体对接收到的消息的加工处理方式是对无动机行为动机下通用的简化、同化、强化歪曲模式的一种改进,适应无论个体是否相信消息都要扩大影响的需要。其中,简化流程和无动机的个体一样,如图7.9所示;同化流程中,不考虑是否相信联想到的消息,只将其征兆类型、危机类型和细节内容加入简化消息中;强化流程是在无动机行为动机下强化流程的基础上加入对后果的修改,取同化消息和联想到消息的后果中细节程度最大的内容。搬弄是非行为动机下的谣言消息同化和强化流程如图7.11所示。

平息事态行为动机下的谣言消息修改流程如下:

具有平息事态行为动机的个体根据可能达到的愿望(目的)去缩小事态,维护社会安定,保留并突出消息中程度较小的部分,省略一些过度夸大或不符合愿望的细节。这类个体对接收到的消息的加工处理方式也是对无动机行为动机下通用的简化、同化、强化歪曲模式的一种改进,满足尽可能减小消息中各事件的影响的需要。其中,简化流程和无动机的个体一样,如图7.9所示;同化流程在无动机行为动机下同化流程的基础上不对后果部分进行修改;强化流程在无动机行为动机下强化流程的基础上对征兆和危机的修改变为取细节内容最小的程度,同时加入对后果的修改,取同化消息和联想到的消息的后果中细节程度最小的内容。平息事态行为动机下的

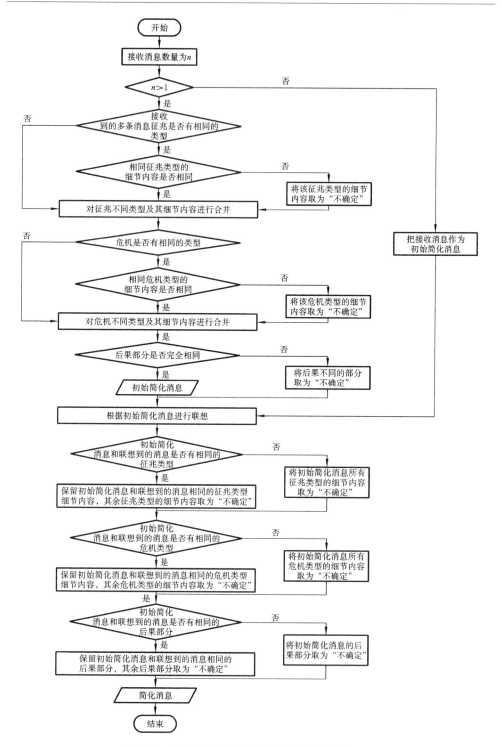

图7.9 无动机行为动机下的谣言消息简化流程

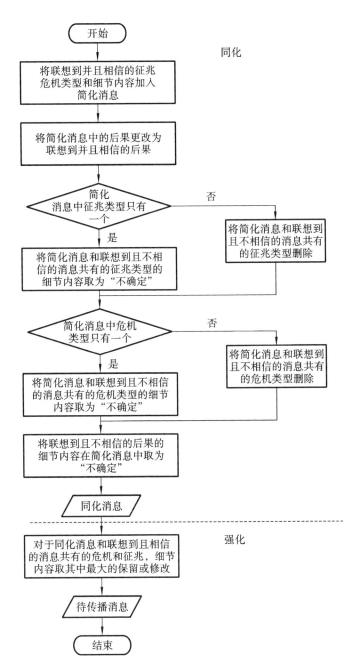

图 7.10　无动机行为动机下的谣言消息同化和强化流程

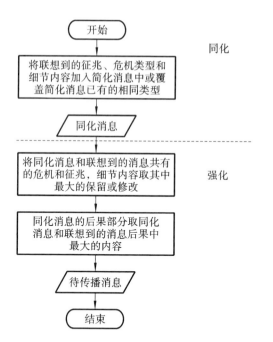

图 7.11 搬弄是非行为动机下的谣言消息同化和强化流程

谣言消息同化和强化流程如图 7.12 所示。

获得认同行为动机下的谣言消息修改流程如下：

具有获得认同行为动机的个体根据可能达到的愿望（目的）要获得更多个体的支持，他人所说即个体所传，以此迎合他人。这类个体对接收到的消息的加工处理方式也是对无动机行为动机下通用的简化、同化、强化歪曲模式的一种改进，但不会对消息进行模糊，尽量不修改接收到的消息。其中，简化流程（获得认同行为动机下的谣言消息简化流程如图 7.13 所示）相较无动机行为动机下的简化流程减少了第二步，不对接收到的消息进行模糊"不确定"操作，合并完成即为简化消息；同化流程将联想到并且相信的征兆类型、危机类型加入简化消息，不考虑不相信的消息；强化流程和无动机行为动机下的谣言消息强化流程（见图 7.10）一样。获得认同行为动机下的谣言消息同化和强化流程如图 7.14 所示。

置身事外行为动机下的谣言消息修改流程如下：

具有置身事外行为动机的个体对消息的关注度不高，在消息模糊性和重要性方面保持不关心、不在乎的态度，不进行联想，也尽可能不对消息进行修改，仅存在简化中的第一步，即针对接收到的多条消息进行合并，与获得认同行为动机下的谣言消息简化流程一样（见图 7.13）。不存在同化和强化的流程。

2. 消息传播对象的选择

在新闻传播过程中，传播者总希望接收者认可自己传播的观点，因此要选择内容与接收主体利益接近、需求接近、兴趣接近的新闻事实[30]。唐朝生[31]在研究在线社

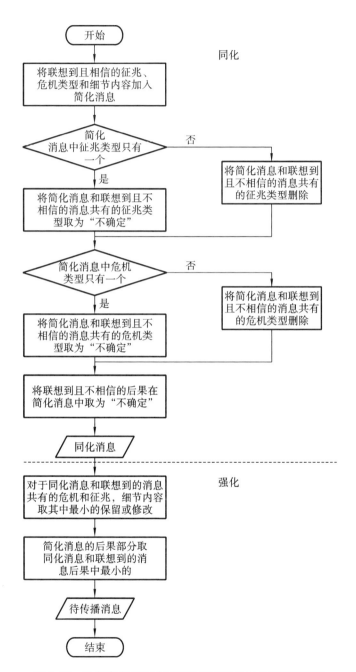

图 7.12 平息事态行为动机下的谣言消息同化和强化流程

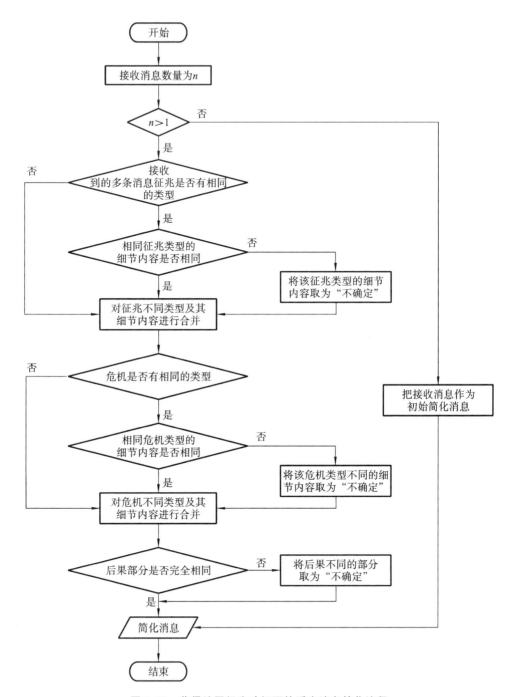

图 7.13 获得认同行为动机下的谣言消息简化流程

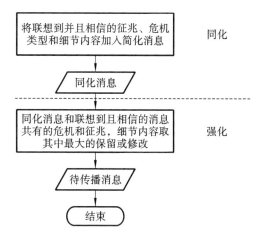

图 7.14 获得认同行为动机下的谣言消息同化和强化流程

交网络信息的传播时,采用个体特征相似性、分类相似性、标签相似性、出生日期等属性或指标构建传播模型。本章将根据相似性的规则进行传播对象选择,具体个体选择规则如下。

第一步,找出与自己(个体 a)有连接关系的个体,即邻域集(对象集)B;

第二步,根据自己与这些个体之间的亲疏关系来找出自己最想传播的个体进行传播。这里的亲疏关系不是单指人际关系的亲疏,还指个体在社会生活中心理上对相同年龄段、相近受教育程度、相似公众权威度、从事相同职业或者相近地域的其他个体的认同感。具体步骤是:计算个体 a 与邻域集合 B 中的所有个体关于以上因素的相似度作为 a 对不同个体的传播意愿,将谣言消息传播给传播意愿最高的若干个邻居个体。个体 a 对其任意邻居 $b(b \in B)$ 的传播意愿 $P_s(a \rightarrow b)$ 如式(7.12)所示:

$$P_s(a \rightarrow b) = [S_{gender}, S_{age}, S_{edu}, S_{PA}, S_{occ}, S_{eco}, S_{dis}] \times \begin{bmatrix} w_1 \\ w_2 \\ w_3 \\ w_4 \\ w_5 \\ w_6 \\ w_7 \end{bmatrix} \quad (7.12)$$

式中,$0 \leqslant w_i \leqslant 1 (i=1,2,\cdots,7)$,$\sum_{i=1}^{7} w_i = 1$,$S_{gender}$、$S_{age}$、$S_{edu}$、$S_{PA}$、$S_{occ}$、$S_{eco}$、$S_{dis}$ 分别表示个体 a 和 b 之间的性别、年龄、受教育程度、公众权威度、职业、经济状况、距离相似度。w_i 表示各因素的权重,其取值根据社会学统计结果和专家意见,采用层次分析法确定,以此设计不同的参数通过计算实验进行研究。

第三步,由于个体传播谣言存在一定的随机性,可用传播概率来描述个体对不同传播对象的倾向程度,个体可能将消息传播给传播意愿最大的 N 个个体,r 为个体最大传播人数,$N<r$ 且 N 符合均匀分布 $U(1,r)$。

7.4 基于 PA-BDI 模型的谣言传播计算实验及结果分析

7.4.1 实验目的及实验方案

1. 实验目的

基于 PA-BDI 模型的谣言传播计算实验以 2008 年 5 月山东省青岛平度地震谣言为实验情景,具体描述如下:5·12 汶川大地震之后,平度出现大规模蛤蟆迁移、水井水温异常升高等现象,之后有多名青岛市民接到"地震局"电话,"宣称"当晚将发生地震。权威的辟谣消息为政府相关部门发布的无地震消息。该谣言消息的起始时间是 2008 年 5 月 28 日,6 月 3 日政府部门介入并发布辟谣消息,谣言于 6 月 5 日在警局抓获谣言传播者以后平息,即谣言传播持续时间为 8 天,辟谣消息于谣言传播发生后第 6 天介入,辟谣过程为 2 天。实验涉及一条谣言消息和一条权威辟谣消息、这两条消息初始发生时刻和这些时刻影响的个体。

该计算实验的目的在于:通过再现该谣言传播及辟谣过程验证前述 PA-BDI 模型的有效性;通过在无辟谣消息存在的情况下,研究谣言传播的过程;通过设置不同的辟谣消息介入时刻和辟谣部门的不同公众权威度研究辟谣的策略。

2. 实验方案

本实验以基于 PA-BDI 模型的个体模型和行为规则为基础,利用实验方案管理平台提供的数据,在计算实验平台上进行谣言传播和权威辟谣的仿真。方案如下。

实验方案 1:实施 2008 年 5 月青岛平度地震谣言传播过程的计算实验。该实验基于 PA-BDI 模型对个体进行建模,再现谣言传播和辟谣的动态过程,并将实验结果与真实情况进行分析对比,验证实验模型的有效性。

实验方案 2:无辟谣消息介入的谣言传播的计算实验。该实验中,只有谣言消息在人群中传播,对无辟谣消息介入情况下谣言传播的整个生命周期过程进行分析和研究,探索谣言传播的一般性规律。

实验方案 3:进行谣言传播和权威辟谣的计算实验。在实验方案 2 的基础上,在不同时间段加入不同公众权威度个体的辟谣消息,通过多次计算实验,对各种辟谣方案的谣言传播过程进行研究。通过观察辟谣消息加入的不同时间点的谣言传播情况,分析和研究辟谣的时机和效果。通过对不同公众权威度下的辟谣效果分析,研究政府有关权威部门的公众权威度对辟谣效果的影响。

7.4.2 实验数据准备

谣言传播仿真实验所需数据包括基础数据、消息与知识命题定义、个体学习数据配置等。

1. 基础数据

基础数据是利用谣言传播仿真实验原型系统的基础数据生成模块生成的数据,本次实验的基础数据包括500个社会个体的属性信息。本章采用的是第六次全国人口普查数据[28],计算得到男性占全国总人口的51.2%,女性占48.8%;0~14岁占16.60%,15~59岁占70.14%,60岁及以上占13.26%;具有大学(大专)以上文化程度占全国总人口的8.8%,具有高中(含中专)文化程度占13.7%,具有初中文化程度占37.9%,具有小学文化程度占26.2%;居住在城镇的人口占全国总人口的49.68%,居住在乡村的人口占50.32%;随机抽查结果显示,人口漏登率为0.12%。实验基础数据的生成过程中,根据个体信息数据的分类和定义,结合谣言传播仿真实验的需要,将性别、文化程度属性按照人口普查的分类进行,年龄属性进一步细化为婴幼儿、儿童、少年、青年、中年、老年,文化程度属性中的高中文化程度和初中文化程度合并为中等文化程度,同时还增加了职业类型的属性等。500个社会个体的属性分布如图7.15所示。

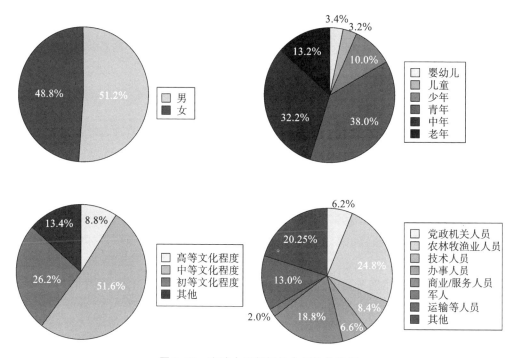

图 7.15 实验人口数据社会属性分布图

通过分析和计算,实验基础数据的500个个体的性别、年龄、文化程度的分布与第六次人口普查数据的分布的偏差率在0.5%以内,符合正常的误差范围,所以可以把基础数据作为实际人口数据的一个有效样本。

实验基础数据的500个个体,其中499个为无动机个体,社会属性符合上述社会属性分布。剩下 1 个为搬弄是非个体,根据此次地震谣言的实际情况,造谣者即为该个体,其性别为男,年龄为青年,文化程度为高等文化程度,其余属性同样符合上述属性分布。

辟谣消息由政府等权威机构或部门发布,将该机构视为投放辟谣消息的个体,无行为动机,只传出特定辟谣消息,不参与谣言传播。

2.消息与知识命题定义

本次实验所用的消息可分为待传播消息、辟谣消息和待学习消息,均依据第 2 章的内容进行量化建模。

待传播消息为平度出现大规模蛤蟆迁移、水井水温异常升高等现象,之后有多名青岛市民接到"地震局"电话,"宣称"当晚将发生地震。其征兆、危机、后果部分二进制编码如下:

征兆:大规模蛤蟆迁移"(0100000,00 11 00 00 00 00 00)",水井水温异常升高"(0001000,00 00 00 10 00 00 00)"。完整编码为"{(0100000,00 11 00 00 00 00 00),(0001000,00 00 00 10 00 00 00),(000000,00 00 00 00 00 00),(00000,00 00 00 00 00),(00000,0000000000)}"。

危机:山东发生 7 级地震,距离一天"(101,101,001,001)",无其他危机。编码为"{10000000,(101,101,001,001),(000,000,000,000),(000,000,000,000),(000,000,000,000),(000,000,000,000),(000,000,000,000),(000,000,000,000),(000,000,000,000)}"。

后果:无财产及伤亡描述,影响本省范围"{000,000,000,000,100,011,100}"。

将上述三部分合并,得到实验所用的待传播谣言消息二进制编码为"{(0100000,00 11 00 00 00 00 00),(0001000,00 00 00 10 00 00 00),(000000,00 00 00 00 00 00),(00000,00 00 00 00 00),(00000,0000000000)},{10000000,(101,101,001,001),(000,000,000,000),(000,000,000,000),(000,000,000,000),(000,000,000,000),(000,000,000,000),(000,000,000,000)},{000,000,000,000,100,011,100}}"。

辟谣消息中征兆部分是已经发生的事件信息,和谣言消息一致,而危机和后果部分没有发生,需要辟谣,内容为 0。完整的辟谣消息二进制编码为:"{(0100000,00 11 00 00 00 00 00),(0001000,00 00 00 10 00 00 00),(000000,00 00 00 00 00 00),(00000,00 00 00 00 00),(00000,0000000000)},{00000000,(000,000,000,000),(000,000,000,000),(000,000,000,000),(000,000,000,000),(000,000,000,000),(000,000,000,000),(000,000,000,000)},{000,000,000,000,000,000,000}}"。

实验个体待学习消息选择 1 条真实地震消息和 2 条地震谣言消息,一共 3 条。

(1)唐山大地震,震前出现鱼类躁动、黄烟漫天等异常,收音机失灵,声音忽大忽小、时有时无,调频不准,有时连续出现噪声,日光灯异常;随后发生7.8级地震,一震持续23 s,无线电失联一周;地震造成重大人员伤亡,财产损失,影响多个省份。二进制编码为:"{{(0001000,00 00 00 10 00 00 00),(0000000,00 00 00 00 00 00 00),(000001,00 00 00 00 00 10),(00000,00 00 00 00 00),(00101,00 00 11 00 10)},{10001000,(000,100,101,110),(000,000,000,000),(000,000,000,000),(000,000,000,000),(000,100,101,110),(000,000,000,000),(000,000,000,000),(000,000,000,000)},{101,101,101,101,101,101,101}}"。

(2)阜阳地震谣言,当地当晚风雨交加且带冰雹,气候恶劣,谣言宣称将于第二天一点到七点发生5.4级地震,在本市范围内造成轻微伤亡,无财产损失描述。二进制编码从略。

(3)运城地震谣言,当地一口水井水位上升,并传出异响,当地居民认为所在乡镇正在发生轻微地震,但没有人员、财产等损失的描述。二进制编码从略。

以上三则学习消息,第一条为事实,后两条为谣言,故命题中对第一条态度设为相信,对后两条设为不相信。为简化实验内容,将不再设定环境信息,且个体的行动与愿望分别为"不修改影响并传播"与"无愿望",得到知识命题如下:

唐山大地震知识命题:"(000,{{(0001000,00 00 00 10 00 00 00),(0000000,00 00 00 00 00 00 00),(000001,00 00 00 00 00 10),(00000,00 00 00 00 00),(00101,00 00 11 00 10)},{10001000,(000,100,101,110),(000,000,000,000),(000,000,000,000),(000,000,000,000),(000,100,101,110),(000,000,000,000),(000,000,000,000),(000,000,000,000)},{101,101,101,101,101,101,101}},0,01,000)"。

阜阳地震谣言知识命题:略。

运城地震谣言知识命题:略。

3. 个体学习数据配置

本次计算实验所用的学习模型为基于海马体CA3区的联想记忆模型,详细联想记忆模型可以参考第2章相关内容。考虑到实验方案范围和目标,本次实验中所有个体都学习上述3条知识命题,并在此基础上对谣言消息与辟谣消息进行联想。

7.4.3 实验过程及结果分析

1. 地震谣言传播过程计算实验及结果分析

(1)实验过程

计算实验以 $t_0 = 0$ 为开始时间,$h = 6$(小时)为时间步长,仿真时间 $t = t_0 + h \cdot n$。地震谣言传播过程计算实验的动态过程如图7.16所示。在图7.16中,有4类个体,一类最先受到谣言影响,一类最先接收到辟谣消息,一类不相信谣言,还有一类相信谣言。在初始时刻,所有的个体都不相信谣言。

在 $t = 0$ 时刻,即计算实验的初始时刻,人群中并没有出现谣言消息,相信谣言的

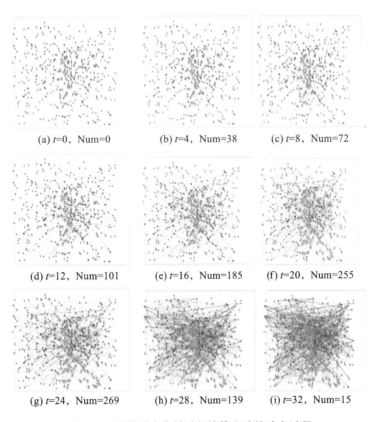

图 7.16 地震谣言传播过程计算实验的动态过程

个体数量为 Num=0。在 $t=4$ 时刻,即仿真的第 2 天,实验情景中的谣言消息投放到实验人群中,相信谣言的个体数量为 Num=38。随着谣言的传播,在 $t=8$ 时刻,即在第 2 天结束第 3 天开始的时候,人群中相信谣言的人数上升为 Num=72。谣言继续传播,经过第 3 天和第 4 天的传播,在 $t=20$ 即第 5 天结束第 6 天开始的时候,政府相关部门介入谣言传播并发布权威的辟谣消息,但是因为谣言已经传播了一段时间,而辟谣消息的传播也有一个过程,所以在 $t=24$ 时刻,相信谣言的个体数量继续上升为 Num=269,但上升的幅度已经较小。在 $t=28$ 时刻,谣言消息和辟谣消息均在人群中传播,辟谣的效果已经显现出来,相信谣言的个体数量下降为 Num=139。在 $t=32$ 时刻,由于辟谣消息经过一段时间的传播,更多的个体接收到权威的辟谣消息,人群中相信谣言消息的人数下降为 Num=15。由于辟谣消息传播途径的限制和部分奇异个体的存在,除少数个体外,此时大部分个体已经不再相信谣言,人群回归平静。

(2)实验数据分析

为了更好地将实验结果与实际的谣言传播情况进行对比,对实验中的人群关注度、相信谣言的个体数量等数据(见图7.17)进行分析。

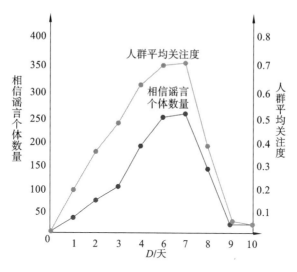

图 7.17 地震谣言传播过程计算实验结果分析图

对以上数据进行分析,可以得出如下结论:

① 相信谣言的个体数量有一个动态变化的过程:当谣言消息在人群中快速传播时,个体相信谣言消息的数量随之上升;当权威的辟谣消息刚介入谣言传播时,由于辟谣的作用尚未凸显,相信谣言的个体数量仍有小幅上升;随着辟谣消息的广泛传播,很多个体不再相信谣言消息,最后人群归于平静。

② 与个体数量的变化相同,人群的关注度也有一个动态的变化过程:随着谣言传播的持续进行,个体的联想学习使消息不断更新,且越来越多的个体关注谣言消息,当 $D=6$ 时,辟谣消息的作用已经凸显,谣言传播的速度得以控制。由于权威辟谣消息的作用,人群的关注度反而上升,但随着辟谣继续进行,人群的关注度下降,并表现出与谣言相信者数量相同的变化趋势。

③ 本次实验谣言传播一共持续了 8 天时间,在政府部门的辟谣消息在第 6 天开始发布并在人群中传播后,经过 8 个仿真步长即 2 天的时间完成了辟谣,谣言趋于消亡。这符合实际的谣言传播情况。

2. 无辟谣情况下的谣言传播计算实验及结果分析

(1) 实验过程

无辟谣情况下的谣言传播计算实验动态过程如图 7.18 所示。

以上实验结果表明,在谣言传播的开始阶段,随着谣言的逐步传播,越来越多的个体相信谣言,并产生了谣言传播行为。由于实验情景的谣言消息是 2008 年 5 月山东省青岛平度地震谣言,该谣言发生于 5·12 汶川大地震之后,在当时很有蛊惑性,这一点在仿真实验中得到体现。随着仿真实验的继续进行,当 $t=12$ 时,谣言传播发

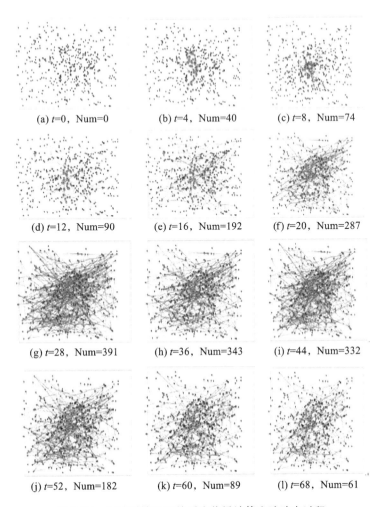

图 7.18 无辟谣情况下的谣言传播计算实验动态过程

展到快速传播阶段,此时相信谣言的个体数量急剧增多;当谣言传播进行到 $t = 28$ 时,人群中已经有相当多的个体相信谣言,谣言传播的范围和影响的人数都达到顶峰;随着时间的推移,由于谣言所描述的事件仍然没有发生,个体对谣言的征兆、危机后果的关注程度都会逐步下降,导致对谣言的关注度逐步下降,谣言逐步走向衰减,最后稳定在 Num=61 的状态附近。但是由于没有权威部门的辟谣,最终仍有一定数量的个体相信该谣言。

(2)结果分析

图 7.19 是谣言传播计算实验过程中相信谣言的个体数量变化趋势。

通过对图 7.19 中的数据进行分析,可以得出如下结论:

①谣言传播有一个动态变化的过程,开始($0 \leqslant D < 3$)时,谣言传播处于起始和发展阶段,由于少数个体的传谣行为,相信谣言的个体数量逐步增加,但是谣言尚未

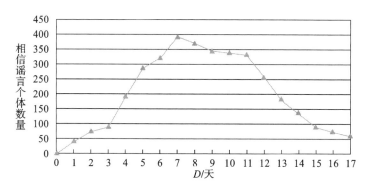

图 7.19　谣言传播计算实验过程中相信谣言的个体数量变化趋势

大面积传播;在 $3 \leqslant D < 7$ 阶段,个体的关注度和感受性都明显增加,谣言传播进入爆发期,谣言传播在深度和广度上都得以加强,达到顶峰;在 $7 \leqslant D < 11$ 阶段,谣言传播进入稳定期。此时,由于很多个体的免疫力很高,即使谣言已经传播开来,他们也不相信谣言,因此相信谣言的个体数量趋于平稳;在 $11 \leqslant D \leqslant 17$ 阶段,由于谣言所描述的事件没有发生,随着时间的推移,个体的关注度下降,越来越多的个体不相信谣言,谣言传播进入衰退、消亡期。

②该实验中谣言传播持续的时间为 17 天,比有辟谣的情况下增加了 9 天。这说明,谣言传播即使在无辟谣的情况下,也会走向消亡,但是持续的时间较长。

3. 不同辟谣因素下的谣言传播计算实验及结果分析

(1) 辟谣消息介入时间与辟谣效果

$t = 1$ 为谣言消息传播的初始时刻,t_p 表示权威辟谣消息介入的时间,t^* 表示最终谣言传播结束、人群归于平静的时间,Num^* 表示最终人群中相信谣言消息的人数。考虑辟谣消息介入时间因素的谣言传播计算实验动态过程如图 7.20 所示。

不同辟谣时刻与辟谣效果结果如图 7.21 所示,分析可得如下结论:

①谣言传播时,政府相关部门越早介入并及时发布权威辟谣消息,谣言传播会越早结束,并且人群中最终相信谣言的个体数量越少,即辟谣的效果越好。

②如果辟谣消息不能及时介入,谣言传播的持续时间更长,波及的范围更大。即使之后有辟谣消息介入,但由于错过好时机,最终会影响到辟谣的效果。

(2) 公众权威度与辟谣效果

为了研究公众权威度与辟谣效果的关系,通过改变权威部门的公众权威度、保持其他条件不变,进行多次计算实验,设 PA 表示权威部门的公众权威度,T^* 表示谣言传播结束的时间(单位:天),Num^* 表示人群中最终仍然相信谣言消息的个体数量。考虑不同公众权威度的谣言传播计算实验动态过程如图 7.22 所示。

不同公众权威度与辟谣效果结果如图 7.23 所示,分析可得如下结论:

①辟谣的主体公众权威度越高,谣言传播持续的时间越短,经过辟谣后,人群中

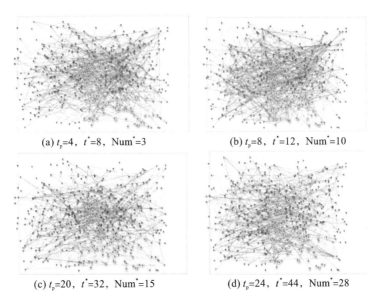

图 7.20 考虑辟谣消息介入时间因素的谣言传播计算实验动态过程

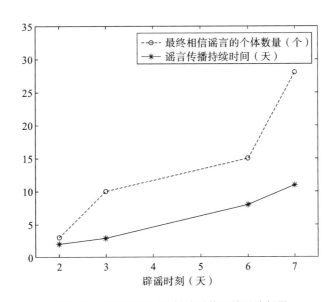

图 7.21 不同辟谣时刻与辟谣效果结果分析图

相信谣言的个体数量越少,即辟谣的效果越好。

②辟谣的主体公众权威度对谣言传播持续时间的影响相对有限,但对辟谣后最终相信谣言的个体数量的影响很大。

③当政府相关部门的公众权威度很高时,谣言传播在当天就可以结束。政府相关部门提高自身公信力和公众权威度可以加快辟谣的进程。

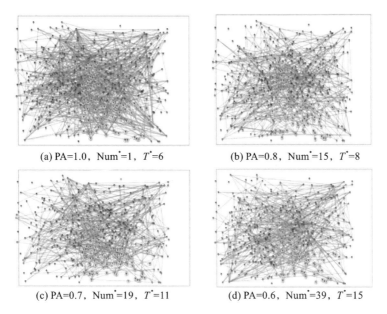

(a) PA=1.0，Num*=1，T^*=6
(b) PA=0.8，Num*=15，T^*=8
(c) PA=0.7，Num*=19，T^*=11
(d) PA=0.6，Num*=39，T^*=15

图 7.22　考虑不同公众权威度的谣言传播计算实验动态过程

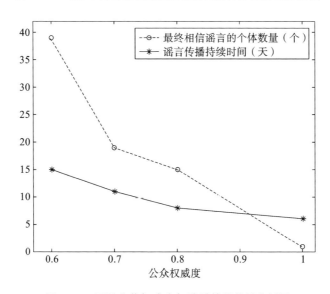

图 7.23　不同公共权威度与辟谣效果结果分析图

参 考 文 献

[1] 吴鹏,王夏婷,金贝贝. 基于 BDI-Agent 模型的网民集群行为建模研究[J]. 情报理论与实践,2019,42(4):136-144.

[2] Casali A,Godo L,Sierra C. A graded BDI agent model to represent and reason about preferences[J]. Artificial Intelligence,2011,175(7-8):1468-1478.

[3] 张晓君,周昌乐.情感等级BDI主体模型研究[J].模式识别与人工智能,2013,26(7):615-622.

[4] 庄一凡.异质性Agent信念形成和改变方法研究[D].武汉:华中科技大学,2019.

[5] 周普元,余航远.谣言传播的个体心理模型及其运演规则——G.W.奥尔波特、L.波斯特曼《谣言心理学》述评[J].甘肃理论学刊,2022(1):112-120.

[6] 李小平,杨晟宇,李梦遥.权威人格与权力感对道德思维方式的影响[J].心理学报,2012,44(7):964-971.

[7] Kaeperski K,Hoyst J A. A simple model of a social group with a leader[J]. Journal of Tech Physics,1997,38(2):393-396.

[8] 丁雪峰,胡勇,赵文,等.网络舆论意见领袖特征研究[J].四川大学学报(工程科学版),2010,42(2):145-149.

[9] Xiao R B,Yu T Y,Hou J D. Modeling and simulation of opinion natural reversal dynamics with opinion leader based on HK bounded confidence model[J]. Complexity,2020,2020:7360302.

[10] Zhao Y,Kou G,Peng Y,et al. Understanding influence power of opinion leaders in e-commerce networks:an opinion dynamics theory perspective[J]. Information Sciences,2018,426:131-147.

[11] Hofling C K,Brotzman E,Dalrymple S,et al. An experimental study in nurse-physician relationships[J]. The Journal of Nervous and Mental Disease,1966,143(2):171-180.

[12] Blass T. Understanding behavior in the milgram obedience experiment:the role of personality,situation,and their interactions[J]. Journal of Personality and Social Psychology,1991,60(3):398-413.

[13] Blass T. The Milgram paradigm after 35 years:Some things we not know about obedience to authority[J]. Journal of Applied Social Psychology,1999,29(5):955-978.

[14] 梁岩.信息提供者的年龄和情绪对7—9岁儿童选择性信任的影响[D].烟台:鲁东大学,2021.

[15] 沈萍霞.教师权威的困境与出路探索[D].西安:陕西师范大学,2012.

[16] Artificial A,Georgeff M P. Modeling rational agents within a BDI-Architecture[C]//Proceedings of the Second International Conference on Principles of Knowledge Representation and Reasoning(KR). Cambridge, Massachusetts:Morgan Kaufmann Publishers Inc.,1991:473-484.

[17] 石纯一,张伟.基于Agent的计算[M].北京:清华大学出版社,2007.

[18] 宁连举,万志超.基于团购商品评论的网络意见领袖识别[J].情报杂志,2013, 32(8):204-207.
[19] 刘欣,李鹏,刘璟,等.社交网络节点中心性测度[J].计算机工程与应用,2014, 50(5):116-120.
[20] 李晓冉,蔡国永.社会网络个体节点影响力研究[J].桂林电子科技大学学报, 2013,33(4):309-313.
[21] 顾志娟,葛绮楠,刘丫,等.大学生对社交媒体上谣言的态度及其影响因素[J]. 新闻春秋,2014,2014(2):56-63.
[22] 宋晓明.网络群体性事件中的网民参与者心理特征及心理疏导[J].西南政法大学学报,2014,16(5):41-51.
[23] 李华强,范春梅,贾建民,等.突发性灾害中的公众风险感知与应急管理——以5·12汶川地震为例[J].管理世界,2009,25(6):52-60+187-188.
[24] 王炼,贾建民.突发性灾害事件风险感知的动态特征——来自网络搜索的证据[J].管理评论,2014,26(5):169-176.
[25] 杨维,罗静,周志刚.情绪状态、信息关注与地震风险感知研究[J].保险研究, 2014(7):61-71.
[26] 罗淳.关于人口年龄组的重新划分及其蕴意[J].人口研究,2017,41(5):16-25.
[27] 艾小静.乡村振兴背景下中国农村不同收入等级家庭消费结构影响因素研究[J].中共乐山市委党校学报,2021,23(4):66-75.
[28] 中华人民共和国国家统计局.中国统计年鉴[M].北京:中国统计出版社,2013.
[29] 郭庆光.传播学教程[M].北京:中国人民大学出版社,1999.
[30] 杨保军.试论新闻传播规律[J].国际新闻界,2015,27(1):59-65.
[31] 唐朝生.在线社交网络信息传播建模及转发预测研究[D].秦皇岛:燕山大学, 2014.

第8章 基于多Agent仿真的社交网络虚拟社区谣言传播

谣言传播会误导社会舆论,损害公共利益,引发社会动荡。当今现实社会里的谣言与互联网的结合,使得谣言的影响作用放大。谣言传播现在更依赖于互联网上的虚拟社区。现实生活中产生的谣言,经过网络途径的传播,扩散迅速,影响面广,在特定情况下会引发民众的恐慌、不安,严重的甚至可能会引起群体性事件,由此构成安全的严重挑战。在网络环境下,谣言的传播方式发生了根本性的改变。社会以人群聚集为主要特征,网络社会中网民也呈现出聚集特征。不同类型的聚集形成了不同的虚拟社区,而虚拟社区的社会网络结构无疑会影响谣言的传播,多主体(Agent)仿真为解决此类复杂问题提供了有效手段。

本章收集某社交网站的网络结构数据,基于这种真实的环境,建立了在线社交网络上谣言传播的多主体仿真模型[1]。数值仿真结果表明,交友型的虚拟社区并未彻底杜绝谣言在该网络中的扩散;与无标度网络相比,真实网络条件下的谣言扩散程度较小,谣言再次爆发的风险较大;规范虚拟社区网络文化,培育良好的虚拟社区网络文化氛围,可以对网络上的谣言传播过程产生良性的作用,但难以影响谣言传播稳态时处于各种状态人数的比例。

8.1 引　　言

谣言在现实社会中的传播,往往对公共安全产生影响,大多数群体性事件的诱发也源于此[2]。互联网的普及以及网络的虚拟性和匿名性的特征,使得网络上的谣言扩散成为一种普遍现象,现今许多群体性事件的发生源于互联网上的谣言扩散。互联网上的谣言扩散多发生在在线虚拟社区中。按社区成员的目的,虚拟社区可分为交易社区、兴趣社区、幻想社区和关系社区4种[3]。虚拟社区助长了谣言的传播能力与影响范围。在Web 2.0背景下,社交性网站(social network site,SNS)这种以交友型为主的关系社区得到快速发展,代表性网站为美国的Meta网站等。这种交友型的虚拟社区依据美国社会心理学家Milgram的六度分离理论建立,用来运营朋友圈,并将线下的好友关系部分移植到互联网上。按照六度分离理论,每个个体的社交圈都不断放大,最后成为一个大型网络(SNS网络),这是社会网络理论在现实中的应用[4,5]。因此,谣言传播范围受社交网络的影响,探讨谣言在SNS网络上的传播具有现实意义。

　　交友型社交网络是一种内聚型发展的关系型在线虚拟社区,最初只有少数节点,通过熟人之间的邀请,以"滚雪球"的方式,形成有千万节点的在线社区,最终呈现出一种网络结构。与现实社交网络相比,社交型虚拟社区是现实中的朋友圈在网络上的延续,但是其所建立的关系并不完全依赖于现实的好友关系。以小世界网络和无标度网络为代表的复杂网络研究为从整体的系统结构来探讨分析系统性质提供了一种新的手段。社会网络分析几十年来一直被应用于社会学中的社会网络结构研究。群体性事件的涌现与网络环境下的信息、舆论、谣言的传播联系十分紧密。在线虚拟社区上的信息传播也得到了广泛的关注。在线交友网络作为一种关系型的虚拟社区,具有十分明晰的网络结构,其上的信息传播又依赖于网络特征。同时,针对在线交友网络的网络结构的探索为复杂网络的研究提供了实证数据。因此,探讨在线交友网络的网络特征对信息传播具有理论和现实意义。

　　经典的传播理论模型以传染病模型为代表的微分方程为主,如经典的 Bass 模型[6]及 SIR、SIS 等模型[7],一些谣言扩散问题可利用微分方程模型来分析[8]。微分方程模型是一种宏观方法,包含了较理想的假设条件,降低了模型的现实应用价值。从信息传播角度看,谣言传播过程不同于传染病的传播过程,原因在于信息的接收者不仅具有被动接收信息的能力,而且具有主动收集信息的能力,这同传染病的被动感染有所区别。另外,这类模型在建立微分或差分方程时,忽略了传播所依赖的网络的结构特性。复杂网络的研究表明,相当一部分现实复杂系统的网络具有小世界网络效应[9]和无标度网络效应[10]。复杂网络的拓扑结构对系统的传播动力学特征至关重要[11,12]。段文奇等利用复杂网络建立了网络效应新产品扩散模型,发现主体决策的策略性行为和网络拓扑结构是影响网络效应新产品扩散的关键因素[13]。Pastor-Satorras 等发现规则网络和小世界网络中总存在一个传染强度阈值,而无标度网络中疾病传染的阈值却接近于零[12]。微分方程难以表达小世界网络或无标度网络特征,难以从结构层面更深入探讨谣言传播过程。

　　交友型虚拟社区社会网络中的节点为具有"智能"的个体,个体之间存在着关系网络,这都符合多 Agent 仿真技术的特点。SNS 网络中的网络节点可看作独立的 Agent,节点间的谣言扩散过程可看作 Agent 与临近 Agent 的交互行为。本章将探讨谣言在 SNS 网络上的传播。在收集某社交网站的网络结构数据的基础上,从微观的角度出发,围绕谣言传播的微观过程和动力学特征问题,以收集到的网络结构数据为传播网络环境,本章建立了一个基于多 Agent 的 SNS 网络上谣言传播的模型,并在此基础上进行仿真实验和相关分析。

8.2　基础理论与研究现状

　　随着互联网的普及,逐渐产生了新闻组、聊天室、论坛、博客、微博、微信等新技术形态,从而产生了基于网络交流的虚拟空间,即虚拟社区。虚拟社区的交流方式及载体是当今互联网发展的主要潮流,其发展势头迅猛。信息传播的研究领域可总结为三类基本问题。一是信息传播的途径,信息传播途径直接影响信息传播的时间和范围。二是信息传播的参与者,人作为信息处理的主体,在信息传播过程中具有关键性的作用,参与者间不同的关系强度会引发不同的扩散效果。三是信息的传播模型,这是该领域的核心难点问题。信息传播经典模型被应用于讨论信息传播的动力学过程。当前的在线虚拟社区为谣言传播提供了场所,同时由于虚拟社区的社会网络结构,谣言传播需要考虑虚拟社区的网络结构,即需要通过社会网络理论及社会网络分析来对其进行结构分析[14]。社会网络理论为谣言传播提供了宏观的结构环境[15];在微观层面,多Agent建模与仿真为探索信息传播的机理提供了主要的技术支持手段[16]。下面将从信息传播模型、社会网络理论、多Agent仿真及其应用等方面介绍本章研究问题的理论基础,并针对在线虚拟社区的信息扩散的文献进行回顾。

8.2.1 信息传播模型

基于微分动力学,Kermack和McKendrick[17]于1927年建立了经典的SIR模型,此后该模型被广泛地应用在传染病扩散研究中。传染病的传播方式和信息扩散的机制类似,于是,SIR模型被应用到信息传播机制研究中,成为信息传播的经典模型之一。SIR模型满足三个基本假设:第一,群体人口总数保持不变;第二,已感染者与未感染者接触时会以一定概率感染未感染者;第三,已感染者又会以一定概率获得抗体后成为已治愈者,已治愈者由于有了抗体不会被再次感染。利用这些基本的假设可以探索各类信息扩散的动力学问题,传染病模型也经常与社会网络理论相结合[18]。

经典的疾病传播模型被广泛地应用于信息传播过程的研究,例如谣言传播研究中。谣言的传播过程跟疾病传播过程具有很大的相似性。很多专家学者在研究谣言传播过程时借鉴传染病模型的思想,将社会网络中的节点划分为未知者(I)、传播者(S)、免疫者(R)三类。未知者代表不知道谣言的人群,在知道谣言后存在一定的概率传播谣言;传播者即为知道谣言并继续传播的个体;免疫者则为知道谣言,但失去传播兴趣的个体。在谣言传播过程中,社交网络中的个体按照一定的概率在不同状态间转化,即可建立不同的谣言传播概率方程来刻画谣言传播模型。

另一个经典的信息传播模型是Bass模型[6],用Bass模型来研究网络上的信息扩散也有一些案例[19]。在对新产品和新技术扩散的预测的研究中,多种创新扩散模型被提出,最初的创新扩散模型认为采用者只受到大众媒体的影响。1969年,Bass结合口碑传播对创新扩散模型进行扩展与分析,认为新产品和新技术的采用者受到大众媒体和口头传播的双重因素的影响,从而提出了Bass模型。

此外,社会网络中传播的信息在一定程度上具有竞争性,它们希望可以扩大自己的传播范围。现实中,社会网络中会有多个传播信息共同作用,并在传播过程中相互作用和竞争。近年来,越来越多的研究者开始关注多个传播信息相互作用的结果。传播信息间的竞争损害了信息各自的传播效果,而相互合作则有助于各自的扩散[20]。对于创新传播,Kocsis 等[21]提出了信息通道的竞争模型,模型中个体获悉创新及其优势之后进行信息传递,其传递效果受到网络结构、广告驱动力、个体间关系强度的影响,将创新的传播过程使用一个微分方程来刻画,描述信息个体的传播现象。在复杂系统研究领域,Bak[22]对沙堆模型的研究结果影响了大量学者对现实中自组织临界现象的实证和理论研究。Gleeson 等[23]借助所提出的模因传播模型研究了模型中竞争导致的临界性,即多个传播信息对用户注意力这种有限资源的竞争是导致系统处于临界态的原因。

信息的传播不仅局限于某一特定的网络,例如新闻可以在门户网站、微博、微信等多个平台传播,信息跨多个社会网络的传播已经成为信息传播的研究热点。信息在不同社会网络中传播时,不同网络往往耦合在一起,形成多层网络[24]。因为有些用户可能是多个平台的注册者,这使信息的跨平台传播成为可能,从而可能涌现出不同的传播规律以及传播特性。

8.2.2 社会网络理论

信息扩散行为背后的个体之间的社会网络在近年来引起众多学者的关注,社会网络结合信息扩散的研究成为热点。信息扩散行为的主体都嵌入一个个真实的社会关系网络中。社会网络理论以不同的观点看待社会结构,视社会结构为一张人际社会网,节点代表个体,个体与个体的关系表示联系。虚拟社区中成员及其关系就是一个社会网络。社会网络分析(SNA)研究社会网络的基本属性、核心、小群体等特质,进而研究其对信息扩散的影响,即基于社会网络的信息扩散的研究侧重分析社会网络的结构和基本属性因素是如何影响信息扩散的。

社会网络理论由一系列与之相关的结构解释及结论组成,包含结构层面的各种指标定义及其实现,即社会网络分析。社会网络理论的核心理论包括强弱关系理论、社会资本理论、结构洞理论这三大类。

经济行为发生于社会网络中的相识者之间,其交易的基础是信任,而信任依赖于社会网络的关系联结。强关系与弱关系社会网络的节点依赖联结产生联系,关系是网络分析的最基本分析单位。强关系和弱关系在知识和信息的传递中发挥着不同的作用。强关系是在性别、年龄、受教育程度、职业身份、收入水平等社会经济特征相似的个体之间发展起来的,而弱关系则是在社会经济特征不同的个体之间发展起来的。群体内部相似性较高的个体所了解的事物、事件经常是相同的,所以通过强关系获得的资源常是冗余的。而弱关系是在群体之间发生的,跨越了不同的信息源,能够充当信息桥的作用,将其他群体的信息、资源带给本不属于该群体的某个个体。网络中同质性较高的个体很难互相提供所需的差异化信息;而异质性则可以成为寻求信息的桥梁,使信息寻求者扩大信息资源视野,获得信息满足。虽然不是所有的弱关系都能充当信息桥,但是能够充当信息桥的必定是弱关系。

社会资本由人与人之间的活动联结、相互的理解信任、共同的价值观及连接人际网络和社区的行为构成,使得合作成为可能。社会资本理论的观点认为,资源既可以通过占有获得,也可以通过网络关系获得。社会资源数量和质量与网络成员社会地位的高低、网络属性的异质性呈正相关性,与网络关系力量呈负相关性,社会资源嵌于社会网络之中,并可以以社会网络为媒体来间接摄取。个人参加的社会团体越多,其社会资本越雄厚;个人的社会网络规模越大、异质性越强,其社会资本越丰富;社会资本越多,摄取资源的能力越强。由于社会资本代表了一个组织或个体的社会关系,因此,在一个网络中,一个组织或个体的社会资本数量决定了其在网络结构中的地位。

结构洞理论认为关系强弱与社会资本数量没有必然联系,认为资源优势和关系优势构成了总体竞争优势,结构洞型社会网络中的竞争者具有更多的关系优势,并可获得更大的利益回报。无论是个人还是组织,其社会网络均表现为两种形式。一种是网络中的任何主体都与其他主体发生联系,不存在关系间断现象,从整个网络来看就是"无洞"结构。这种形式只有在小群体中才会存在。另一种是社会网络中的某个或某些个体与有些个体发生直接联系,但与其他个体不发生直接联系,出现无直接联系或关系中断的现象,从网络整体来看好像网络结构中出现了洞穴,因而称作结构洞。可以看出,结构洞观点与关于联结强弱重要性的假设有很强的渊源,结构洞之内填充的是弱联结,因而结构洞的观点可以看作是社会网络观点的进一步发展、深化与系统化。另外,结构洞与社会资本有关——社会资本伴随行动主体的中介机会而产生。主体拥有的结构洞越多,具有的社会资本越多。

社会网络分析是运用社会网络理论建立模型与实证分析时必需的工具。社会网络分析来自数学中的图论,将社会网络理论中的网络用图来表示和处理。图由一组节点和连线组成,节点代表了社会网络中的行动者,而连线代表了行动者之间的联系,连线还可以用权值和方向表示联系的紧密程度和方向,形成有向加权图。基于此,社会网络分析利用收集到的社会网络资料,可以对关系进行定量的指标计算分析,包括密度、度中心性、中介中心性、互惠指数、凝聚度、连通性、小团体和角色分析等。运用社会网络分析法可以对关系进行量化的表征,从而揭示关系的结构,解释一定的社会现象。社会网络分析对各种关系进行精确的量化分析,从而为某种模型的构建和实证命题的检验提供量化的工具,在宏观和微观之间建立起一座桥梁。

8.2.3 多 Agent 仿真及其应用

多主体系统是由多个 Agent 和演化规则组成的动态系统[25],其中每个 Agent 根据 Agent 属性演化规则相互交流、协作以及竞争。网络中每个 Agent 代表着现实社会中的个体,所以 Agent 具有社会性、自适应性等特点。通过对个体属性以及在外部环境和网络结构中行为的分析,对 Agent 行为建模,建立决策模型,分析 Agent 在微观层面的相互作用以及对宏观现象涌现的影响,可以揭示系统的演化规律,并将其理论成果作用于现实网络。计算实验方法因为具有独特性,现在已经被普遍应用于社会科学等诸多领域。

多 Agent 仿真技术特别适用于个体具有相对独立性、智能性、自适应性、主动性、并发性的复杂适应系统(CAS)[26],如与人类生活密切相关的经济系统、社会系统和生态系统。多智能体仿真采用自下而上的研究方法,通过对系统个体特征和行为的研究,建立个体特征和行为的模型,将个体映射为 Agent,将个体特征映射为 Agent 的属性,将个体行为映射为 Agent 的方法,利用 Agent 间的自治、推理、通信和协作机制,仿真个体间相互独立又交互作用的现象,从而研究系统的整体结构和功能,其实质是在计算机中还原实际系统由部分到整体、由个体行为到整体行为的形成过程[27]。多 Agent 以模拟人类社会为目标,社会经济系统则是多 Agent 最重要的适用目标。多 Agent 仿真技术具有自主性、分布性及协调性,同时还具备自组织能力、学习能力和推理能力[28],因而在社会系统或经济系统中具有较广的应用。传统建模方法将系统视为整体,常以方程组来刻画系统的特性,方程组建模的方法在系统结构简单时可以应用。若系统结构复杂,特别是由异构部分组成的系统,通常难以用数学表达式来描述,多 Agent 仿真技术则可以有效解决这类问题。

不同领域的专家在设计和开发 Agent 实例时,对 Agent 给出了不同的定义,各自反映出 Agent 在不同研究领域所侧重的一些特征和侧面。用于模拟建模的 Agent 必须具有如下性质。①自主性。Agent 能自行控制其状态和行为,能在没有人或其他程序介入时操作和运行。②通信能力。Agent 能用某种通信语言与其他实体交换信息和相互作用。③感知能力或反应性。Agent 能及时地感知和响应其所处环境的变化。④能动性。Agent 主动表现出目标驱动的行为,能自行选择合适时机采取适宜动作。⑤推理和规划能力。Agent 具有基于当前知识和经验,以一种理性的方式进行推理和预测的能力。⑥协作、合作、协同及协商能力。Agent 应能在多 Agent 环境中协同工作和消解冲突,以执行和完成一些互相受益且自身无法独立求解的复杂任务。

事实上,实际系统大多需要用多 Agent 系统(MAS)来描述,MAS 具有广泛的应用空间。例如,Ramos 采用两类 Agent 建立了制造系统的动态调度协议[29]。Jennings 等[30]提出将两个孤立的专家系统转变为一个 MAS 的具体方法,建立了一个基于规则的 MAS 环境,通过采用多 Agent 的协调技术,将两个专家系统有机地结合起来,从而实现了多种诊断方法的集成,提高了故障诊断的效率。Balabanovic 等[31]构造了适应性 Web 浏览 Agent,用以帮助用户在 Internet 上获得感兴趣的最新信息。

在信息传播领域,多 Agent 也有较多的应用。Berger[32]建立了异质农场的社会和空间交互的多 Agent 仿真模型,以评价策略组合对创新扩散及资源使用状况的影响。基于智利农业已有的大量的数据,仿真结果表明多 Agent 空间建模是一种能够更好地理解创新扩散的过程和管理资源的使用的强大方法。Maienhofer 等[33]建立了一个多 Agent 的仿真模型来探索创新扩散中的最优目标,仿真解释了最优质量产生很大变化的原因,发现选择好的 Agent 目标能够加快扩散速度。Neri[34]利用多 Agent 技术来分析一定信息扩散条件下的市场行为,权衡了不同信息变量的影响,如产品广告效果、消费者的记忆空间和朋友之间的交流等。Cebulla[35]利用多 Agent 仿真技术分析了适应性和情景注意支持的知识扩散问题,确立了 Agent 与动态环境的知识交互方式,对此交互过程模型提出了知识扩散的范式。Johnson 等[36]通过异质的多 Agent 仿真对西非木薯进行研究来探索新技术的地理扩散行为。异质性的 Agent 能够更好地探索异质性农户地理上的分布,并能预测扩散到另一共享相同资源和农具系统的群体的潜力。Oh 等[37]运用多 Agent 技术建立了一个两层扩散模型来探索世界范围内能源市场的无管制状态,这样的市场已经被证明是很难被设计和运行的,源于其竞争本性和外部不确定的影响,多智能体仿真对于在不同规则下审视市场参与行为是非常有用的,市场规则可以被有效检测。

8.2.4 虚拟社区信息扩散

1. 信息传播

微分方程模型是一种宏观方法,包含了较理想的假设条件,降低了模型的现实应用价值。仿真模型在信息传播领域中已有较多的应用,如利用元胞自动机模型分析技术创新传播中的阻力[38]、流行病传播[39]等。

马宇彤等[40]在分析企业组织知识传播机理的基础上,考虑知识传播中关键用户的影响力,并应用于热点问题的识别,扩展了基于 SEIR 的知识传播模型。李卓育[41]针对 MOOC 以社会网络分析来研究知识传播中的网络结构。这些都从整体宏观层次的扩散入手,具有一定的实证意义,不足之处在于未考虑个体之间的异质性。知识管理学者也开始基于复杂网络仿真研究知识传播问题。Styhre 等[42]以案例研究方法探讨了隐性知识在组织网络上的传播,并分析了组织个体学习能力受组织网络的影响。Cowan 等[43]基于个体之间交易过程的采纳策略探讨了网络结构与知识传播的关系,认为小世界效应下稳态知识将在系统中得到最大的传播。Morone 等[44]探讨了隐性知识如何在个体之间口头传播下在复杂网络上扩散,这些新发展使知识传播模型的假设前提更加接近现实情况。

2. 网络上的传播动力学

经典的研究复杂网络的科学家认为真实网络多是规则网络或随机网络,但是复杂网络的最近研究表明上述研究存在缺陷,尤其是小世界效应及无标度网络的研究对研究复杂网络上的扩散动力学产生了根本性的影响[45]。Boguna 等[46]确定了关联网络上传染病的 SIS 模型传播的临界阈值;Boguna 等[47]还证明在无标度网络中不存在正的临界阈值,即从机理上解释了无标度网络中传染病难以杜绝的原因。Moreno 等[48]针对关联网络上的 SIR 模型也得到了类似的结果。May 等[49]针对无标度网络上扩散行为的有限标度效应进行探讨,指出有限的无标度网络总是存在正的临界阈值。从复杂网络结构角度,学者开始研究真实网络结构特征与传播动力学之间的联系。如 Arruda 等[50]研究个体的恢复概率的分布对疾病在网络上传播的影响,分析了异质性特征对动力学行为的作用。Nielsen 等[51]研究了如何通过调节网络的拓扑结构来缓解疾病的传播流行率。Zhang 等[52]分析了网络传播的关键结构,发现在结构不同的网络上通过微小的扰动可以达到控制传播时间的目的。上述这些讨论,都是针对传染病动力学的基本模型展开的物理学意义上的讨论,而且多是采用平均场的统计物理上的思路,这同真实世界的传播行为具有较大的差距,因此针对复杂网络上的传播动力学行为仍需要考虑新方法。

网络市场由大量经济智能体组成,智能体之间存在复杂的相互作用,市场整体行为显然取决于微观主题的决策行为和相互作用,这与复杂网络的理论框架——微观主体动力学行为和主体之间的相互作用共同涌现出整体动力学行为相吻合。复杂网络为研究管理问题提供了新的思路和工具,即借鉴复杂网络理论,将新产品扩散过程等同于类似流行病传播过程进行研究。

3. 虚拟社区与信息共享

Chan 等[53]从信息共享理论和社会交换理论的角度来研究虚拟社区的认可和参与的关系,发现虚拟社区内存在着三种形式的认可,即身份认可、专家技能认可和有形认可,而这些认可对社区归属感、责任感和自我效验都有显著的正向影响,进而影响成员的参与。Chiu 等[54]综合社会认知理论和社会资本理论对虚拟社区中人们的知识共享行为背后的动因进行了深入分析,完整地考虑了社会资本的结构、关系、认知三个维度的因素对知识共享效果的影响;知识共享的数量以个体参与共享活动的频繁程度来衡量,知识共享的质量参照知识评估方法,从知识内容的相关性、可理解性、精确性、完整性、可靠性和时效性等方面进行评价。该研究通过提出假设而进行实证验证的方法,是基于静态的分析,没有对期初和共享过程中各变量进行观测,无法进行纵向的比较。Wasko 等[55]基于社会资本理论,构建了一系列的假设来证明个体动机和三种社会资本认知、结构、关系与虚拟社区中信息共享行为的关系。Kankanhalli 等[56]随后将这一思路进一步扩展,不仅考虑虚拟社区的知识贡献者为什么贡献知识,而且反过来考虑他们为什么不贡献知识,他们引入了经济学中常用的收益-成本原理,从正反两个方面阐述了这一现象。Wang 等[57]不但从知识贡献动机角度研究,还从知识贡献者本身的知识贡献能力角度进行研究。Chen 等[58]通过从两个社区收集的多名成员的数据分析发现,互惠的规范、相互的信任、自我效能和相对优势的感觉对专业虚拟社区中的知识共享行为有明显的影响。

8.3 社交网络数据分析

建立社会网络结构上的仿真环境,首先需要对社会网络站点的虚拟社区背后的网络结构进行数据收集与分析。本节包括以下内容：对网络结构进行理论化描述；基于网络爬虫技术利用 VB 编程语言编写爬虫程序来获取网络数据；利用 Pajek 软件对这些网络数据进行分析，得出基本的网络结构属性。

8.3.1 网络描述

从数学的角度出发，社会网络主要用社群图和矩阵来描述。社群图涉及节点数目较少；在节点数目较多时，多以矩阵来描述网络。矩阵同网络结构可以较容易地互相转化，以下以矩阵描述在线交友网络。这个网络中有 N 个在线交友行动者，以每个行动者为节点，以行动者之间的好友关系为边。$G(V,E)$ 表示这个在线交友网络的网络结构，$V=\{1,2,\cdots,N\}$ 表示网络中各节点的集合，E 为各节点之间具有好友关系的边集，邻接矩阵 A 为 N 阶方阵，a_{ij} 表示节点 i 与节点 j 之间是否存在好友关系。由于在线交友网络的特点，行动者之间的好友关系是双向的，因此节点之间的联系是一种二元无向关系，即 $a_{ij}=a_{ji}$，该网络图是无向图。在数据量较大的情况下，在线交友网络之间节点联系程度的数据难以探测和收集，以下将不考虑具有边权重的网络模型，即若节点 i 与节点 j 之间存在好友关系，则 $a_{ij}=a_{ji}=1$。

8.3.2 数据获取

社交网络站点通过类似现实里的交友模式，在网络虚拟社区中也发展了交友关系，由此形成了具有社交网络的虚拟社区，它是虚拟社区的典型代表。由于社交网络站点的粉丝具有聚集性，社交网络中的意见领袖对谣言的扩散产生显著影响，如特朗普在推特上的言论推动了其竞选总统的进程。本节以开心网（www.kaixin001.net）为数据获取的对象，利用网络爬虫技术，以广度优先搜索算法，以某注册用户为网络节点，以注册用户之间的好友关系为边，构造 SNS 网络。具体而言，从某一节点出发，依次收集其具有好友关系的节点，然后依次从好友节点继续收集好友数据，如此反复，最终收集了 4036 个节点及其之间的关系数据，并对这些节点按照收集次序从 1 开始依次顺序编号，如编号为 100 的节点表示第 100 个收集的节点。该 SNS 网络中的好友关系为双向的，该网络为无向图，本次收集的在线网络数据总共涉及 4036 个节点，整个网络为一个关联图，即任意两节点之间都是可达的，总共具有 15670 条边，网络结构如图 8.1 所示。

8.3.3 社会网络分析

在利用爬虫技术获取数据之后，针对这些数据，可使用社会网络分析来分析其基本性质。当前的社会网络分析软件有 Ucinet、Pajek 和 Gephi。Ucinet 在传统的社会学领域的社会网络分析中有较多的应用，通常面对的数据是采用社会调查方式获取的小数据集的社会网络数据；Pajek 对大数据集有较好的支持，可用于分析在互联网上利用爬虫获取的社会网络数据；Gephi 提供了友好的接口及友好的界面，当前的应

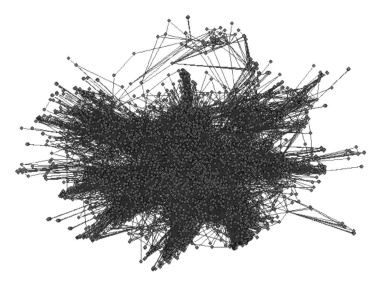

图 8.1 具有 4036 个节点的 SNS 网络结构

用较为广泛。下面使用 Pajek 对此网络进行分析,包括基本属性计算及可视化显示都可以使用该软件。

该网络的基本性质如表 8.1 所示。网络密度表达的是网络间节点联系的紧密程度,该网络密度较小,是一种稀疏连接的社会网络。另外,若节点数目较多,也使得网络密度较小。如抽取前 2111 个节点发现其密度为 0.0034347,远大于节点数目多时的网络密度 0.001924。根据"滚雪球"的数据获取方式可知,该网络为一个完全关联网络。从统计结果看,平均路径长度约为 4,说明每个节点之间具有较短的距离,平均每两个节点的距离不超过 4;网络直径为 6,即任意两节点之间的距离在 1 到 6 之间,说明该网络具有较小的平均距离,且任意两个节点的距离也较小。

表 8.1 SNS 网络基本性质

属性	数值
节点总数	4036
总边数	15670
平均路径长度	3.94424
网络直径	6
最大路径	1376~4036
网络密度	0.001924

1. 度分布

某个节点的度指该节点连接其他节点的数目,网络中所有节点度的平均值称为网络的平均度。对该网络的度进行分析发现,度的分布介于 1 到 744 之间,即节点中拥有最少朋友数为 1,节点最多拥有 744 个朋友。网络的度中心性为 0.1826。网络的度分布如图 8.2 所示。

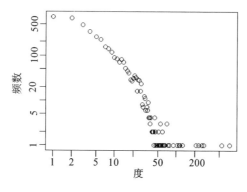

图 8.2　度分布

在对网络结构进行分析时,可以利用路径长度对网络节点进行分类。根据上述各节点的度可知,节点 55 具有最大的度,是网络中的关键节点;其他节点以与其距离大小进行聚类分析,结果如表 8.2 所示。由表 8.2 可知,其他节点与网络中关键节点 55 的距离不超过 5,而且其他节点与该节点距离小于或等于 4 的节点数目便占了 82.3588%,说明以节点 55 形成一个放射状的聚集网络。计算节点距离的期望,为 $(1\times744+2\times522+3\times2057+4\times633)/4036\approx2.5994$,同网络的平均距离 3.9442 相比,具有更短的平均距离。按照与核心节点 55 的距离分类的聚类情况见表 8.2。

表 8.2　按频数的节点聚类分布

聚类	频数	频数百分比/(%)	累积频数	累积频数百分比/(%)	代表节点
0	1	0.0248	1	0.0248	55
1	744	18.4341	745	18.4589	3
2	522	12.9336	1267	31.3925	1
3	2057	50.9663	3324	82.3588	2
4	633	15.6838	3957	98.0426	26
5	79	1.9574	4036	100.0000	1376

2.集聚系数

在线社交网络中,一个节点的两个相邻节点之间可能彼此也是好友,这种性质即为复杂网络的聚类特性,是衡量节点邻居连接紧密程度的一个指标。假设网络中节点 i 有 k_i 个节点与其相连,这 k_i 个节点之间实际存在的边数 E_i,则网络中节点 i 的集聚系数为

$$C_i = 2E_i/[k_i(k_i-1)]$$

式中,$k_i \geqslant 2$,整个网络的集聚系数为 $C = \sum_{i=1}^{N} C_i/N$。

计算该网络的集聚系数，最小值为 0，最大值为 1。集聚系数为 0 表示邻居间无直接相连的关系，集聚系数为 1 表示邻居之间为全连接的关系。该网络的集聚系数为 0.4397377，是一个连接较紧密的网络，其中位值为 0.4，标准差为 0.3754886。含有 N 个节点的完全随机网络，在 N 很大时，$C=O(N-1)$，$1/4036=0.00024777$，该网络的集聚系数远大于完全随机网络的集聚系数，具有明显的集聚效应。另外，集聚系数为 1 表示节点的邻居之间也是朋友。考察集聚系数为 1 的节点的比例发现，集聚系数为 1 的节点约为 19.5%。这说明网络中节点的邻居也是朋友的概率较高，从网络集聚系数来看，也同样显示了这样的倾向。

3. 网络核心

复杂网络中的核心节点相对于整个复杂网络的节点数目来说非常少。所谓的核心，直观上来说，就是在复杂网络中起着重要作用的节点，而从复杂网络的结构上来看，这些核心节点之间联系非常紧密，而非核心节点仅仅通过少数几条边与这些核心节点相连。真实网络中核心节点数目较少，使得网络具有鲁棒性与脆弱性并存的特点，找到复杂网络的核心节点，从而加强对这些核心节点的保护，使得网络更加强壮。网络核心多以 k-核心网络来讨论，如果一个网络中的任何一个节点至少有 k 个邻居仍然在这个网络中，则该网络就是 k-核心网络。

从 k-核心网络的定义可知，较大 k-核心网络中的节点也属于所有的较小的 k-核心网络。对该网络的网络核心进行分析，结果如表 8.3 所示。该网络中，k 为 1、2、3 的节点比例为 52.1308%，并具有最大的 20-核心网络，且这个 20-核心网络仅包含 22 个节点，占总结点数的 0.5451%，说明该网络的核心节点数目较少，即关键节点数目较少。

表 8.3 网络核心的聚类分布

k 值	频数	频数百分比/(%)	累积频数	累积频数百分比/(%)	代表节点
1	723	17.9138	723	17.9138	77
2	764	18.9296	1487	36.8434	68
3	617	15.2874	2104	52.1308	52
4	402	9.9604	2506	62.0912	6
5	343	8.4985	2849	70.5897	5
6	256	6.3429	3105	76.9326	28
7	249	6.1695	3354	83.1021	4
8	206	5.1041	3560	88.2061	3
9	113	2.7998	3673	91.0059	9
10	61	1.5114	3734	92.5173	7
11	96	2.3786	3830	94.8959	1

续表

k 值	频数	频数百分比/(%)	累积频数	累积频数百分比/(%)	代表节点
12	14	0.3469	3844	95.2428	918
13	78	1.9326	3922	97.1754	2
14	37	0.9167	3959	98.0922	61
15	2	0.0496	3961	98.1417	777
16	8	0.1982	3969	98.3399	740
17	45	1.1150	4014	99.4549	20
20	22	0.5451	4036	100.0000	58

8.4 谣言传播分析

网络谣言的传播过程依次为动员阶段、移情阶段和扩散阶段。动员阶段是要公众知道发生了什么事件，并了解公众对事件的态度，以确定谣言未来的发展和走向。移情阶段是将网络谣言指向公众普遍关心的一个社会问题，尽管这个问题表面上与事件本身无关，但它反映的是一种普遍存在的社会心态和社会焦虑，或是公众内心的刻板成见。扩散阶段是从一种社会情绪扩散到其他更多的社会情绪，与移情阶段单一社会问题不同的是，它反映了更多社会问题。针对这三个阶段提出"三级扩散"模式，由一个阶段进入下一个阶段之前，都存在遏止网络谣言发展的时间窗口，可以用于阻止或减轻网络谣言扩散。在进行仿真时，谣言扩散模式需要更具体，单纯简单地划分阶段难以进行后续的仿真计算，需要对谣言在社交网络环境的扩散方式进行分析。

网络舆情传播的动力学模型符合经典的 SIR 病毒传播模型。根据这一模型，可以将网民状态划分为：S 态（未知者），表示没有接触过突发事件信息的状态，类似于原模型中的易感染节点（susceptible）；I 态（传播者），表示接收到突发事件信息并对其进行传播的状态，类似于原模型中的传染节点（infected）；R 态（免疫者），表示已接触过突发事件信息，不再进行传播的状态，类似于原模型中的免疫节点（resistant）。SIR 舆情传播过程如图 8.3 所示。

图 8.3 SIR 传染病模式

本章以 SIR 模型为基础，研究谣言在虚拟社区的传播模式。谣言在 SNS 网络环境下的传播模式如图 8.4 所示。该图说明了各节点受到谣言的影响而采取的转化模式。最初的谣言仅由网络中的若干节点持有,这些节点可以认为是最初谣言的产生者及最早的传播者,它们会对临近的节点进行主动式的传播,其临近节点中的潜在节点被动地接收谣言。谣言接收者有两种行为可以选择,一种是对谣言的支持,另一种则是对谣言暂时的免疫。这两种行为使得谣言接收者转化为谣言支持者或暂时谣言免疫者。谣言支持者是谣言扩散的推动力,除了采取不予理睬的态度,谣言支持者对谣言的处理还有其他两种方式:一种是在自己的空间内发布谣言信息,这种行为能够使得自己的好友节点主动接收谣言信息;另一种是对好友散播谣言信息,使得好友节点被动接收信息。这两种处理方式都以某种概率被采用。无论是主动接收者还是被动接收者都会对谣言做出反应,成为谣言支持者或者暂时谣言免疫者,只是其转化概率不同。随着时间的推移,一部分暂时谣言免疫者会对谣言不再免疫,从而转化为谣言的潜在支持者。节点对谣言暂时免疫次数较多时,会对谣言永久免疫,不会再受到谣言的影响。

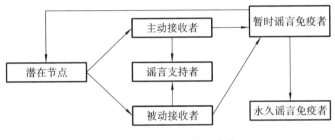

图 8.4 谣言传播转化模式

8.5 谣言传播的 MAS 模型

针对上述图 8.1 所示的 SNS 网络,下面采用多 Agent 方法探讨该网络上的谣言传播问题。

8.5.1 相关假设

为探讨谣言在 SNS 网络中的扩散,相关理论假设如下:

(1) SNS 网络是动态变化的网络,但是针对特定节点,可以视为在仿真期内节点数和边数都不发生变化,即在整个仿真期内,扩散的网络环境恒定,智能体数量也不会变化,扩散网络环境以所收集的具有 4036 个节点的 SNS 网络为实验网络。

(2) SNS 网络中,节点关系包含现实的好友关系和网络中发展的好友关系,但是在网络环境下,这种关系连接强度是难以度量的。而且引入网络边权重会使研究问题复杂化,按照从简单到复杂的思路,本模型暂不考虑网络节点连接的关系强弱程度。

（3）不考虑谣言的形成过程和发生途径，认为网络最初即存在谣言，存在小比例的谣言散播者；网络中节点不会受到网络以外的谣言的影响，仅受到网络内部谣言的影响。

（4）节点对谣言的主动接收和被动接收行为都与邻近节点有关，不会受到不相邻节点的影响。

（5）各节点（Agent）之间是同质的，即有相同的属性与行为规则，Agent 的初始状态都为 potential（潜在接收者状态）。

8.5.2　Agent 转化规则

按照 SNS 网络上谣言传播模式的描述，设计各 Agent 转化规则，如图 8.5 所示。该图展示了一个 Agent 从产生开始经历的转换状态，依次对图中各智能体的状态解释如下：potential 为网络中没有接触过谣言的潜在接收者的状态；broadcasting 为网络最初知晓谣言的散播者状态，处于这种状态的 Agent 会对其所有连接的 Agent 散播谣言；receive 是被动接收到谣言但对谣言的信任处于未定的一种状态；seeing 是主动接收谣言但对谣言判断未定的一种状态；believe 是暂时相信谣言的状态；disbelieve 是暂时对谣言免疫的状态；die 为持久对谣言免疫的状态。

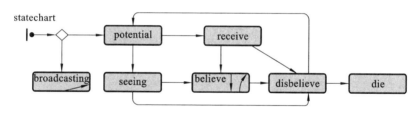

图 8.5　Agent 转化规则

8.5.3　仿真参数

以上 Agent 转化规则对应着一种转化概率，为了利用数值仿真对谣言扩散的各种行为进行仿真实验，设立了主要参数，如表 8.4 所示。default_knowers 衡量的是最初谣言在网络各智能体中占的比例；由于接收谣言次数不同会对谣言产生不同的态度，因此设立参数 accu 表示智能体对多次接收谣言的容忍度，当其数值较大时，Agent 会厌烦，从而对这种谣言不再理会，即对谣言持久免疫；在主动和被动接收时，谣言接收者对谣言态度会有差异，故设立两个参数 believe_seeing 和 believe_receive 来区分这两种转化率，各表示这两种情况下接收到谣言后相信谣言的概率。

表 8.4　主要仿真参数说明

仿真参数	默认值	解释
default_knowers	0.05	初始节点中产生谣言的比率
accu	10	智能体相信谣言的容忍阈值

续表

仿真参数	默认值	解释
believe_seeing	0.5	主动接收者相信谣言的概率
believe_receive	0.5	被动接收者相信谣言的概率

8.6 仿真实验及分析

8.6.1 仿真结果

探讨某种谣言传播的动力学特征,观察稳定状态下各 Agent 所处的状态,只需要观察潜在接收者(potential)、谣言支持者(believe)以及永久谣言免疫者(die)的动力学特征。按照仿真系统默认的参数值进行仿真,得到这三者在仿真内数量变化结果,如图 8.6 所示。

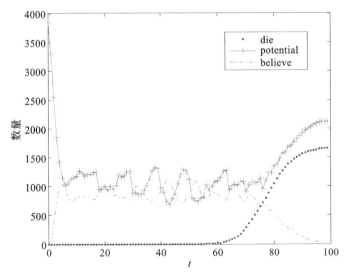

图 8.6　默认参数值下的仿真结果

在仿真期末,系统达到稳态,此时网络系统中智能体主要以潜在接收和永久免疫两种状态存在。从仿真过程看,谣言的扩散具有爆发期、稳定期和衰退期的三阶段特征。随着时间推移,系统中谣言的支持者增加,并且在最初的仿真期内,支持者的增加速度最快,此时谣言扩散处于爆发期;当谣言支持者数量达到一定程度时,谣言扩散会在一个较长的仿真时期内上下微小地振荡并保持相对稳定的状态;当系统中开始出现持久免疫谣言者时,谣言扩散开始进入衰退期,谣言的支持者数量会逐渐减少至 0。同样,潜在支持者的数量大体呈现出与谣言支持者相反的趋势。期初,潜在支持者数量快速减少,然后较长时期内小幅度地波动,并且可以看出潜在支持者减少时,谣言支持者数量上升,说明在此过程潜在支持者一部分转化为谣言支持者。随着永久谣言免疫者的数量增多,潜在支持者数量上升,最后达到稳定状态。这同直观上的理解存在差异,之所以仿真期末存在数量众多的潜在支持者,是因为 SNS 网络结构与完全网络有区别。期末的潜在支持者也不一定未曾接触过谣言,一部分由暂时谣言免疫者转化而来,但是由于邻近节点中原来的谣言支持者转化为永久谣言免疫者,从而不能接收到谣言。永久谣言免疫者随着时间推移逐渐出现,数量不断增加直至稳定。网络中存在大量的潜在支持者,说明该交友型的虚拟社区并未对这种谣言永久免疫,如果有散播该类谣言的新节点加入,谣言可以再次在该虚拟社区中实现扩散。

8.6.2 网络结构的影响

SNS 网络中节点的最小度为 1,频数为 200,最大度为 202。从度的分布情况来看,少部分节点具有大量的邻近节点,该网络具有类似无标度网络的特性,以下与无标度网络下的谣言扩散情况对比。上述所收集的真实网络平均度为 7.76,为此,利用 BA 无标度网络算法[10]生成一个具有相同节点数量(4036)且网络的平均度为 7.99 的无标度网络,智能体受谣言影响的转化规则不变,进行仿真实验,结果如图 8.7 所示。

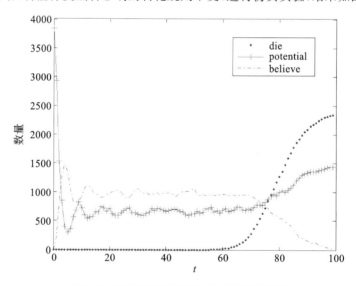

图 8.7 无标度网络下的谣言扩散仿真结果

由图 8.7 可知,虽然两个网络平均度数值相差不大,但动力学特性存在较大的差异。对于无标度网络,在仿真初期,谣言扩散速度要快于真实网络,说明虽然两个网络平均度近似,但是无标度网络中具有更多连接边的 hub 节点起到了加快谣言扩散的作用。在相对稳定时期,各个时期对应的谣言支持者数量,无标度网络下也稍多于真实网络,并且可以看出无标度网络下的潜在支持者数量更少。从最终稳态来看,无标度网络下多以永久谣言免疫节点(die)为主,永久谣言免疫节点数目远远多于真实网络条件下的永久谣言免疫节点数目,说明相对于无标度网络,真实网络条件下的谣言扩散还不够充分;相对于无标度网络,若有新的传播者节点加入,真实网络条件下谣言再次爆发的可能性更大。

8.6.3 容忍度的影响

对 Agent 个体来说,容忍度为其所固有的属性,这种容忍特性易受到网络文化的影响。考虑智能体各自的容忍度对谣言扩散过程的影响,设置容忍度为 5,即 accu 为 5,仿真结果如图 8.8 所示。

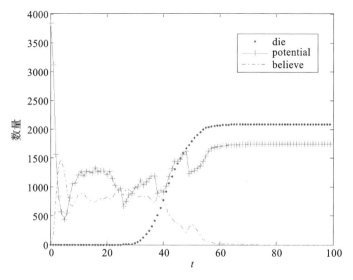

图 8.8　智能体容忍度的影响仿真结果

与图 8.6 所示的初始仿真结果对比,当智能体容忍度减少为 5 时,扩散过程较早终止,达到稳定状态的时间变短,谣言的相对稳定期持续时间变短。因此,规范网络文化、培育良好的网络文化氛围,能够改变网络参与者自身的行为,对在线虚拟社区中谣言扩散可以起到抵制作用。从最终扩散结果来看,容忍度减少,对最终各群体的分布状况影响并不大,即永久谣言免疫者或是潜在人群数量大体与容忍度为 10 时比例相当。这说明容忍度的变化并未改变最终各群体的比例份额,但却大大缩短了网络中谣言盛行的持续时间。

8.6.4 谣言信任率的影响

在线虚拟社区中对谣言的接收有主动和被动两种方式。主动接收谣言者和被动接收谣言者的区别仅在于谣言的来源方式不同,从而使得其对谣言的信任程度不同。仿真中所设计的对谣言的信任率有两种,这两种仅仅只在数值上有差异,因此,只需要针对一种信任率分析即可,这里选择主动接收信息时智能体对谣言的信任率。令 believe_seeing 取值为 0.9,进行仿真实验,结果如图 8.9 所示。将图 8.9 与图 8.6 对比,在谣言流行的相对稳定的状态情况下,信任率增大时,谣言支持者的比例略有增大但不明显,但是潜在人群的波动次数在仿真期间变少。仿真结束时,网络中人群在各种状态的分布比例基本相当,说明信任率的变化对系统最终的扩散结果影响不大,但是改变了扩散过程中的谣言信任状况。因此,可推断个体的信任情况并不能改变最终的扩散结果,这表明个体采纳行为的差异对总体上的谣言扩散结果的影响并不明显。

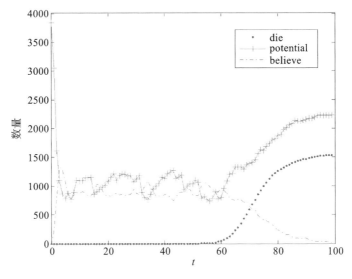

图 8.9 谣言信任率的影响仿真结果

8.7 结　　论

本章以社交网络(SNS)这类有代表性的在线交友型虚拟社区为研究对象,通过收集真实社交网站节点之间的关系数据,基于对谣言扩散模式的分析,并对社交网络的拓扑结构进行分析,在得到了网络的基本结构特征后,建立了一个 SNS 网络上谣言扩散的模型,并对其进行仿真实验和相关分析,主要得到以下结论。

(1)网络中谣言的传播同样具有爆发期、稳定期和衰退期,网络中谣言传播在稳定状态下的持续时间较长。受 SNS 网络结构特点对谣言传播的影响,当谣言传播趋于终止时,系统中的人群以潜在支持者和对谣言永久免疫者两种形式存在,说明该交友型的虚拟社区并未彻底杜绝谣言的传播。

(2)SNS 真实网络数据具有类似无标度网络的特性,同理论的无标度网络上谣言传播的结果对比发现,真实网络下谣言的扩散速度略慢于无标度网络下的扩散速度。

处于最终状态时,无标度网络下的人群多以永久谣言免疫者为主,永久谣言免疫者数量远远多于真实网络条件下的数量,说明真实网络条件下的传播程度小于理论的无标度网络,谣言再次爆发的风险也大于理论网络。

(3)交友型虚拟社区中的成员对谣言会有一定的容忍次数,这种容忍度不会改变最终传播时不同人群的数量比例,但却对谣言稳定状态的持续时间有显著影响。谣言的信任率对最终的传播状态影响不大,但能够改变传播过程中对谣言的信任情况。规范虚拟社区网络文化、培育良好的虚拟社区网络文化氛围,可以对谣言的传播产生良好的抑制作用,但是难以对最终的传播结果产生影响。

网络谣言的存在具有现实的合理性与必然性,针对谣言的传播方式,政府舆情管理部门若要控制网络谣言,应该采取"次级管理"策略,对公众解释正在发生的事情,实施解释性控制。解释时需要关注公众的利益诉求,并要求权威第三方进行解释,保证信息公开透明。当前规范网络谣言的法律法规还不完善,如适用法律不清、处罚主体不明、惩戒客体不清和量刑弹性过大等,立法机关需要进一步完善相关法律法规,惩戒散布谣言的行为,以有效遏止网络谣言的传播。

参 考 文 献

[1] Xiao R B, Yu T Y. A multi-agent simulation approach to rumor spread in virtual community based on social network[J]. Intelligent Automation and Soft Computing,2011,17(7):859-869.

[2] 欧阳康,张梦. 国家治理视域中的病毒式谣言及其治理研究[J]. 学术界,2022(4):85-93.

[3] Armstrong A, Hagel III J. The real value of on-line communities[J]. Harvard Business Review,1996,74(3):134-141.

[4] Ellison N. Social network sites: definition, history, and scholarship[J]. Journal of Computer-Mediated Communication,2007,13(1):210-230.

[5] Butler B S, Bateman P J, Gray P H, et al. An attraction-selection-attrition theory of online community size and resilience[J]. MIS Quarterly,2018,38(3):699-728.

[6] Bass M F. A new product growth model for consumer durables[J]. Management Science,1969,15(5):215-227.

[7] Hethcote H W. The mathematics of infectious diseases[J]. SIAM Review,2000,42(4):599-653.

[8] Chen X, Wang N. Rumor spreading model considering rumor credibility, correlation and crowd classification based on personality[J]. Scientific Reports,2020,10:5857.

[9] Watts D J, Strogatz S H. Collective dynamics of 'small-world' networks[J].

Nature,1998,393(6684):440-442.

[10] Barabási A L, Albert R. Emergence of scaling in random networks[J]. Science,1999,286(5439):509-512.

[11] Newman M E J, Watts D J. Scaling and percolation in the small-world network model[J]. Physical Review E,1999,60(6):7332.

[12] Pastor-Satorras R, Vespignani A. Epidemic spreading in scale-free networks [J]. Physical Review Letters,2001,86(14):3200-3203.

[13] 段文奇,陈忠. 网络效应新产品成功的关键:产品质量还是安装基础? [J]. 系统工程理论与实践,2007,27(7):144-148.

[14] Yu S, Yu Z, Jiang H. The dynamics and control of 2I2SR rumor spreading models in multilingual online social networks[J]. Information Sciences,2021,581:18-41.

[15] Yang L, Li Z, Giua A. Containment of rumor spread in complex social networks [J]. Information Sciences,2020,506:113-130.

[16] Askarizadeh M, Ladani B T, Manshaei M H. An evolutionary game model for analysis of rumor propagation and control in social networks[J]. Physica A: Statistical Mechanics and Its Applications,2019,523:21-39.

[17] Kermack W O, Mckendrick A G. A contribution to the mathematical theory of epidemics[J]. Proceedings of the Royal Society A,1927,115(772):700-721.

[18] Yang J X, Huang B, Li X. Identifying influential links to control spreading of epidemics[J]. Physica A: Statistical Mechanics and Its Applications,2021,583:126291.

[19] 唐中君,韩中亚. 融合两阶段过程模型和改进Bass模型的网络社交平台上产品信息扩散研究[J]. 运筹与管理,2022,31(1):216-223.

[20] Myers S A, Leskovec J. Clash of the contagions:cooperation and competition in information diffusion[C]//Proceedings of 2012 IEEE 12th International Conference on Data Mining. Brussels, Belgium:IEEE,2012:539-548.

[21] Kocsis G, Kun F. Competition of information channels in the spreading of innovations[J]. Physical Review E,2011,84(2):026111.

[22] Bak P. How nature works:the science of self-organized criticality[M]. Berlin:Springer,1996.

[23] Gleeson J P, Ward J A, O'Sullivan K P, et al. Competition-induced criticality in a model of meme popularity[J]. Physical Review Letters, 2014, 112(4):048701.

[24] Kivela M, Arenas A, Barthelemy M, et al. Multilayer networks[J]. SSRN

Electronic Journal,2014,2(3):261-268.

[25] Kim S,Lee K,Cho J K,et al. Agent-based diffusion model for an automobile market with fuzzy TOPSIS-based product adoption process[J]. Expert Systems with Applications,2011,38(6):7270-7276.

[26] Tesfatsion L. Agent-based computational economics:modeling economies as complex adaptive systems[J]. Information Sciences,2003,149(4):262-268.

[27] Macy M W,Willer R. From factors to actors:computational sociology and agent-based modeling[J]. Annual Reviews in Sociology, 2002, 28 (1): 143-166.

[28] Chaib-Draa B,Moulin B,Mandiau R,et al. Trends in distributed artificial intelligence[J]. Artificial Intelligence Review,1992,6(1):35-66.

[29] Ramos C. An architecture and a negotiation protocol for the dynamic scheduling of manufacturing systems[C]//Proceedings of the 1994 IEEE International Conference on Robotics and Automation. San Diego,CA,USA:IEEE,1994: 3161-3166.

[30] Jennings N R,Varga L Z,Aarnts R P,et al. Transforming standalone expert systems into a community of cooperating agents[J]. Engineering Applications of Artificial Intelligence,1993,6(4):311-317.

[31] Balabanovic M,Shoham Y,Yun Y. An adaptive agent for automated web browsing [R]. Stanford University,Working Paper,1997.

[32] Berger T. Agent-based spatial models applied to agriculture:a simulation tool for technology diffusion, resource use changes and policy analysis[J]. Agricultural Economics,2001,25(2-3):245-260.

[33] Maienhofer D,Finholt T. Finding optimal targets for change agents:a computer simulation of innovation diffusion [J]. Computational and Mathematical Organization Theory,2002,8(4):259-280.

[34] Neri F. Agent based simulation of information diffusion in a virtual market place[C]//Proceedings of the IEEE/WIC/ACM International Conference on Intelligent Agent Technology. Beijing,China:IEEE,2004:333-336.

[35] Cebulla M. Modeling coordination in multi-agent systems by knowledge diffusion [C]//Proceedings of International Conference on Computational Intelligence for Modelling, Control and Automation and International Conference on Intelligent Agents,Web Technologies and Internet Commerce. Vienna,Austria: IEEE,2005:277-282.

[36] Johnson M E,Masters W A,Preckel P V. Diffusion and spillover of new technology:a heterogeneous-agent model for cassava in West Africa[J].

Agricultural Economics,2006,35(2):119-129.

[37] Oh H,Thomas R J. A diffusion-model-based supply-side offer agent[J]. IEEE Transactions on Power Systems,2006,21(4):1729-1735.

[38] Moldovan S,Goldenberg J. Cellular automata modeling of resistance to innovations:effects and solutions[J]. Technological Forecasting and Social Change,2004,71(5):425-442.

[39] Zhang T,Dong P,Zeng Y,et al. Analyzing the diffusion of competitive smart wearable devices:an agent-based multi-dimensional relative agreement model [J]. Journal of Business Research,2022,139:90-105.

[40] 马宇彤,胡平. 考虑"关键用户"影响力及"热点问题"识别的改进SEIR知识传播模型[J]. 预测,2021,40(5):48-55.

[41] 李卓育. 知识传播的社会网络结构研究——以MOOC为例[J]. 情报科学,2022,40(5):180-186+193.

[42] Styhre A,Josephson P E,Knauseder I. Learning capabilities in organizational networks:case studies of six construction projects[J]. Construction Management and Economics,2004,22(9):957-966.

[43] Cowan R,Jonard N. Network structure and the diffusion of knowledge[J]. Journal of Economic Dynamics and Control,2004,28(8):1557-1575.

[44] Morone P,Taylor R. Knowledge diffusion dynamics and network properties of face-to-face interactions[J]. Journal of Evolutionary Economics,2004,14 (3):327-351.

[45] 周涛,傅忠谦,牛永伟,等. 复杂网络上传播动力学研究综述[J]. 自然科学进展,2005,15(5):513-518.

[46] Boguna M,Pastor-Satorras R. Epidemic spreading in correlated complex networks [J]. Physical Review E,2002,66(4):047104.

[47] Boguna M,Pastor-Satorras R,Vespignani A. Absence of epidemic threshold in scale-free networks with degree correlations[J]. Physical Review Letters, 2003,90(2):028701.

[48] Moreno Y,Gómez J B,Pacheco A F. Epidemic incidence in correlated complex networks[J]. Physical Review E,2003,68(3):035103.

[49] May R,Lloyd A. Infection dynamics on scale-free networks[J]. Physical Review E,2001,64(6):066112.

[50] de Arruda G F,Petri G,Rodrigues F A,et al. Impact of the distribution of recovery rates on disease spreading in complex networks[J]. Physical Review Research,2020,2(1):013046.

[51] Nielsen B F,Simonsen L,Sneppen K. COVID-19 superspreading suggests

mitigation by social network modulation[J]. Physical Review Letters, 2021, 126(11):118301.

[52] Zhang X, Witthaut D, Timme M. Topological determinants of perturbation spreading in networks[J]. Physical Review Letters, 2020, 125(21):218301.

[53] Chan C M L, Bhandar M, Oh L B, et al. Recognition and participation in a virtual community[C]//Proceedings of the 37th Annual Hawaii International Conference on System Sciences. Big Island, HI, USA: IEEE, 2004:10-19.

[54] Chiu C M, Hsu M H, Wang E T G. Understanding knowledge sharing in virtual communities: an integration of social capital and social cognitive theories[J]. Decision Support Systems, 2007, 42(3):1872-1888.

[55] Wasko M L, Faraj S. Why should I share? Examining social capital and knowledge contribution in electronic networks of practice[J]. MIS Quarterly, 2005, 29(1):35-57.

[56] Kankanhalli A, Tan B C Y, Wei K K. Contributing knowledge to electronic knowledge repositories: an empirical investigation[J]. MIS Quarterly, 2005, 29(1):113-143.

[57] Wang C C, Lai C Y. Knowledge contribution in the online virtual community: capability and motivation[C]//Proceedings of International Conference on Knowledge Science, Engineering and Management: Guilin, China: Springer, 2006:442-453.

[58] Chen C J, Hung S W. To give or to receive? Factors influencing members' knowledge sharing and community promotion in professional virtual communities[J]. Information & Management, 2010, 47(4):226-236.

舆论演化篇

第 9 章 个体社会相似性对舆论演化的影响

舆论演化是由个体交互观点涌现的群体现象，个体的异质性属性深刻影响着这一过程的发展。属性相似的个体之间社会关系可能会更紧密，更容易产生交流。个体的社会相似性基于个体属性来衡量两个个体之间的相似程度，对舆论演化有着重要影响。因此，将个体社会相似性的概念引入舆论演化研究是一个可行的研究思路。

本章分析了社会关系与个体相似性的关联，结合不同的相似性度量指标，提出了个体社会相似性的概念模型；基于个体社会相似性改进了经典 HK 模型中个体邻域定义规则，提出了考虑个体社会相似性的舆论演化模型（social similarity-based Hegselmann-Krause model，以下简称 SSHK 模型）；通过仿真实验，在同质性模型（信任阈值和相似性阈值相同）中分析了自信参数以及相似性阈值对舆论演化的影响；基于信任阈值和相似性阈值的相关性，分析了异质性模型对舆论演化的影响。实验结果对比发现，异质性模型相比同质性模型，更利于舆论观点达成一致。

9.1 引　　言

在社会中，每个人都拥有不同的社会属性，比如年龄、性别、职业等，使得每个个体都具有独特性和唯一性。舆论演化主要通过人际间的观点交流发生，十分容易受到自身和对方属性的影响。因而，个体的属性深刻影响着舆论的传播效率以及影响程度。例如：在互联网还未普及的过去，人的地理位置成为限制人际交流的重要因素，地理位置这一个体属性成为舆论无法大规模传播的重要原因；在互联网时代下，社交平台成为人们交流观点的重要媒介，几乎每个网民都加入了不同的微信群、QQ 群、网络论坛等虚拟社区。统计数据发现，各类兴趣爱好群容易成为舆论演化的主要渠道，而兴趣爱好群的形成往往与个人属性息息相关。因此，围绕个体属性对舆论演化进行深入研究有助于理解舆论演化的机理与特点。

经典的有界信任模型一般依据同性相吸的原则，即假设只有观点差小于一定阈值的个体才能互相交流。这也就是说，只有观点较为相似的个体才能交换观点。这一规则通常被称为有界信任规则。该阈值通常被称为信任阈值，是影响共识达成的主要因素[1-10]。一些学者发现经典有界信任模型中存在一个信任阈值的临界值，当信任阈值高于此临界值时，系统观点一定能达成全局一致；当信任阈值低于此临界值时，系统观点很难达成一致。目前的共识是当信任阈值为 0.5 时，无论在何种网络拓扑下全局观点一定能达成一致[4,7,8,11]。另外,也有学者[3,5]提出使用随机或指数分布来表示信任阈值,模拟不同的属性或环境对个体信任阈值的影响。这些研究发现在这种异质信任阈值分布的条件下,当信任阈值的整体期望大于 0.5 时,系统中所有的观点也一定能达成一致。这些研究从不同角度分析了信任阈值大小对观点演化以及稳态观点分布的影响。然而,在现实沟通过程中,个体选择交流对象时并不会将邻居观点与个人观点的差异视为唯一参考依据。一些研究[2,12]已经证明,个体观点的改变也受到其他个体属性以及社会关系的影响。因此,仅依靠信任阈值这一属性选取交流对象是远远不够的。

人际吸引是一种个体间相互依赖的状态,是一种积极的关系形式。人际吸引中最重要的原则之一是相似性原则,即人们倾向于结交和信任与自己有相同爱好或社会地位的人[13]。这也就是说,相似个体间往往会形成更亲密的社会关系。这种社会个体间的相似性能够反映社会关系,可以称其为社会相似性。社会相似性可以用不同个体属性(如年龄、性别、职业、社会地位等)之间的差异来度量。社会关系是个体之间交互影响的表现,会影响个体的判断和行为。在关系较密切时,交往的个体可能会无条件地相信对方的观点[14]。这说明社会关系深刻影响着个体间的信任程度。个体发表的观点更容易被与其相似的人信任并接受。舆论也就更容易在相似个体之间得到大规模扩散。然而,现有的舆论演化实证研究以及模型研究中,基于社会相似性的社会关系这一因素考虑得较少。

基于以上情况,本章通过基于个体属性的社会相似性来描述社会关系,提出一种结合社会相似性和信任阈值的个体交互规则,构建了一种改进的 HK 观点演化模型,研究了在个体社会相似性作用下的舆论的传播过程和机理。这种结合社会相似性和信任阈值的个体交互规则考虑了信任阈值和基于个体属性的社会相似性在交互对象选取过程中的共同影响,弥补了经典有界信任规则仅考虑观点差作为交流对象选取唯一依据的不足。

9.2 个体社会相似性及其概念模型

9.2.1 社会关系与个体社会相似性

社会中的个体会基于血缘、地缘、业缘(产生于职业或行业)等因素与其他个体结成各种类型的社会关系[7,15,16]。社会关系的分类方式众多,依据个体间交往的密切程度,社会关系可以分为初级关系与次级关系。初级关系形成于个体间广泛深入的交往,而次级关系则常常以事缘(产生于偶然发生的事件)为基础。同样,根据社会关系研究中的强弱关系理论,关系也可分为强关系与弱关系。强关系产生于长期的交流联系,弱关系则更多产生于偶然因素。以上两种分类标准表明,个体间形成的社会关系存在差异。

社会关系是个体之间交互影响的表现,会影响关系双方的信任程度。因此,当个体处于不同类型的社会关系下往往具有不同的信任水平。一般来说,若个体之间由强关系连接,双方往往具有更高的信任水平,这意味着一方的言论或观点会更容易被另一方信任并接受。反之则不然。同样,在舆论演化过程中,舆论往往更容易被关系较为密切的个体信任并传播。值得注意的是,这种信任水平的内涵与观点演化模型中所描述的"有界信任"的内涵并不相同。"有界信任"这一概念从个体观点间的相似性出发,假设只有观点差异小于一定程度的个体之间才会产生信任。而本章所说的信任水平则以社会关系的强度为基础,社会关系强度越强,信任水平越高;社会关系强度越弱,信任水平越低。

影响关系强度的因素众多,其中较为重要的是个体之间的相似性。相似性是人际吸引中最重要的基本原则之一,它阐释了这样一个事实,即人们往往更喜欢与和自己相似程度较高的人交往[17]。社会学中对关系的研究也指出,具有相同社会特性的个体之间容易产生信任,从而建立较强的关系。因而,社会相似性可以用来描述社会关系的亲密性。这种社会相似性可以体现在年龄、性别、性格、兴趣爱好、职业、地域等方面。在中国等东方文化圈,血缘关系、地缘关系更容易影响人们对彼此心理距离的估计。一般人们在建立和维护关系的时候,如果存在某种相互认同或相互拥有的东西,会使得关系变得更加亲密也更持久,即个体间的社会相似性越高,他们之间的社会关系越强,反之则越弱。这也就是俗话所说的"物以类聚,人以群分"[1]。综上所述,个体间的社会相似性会对双方形成的社会关系产生重要影响,进而能够影响个体之间的信任水平。

9.2.2 个体社会相似性的概念模型

社会相似性衡量了两个个体之间的相似程度,可以用不同个体属性(如年龄、性别、职业、社会地位等)之间的差异来度量。个体属性是指每个人的性别、年龄、受教育程度、职业、性格、兴趣等。每个人从出生开始就具有一些属性,在成长过程中又不断地被贴上各种"标签",即被赋予了各种个体属性。多种个体属性组合起来构成一个独一无二的个体,标识着这个人的社会地位、社会资源以及社会关系。结合现实情况,本章对较为普遍的个体属性进行归纳总结,具体包括性别、受教育程度、年龄、经济状况、地理空间位置。为了度量社会相似性,需要将个体属性进行简单的量化描述,分析归纳出它们的量化取值范围。常用的量化方法有两种:一种是枚举法,利用有限数量的离散数值来表示不同属性;另一种方法是将不同属性量化为特定范围的连续数值。根据属性的不同,我们选用了不同的量化方法,具体如下:

(1)性别:{男,女}。取值范围为{0,1},0表示男性,1表示女性。

(2)受教育程度:{博士,硕士,本科,大专,中专和中技,高中,初中,小学,半文盲与文盲}。本节将区间[0,1]均匀划分为9段,按照数值从低到高与教育水平从文盲到博士一一对应。因此,教育水平这一个体属性被表示为[0,1]上的连续值。

(3)年龄:依据实际年龄用正整数表达。

(4)经济状况:表示个体所在区域的经济水平。百度百科对经济状况的划分包括{极度贫穷,贫穷,温饱,小康,富有,极度富有},本节将区间[0,1]均匀划分为6段,按照数值从低到高与经济状况从极度贫穷到极度富有一一对应。因此,经济状况这一个体属性也被表示为[0,1]上的连续值。

(5)地理空间位置:表示经度和纬度组成的地理坐标系统,这里按地理坐标将中国各地区映射到了一个 $N \times N$ 的2维栅格中,N 表示总个体数。

在构建了个体的属性集合后,个体 i 与个体 j 的社会相似性 S_{ij} 可以基于个体属性集进行计算。根据不同类型的属性,本文选取了3种不同的相似性度量指标。

(1)相同相似性 S_{ij}^1。

S_{ij}^1 定义了二值属性之间的相似性,本章中用于度量个体性别的相似性。

$$S_{ij}^1 = \begin{cases} 0, & 性别不同 \\ 1, & 性别相同 \end{cases} \tag{9.1}$$

(2)一维程度相似性 S_{ij}^2。

S_{ij}^2 定义了一维数值属性之间的相似性,包括年龄相似性 S_{ij}^{age}、受教育程度相似性 S_{ij}^{edu}、经济状况相似性 S_{ij}^{eco}。年龄相似性定义为:

$$S_{ij}^{\text{age}} = 1 - \frac{|\text{age}_i - \text{age}_j|}{\max\{\text{age}_i, \text{age}_j\}} \tag{9.2}$$

另外两种相似性都以相同形式进行定义,则 S_{ij}^2 定义为:

$$S_{ij}^2 = [w_{\text{age}}, w_{\text{edu}}, w_{\text{eco}}] \cdot [S_{ij}^{\text{age}}, S_{ij}^{\text{edu}}, S_{ij}^{\text{eco}}]^{\text{T}} \tag{9.3}$$

式中,w_{age}、w_{edu}、w_{eco} 分别为专家或调查给出的年龄、受教育程度、经济状况的权重。

(3)二维程度相似性 S_{ij}^3。

S_{ij}^3 定义了两个节点之间二维属性的相似程度。以地理空间位置为例(gpx_i 表示节点 i 的经度,gpy_i 表示节点 i 的纬度),两个个体之间地理空间位置的相似性与它们的距离成反比。S_{ij}^3 定义为:

$$S_{ij}^3 = 1 - \frac{\sqrt{(\text{gpx}_i - \text{gpx}_j)^2 - (\text{gpy}_i - \text{gpy}_j)^2}}{d_{\max}} \tag{9.4}$$

式中,$d_{\max}$ 是所有个体之间的最大距离。

通过计算 S_{ij}^1、S_{ij}^2、S_{ij}^3,个体的社会相似性可以定义为:

$$S_{ij} = [w_1, w_2, w_3] \cdot [S_{ij}^1, S_{ij}^2, S_{ij}^3]^{\text{T}} \tag{9.5}$$

式中,w_1、w_2、w_3 分别为专家或调查给出的三种相似性的权重。为了便于计算,本章将相似性值进行归一化处理,最终取值范围为[0,1]。

9.3 考虑个体社会相似性的观点演化模型

经典的 HK 模型属于有界信任模型,每个个体后一时刻的观点仅受当前时刻处于自己信任阈值内的个体观点的影响。在 HK 模型的基础上,Fu 提出了一个考虑自信参数的观点演化模型(MHK 模型)[18]。此模型用参数 $\lambda_i \in [0,1]$ 来表示个体 i 对自己观点的坚持程度,即自信度;$1-\lambda_i$ 表示对他人观点的信任度。MHK 模型存在两个极端情况:$\lambda_i = 1$ 表示个体非常固执,只相信自己;$\lambda_i = 0$ 则表示个体非常开放,完全相信他人的观点[18-20]。MHK 模型的观点演化规则如下:

$$x_i(t+1) = \begin{cases} \lambda_i x_i(t) + \dfrac{1-\lambda_i}{|\overline{N}_i(t)|} \sum_{j \in N_i} x_j(t), & \overline{N}_i(t) \neq \varnothing \\ x_i(t), & \overline{N}_i(t) = \varnothing \end{cases} \quad (9.6)$$

式中,个体 i 的可交流邻居集合为

$$\overline{N}_i(t) = \{j \in V \cap j \neq i \mid |x_i(t) - x_j(t)| \leqslant \varepsilon_i\} \quad (9.7)$$

式中,V 为系统中的个体集合,ε_i 为个体 i 的信任阈值。个体 i 在任意时刻 t 的观点值 $x_i(t) \in [0,1]$。

在经典的有界信任模型(HK 模型和 MHK 模型等)中,个体与邻居交流时会被信任阈值内的观点影响,向邻居的观点靠近[15,18]。现实社会中还有另一种情况,即个体在与自己非常信赖或是非常亲密的邻居个体交流时,无论邻居持有何种观点,都会接受邻居个体的观点并改变自身观点。这种情况体现了人们在交流时主观因素战胜客观因素的情形。

为了能同时考虑以上两种情况,本章引入了个体的社会相似性来表示个体与邻居的社会关系,改变经典 HK 模型中仅根据信任阈值选取交互对象的邻域选取规则,同时考虑信任阈值和个体间的社会相似性的影响,建立考虑个体社会相似性的舆论演化模型。该模型设置一个相似性阈值 $S_{\text{threshold}}$ 来表示个体对邻居的社会关系的接受范围或是容忍程度,个体在选择能够进行交流的邻居个体集合时需要同时考虑信任阈值和相似性阈值的影响。

在进行邻居筛选时,使这两个约束条件同时成立,即 $S_{ij} < S_{\text{threshold}}$,$|X_i(t) - X_j(t)| < \varepsilon$(两个个体能交流必须满足观点非常相近且个体社会相似性极高这两个条件),会使得对邻居的筛选非常苛刻,不符合现实情况。现实中会出现有的个体之间观点相反,但是社会关系极强时也能进行交流,或是观点十分相似,但社会关系较弱时进行交流的情况。因此,本章采用加权的方法使信任阈值和相似性阈值同时发挥作用,不要求两个条件同时满足。下面分别给个体相似性差异和观点差异分配权值 w_s 和 w_o,权值取值范围均在[0,1]区间,且 $w_s + w_o = 1$。新构建的个体 i 邻域集合 $N_i(t)$ 的计算式如下:

$$\overline{N}_i(t) = \{j \mid w_s \times (S_{\text{threshold}} - S_{ij}) + w_o \times (|X_i(t) - X_j(t)| - \varepsilon_i) < 0, j \neq i\} \quad (9.8)$$

基于社会相似性的观点演化模型的算法流程(见图 9.1)具体步骤如下:

(1)对网络规模、网络中个体的信任阈值、相似性阈值以及权值参数进行初始化。

数据的生成包括初始时刻个体的观点,以及每个个体的社会属性。

(2)根据式(9.8),综合个体间观点的差距以及个体相似性的差距对所有个体的邻居集合进行更新。

(3)对所有个体的观点进行更新:若个体的交互集合为空集,则保持上一时刻的观点,否则与邻居进行交互更新观点。

(4)若所有个体的观点都不再发生改变,即系统达到稳定,输出演化结果;否则依次循环执行步骤(2)和(3)。

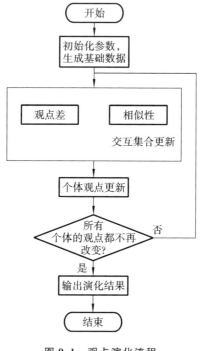

图 9.1 观点演化流程

9.4 SSHK 模型仿真实验与分析

本节首先对 SSHK 模型在各种参数环境下的观点演化结果进行研究,研究各个参数的特性并得到合适的取值,然后通过与 MHK 模型、经典 HK 模型的对比实验验证 SSHK 模型的可行性和合理性,最后说明引入社会相似性模型的现实意义。

9.4.1 模型假设及基础数据

(1)网络:选用一个 $N=1000$ 的全连通网络,即任意两个个体之间都存在一条连边。因此,对于任意一个个体而言,系统中其他个体都是他的邻居。

(2) 观点：观点被量化为 0 到 1 之间的连续数值，初始时刻每个个体都拥有一个观点值，所有个体的初始观点服从 0~1 的均匀分布。

(3) 稳态：当网络中所有个体的观点都不再发生变化时，系统达到稳态。

(4) 观测指标：观点演化研究的一个重要观测指标是达到稳态时观点的个数，稳态观点个数可以表示稳态时观点是一致、极化还是发散。在本章中将差距不大于 10^{-4} 的观点视为同一观点。另一个重要指标是达到稳定所需要的演化时间。

(5) 社会属性：为了简化研究，在接下来的仿真实验中仅选取地理空间位置和受教育程度这两个个体属性作为社会相似性的组成元素。首先根据式(9.2)计算受教育程度相似性，然后根据式(9.3)，取 $w_{age}=0$、$w_{eco}=0$，可得 $S_{ij}^2 = S_{ij}^{edu}$，再根据式(9.4)可以得到两个个体之间地理空间位置的相似性，最后根据式(9.5)，取 $w_1=0$，得到两个个体的社会相似性 $S_{ij} = [w_2, w_3] \cdot [S_{ij}^2, S_{ij}^3]^T$。

(6) 性格特征：根据个体独立性划分，性格特征可分为独立型、顺从型。顺从型的人独立性差，易受环境影响；而独立型的人有主见，不易受环境影响。现实中多数人处于两个极端类型的中间。在观点演化模型中，个体的独立性可以视为受他人观点的影响程度，独立性强的个体受他人观点的影响较小，独立性弱的个体则受他人观点的影响较大。本章依据性格特征的不同将个体分为三类：非常容易受到他人观点影响而不太相信自己观点的顺从型，对自己观点和他人观点都持接受态度的温和型，以及十分坚持自己观点而不太接受他人观点的独立型。不同类型的个体具有不同的自信参数 λ。本章个体的自信参数值设置顺从型个体($\lambda=0.05$)占总个体数的 20%，温和型个体($\lambda=0.3$)占总个体数的 70%，独立型个体($\lambda=0.9$)占总个体数的 10%，如图 9.2 所示。

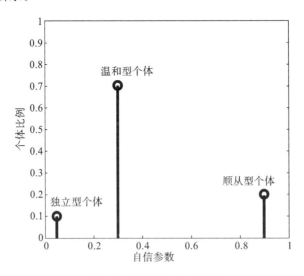

图 9.2 个体的自信参数值

9.4.2 同质 SSHK 模型仿真结果及分析

本节在同质情况(每个个体的信任阈值和相似性阈值均相同)下对基于社会相似性的观点演化模型进行仿真实验及分析。

1. 自信参数的影响

通过分析 MHK 模型的实验结果(见图 9.3),可以知道同质的自信参数对观点演化的影响是会改变观点演化的稳定时间。为了探究异质自信参数的影响,本章对比了同质(所有个体自信度取值为 0.5)、异质(20% 的个体自信度为 0.05,70% 的个体自信度为 0.4,10% 的个体自信度为 0.9)自信参数分布下的 MHK 模型的观点演化结果。

从图 9.3 所示的对比结果可以看出,相比于将所有个体自信度设置为 0.5,异质自信度分布使得模型达到稳定所需要的演化时间更长。在信任阈值较小时,在自信度同质的情况下得到了分散的 8 个观点群;而异质的情况下有 2 个观点群融合成了 1 个观点,得到 7 个观点群。随着信任阈值的增大,稳态观点分布呈极化或一致时,同质和异质得到的观点分布情况是一样的。因此,异质自信参数可能会延长观点达到稳态的时间,在信任阈值较小时也可能会改变观点簇的数量。整体而言,两种情况在稳态时的观点分布并无较大差别。由于异质的自信度更能体现现实世界个体性格特征的异质性,在接下来的 SSHK 模型仿真实验中,选用 9.4.1 节中设置的异质自信参数分布进行。

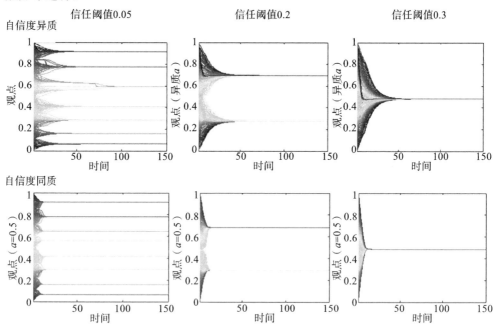

图 9.3　不同的自信参数值对观点演化的影响

2. 个体社会相似性的单独影响

依据 9.2.1 节中对社会相似性的描述,个体间的社会相似性会对社会关系产生重要影响,从而影响双方的信任程度,进而影响观点演化过程。为了探究社会相似性在这一过程中的作用机制,本小节忽略交互对象选取中观点差异与信任阈值的影响,假设式 (9.8) 中 $w_o = 0$,$w_s = 1$,即交互对象的选取仅仅依赖于个体之间的社会相似性和相似性阈值。此时个体 i 的交互集可以表示为:$\overline{N}_i(t) = \{j \mid S_{\text{threshold}} - S_{ij} < 0, j \neq i\}$。也就是说,对于个体 i,只有那些和自己的社会相似性大于相似性阈值 $S_{\text{threshold}}$ 的个体才能被选取为交互对象,而与其他因素无关。

在这种情况下,社会相似性以及相似性阈值实质上影响了个体之间的通信网络。相似性阈值一旦固定,那些社会相似性大于该阈值的个体之间就能产生通信链路。相反,当两个个体的社会相似性小于该阈值时,尽管在网络拓扑中两者之间存在连边,但他们的通信链路受相似性的影响实际上是断开的。同样,给定所有个体之间的社会相似性,改变相似性阈值也能形成不同的通信网络。这符合实际社会个体之间的相似性会对其社会关系产生重要影响,进而影响双方信任程度的现实情况。

为了进一步说明社会相似性的影响,本小节从 0 到 0.3 按照 0.01 的间隔改变相似性阈值进行观点演化实验,并从中选取 4 个具有代表性的结果进行分析,结果如图 9.4 所示。

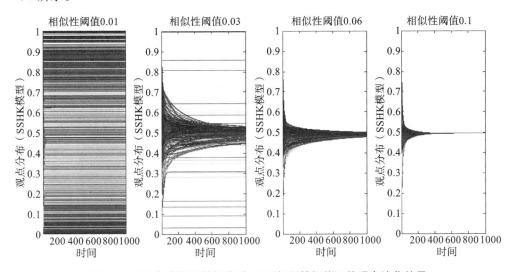

图 9.4 单独考虑相似性阈值时,不同相似性阈值下的观点演化结果

在经典 HK 模型以及 MHK 模型中,当信任阈值在 0.01~0.1 之间变化时,最终观点分布都呈现出发散的情况,并会随着信任阈值的继续增大而呈现出分散—极化——一致的相变过程。而从图 9.4 中可以发现,仅受社会相似性影响的稳态观点分布并不会出现发散—极化——一致的相变过程。当相似性阈值非常小($S_{\text{threshold}} = 0.01$)时,观点呈发散状态;随着相似性阈值增大($S_{\text{threshold}} = 0.03$),稳态观点并没有呈现出极化状态,而是大部分个体的观点能收敛到一个观点上,其他个体的观点呈分

散状态;当个体相似性阈值足够大($S_{threshold} \geq 0.05$)时,观点达到一致。对比信任阈值和相似性阈值对观点演化的单独影响可以发现,在相同量纲下,相似性会对稳态观点分布产生更强烈的影响。

3. 信任阈值和社会相似性的共同影响

上文讨论了社会相似性对观点演化的单独影响,通过分析得知社会相似性会影响观点演化的作用机制,与经典 HK 模型中通过观点差异与信任阈值影响观点演化的作用机制完全不同。现实生活中,个体的观点交流会受观点差异和个体间社会相似性的共同影响,接下来将分析观点差异和社会相似性这两种因素在交互对象选取以及观点演化中的共同影响。通过式(9.8)可以知道,观点差异和社会相似性在交互对象选取中的影响程度分别由权重 w_s 和 w_o 调节。这里将通过改变相似性权值 w_s 来改变影响程度。图 9.5 展示了在相似性阈值分别取值为 0.01、0.03、0.1、0.3 时,稳态观点分布在不同信任阈值(纵轴取值 0.05、0.2、0.3)下随相似性阈值(横轴从 0 变化到 0.9,间隔为 0.1)的变化而变化的情况。在图 9.5 中,黑色区域表示观点一致,灰色区域表示观点极化,白色区域表示分散。

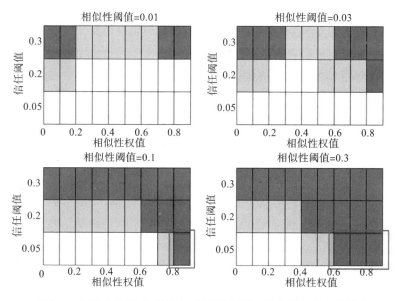

图 9.5 相似性权值、信任阈值、相似性阈值对稳态观点分布的影响

通过图 9.5 可以发现,在不同的相似性阈值下,相似性权值相对较小(比如 $w_s \leq 0.2$)时,观点演化过程受观点差异和信任阈值主导,随着信任阈值的增大呈现出经典 HK 模型中典型的发散—极化—一致的相变过程。然而随着相似性权值的增大,即相似性对观点演化的影响逐渐增大,在不同信任阈值下,稳态观点差异程度会逐渐变小。当相似性权值足够大(比如 $w_s \geq 0.7$)时,稳态观点也能出现一致的情况。不同之处在于,当相似性阈值较小($S_{threshold} = 0.01, 0.03$),相似性权值取值适中($0.2 \leq w_s \leq 0.6$)时,稳态观点的差异程度比经典 HK 模型中的更大一些。

进一步考察信任阈值在 SSHK 模型中的作用,取相似性权值为 $w_s = 0.3$,取相似性阈值 $S_{threshold} = 0.1$。此时观点差异和相似性同时对观点演化起作用,但是信任阈值起主导作用。在这种情况下,分别取信任阈值为 0.05,0.2 和 0.3 进行观点演化,结果如图 9.6 所示。

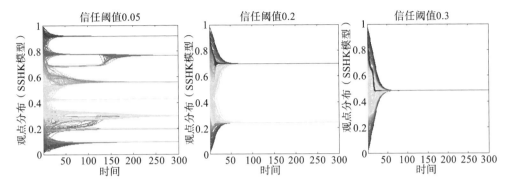

图 9.6 不同信任阈值 ε 取值下 SSHK 模型的观点演化结果

从图 9.6 中可以看到,当信任阈值较小($\varepsilon = 0.05$)时,达到稳定时有多个观点值存在;当信任阈值适中($\varepsilon = 0.2$)时,稳态观点值存在两个,即 0.2 和 0.7;而当信任阈值足够大($\varepsilon = 0.3$)时,稳态观点达到一致,稳态观点值为 0.5。当信任阈值从 0.05 增大到 0.3 时,观点状态发生改变——观点数逐渐减少直至达到一致。

接着考察相似性阈值的影响,当 $w_s = 0.3$ 时,在不同信任阈值的取值($\varepsilon = 0.05, 0.2, 0.3$)下,对相似性阈值($S_{threshold} = 0.01, 0.03, 0.1, 0.2$)的影响分别进行分析,如图 9.7 所示。

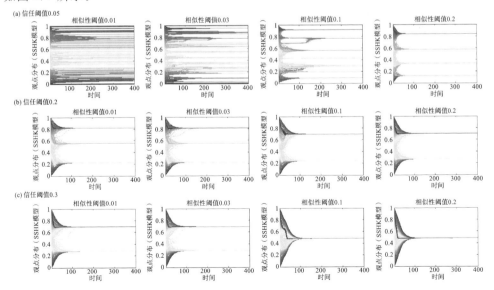

图 9.7 考虑信任阈值时,不同相似性阈值取值下的观点演化结果

可以看到,当信任阈值不变时,如图 9.7(a) 所示,当 $\varepsilon = 0.05$ 时,相似性阈值增大,稳定时的观点数逐渐减少。如图 9.7(b) 所示,当 $\varepsilon = 0.2$ 时,相似性阈值增大,观点分布出现从离散到极化的现象。同样,如图 9.7(c) 所示,当 $\varepsilon = 0.3$ 时,相似性阈值增大,观点分布出现从极化到一致的现象。

图 9.7 的实验结果展示出相似性阈值的增大促进了稳态观点的一致性。为了研究促进观点达到一致的原因,接下来对 MHK、SSHK 模型的观点个数、稳定时间以及最大簇的个体个数进行详细对比,如表 9.1 所示。

表 9.1 稳定时 SSHK 模型与 MHK 模型的观点演化结果对比

	MHK 模型	SSHK 模型 $S_{\text{threshold}} = 0.1$	SSHK 模型 $S_{\text{threshold}} = 0.2$
观点个数	7	7	4
稳定时间	143	440	155
最大群个体个数	224	243	274

对比表 9.1 中的稳定时间可以发现,相似性阈值为 0.1 时,SSHK 模型达到稳定所需时间远长于 MHK 模型,而继续增大相似性阈值,当相似度足够大,即 $S_{\text{threshold}} = 0.2$ 时,反而使得稳定时间减少。这可能是因为相似性阈值足够大,使得能进行交流的信任阈值外个体大幅增加,使得观点更容易达到一致。为了验证这个猜想,继续对相似性阈值 $S_{\text{threshold}} = 0.1$ 和 $S_{\text{threshold}} = 0.2$ 时,信任阈值之外能进行交流的个体的交流次数进行分析,结果如图 9.8 所示。

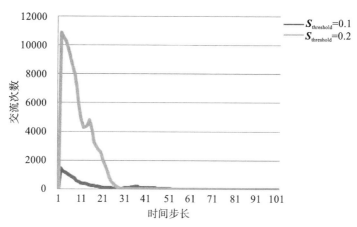

图 9.8 SSHK 模型中信任阈值外的个体进行交流的次数

在图 9.8 中,横轴为演化时间,纵轴为该演化步长下所有个体与信任阈值外的个体进行观点交流的次数之和。MHK 模型中,只有观点差在信任阈值内的个体才能进行交流,因此所有个体与信任阈值外的个体的交流次数之和显然始终为 0。结合表 9.1,相似性阈值为 0.1 时,这种与信任阈值外的观点交流次数较少,使得观点演化时间大大增加,而稳定的观点数并不会发生太大变化。相似性阈值为 0.2 时,这种交流次数显著增多,大大促进了个体间的观点交流效率,进而减少了稳态观点的差异程度。综上所述,SSHK 模型适当增加相似性阈值会增加与信任阈值外个体的交流概率,使得观点演化更容易达到一致。

9.4.3 异质 SSHK 模型的仿真结果及分析

9.4.2 节的仿真实验中,所有个体的信任阈值和相似性阈值都是相同的,然而在现实生活中,不同的个体因自身的特异性,往往具有不同的信任阈值和相似性阈值。本节将在异质情况(每个个体具有不同的信任阈值和相似性阈值)下分析相似性阈值和信任阈值的相关性对稳态观点分布的影响。

现实生活中,由于生活经历以及社会背景的不同,个体的信任阈值和相似性阈值是不同的。对于不同的人而言,这两种影响因素之间存在不同的相关关系。因此,我们对这两种影响因素的相关情况进行分析。总体来说,这两种影响因素之间存在三种相关情况:

(1)信任阈值和相似性阈值正相关。这表明个体对这两种影响的接受程度是相同的,个体既容易受到与邻居的社会关系的影响,又容易受到邻居观点的影响。

(2)信任阈值和相似性阈值负相关。这表示个体要么只受到社会关系的影响而改变观点,要么只受到邻居的观点影响,能够非常理性地就事论事,根据双方的观点的相似程度来改变观点。

(3)信任阈值和相似性阈值不相关。这表明个体受到观点本身和与邻居的社会关系的影响是随机的,他在更新观点时有可能只受到其中一种因素的影响,也有可能同时受到两种因素的影响。

那么,相似性阈值和信任阈值的相关性是否对观点演化也有影响呢?接下来,通过演化达到稳定时观点的个数来研究这三种相关性对观点演化的影响。假设信任阈值和相似性阈值符合幂律分布(幂律指数 $\alpha = 3$)的情况下,实验结果如图 9.9 所示。在图 9.9 中,信任阈值和相似性阈值是指各种异质分布的平均值,每个数据都通过 100 次仿真后取平均值得到。

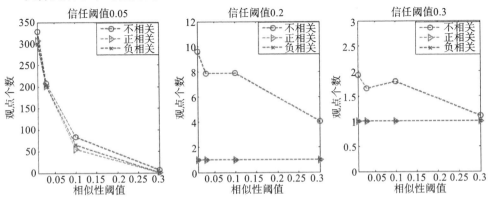

图 9.9 三种不同相关性的 SSHK 模型的观点数对比($\alpha = 3$)

在图 9.9 中，信任阈值较小（信任阈值为 0.05）时，不相关的情况下得到的观点个数最多，其次是负相关的情况，正相关情况下的观点个数稍少于负相关情况下的观点个数。而在信任阈值为 0.2 和 0.3 时可以看到，当信任阈值和相似性阈值不相关时，观点个数远远大于相关关系下的观点个数，无论是正相关还是负相关，最终观点都一定会达到一致（两条曲线始终是重合的）。因此，综合来看，无论信任阈值和相似性阈值如何取值，信任阈值和相似性阈值不相关时得到的观点个数是最多的。

接下来对不同的相关情况对演化时间的影响进行分析，结果如图 9.10 所示。

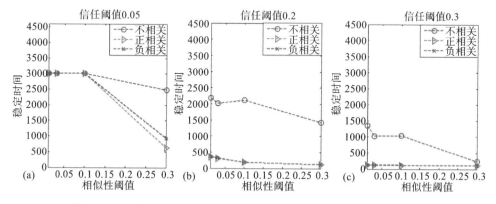

图 9.10 三种不同相关性的异质 SSHK 模型的稳定时间对比（$\alpha = 3$）

从结果可以看到，信任阈值和相似性阈值的相关性对演化时间与对观点个数的影响是一致的。信任阈值较小时，不相关的情况下达到稳定所需时间最长，其次是负相关，正相关最快达到稳定，但是与负相关差别不大。当信任阈值为 0.2 和 0.3 时，不相关的情况下达到稳定所需时间大于相关的情况，正相关和负相关的结果完全一样。

结合系统稳定时的观点个数和演化时间，可以得出结论：在任何情况下，当个体的相似性阈值和观点信任阈值不相关时，舆论演化得到的平均结果总是最差的——稳定时观点个数最多，达到稳定所需时间最长；而这两个因素只要存在相关关系，无论正相关还是负相关，得到的结果相差不大，甚至在信任阈值为 0.2 和 0.3 时得到的结果是完全一样的。

9.4.4　异质模型与同质模型的对比

同质模型将所有个体的信任阈值和相似性阈值视为完全相同，而异质模型考虑了社会多样性，更加符合现实情况。本节将同质 SSHK 模型和异质 SSHK 模型进行对比，其中异质模型中选取异质分布 α 分别为 3 和 12 时的结果进行对比，代表不同异质显著程度的分布。考虑到相关性对演化结果也有影响，而负相关和正相关的情况下得到的结果相差不大，分别选取负相关分布和不相关分布加入对比。在以下研究中，通过选取合适的 $x_{\min}$ 使得描述异质信任阈值和相似度阈值的幂律分布 $p(x) =$

$x^{-\alpha}$ 的平均值与同质的信任阈值、相似性的值相同。

首先比较信任阈值和相似性阈值负相关情况下异质模型与同质模型的观点个数。从图 9.11(a) 中可以看出,当信任阈值较小($\varepsilon = 0.05$),且异质参数较小($\alpha = 3$)时,仿真结果稳定后的观点个数多于同质模型;而当异质参数较大($\alpha = 12$)时,稳定时得到的观点个数则少于同质模型。这些结果说明异质性越显著的情况下得到的观点收敛情况优于同质模型,而异质性不显著时劣于同质模型。当信任阈值 $\varepsilon = 0.2$ 和 $\varepsilon = 0.3$ 时,无论异质参数是较小还是较大,异质模型得到的舆论演化结果均是观点收敛。在图 9.11(b) 中,只有异质参数较小且信任阈值和相似性阈值不相关时,得到观点个数才明显多于同质模型,其他情况下都是优于同质分布的。而在信任阈值较大时,如图 9.11(c) 所示,仍然只有在信任阈值和相似性阈值不相关的情况下并且异质参数较小时,观点个数会多于同质模型,其他情况下均是达到一致。

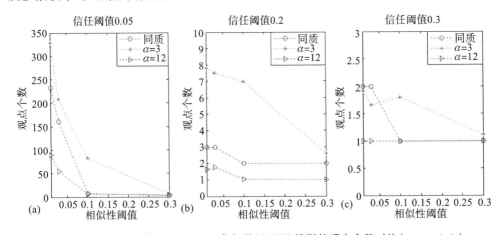

图 9.11 同质和异质(ε 和 $S_{\text{threshold}}$ 负相关)SSHK 模型的观点个数对比($w_s = 0.3$)

根据对信任阈值和相似性阈值相关性的分析,我们知道正相关或者负相关是更加利于观点达到一致的,而在不相关的情况下得到的观点收敛情况较差。在以上负相关的异质模型与同质模型的比较中,异质模型基本上是优于同质模型的。因此,在信任阈值和相似性阈值不相关的情况下,异质参数较小时,得到的观点个数比同质模型多,而异质参数较大时观点个数则比同质模型少;在信任阈值和相似性阈值相关的情况下,只有信任阈值和相似性阈值较小时,异质性显著的异质分布才会劣于同质分布,其余情况都是明显优于同质分布的。综上,在大多数时候,信任阈值和相似性阈值异质分布相比较同质分布,更加利于观点达到一致。

参 考 文 献

[1] Hegselmann R, Krause U. Opinion dynamics and bounded confidence models, analysis, and simulation [J]. Journal of Artificial Societies and Social

Simulation,2002,5(3):2.

[2] Chen S,Glass D H,McCartney M. Characteristics of successful opinion leaders in a bounded confidence model[J]. Physica A:Statistical Mechanics and Its Applications, 2016,449:426-436.

[3] Liang H, Yang Y, Wang X. Opinion dynamics in networks with heterogeneous confidence and influence[J]. Physica A:Statistical Mechanics and Its Applications, 2013,392(9):2248-2256.

[4] Zhang W,He M,Jin R. Opinion dynamics in complex networks[J]. Lithuanian Journal of Physics,2013,53(4):185-194.

[5] Shang Y. Deffuant model with general opinion distributions: first impression and critical confidence bound[J]. Complexity,2013,19(2):2092757.

[6] Stauffer D, Sousa A, Schulz C. Discretized opinion dynamics of the Deffuant model on scale-free networks[J]. Journal of Artificial Societies and Social Simulation,2004,7(3):7.

[7] Fortunato S. On the consensus threshold for the opinion dynamics of Krause-Hegselmann[J]. International Journal of Modern Physics C, 2005, 16 (2): 259-270.

[8] Fortunato S. Universality of the threshold for complete consensus for the opinion dynamics of Deffuant et al[J]. International Journal of Modern Physics C,2004,15 (9):1301-1307.

[9] Jacobmeier D. Multidimensional consensus model on a Barabási-Albert network[J]. International Journal of Modern Physics C,2005,16(4):633-646.

[10] Fortunato S. The Krause-Hegselmann consensus model with discrete opinions[J]. International Journal of Modern Physics C,2004,15(7):1021-1029.

[11] Lorenz J. A stabilization theorem for dynamics of continuous opinions[J]. Physica A:Statistical Mechanics and Its Applications,2005,355(1):217-223.

[12] Liu Q, Wang X. Opinion dynamics with similarity-based random neighbors [J]. Scientific Reports,2013,3(1):2968-2972.

[13] Wang H, Shang L. Opinion dynamics in networks with common-neighbors-based connections[J]. Physica A:Statistical Mechanics and Its Applications, 2015,421:180-186.

[14] 李普曼,林珊. 舆论学[M]. 北京:华夏出版社,1989.

[15] Nowak A, Szamrej J, Latané B. From private attitude to public opinion: a dynamic theory of social impact [J]. Psychological Review, 1990, 97 (3): 362-376.

[16] Kurmyshev E,Juárez H A,González-Silva R A. Dynamics of bounded confidence

opinion in heterogeneous social networks: concord against partial antagonism[J]. Physica A: Statistical Mechanics and Its Applications, 2011, 390(16): 2945-2955.

[17] Sznajd-Weron K, Sznajd J. Opinion evolution in closed community[J]. International Journal of Modern Physics C, 2000, 11(6): 1157-1165.

[18] Fu G, Zhang W, Li Z. Opinion dynamics of modified Hegselmann-Krause model in a group-based population with heterogeneous bounded confidence [J]. Physica A: Statistical Mechanics and Its Applications, 2015, 419: 558-565.

[19] Martins A C R, Kuba C D. The importance of disagreeing: contrarians and extremism in the CODA model[J]. Advances in Complex Systems, 2010, 13 (5): 621-634.

[20] Martins A C R. Trust in the CODA model: opinion dynamics and the reliability of other agents[J]. Physics Letters A, 2013, 377(37): 2333-2339.

第 10 章 基于个体认知方式的舆论演化模型

舆论的形成必然受到个体认知的影响。从认知心理学角度来看,人类存在场独立与场依存两种认知方式。在大多数舆论动力学模型里,个体仅仅根据其他个体观点来更新自己的观点,属于个体场依存认知方式。个性化推荐模式已经逐渐成为当前社会信息运动的主要方式,主要通过场独立认知方式深刻影响舆论演化过程。本章将认知心理学与舆论动力学融合,将个体场独立认知方式引入舆论动力学模型,结合个性化推荐的信息运动方式,对舆论的形成和传播机制进行研究,并设计相关引导策略进行舆论引导。个体场独立认知方式的引入,使得舆论动力学更加符合现实,便于探究现实社会舆论演化潜在的机理,具有重要研究意义。

本章在分析个体场独立与场依存认知方式、信息运动方式的基础上,提出了基于个体认知方式的舆论演化模型;通过仿真实验,探究了场独立与场依存参数对舆论演化的影响;从多元文化的视角研究了个性化推荐对舆论演化的影响,并基于心理暗示效应提出了一种针对信息茧房效应的舆论引导策略。

10.1 引　　言

受文化、社会、经济等多个方面因素的影响,舆论演化呈现复杂性、开放性、非线性等特征。在复杂社会系统中,舆论演化不是各个子系统按照简单的叠加原理进行的,而是相互关联涌现出极其复杂的现象。复杂社会系统中舆论演化体现出的这种"1+1>2"的整体效应是非线性科学中的核心问题之一。舆论动力学模型主要针对舆论演化的非线性特征进行解释,从而研究舆论演化机制。心理是个体外在行为表现的内因。近年来,研究表明心理现象与非线性现象的各种特征非常吻合[1]。换言之,心理现象同样具有非线性特征。因此,研究者们依据心理学不断制定相应规则[2-6],从而推动了舆论动力学模型的发展和完善。

美国认知心理学家赫尔曼·威特金(Herman A. Witkin)提出人们在信息加工的过程中存在着场依存(field-dependence)与场独立(field-independence)两种认知方式[7]。场依存是指人们在加工信息的过程中,倾向于依赖外在参照物或以外部环境线索为指导;场独立则是指人们倾向于凭借内部感知线索来加工信息[8]。在舆论演化中,个体之间的交互过程,本身便是一个认知的过程。个体通过认知来加工信息,更新自己的观点。

目前,大多数舆论动力学的研究都通过个体之间的不断交互而进行演化。比如,HK 模型中,个体通过平均所有其信任阈值内邻居的观点值来更新自己的观点值[9]。以他人的观点值即环境为线索,毫无疑问,是基于个体场依存的认知方式。即使在许多 HK 模型的改进中,引入个体自信度或者偏执性,个体在演化过程中也会考虑自身观点值[10-12]。但这仅仅是对自己原本观点值的复制,没有凭借内部感知线索来加工信息。由此可知,经典的舆论演化模型及其扩展中,充分引入了个体场依存的认知方式,对个体场独立的认知方式却考虑不足。然而,现实中的人具有复杂性,社会舆论中的个体往往存在着场依存和场独立两种认知方式。因此,有必要将认知心理学知识引入舆论动力学模型中,构建同时存在场依存和场独立认知方式的个体模型,从而更好地模拟现实舆论演化过程。

通过个体之间的相互作用,还原并解释现实生活中的舆论形成与演进现象,符合现代社会点对点式的信息传递方式。然而,随着信息技术的发展,各大内容生产平台为了抓住用户流量,都采用了个性化推荐的方式。个性化推荐方式基于用户阅读记录实现[13],通过挖掘用户兴趣,对用户信息需求进行精确定位,从而推送满足用户口味的内容信息。由于该方式便于用户利用碎片化的时间获取信息,也让用户得以获取自己感兴趣的信息,因此个性化推荐平台拥有众多用户[14]。个性化推荐的信息传递方式也成为当前社会信息运动的主要方式之一。以往大多数舆论动力学模型,仅仅研究个体之间的相互作用,也就意味着只考虑点对点式的信息传递方式,而忽略当前社会中广泛存在的个性化推荐信息运动方式。从认知心理学的角度出发,个性化推荐方式通过一种场独立认知方式影响了舆论演化中个体观点的形成。因此,可以考虑利用个性化推荐技术手段来进行舆论引导策略研究。

综上所述,本章将融合社会学、心理学、公共管理学、新闻传播学和信息科学多学科领域,充分考虑舆论演化过程中个体的场独立与场依存认知方式,并结合当前社会个性化推荐的信息运动方式,在原有的舆论动力学 HK 模型的基础上提出一种基于认知方式(cognitive styles)的舆论演化模型(简称 CS 模型)。该模型更加符合现实,能更好地探索现实社会舆论传播演化潜在的机理。同时,针对个性化推荐方式形成的信息茧房效应,构建引导策略所对应的舆论引导模型,研究不同策略的舆论引导作用,为现实社会舆情治理提供辅助指导作用。

10.2 基础理论与研究现状

10.2.1 个体场独立与场依存的认知方式

认知(cognition)一词,在《牛津词典》中的解释为:通过思想、经验和感官获得知识和理解的精神行为或过程[15]。认知方式,也称为认知风格,是指个体在认知过程中表现出的习惯化行为模式。在认知心理学领域,认知方式用来描述个人偏好的思维、知觉、记忆、解决问题等方式[16]。认知方式是反映认知结构的一个重要个体心理差异变量[8]。按照不同的标准,认知方式可以分为系列型与同时型、冲动型与沉思型、场依存型与场独立型。其中,场独立与场依存这种认知方式的分类影响比较大。美国认知心理学家赫尔曼·威特金在1962年引进了场依存与场独立的概念。根据认知心理学的描述可知,场独立与场依存这两种认知方式强调个体信息加工过程的不同[17]。在认知过程中,场独立认知的个体注重依据内部线索来加工信息,而场依存认知的个体侧重以外界环境为线索来加工信息[18]。威特金于1974年设计镶嵌图测试法——判别场独立和场依存的著名方法,把依赖外界环境而做出判断的人称为场依存者,把以自身为参照而做出判断的人称为场独立者[19]。场依存与场独立两种认知方式成为认知心理学领域的一个研究热点[20,21]。此外,认知方式在教育领域也得到了广泛研究[1,17,22,23]。

个体场独立与场依存认知方式体现在现实生活的方方面面。在图书馆用户的信息检索行为中,采用场独立认知方式的用户利用自己的内部线索进行独立分析,较少受外界环境影响;而采用场依存认知方式的用户,更加倾向于参考外部环境,独立分析能力相对弱,需要通过反馈进行调整。采用场独立认知方式的用户会通过"题名""关键词"等检索点缩小检索范围,当有把握进行检索任务时,会选择使用简单检索方式,而当检索失败时,会采用积极的检索方式去应对,转用高级检索功能来达成顺利检索的目的。此外,采用场独立认知方式的用户,在信息获取过程中属于任务导向型,主要关注自身任务,而受外界环境影响较小,其检索时间更短。相比之下,采用场依存认知方式的用户,会使用"所有词""全文"检索等宽泛检索点,当检索任务失败时,会采用简单检索功能,进行多次调整。在检索时长方面,采用场依存认识方式的用户更加容易被外界环境影响,需要根据不断检索结果的反馈来完成检索任务,其检索时长较长,总体检索行为频数高[24]。在消费者行为方面,采用场独立认知方式的消费者更加倾向于将自己内部作为参照,通过自己的独立分析对产品信息进行加工,有利于更加理性客观地从复杂环境中识别出真正需要的产品;而采用场依存认知方式的消费者更加容易受到外界的影响,被动地对外来信息进行加工,容易产生冲动性购买行为[25]。

个体对场依存与场独立认知方式的不同倾向,使认知过程中的信息加工产生不同效果,进而导致个体行为与决策的差异。场独立与场依存认知方式的形成,是个体自然发展与社会生活相互作用的结果,会受到社会文化因素的制约。已有学者将跨文化学科与认知心理学进行融合研究,测试不同文化背景下的个体的认知方式。研究结果表明[26],场依存与场独立在认知方式层面可能是一种文化变量,不同文化背景的人对这两种认知方式有不同的倾向偏重。文化是人类文明发展累积沉淀的产物,不同国家、民族等都会形成不同的文化。从东西方文化的角度来看,由于受到社会传统文化的影响,东方人更容易形成依附性的思维方式,东方个体相比西方个体更加倾向于采用场依存认知方式[27]。从不同国家文化的角度来看,一项跨文化心理学的研究表明,可能是由于文化的原因,相比于美国人,中国人更加倾向于采用场依存认知方式[28];也有学者比较研究了巴基斯坦和加拿大两国学生的认知方式,发现加拿大学生更倾向于采用场独立认知方式,善于使用分析性的思维方式[4]。从不同民族文化的角度来看,有学者研究了汉族与少数民族的认知方式差异,具体研究对象是汉族和哈尼族学生,研究认为哈尼族相比汉族更加倾向于采用场依存认知方式[29]。

大多数舆论演化模型都是将个体与其邻居节点的交互作为个体观点更新的方式,个体受外界环境影响而更新自己的观点值。毫无疑问,这是基于个体场依存的认知方式进行研究。由此可见,以往大多数舆论演化模型仅仅考虑了个体场依存的认知方式,而忽略了个体场独立的认知方式。但是真实的社会舆论在演化时,社会个体的观点态度既会受到其他社会个体观点态度的影响,也会参照自身内部情况,因此需要考虑个体的场独立认知方式。

心理学或者教育学领域对这两种不同认知的研究,往往采取非黑即白的绝对定义方式,即一个人要么采用场独立的认知方式,要么采用场依存的认知方式。如果舆论演化过程中,个体百分之百地采用场独立认知方式,而完全不考虑场依存认知方式,个体观点态度的更新只会依据自己的内部感知,不会受到其他人观点态度的影响,那么整个社会舆论将无法演化,难以发生观点极化或收敛一致的现象。这显然违背了人的社会性[30],也与现实客观事实(比如群体性事件[31])不符合。准确地说,现实社会系统中个体是复杂的,在认知过程中同时并存场依存和场独立这两种认知方式,个体既会参照外界环境来改变自己的观点值,也会依据自己的内部线索而得到观点值。由于文化、年龄等因素影响,个体在认知过程中,会对这两种认知方式有着不同的侧重,比如有些个体会倾向于采用场依存的认知方式,而有些人则更加倾向于采用场独立的认知方式。舆论演化时,个体观点的改变应该由场依存和场独立这两种认知方式共同决定,即个体更新观点值时既会受到其他个体的影响,也会参照自己内部的线索。粒子群算法起源于鸟类捕食行为的研究,运行机理是模拟生物群体的社会行为,其每次迭代的速度根据个体的飞行经验和群体的飞行经验来做出相应的调整[32]。这与舆论演化中,个体每次更新的观点应该由个体场独立与场依存两种认知方式共同决定的思路不谋而合。无独有偶,在统计物理学领域,原子(Agents)改变它们的状态时,既基于噪声或者温度(内部感知),又基于外部因素(与邻居交互)[33,34]。因此,在舆论演化过程中,在传统的仅考虑个体场依存认知方式的舆论动力学模型基础上,引入个体场独立的认知方式是非常必要的。

10.2.2 信息运动方式

在人们的行为决策过程中充满着不确定性。因此,信息的价值就在于减少环境中的不确定性因素,改变人们行为决策中预期效果的概率。由此可见,信息对人们的行为决策具有很大的价值。联系实际社会生活,信息的意义在现实社会信息传播、使用和加工等过程之中反复体现。政府公众政策信息公开,可以让公民洞悉政府政策风向、治国方略,以便决定自己在社会生活工作的发展方向与定位,更好地实现自我价值和社会价值;反过来,政府颁布的公共政策,如果民众好评如潮、广泛欢迎,便可立即推行,如果民众质疑不断、争论不休,则需要暂缓修正,民众对于公共政策的信息反馈也有利于降低政府部门公共政策的落实成本[33]。21 世纪以来,以互联网技术为代表的数字经济蓬勃发展,信息创造了巨大的商业价值、社会价值、娱乐价值等。同时,在"互联网+"的商业模式与思维方式盛行的情况下,人们的社交、支付、饮食、出行、购物、阅读等生活方式都发生了翻天覆地的变化。在帮助社会和个人实现价值的同时,由于质量的良莠不齐,信息也会对国家安全与社会稳定造成危害。例如,谣言是一种社会中长期存在且难以消除的现象,对正常的社会秩序产生了很多负面影响。2011 年日本福岛发生核泄漏事故后,我国社会出现了荒唐的"抢盐风波"事件。该事件产生的原因主要是当时社会存在着两条谣言:一条是日本地震造成核泄漏污染海水,会影响盐的生产与供应;另外一条则是碘盐可以防抗核辐射[35]。由此可见,信息可以为社会创造价值,造福于人类;但是由于信息质量难以保证,尤其是当前信息技术迅速发展的情况下,如果不对社会信息加以把控与引导,容易对社会稳定造成负面影响与危害。

  互联网技术的快速发展,改变了人们的生活方式,其根本的内在原因之一就在于信息运动方式的革新。从信息运动方式的发展演变过程来看,口头传播方式是社会最为原始、自然的信息传播方式,也是古代、近代、现代社会的一种主要的信息传播方式[36]。口头传播方式主要是通过人们日常生活与工作中的话语交流实现,具有直接性、便捷性等优势。口头传播方式属于人际传播方式,大多数时候是一种一对一的信息运动方式。由于人的自然接触有限,口头传播方式限制了信息传播的范围和效率。不同于一对一的信息运动方式,报纸作为信息传播媒介,可以超越空间与时间进行大众传播,实现一对多的信息运动方式,也是近代和现代社会的一种影响颇广的大众传播方式。随着科技的不断发展与进步,人们的经济收入逐渐增加,收音机与电视机开始走进千家万户,电台广播与电视新闻等电子传媒成为社会信息运动的新方式。该类大众信息传播方式在 20 世纪后 50 年里承载着不可替代的信息传播重任[37]。随着万维网、互联网技术的出现,人们开始接触网络这个信息新载体。在这种多对多的信息运动过程中,人们可以利用一台普通的 PC 机上网主动获取即时性、爆炸性、普及性的信息。相比 PC 端的限制,21 世纪初的非智能手机具有易携带、移动性强等优势,手机短信也成为一种新的信息传播方式。它经常用于大规模的信息传播。例如,人们发送手机短信进行拜年,也有不法分子利用手机短信群发不良有害信息,扰乱社会秩序,危害社会风气[38]。Web 2.0 时代来临,人们在网络这个信息大舞台上可以进行参与和互动,不再局限于传统信息传播过程中的单一信息接收模式。这种信息传播方式是一种点对点的信息运动方式,每个人既是网络信息的获取者,也是网络信息的制造者与传播者。从信息来源方面分析,门户网站与传统的大众传媒类似,存在"议程设置"的情况,即获取的信息都是专业人士进行引导的结果。而 Web 2.0 时代,由于社交性网络产品出现,比如微博、微信等,所有人都是自媒体,用户可以主动关注自己感兴趣的信息。由此可见,在 Web 2.0 时代,在网络平台上,信息运动方式主要是一种点对点互动的信息运动方式。

当前大多数舆论动力学模型研究都是依据个体之间相互作用的点对点式信息运动方式来探索社会舆论传播演化规律与机制。例如,张亚楠等[39]为了使个体之间的互动更加切合实际,对改进的舆论动力学模型引入了个体之间的亲密度、人际相似性和交互强度等概念。同样,何建佳、刘举胜[40]认为个体之间观点态度互动会影响个体之间的亲和度,而个体之间的亲和度也会促使社会舆论传播演化,所扩展的舆论动力学模型考虑了个体之间的亲和度因素。

利用个体之间交互规则建立的舆论动力学模型,符合 Web 2.0 时代个体点对点互动的信息运动方式。然而,由于大数据时代人工智能技术的发展,内容智能分发的个性化推荐方式出现,人们获取信息的途径变得更加丰富。移动互联网时代网络平台信息海量,人们获取信息变得更加碎片化与随时化。内容生产平台为了抓住更多信息流,采用了个性化推荐模式。这种模式是利用算法将信息内容进行智能分发,从而满足了用户对垂直化、个性化的信息需求。内容生产平台通过分析用户浏览习惯、用户自身特征标签和环境场景,精确定位了用户信息需求,过滤了用户不感兴趣的信息,个性化推荐给用户想要获取的信息,实现了千人千面的信息传播现象。这是一种以用户体验为中心的信息传播方式。今日头条是最早带动内容分发个性化推荐这种模式的新闻客户端,其创始人张一鸣曾说过"机器会越来越懂你"。接着腾讯、网易、新浪等公司也逐渐采用这种个性化推荐的信息传播模式。

由此可见,人们获取信息不单单是通过与其他个体之间的互动,也会源于个性化推荐的"私人定制"。当今社会舆论传播演化过程中,人们更容易从个性化推荐的内容分发平台获取信息,个性化推荐的内容信息会对个体观点态度产生重要影响。从信息运动方式角度来看,为了使舆论动力学模型更加切合实际情形,舆论动力学模型也需要考虑到内容智能分发的个性化推荐信息运动方式。

10.3 基于个体认知方式的舆论演化模型

目前在大多数舆论动力学的研究里,社会舆论通过个体之间不断交互而进行演化。以 HK 模型为例,个体按所有其信任阈值内的邻居观点的平均值来更新自己的观点值[11]。以邻居观点值即外界为参照,来改变自己的观点态度,属于个体场依存的认知风格。然而,个体在认知过程中存在着场独立与场依存两种认知方式。另外,从信息运动层面分析,HK 模型切合点对点式互动的信息传播方式,但是对当今社会存在的个性化推荐信息运动方式考虑不足。因此,本章将在观点动力学模型中引入个体场独立认知方式,并考虑内容分发的个性化推荐信息运动方式。

本章以经典的 HK 模型为基础,将其视为个体场依存认知方式的部分,并在此基础上考虑个体场独立的认知方式。经典 HK 模型的构建思路是:考虑一个系统中有 n 个 Agent(智能体),集合为 $N = \{1,2,3,4,\cdots,n\}$,Agent $i \in N$。Agent i 在 t 时刻的观点值为 $x_i(t)$,$x_i(t) \in (0,1)$。起初,每个 Agent 都有一个初始观点值 $x_i(0)$,$x_i(0) \in (0,1)$。系统中个体初始观点值服从一定的分布,比如均匀分布或者正态分布。每个 Agent 都有自己的信任阈值 ε_i,当个体观点值与邻居观点值之差小于其信任阈值时,才会进行交互。离散时间的 HK 模型如式(10.1)所示:

$$x_i(t+1) = \begin{cases} \frac{1}{|N_i(t)|} \sum_{j \in \overline{N_i(t)}} x_j(t), & \overline{N_i(t)} \neq \varnothing \\ x_i(t), & \text{其他} \end{cases} \quad (10.1)$$

式中,$N_i(t) = \{j \in V \mid |x_i(t) - x_j(t)| \leqslant \varepsilon_i\}$,表示 Agent i 在 t 时刻交互观点的邻居集合;$|N_i(t)|$ 表示交互观点的邻居个数。

本章引入个体的场独立认知方式,假设在舆论演化中,个体在受到其他社会个体影响的同时,也会自己获取舆论相关信息,比如使用各种个性化推荐的信息产品。这两者的共同作用决定了个体的观点态度。个体的观点态度受其他个体(亲朋好友)的影响,视为场依存的认知方式;个体通过独自分析自己获取的信息而得到观点值,视为场独立的认知方式。个体观点的每一次迭代更新都由场独立与场依存这两种认知方式共同决定。本章将经典的 HK 模型视为舆论演化过程中个体场依存认知方式的部分,在此基础上讨论个体场独立认知方式的构建。

假设个体场独立方式的认知来自自己独自分析舆论得到的信息。内容生产平台的个性化推荐算法,都是利用个体历史阅读记录,"了解"个体的观点态度,推送与个体的观点态度类似的信息。个性化推荐算法所推送的信息内容投其所好,信息内容基本上基于个体历史观点,满足了个体喜好。个体自然很大程度上愿意接受个性化推荐的观点意见作为自己分析得到的舆论信息。因此,本章将个性化推荐的信息简化为个体历史观点的组合。为了更加接近个体实时的观点态度,个体历史观点的组合只考虑当前时刻与上一个时刻。

基于上述讨论,本章提出一种基于认知方式的舆论演化模型(CS 模型),观点生成模式如式(10.2)所示:

$$x_i(t+1) = c \cdot [\omega \cdot x_i(t) + (1-\omega) \cdot x_i(t-1)] + (1-c) \cdot \frac{1}{|N_i(t)|} \sum_{j \in N_i(t)} x_j(t)$$
(10.2)

式中,$N_i(t) = \{j \in V \mid |x_i(t) - x_j(t)| \leqslant \varepsilon_i\}$;$\omega \cdot x_i(t) + (1-\omega) \cdot x_i(t-1)$ 表示个体通过场独立认知而得到的观点值;ω 为历史认知参数,表示个体 i 在 t 时刻观点值的权重,$1-\omega$ 表示个体 i 在 $t-1$ 时刻观点值的权重;$\frac{1}{|N_i(t)|} \sum_{j \in N_i(t)} x_j(t)$ 表示个体通过场依存认知而得到的观点值,即经典的 HK 模型;c 为个体认知参数,代表

个体认知方式的倾向,其值表示个体观点值由场独立认知决定的比重,$1-c$ 的值表示个体观点值由场依存认知决定的比重。个体更新观点值是由个体场独立和场依存两种认知方式共同决定。CS 模型在每次迭代过程中,个体观点值的更新同时依据个体独自分析个性化推荐的信息(场独立)和其他邻居个体的观点值(场依存),如图 10.1 所示。

图 10.1　CS 模型中个体观点更新示意图

10.4　基于认知方式的舆论演化模型仿真研究

10.4.1　问题描述和仿真实验思路

本节利用基于 Agent 的方法,对 CS 模型进行建模与仿真。为了研究的方便,假设社会个体是同质的,所有个体有同样的信任阈值和认知方式倾向。在本章实验中,参与舆论演化过程的有 1000 个个体,其关系网络是全连通网络,即每个个体在舆论演化中能知道所有其他个体的观点。选择全连通网络的目的是避免不同的人际关系网络对仿真结果的影响。每个个体的观点被量化为 0 到 1 之间的连续值。为了避免初始观点值对仿真结果的影响,设置个体初始值服从 0 到 1 之间的均匀分布。本节定义系统稳定状态是:如果所有个体的观点不再变化,那么系统达到稳定[41]。需要补充说明的是,若两个观点值之差小于0.0001,则将这两个观点值视为同一个观点。

本节通过两个观察指标来度量舆论演化的影响。第一个指标是系统稳定状态,也就是系统稳定后所存在的观点簇数。如果系统最终观点簇为1,则说明系统最后只存在1个观点,社会个体观点态度统一,此时系统稳定状态称为收敛一致;如果系统最终观点簇为2,则系统最后存在2个观点,意味着社会个体观点态度分化为2种,此时系统稳定状态称为极化;当系统最终的观点簇数大于2时,表明最后社会个体观点态度分散为几类,此时系统稳定状态称为发散。第二个指标是系统稳定时间,也就是系统达到稳定状态所需要的时间。仿真实验设计的流程框架如图10.2所示。本章主要通过研究认知参数与历史认知参数对仿真结果的影响,验证CS模型的可行性,并研究个体对不同认知方式的倾向对舆论演化的影响。

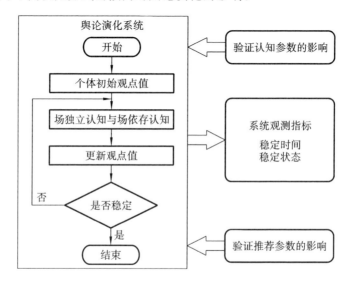

图10.2 仿真实验设计流程框架

10.4.2 场独立与场依存认知方式的影响

本节通过改变认知参数 c 来研究不同认知方式对舆论演化状态的影响。在经典的舆论动力学HK模型中,由于信任阈值的不同,舆论可以演化为发散、极化和收敛一致三种不同的稳定状态。图10.3是不同信任阈值下,HK模型舆论演化稳定状态的仿真结果。由图10.3可知,当信任阈值为0.1时,舆论演化结果稳定时会形成4个观点簇,系统稳定状态为发散。当信任阈值 ε_i 增加至0.2时,整个舆论演化结果的稳定状态会极化为2个观点簇。如果信任阈值 ε_i 增加到0.25,系统的观点会达成收敛一致。

为了研究在系统不同稳定状态下,认知参数 c 对舆论演化的影响,本节选取信任阈值 ε_i 的范围为 $\varepsilon_i \in [0.1, 0.2, 0.21, 0.22, 0.23, 0.24, 0.25]$,同时选取认知参数 c 的范围为 $c \in [0, 0.1, 0.2, 0.3, 0.4, 0.5, 0.6, 0.7, 0.8, 0.9]$ 进行仿真实验。为了避

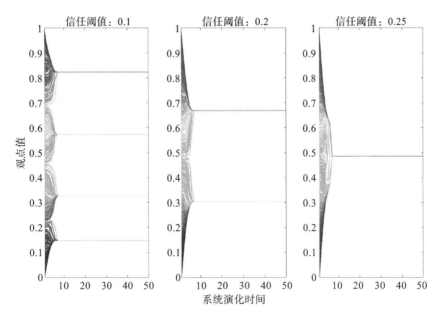

图 10.3 不同信任阈值下,HK 模型的舆论演化稳定状态的仿真结果

免历史认知参数 ω 对仿真实验结果产生干扰,仿真中将历史认知参数 ω 设置为一个常量(0.5)。图 10.4 是在不同信任阈值和认知参数的情形下,系统稳定状态的仿真结果图。在图 10.4 中,黑色矩形表示系统稳定状态为观点发散,白色矩形表示系统稳定状态为观点极化,而灰色矩形则表示系统稳定状态为收敛一致。不难发现,认知参数 $c=0$ 的情形即是经典的 HK 模型舆论演化结果。当信任阈值为 0.1 时,无论认知参数的值是多少,社会系统观点都趋于发散;当信任阈值由 0.2 逐渐变为 0.25 时,社会系统观点由极化变为最后收敛一致。从系统稳定状态的角度对比引入个体场独立认知方式后的舆论演化模型(CS 模型)与经典的 HK 模型,发现系统稳定状态随信任阈值变化的规律一致。随着信任阈值增大,系统最终观点状态由发散到极化,最后收敛一致。不同之处在于,信任阈值为 0.21 时,经典 HK 模型的观点已经收敛一致,而考虑个体场独立认知方式后,此时观点值仍然处于极化状态。随着信任阈值增加至 0.22,在认知参数 $c \leqslant 0.5$ 的情形下,系统观点已经收敛一致,而认知参数 $c \geqslant 0.6$,系统观点仍然处于极化状态;信任阈值增至 0.23,当认知参数 $c \leqslant 0.7$ 时,系统观点收敛一致,而当认知参数 $c \geqslant 0.8$ 时,系统观点仍是极化;当信任阈值 $\geqslant 0.24$ 时,无论认知参数 c 为何值,系统观点都收敛一致。由上可知,认知参数 c 对系统稳定状态有影响,也就是说个体对场独立与场依存这两种认知方式的倾向对舆论演化有影响。认知参数 c 的值越大,个体更新观点时,场独立认知方式所决定的比例更大,也就是说个体更加倾向于采用场独立认知方式,这会导致舆论演化系统更加难以收敛一致。相反,认知参数 c 的值越小,系统更加容易变为收敛一致状态。

为了研究认知方式对舆论演化稳定时间的影响,本节继续比较舆论演化结果三

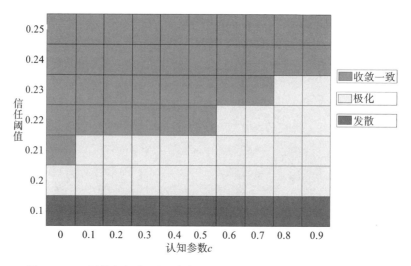

图 10.4 不同信任阈值、认知参数下,CS 模型系统稳定状态的仿真结果

种稳定状态(发散、极化与收敛一致)下,不同认知参数值对系统稳定时间的影响。本节选择信任阈值为 0.1,0.2 和 0.25($\varepsilon_i \in [0.1, 0.2, 0.25]$)。前一实验结果表明,在这三个信任阈值的情况下,无论认知参数 c 为何值,系统稳定状态总是分别对应着发散、极化与收敛一致。同样,为了研究认知方式对舆论演化时间的影响,本节设置认知参数 $c \in [0, 0.1, 0.2, 0.3, 0.4, 0.5, 0.6, 0.7, 0.8, 0.9]$,进行仿真实验。仿真实验结果如图 10.5 所示。

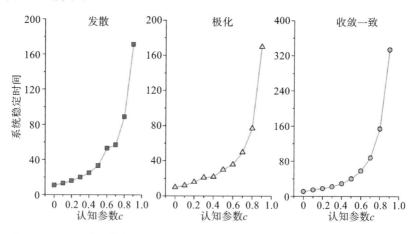

图 10.5 不同认知参数 c 下,系统三种状态(发散、极化、收敛一致)的稳定时间

图 10.5 是当演化结果分别为发散、极化和收敛一致状态时,不同认知参数下,社会系统稳定时间的仿真结果。当认知参数 $c = 0$ 时,CS 模型与经典的 HK 模型等效。相比经典的 HK 模型,系统演化达到稳态所需要的时间更长($c \neq 0$)。从图 10.5 中可以发现,无论系统最终演化状态为发散、极化还是收敛一致,随着认知参数 c 值的

增加,该系统稳定所需要的时间也增加。这说明个体在观点演化的过程中,场独立认知方式比重越大,整个系统需要更长的时间才能达到稳定。这表明舆论演化中,当个体更加倾向于采用场独立认知方式时,社会系统需要更多的稳定时间,这也意味着系统更难变稳定。

综上所述,当认知参数 c 的值为 0 时,意味着只考虑了个体的场依存认知方式,而忽略了个体场独立认知方式。此时,CS 模型退化为经典的 HK 模型。当认知参数 $c=0$ 时,仿真实验数据反映的就是经典的 HK 模型的演化结果。CS 模型对比于经典的 HK 模型,相同之处是随着信任阈值的增大,舆论系统的稳定状态会从发散变为极化最后达到收敛一致。不同之处在于,当考虑了个体场独立认知方式时,个体观点值不单单受其邻居影响,也会受到自身内部因素影响。这样就削弱了周围邻居观点值对个体观点值的同化作用,更大可能地保留了个体独立的意见(受到个性化推荐的相关信息的影响),减缓了群体观点值统一的趋势。因此,相比于经典的 HK 模型,CS 模型舆论演化的最终状态将会更难收敛一致,同时系统达到稳定所需要的时间也会更长。可以看出,CS 模型是对经典的 HK 模型的一种扩展,使其更加切合实际。

另外,认知参数 c 的大小,反映了个体对场独立与场依存这两种认知方式的倾向程度。不同文化背景下的个体,对这两种认知方式有着不同倾向。因此,认知参数 c 的大小,可以用来表征不同文化背景的个体。西方文化背景下的个体,更加倾向于采用场独立的认知方式,而中国文化下的个体,则更加倾向于采用场依存的认知方式。众所周知,有些西方国家决策缓慢且艰难[42],比如,美国每年有许多民众丧生于枪杀之下,而美国的枪械控制政策却一直难以通过。相比之下,可能是文化的原因,中国社会却很容易达成意见统一,决策效率高[43]。当然,这也很容易出现盲目跟风的现象,比如前面所提到的"抢盐事件"。这些现实舆论演化情况与仿真实验结果一致。因此,本章在传统观点动力学模型中引入场独立认知方式,不仅更加符合社会现实,而且能为跨文化研究提供支撑。

10.4.3 历史认知参数的影响

本节将研究历史认知参数对舆论演化状态的影响。由于历史认知参数属于 CS 模型中个体场独立的认知部分,所以认知参数 c 值的大小,也会影响历史认知参数对舆论演化的作用。因此,在研究历史认知参数对舆论演化结果稳定状态影响的同时,需要考虑认知参数在舆论演化中的作用。在仿真实验中,本节选取认知参数值的范围为: $c \in [0.1,0.2,0.3,0.4,0.5,0.6,0.7,0.8,0.9]$。此外,将历史认知参数 ω 的值设置从 0 到 1 开始变化,历史认知参数 $\omega \in [0,0.1,0.2,0.3,0.4,0.5,0.6,0.7,0.8,0.9,1]$。历史认知参数 $\omega=1$ 即不考虑个体上个时刻的观点值,历史认知参数 $\omega=0$ 即只考虑个体上个时刻的观点值,而不考虑个体当前时刻的观点值。历史认知参数 $\omega=0$ 与历史认知参数 $\omega=1$ 反映的是两种极端情况。仿真实验结果如图 10.6 所示。

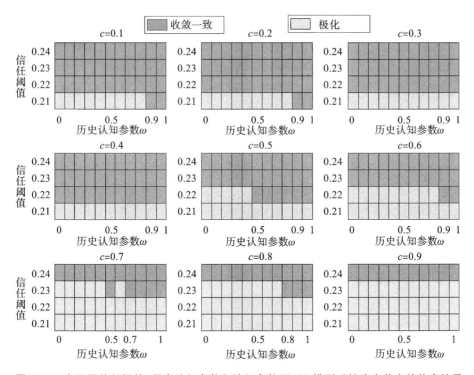

图 10.6 在不同信任阈值、历史认知参数和认知参数下，CS 模型系统稳定状态的仿真结果

图 10.6 是在不同的信任阈值、历史认知参数与认知参数之下，舆论演化结果稳定状态的仿真结果图。选取展示信任阈值为这个区间（$\varepsilon_i \in [0.21, 0.22, 0.23, 0.24]$）的仿真实验结果，是因为在这些情形下，当认知参数值与信任阈值不变而历史认知参数变化时，舆论演化状态可能会发生改变。在图 10.6 中，黑色矩形和灰色矩形分别代表系统舆论收敛一致与极化的稳定状态。由图 10.6 可知，当历史认知参数的值从 0.1 增加到 0.9，下层的黑色矩形逐渐减少，说明需要一个较大的信任阈值，稳定状态才能从极化变为收敛一致。这与上述的研究分析结果一致，认知参数越大，系统更加难以收敛一致。另外，在认知参数 c 和信任阈值相同的情况下，历史认知参数 ω 越小，系统状态更难收敛一致。当历史认知参数 ω 大于某个值时，舆论系统稳定状态才能由极化变为收敛一致。例如，在认知参数 $c=0.1$ 和信任阈值为 0.21 的情况下，当历史认知参数 $\omega \leqslant 0.8$ 时，演化结果稳定状态为观点极化，而当历史认知参数 $\omega \geqslant 0.9$ 时，演化结果稳定状态收敛一致；在认知参数 $c=0.5$ 和信任阈值为 0.22 的情况下，当历史认知参数 $\omega \leqslant 0.4$ 时，演化结果稳定状态为极化，而当历史认知参数 $\omega \geqslant 0.5$ 时，演化结果稳定状态为收敛一致；在认知参数 $c=0.6$ 和信任阈值为 0.22 的情况下，当历史认知参数 $\omega \leqslant 0.8$ 时，演化结果稳定状态为极化，而当历史认知参数 $\omega \geqslant 0.9$ 时，演化结果稳定状态为收敛一致；在认知参数 $c=0.8$ 和信任阈值为 0.23 的情况下，当历史认知参数 $\omega \leqslant 0.7$ 时，演化结果稳定状态为极化，而当历史认知参数 $\omega \geqslant$

0.8 时,演化结果稳定状态为收敛一致。通过上述讨论分析,说明历史认知参数 ω 的值越小,演化结果稳定状态越难达成收敛一致,并且历史认知参数 ω 对系统观点最终稳定状态的作用受认知参数 c 的影响。

接下来,本节将研究历史认知参数对舆论演化稳定时间的影响。由图 10.6 可推断,当信任阈值为 0.25 时,无论认知参数和历史认知参数的值为多少,舆论演化结果的稳定状态始终是收敛一致。所以,为了保证演化结果稳定状态不变,以方便探究在同样演化结果稳定状态情况下,历史认知参数对舆论演化时间的影响,本节选择信任阈值为 0.25,同时选取认知参数 $c \in [0.1,0.2,0.3,0.4,0.5,0.6,0.7,0.8,0.9]$,也将历史认知参数 ω 的值设置为从 0 到 1 开始变化,即历史认知参数 $\omega \in [0,0.1,0.2,0.3,0.4,0.5,0.6,0.7,0.8,0.9,1]$,得到仿真结果如图 10.7 所示。

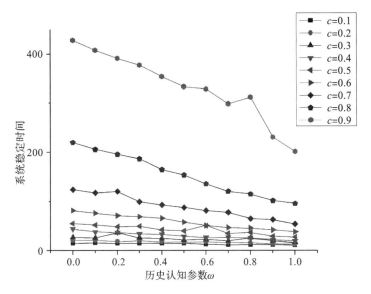

图 10.7 在不同认知参数、历史认知参数情况下,信任阈值为常量 0.25 时系统稳定时间仿真结果

图 10.7 是在舆论演化状态始终为收敛一致的情形(信任阈值为 0.25)下,随着认知参数与历史认知参数的值不断变化,演化结果稳定所需时间的仿真结果图。由图 10.7 可知,随着认知参数 c 值逐渐增大,折线在图中的位置越高,说明系统稳定所需要的时间也越来越长。这说明认知参数 c 的值越大,系统稳定所需要的时间越长。图 10.7 中的折线整体上来看呈下降趋势,也就说明历史认知参数的值越大,系统稳定所需要的时间更短。随着认知参数的值增加,折线越来越陡峭,也就是说折线斜率也变得更大,说明认知参数值的大小,会影响历史认知参数 ω 对舆论演化速度的作用。由此可知,历史认知参数 ω 可以影响舆论系统的演化速度。另外,随着认知参数 c 的增大,历史认知参数 ω 对系统演化速度的影响会更加强烈。

综上所述,历史认知参数 ω 对舆论演化速度与演化结果都有影响。当历史认知参数 ω 为 1 时,内容智能分发的个性化推荐平台只将个体当前时刻的观点推送给了个体，从而个体只独自分析了当前时刻的自身观点，意味着个体仅仅将当前时刻自身观点值作为场独立认知的结果，并未充分地进行场独立认知。这个时候，从模型形式上来看，CS 模型退化为了 MHK 模型[44]，个体不是进行场独立认知，而对自己原本的观点持坚持、偏执或者自信的态度。相比于 MHK 模型，CS 模型系统演化时间更长，而观点值更难以收敛一致。

此外，历史认知参数 ω 的值越大，舆论演化稳定状态更容易变为收敛一致，而且系统需要更少的时间达到稳定。这可能是因为，历史认知参数的值更大，个性化推荐的观点值中个体当前时刻观点值的权重更大，也就是说个体独自分析的观点更加接近当前时刻观点值，从而个体通过场独立认知方式中获得的观点值更少来源于上一个时刻的观点值，而更多来源于当前时刻的观点值。从某种意义上来说，这促进和加速了个体与其他个体的交互，使个体观点值越来越偏向群体观点值。需要补充说明的是，认知参数的值越大，历史认知参数对舆论演化的影响作用也就越大。若个体更加倾向于采用场独立认知方式，那么当个体更新自己的观点时，通过场独立认知所得到的观点比重也将更大，所以历史认知参数对舆论演化的影响作用也更大。对自己上一时刻观点值的坚持、偏执或者自信，只是对自己观点值的复制，并不属于个体的场独立认知。现实的舆论演化中，个体观点态度的改变是由于自己独自分析舆论相关信息，比如个体分析来自个性化推荐模式智能分发的内容信息，这是个体场独立认知方式的作用。由此可见，本章利用历史认知参数构建个体场独立认知部分，具有现实依据。众所周知，一个人如果习惯于通过内容生产平台的推荐获取信息，而内容生产平台一直推送他所喜好的信息，那么个体观点难以被周围人改变，这也是信息茧房效应。为了分析这种影响，本章接下来将进行考虑个性化推荐的舆论演化仿真研究。

10.5　考虑个性化推荐的舆论演化仿真研究

10.5.1　问题描述

当前社会信息生产与传播变得更加快捷，信息大爆炸的时代逐渐到来，信息过载问题也慢慢地凸显出来。信息过载指的是社会信息量过多，远远超过了受众所能接受、处理与承受的量，导致受众无法从海量信息中获取自己真正所需要的信息，使得受众无法有效利用信息的现象[45]。原本人们将信息定义为"消除不确定性"，然而由于信息过载，浩瀚的信息海洋也给人们带来了更多的不确定性。面对海量的不确定性信息和有限的个人精力与注意力，个性化推荐的信息运动方式应运而生，精确定位用户信息需求，推送给用户感兴趣的信息内容，满足了用户信息差异化的要求。个性化推荐的信息运动方式得到了深入发展与应用，成为解决信息过载问题最有效与重要的手段之一[46]。截至 2018 年，今日头条 App 累计激活用户数量已经超过 7 亿人次,月活跃用户数量高达 2.63 亿人次。今日头条能从众多移动互联网产品中成功突围,其原因就在于挖掘用户的兴趣点,通过个性化推荐的信息运动方式,为用户推荐其喜好的信息。除了今日头条,国内网易、新浪、腾讯、百度等公司,国外 Google、Meta、Twitter 等主流公司也都采用了个性化内容推荐模式。由此可见,个性化推荐的信息运动方式得到了广泛运用,已经成为当今社会信息流通的主要方式之一。个性化推荐方式的信息内容智能分发,让人们能够在很快的时间内,从海量信息中获取自己感兴趣的信息,提高了人们获取信息的效率,在一定程度上化解了信息过载带来的困扰。然而,个性化推荐的信息运动方式,使信息受众长期沉浸于自己感兴趣的垂直信息领域,形成信息茧房现象,从而容易导致社会舆论产生群体观点极化现象。

现有的社会学、公共管理与传播学等领域关于信息茧房负面影响的研究,都只是处于理论分析层面或者采用实证分析的手段,缺乏可量化、可重复的实验验证。本章所提出的 CS 模型里的个体场独立认知方式部分,是对现实社会个性化推荐方式这种信息运动方式的一种抽象建模,可以用来进行仿真实验,研究个性化推荐模式所造成的信息茧房现象。

10.5.2 仿真实验思路

当社会系统中没有个体使用个性化推荐的内容生产平台时,舆论演化的最终状态为收敛一致,但是如果社会中有人使用个性化推荐的内容生产平台,并且随着个性化推荐的内容生产平台的使用人数增多,舆论系统演化状态就由收敛一致变为观点极化,这可以说明个性化推荐方式所导致的信息茧房现象,容易产生群体观点极化。因此,本章主要通过研究分析个性化推荐方式受众数量对舆论演化的影响是否能够导致群体观点极化,来研究个性化推荐方式对信息茧房现象的影响。

在 CS 模型中,个体场独立认知方式的部分来源于个体独自分析个性化推荐的信息。因此,为了方便探究个性化推荐方式受众数量对舆论演化结果的影响,本章做出相应的简化与假设。假设舆论演化时,部分个体使用个性化推荐信息(平台)进行场独立认知,其他个体仅仅依据其邻居个体的观点更新自己的观点态度。具体来说,仿真时设定一部分数量的个体使用个性化推荐方式获取信息,即会通过场独立认知方式独自分析个性化推荐的信息。通过设定个性化推荐信息的不同使用人数,进行多组舆论演化仿真实验,研究分析个性化推荐方式的受众数量对舆论演化的影响。仿真思路如图 10.8 所示。

本节仍然采用 Agent 建模的方法,利用 CS 模型进行舆论演化仿真实验。个体使用个性化推荐平台,代表个体通过场独立的认知方式独自分析个性化推荐的信息,即 $c \neq 0$;个体不使用个性化推荐平台,代表个体不通过场独立的认知方式独自分析个性化推荐的信息,即 $c = 0$,这时个体在观点迭代更新中采用的 CS 模型退化成经典的 HK 模型。

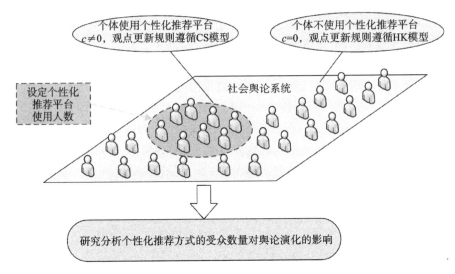

图 10.8 个性化推荐方式对舆论演化影响的仿真思路

10.5.3 个性化推荐平台使用人数的影响

本节先研究个性化推荐的内容生产平台使用人数对舆论演化状态的影响。由 10.4 节可知,不论是 CS 模型还是 HK 模型,当信任阈值 ε 为 0.2 时,系统演化状态始终为观点极化;而当信任阈值 ε 为 0.25 时,系统演化状态始终为收敛一致。因此,为了探究个性化推荐模式是否容易产生群体观点极化,本节选择个体信任阈值范围为 $\varepsilon \in [0.2, 0.21, 0.22, 0.23, 0.24, 0.25]$。同样,参与舆论演化的个体数量为 1000。为了更加细致地探究个性化推荐平台使用人数对舆论演化状态的影响,设置个性化推荐平台的使用人数按 100 人递增,选取个性化推荐平台使用人数 n 的范围为 $n \in [0, 100, 200, 300, 400, 500, 600, 700, 800, 900]$。由于现实社会中不可能存在全体都使用个性化推荐平台的情况,总会存在一些个体由于经济、受教育程度、文化、习惯、年龄或其他原因而不会使用个性化推荐平台,因此仿真实验也不考虑 $n = 1000$ 的情况。为了避免认知参数 c 和历史认知参数 ω 对仿真实验结果的干扰,先将它们设置为常量 0.5,即 $c = 0.5, \omega = 0.5$。

图 10.9 是在不同信任阈值与个性化推荐平台使用人数的情形下,舆论演化状态的仿真实验结果图。黑色矩形表示系统演化状态为收敛一致,而灰色矩形则表示系统演化状态为观点极化。由图 10.9 可知,随着信任阈值的增加,舆论演化状态由极化变为收敛一致,符合舆论动力学的一般规律。进一步分析个性化推荐平台的使用人数对系统舆论演化状态的影响可以发现,当信任阈值为 0.2 或者 0.21,即 $\varepsilon = 0.2$ 或 $\varepsilon = 0.21$ 时,无论使用人数为多少,系统的舆论演化状态始终为观点极化。而在信任阈值为 0.22 即 $\varepsilon = 0.22$ 的情形下,当没有人使用个性化推荐平台即 $n = 0$ 时,系统

的舆论演化状态为收敛一致;当个性化推荐平台使用人数没有超过 600 人,即 $n \leqslant 600$ 时,系统的舆论演化状态仍然可以保持为收敛一致;而当个性化推荐平台使用人数达到 700 人,即 $n \geqslant 700$ 时,系统的舆论演化状态将会由收敛一致变为观点极化。随着信任阈值增加至 0.23 及以上,即 $\varepsilon \geqslant 0.23$ 时,无论个性化推荐平台使用人数 n 为多少,系统的舆论演化状态始终为收敛一致。由以上分析可以得知,随着个性化推荐平台使用人数的增多,舆论演化状态可能由收敛一致变为观点极化。这反映了个性化推荐信息运动方式容易导致群体观点极化的现象发生,导致信息茧房现象。

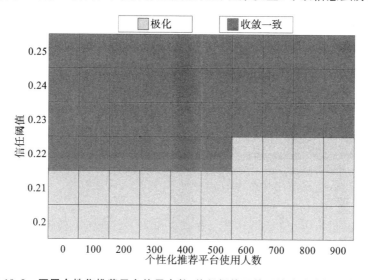

图 10.9 不同个性化推荐平台使用人数、信任阈值下的系统舆论演化仿真结果

接下来研究个性化推荐平台使用人数对舆论演化时间的影响。由图 10.9 可知,当信任阈值为 0.23 时,无论个性化推荐平台使用人数为多少,系统舆论演化状态始终为收敛一致。因此,为了方便探究个性化推荐平台使用人数对舆论演化时间的影响,选取信任阈值为 0.23,即 $\varepsilon = 0.23$,保证系统舆论演化状态始终为收敛一致。同样,本节将认知参数 c 和历史认知参数 ω 设置为常量 0.5,即 $c=0.5$,$\omega=0.5$,选取个性化推荐平台使用人数 n 的范围为 $n \in [0,100,200,300,400,500,600,700,800,900]$,进行舆论演化的仿真实验。

图 10.10 是在系统稳定状态为收敛一致的情形下,随着个性化推荐平台使用人数递增,系统舆论演化稳定所需时间的仿真结果。由图 10.10 不难发现,随着个性化推荐平台使用人数的逐渐递增,舆论演化达成稳定状态所需要的时间也就越长。实验结果表明,使用个性化推荐平台的人数增多,社会群体观点达成共识将需要更久的时间。这说明由于信息茧房现象,个体减少了与外界其他人的接触与交流,社会信息没有得到充分分享,不利于整个社会达成共识。

综上所述,个性化推荐平台使用人数对舆论演化产生了如下影响:随着社会系统中个性化推荐平台使用人数增多,不仅舆论演化达到收敛一致稳定状态所需的时间

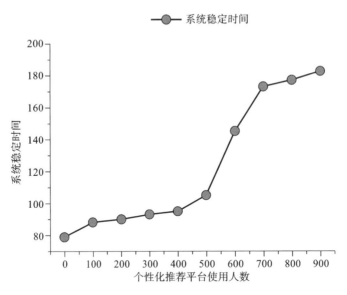

图 10.10　不同个性化推荐平台使用人数(n)下,舆论演化稳定所需时间仿真结果

会增加,而且还可能将演化状态由收敛一致变为群体观点极化。这说明个性化推荐信息运动方式导致了信息茧房现象,延缓了群体观点收敛一致,不利于社会达成统一的共识,容易产生群体观点极化现象。个性化推荐平台使用人数越多,更多社会个体将会在舆论演化中接收来自个性化推荐的信息。个性化推荐方式过滤掉了与个体自身意见相悖的内容,并且都只推送个体感兴趣或者与个体观点接近的信息。个性化推荐的信息只不过是与个体观点相近的内容信息,这相当于减少了这些个体与大社会资讯的交流与信息共享,使得社会个体容易形成观点意见相似的小团体,排斥团体外的观点意见,阻碍了社会整体观点融合的进程,使社会群体观点达成共识的过程更加迟缓,不利于群体观点统一,情况严重时,将会造成舆论群体极化现象出现。

10.5.4　文化视角下个性化推荐模式的舆论演化研究

为了研究的简化与方便,10.5.3 节将认知参数 c 设置为一个常量。认知参数 c 的值表示个体对场独立与场依存两种认知方式的不同倾向。不同文化背景下的个体对这两种认知方式有着不同的倾向,可以将认知参数看作一种文化变量。因此,可以选取不同的认知参数 c 值,分析个性化推荐平台使用人数对舆论演化的影响,继而探究不同文化背景下,个性化推荐信息运动方式所形成的信息茧房现象的差异。

本节首先研究认知参数 c 和个性化推荐平台使用人数 n 对舆论演化状态的影响。为了方便研究群体观点是否容易发生观点极化现象,本节选择信任阈值的范围为 $\varepsilon \in [0.2, 0.21, 0.22, 0.23, 0.24, 0.25]$,使演化结果状态从观点极化到收敛一致变化。为了避免历史认知参数 ω 对舆论演化状态的影响,仍然将其设置为常量 0.5,即 $\omega = 0.5$。同样,设置个性化推荐平台使用人数递增范围为 100 人,选取个性化推荐平台

使用人数 n 的范围为 $n \in [0, 100, 200, 300, 400, 500, 600, 700, 800, 900]$。选取认知参数范围为 $c \in [0.1, 0.2, 0.3, 0.4, 0.5, 0.6, 0.7, 0.8, 0.9]$，进行仿真实验。

图 10.11 是在不同的信任阈值 ε、认知参数 c 的情形下，随着个性化推荐平台使用人数增多，舆论演化结果稳定状态的仿真结果图。灰色矩形与黑色矩形分别对应着系统观点极化、收敛一致这两种稳定状态。从图 10.11 可知，随着信任阈值的增加，演化结果稳定状态从观点极化变为收敛一致，符合舆论动力学一般规律。随着认知参数 c 的值从 0.1 增加至 0.9，灰色矩形所占比例越来越大，而黑色矩形所占比例越来越小，表明当认知参数 c 的值越来越大时，舆论演化更加难以收敛一致，这与之前的研究分析结论一致，即认知参数的值越大，系统更加难以收敛一致。另外，由图 10.11 可知，随着个性化推荐平台使用人数 n 的增加，系统可能由原本收敛一致的稳定状态变为观点极化。比如，当认知参数为 $c = 0.1$，信任阈值为 0.21，系统中没有人使用个性化推荐平台时，系统的舆论演化状态为收敛一致，而当个性化推荐平台使用人数增加到 800 时，系统稳定状态由收敛一致变为观点极化。除了认知参数 $c = 0.3$ 和 $c = 0.9$ 这两种情形，仿真实验结果都满足在信任阈值和认知参数的值一定的情形下，随着个性化推荐平台使用人数的增加，舆论演化状态从原本的收敛一致变为观点极化。而在认知参数 $c = 0.3$ 和 $c = 0.9$ 这两种情形下，可能是认知参数或者信

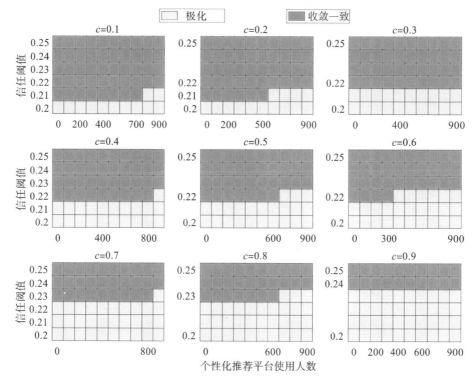

图 10.11　不同信任阈值、认知参数和个性化推荐平台使用人数下，系统舆论演化的稳定状态仿真结果

任阈值的原因，个性化推荐平台使用人数并未改变舆论演化状态。这与前文的研究结果一致，即个性化推荐信息运动方式所导致的信息茧房现象容易导致群体观点极化现象。

本节接着分析讨论在考虑个体不同认知倾向的基础上，个性化推荐平台使用人数对舆论演化的影响。在信任阈值不一致的情形下，讨论不同认知方式倾向下个性化推荐平台使用人数对舆论演化状态的影响没有说服力。观察图 10.11，当认知参数的值为 0.1 和 0.2，即 $c = 0.1$、0.2 时，舆论演化系统都是在信任阈值为 0.21 的情形下，由于个性化推荐平台使用人数的增加，稳定状态从原本的收敛一致变为观点极化。同样的情形还出现于认知参数 $c = 0.4$、0.5、0.6 和 $c = 0.7$、0.8 这两组情况下（所对应信任阈值分别为 0.22 和 0.23）。因此，将图 10.11 中的仿真实验结果，分为 c = 0.1、0.2，c = 0.4、0.5、0.6 和 c = 0.7、0.8（对应信任阈值分别为 0.21、0.22、0.23）这三组情况进行分析讨论。对比分析这三组情况在同一信任阈值、不同认知参数下，系统从原本的收敛一致状态变为观点极化所对应的个性化推荐平台使用人数。

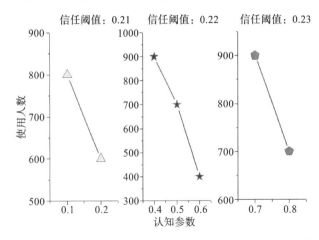

图 10.12　不同认知参数下，系统稳定状态由收敛一致变为极化时所对应的个性化推荐平台使用人数

由图 10.12 可知，图中折线都呈下降趋势，说明随着认知参数的值增加，更少数量的社会个体使用个性化推荐平台就可将系统演化结果由收敛一致状态变为群体观点极化状态。具体分析如下：在信任阈值为 0.21，认知参数 $c = 0.1$ 的情形下，当系统内使用个性化推荐平台的人数达到 800 人时，舆论演化结果将由原本的收敛一致状态变为观点极化状态，而当认知参数的值增加至 0.2，即 $c = 0.2$ 时，只需要 600 人使用个性化推荐平台，演化结果观点收敛一致的状态就将变为群体观点极化状态；在信任阈值为 0.22，认知参数为 0.4 的情形下，使用个性化推荐平台的人数达到 900 人时，舆论演化结果将由收敛一致状态变为观点极化状态，而当认知参数的值增加至 0.5（$c = 0.5$）时，只需要 700 人使用个性化推荐平台，舆论演化结果就将会从收敛一致变为群体极化，如果认知参数的值再增加至 0.6，则只需要 400 人使用个性化推荐

平台，舆论演化结果就从收敛一致变为群体极化；在信任阈值为 0.23，认知参数为 0.7 的情形下，有 900 人使用个性化推荐平台，演化结果状态就会由收敛一致变为群体极化，当认知参数增加至 0.8 时，只需要 700 人使用个性化推荐平台，演化结果状态就将会由收敛一致变为群体观点极化。由上述分析讨论可以得知：随着个性化推荐平台使用人数的增加，系统可能将会由原本收敛一致的状态变为群体观点极化的状态；随着认知参数 c 值的增加，演化结果状态由收敛一致变为群体观点极化所对应的个性化推荐平台使用人数将会更少。这说明，不同文化背景下，信息茧房现象所产生的群体观点极化影响存在差异。如果该文化背景下的社会个体更加倾向于采用场独立的认知方式，那么信息茧房现象将会更加容易导致群体观点极化。

下面从文化背景的视角分析个性化推荐方式对社会舆论演化的影响。上文研究发现，认知参数值 c 的大小会影响个性化推荐平台使用人数对舆论演化的作用。一定程度上，认知参数 c 的值越大，较小数量的社会个体使用个性化推荐平台，就可以将社会舆论演化状态从收敛一致变为群体观点极化。认知参数 c 值的大小，可以反映社会个体对场独立与场依存两种认知方式的不同倾向，其值越大说明个体更加倾向于采用场独立认知方式，其值越小说明个体更加倾向于采用场依存认知方式，也可以反映不同文化背景下的社会。这也就说明，个体更加倾向于采用场独立认知方式的社会文化背景，相比个体更加倾向于采用场依存认知方式的社会文化背景，更少的个体使用个性化推荐平台就将会导致群体观点极化。比如，A 社会的文化背景下，个体更加倾向于采用场独立认知方式，而 B 社会的文化背景下，个体更加倾向于采用场依存认知方式。那么，B 社会中需要 80% 的个体使用个性化推荐平台，才会产生群体观点极化现象；相比之下，A 社会中可能只需要 50% 的个体使用个性化推荐平台，便可产生群体观点极化现象。所以，相比 B 社会，A 社会更容易出现信息茧房现象，更加容易导致群体观点极化。由此可见，不同文化背景的社会，信息茧房现象发生的可能性不同，越是个体倾向于采用场独立认知方式的社会，信息茧房现象越容易出现。

10.6 基于心理暗示的舆论引导策略研究

10.6.1 问题描述

互联网媒体通过个性化推荐技术为个体提供其感兴趣的信息，提高了个体获取信息的效率。但是，个体从采用个性化推荐技术的信息源获取的信息往往与自身观点具有极大的相似性，导致难以获得其他信息，陷入信息茧房。由 10.5 节结论可知，个性化推荐过滤了与个体观点相悖的意见，将个体束缚于自我认知，减少了社会信息流动与融合，从而更加容易导致群体观点的极化，可能导致舆论演化向歪曲事实或影响社会稳定、安全的方向强化。所以，个性化推荐技术带来的信息茧房现象有时需要通过合适的舆论引导策略进行干预和消除。

社会心理学研究发现群体舆论演化的聚合以及极化的基础是同质亲和性理论[47]。该理论认为人在交互的过程中会选择观点与自己相似的个体进行交互。同时,舆论引导也需要遵从这个理论,如果在对个体进行引导时,目标观点与个体观点差异过大,个体将不会受到舆论引导的影响。这样的原则在 HK 模型、Deffuant 模型等舆论动力学模型中通过有界信任假设体现。在这样的假设下,个体不会受到其信任半径之外个体的观点的影响,甚至会敌对并排斥观点差异较大的个体[48]。因此,基于同质亲和性理论,我们如果直接向受引导个体灌输目标观点,可能并不会得到理想的舆论引导效果,甚至可能会使个体排斥目标观点。

心理暗示是指在无对抗的条件下,用含蓄、抽象诱导的间接方法对人们的心理和行为产生影响,从而诱导人们按照特定的方式去行动或接受一定的意见,使其思想、行为与暗示者期望的目标相符合[49]。研究者在广告、医疗、新闻传播等多个领域进行了心理暗示的研究。其中,较为著名的阿希实验[50]提出,个体的认知会在一定的社会压力等外界环境因素的影响下产生改变,最终影响个体的行为决策。Michael 等[49]经研究发现心理暗示对个体购物行为、药物对个体的作用效果以及人的记忆都能产生影响。在营销领域,Michael 等[49]利用锚定效应、对比效应、折中效应等方式对消费者进行暗示,从而影响个体的购物行为。心理暗示可以对人产生潜移默化的影响,可以减少被引导者的抵触。因此,在直接进行舆论引导不能起到理想效果时,心理暗示可以作为一种手段运用到舆论引导中,逐步引导个体更新观点,潜移默化地改变个体的观点。

目前经典的舆论引导策略,包括随机引导策略、领导者引导策略、自适应桥节点引导策略、温和引导策略等,主要从拓扑属性和社会属性出发,较少考虑对舆论演化发展有着重要影响的个体心理因素。个性化推荐信息运动方式使得个性化的舆论引导成为可能,为舆论引导提供了一种新的手段。心理暗示作为一种引导手段,能对与目前观点相差较大的个体进行逐步引导,在发挥个性化推荐技术个体化优势的同时,避免信息茧房现象带来的群体极化后果。因此,本章将构建一个结合个性化推荐技术、心理暗示方法等的舆论引导策略。

10.6.2 基于心理暗示的舆论引导策略构建

目前,主流的舆论引导策略通常是将受引导个体的观点直接改变,忽略了个体对引导观点的接受程度,与现实情况不符。个体对观点的接受程度受到个体认知方式——心理属性的影响。心理暗示方法能间接地改变个体的认知方式,从而影响个体观点。故本节考虑个体认知方式对个体观点的影响,引入心理暗示方法,提出一种基于心理暗示的舆论引导策略。

基于心理暗示的舆论引导策略考虑到个体认知方式的影响,结合心理暗示方法,动态设计一个可以提高个体接受程度的温和观点,并采用个性化推荐技术向个体推送,达到舆论引导目的。本章前面的研究发现,依赖场独立认知方式的人更容易受到个性化推荐的影响。这种影响导致个体容易陷入信息茧房,导致群体观点发散。为了引导群体观点达到一致,本节提出利用能影响个体认知的心理暗示方法来改变个体所接收的场独立认知信息,将基于心理暗示的引导信息与个性化推荐信息相结合,改进场独立认知形成的观点。基于心理暗示的引导信息由个体观点动态决定,总是偏向于目标观点,并慢慢向目标观点靠拢。如果个体观点与目标观点差距较大,就向个体推送温和观点,并通过某种心理暗示的手段改变个体对引导信息的接受程度,从而使得个体观点向温和观点演化。温和观点介于个体观点与目标观点之间,能使接受这种观点的个体产生向目标观点演化的倾向。这种倾向使个体观点逐渐向目标观点接近。这个过程中即使个体不能马上接受目标观点,也会受到暗示的影响逐渐向目标观点靠拢。由于群体中其他个体会与受引导个体产生交流,因此他们会受到间接引导,使得群体观点逐渐向目标观点演化。本节后续内容将以考虑个体认知方式的 CS 模型作为基础,引入心理暗示手段,构建基于心理暗示的舆论引导模型。

10.6.3 基于心理暗示的舆论引导模型

本节根据基于心理暗示的舆论引导策略,将通过心理暗示设计的温和观点引入场独立认知观点中,并对 CS 模型进行改进,构建舆论引导模型。CS 模型综合考虑了场独立认知和场依存认知两种方式,未受引导的普通个体依然按照 CS 模型(参见式 10.2)进行观点演化。舆论演化过程中受引导个体通过场独立认知方式所产生的观点包括个性化推送信息和心理暗示引导信息。个体场依存认知观点更新规则与 CS 模型相同,保持不变。受到引导的个体观点演化规则如式(10.3)所示:

$$x_i(t+1) = c \cdot [(1-\beta) \cdot [\omega \cdot x_i(t) + (1-\omega) \cdot x_i(t-1)] + \beta \cdot p_i(t)]$$
$$+ (1-c) \cdot \frac{1}{|N_i(t)|} \sum_{j \in N_i(t)} x_j(t) \tag{10.3}$$

式中,$N_i(t) = \{j \in V \mid |x_i(t) - x_j(t)| \leqslant \varepsilon_i\}$;$\beta$ 是心理暗示引导强度,强度越强,心理暗示信息在场独立认知观点中的比重就越大,个体受到的引导影响就越大;$p_i(t)$ 是个体所接受的心理暗示信息观点值。$p_i(t)$ 取值根据个体观点值进行动态调整,调整规则如式(10.4)所示:

$$p_i(t) = \begin{cases} P, & d \leqslant \varepsilon \\ x_i(t) + \text{sgn}[P - x_i(t)] \cdot \varepsilon, & d > \varepsilon \end{cases} \tag{10.4}$$

式中,

$$d = \text{abs}[P - x_i(t)] \tag{10.5}$$

P 为舆论引导的目标观点值,d 为个体观点与目标观点之间的距离。

考虑到个体对引导观点的接受程度,在个体观点与目标观点距离较大时个体无法直接接受目标观点,这里引入温和观点 $x_i(t) + \text{sgn}[P - x_i(t)] \cdot \varepsilon$ 对个体进行心理暗示引导。当个体观点与目标观点距离大于个体信任阈值时,受引导个体将接受温和观点。反之,受引导个体将直接接受目标观点。

在个体进行观点更新的过程中,无论是受引导个体,还是普通个体,观点都受到场独立和场依存两种认知方式的共同影响。在场依存认知方式下,个体通过经典的HK模型与其他个体进行观点交流。在场独立认知方式下,个体独自分析的信息主要来自个性化推荐的信息,受引导的个体还会接收到心理暗示信息。

10.6.4 实验结果

本节将通过实验仿真研究引导策略的有效性和实用性。首先,本节研究数学模型中引导比例和引导强度两个参数对引导效果的影响。然后,通过仿真实验分析基于心理暗示的引导策略在不同网络上的引导效果是否具有稳定性。最后,通过仿真实验对比心理暗示引导策略与传统引导策略的引导效果。

实验中基本参数设置为:群体中的 Agent 总数 $N=1000$,个体网络为全连通网络,期望目标观点为1,信任阈值为0.1。实验在群体达到稳态或达到最大步长($T=10000$)时停止。认知参数 c 和历史认知参数 ω 均设置为0.5。

模型中引导效果取决于两个因素:引导比例(K)和引导强度(β)。首先独立分析引导比例对引导效果的影响,实际结果如图 10.13 所示。在图 10.13 中,纵轴是最终持有目标观点个体(成功引导个体)所占的比例,横轴为引导比例,不同实曲线代表不同的引导强度。可以看出,随着引导比例提升,稳态时群体中持有目标观点的人数逐渐变多。由于引导比例 K 决定了受引导个体的数量,引导比例越高,引导结果肯定就越好。图中虚线代表在普通个体完全不与受引导个体发生交流时,引导的直接效果。实线与虚线在纵轴上的差距就是引导策略对群体的间接引导结果。由于现实情况下提升引导比例需要耗费巨大的成本,有效的引导策略应该在较低的引导比例下得到较好的引导结果,因此,引导强度的选择也十分关键。从图 10.13 中可以看出,并不是引导强度越大,引导效果就会越好。引导强度为 0.1 时的间接引导结果要优

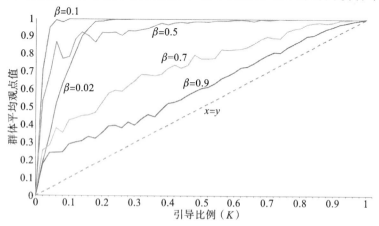

图 10.13 引导比例与引导效果的关系

于引导强度为 0.5、0.7、0.9 的情况。为了进一步探究引导强度对引导效果的影响，本节固定引导比例进行了进一步的仿真实验，实验结果如图 10.14、图 10.15 所示。

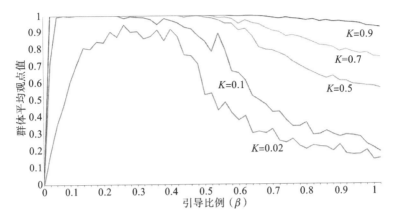

图 10.14　引导强度与引导效果的关系

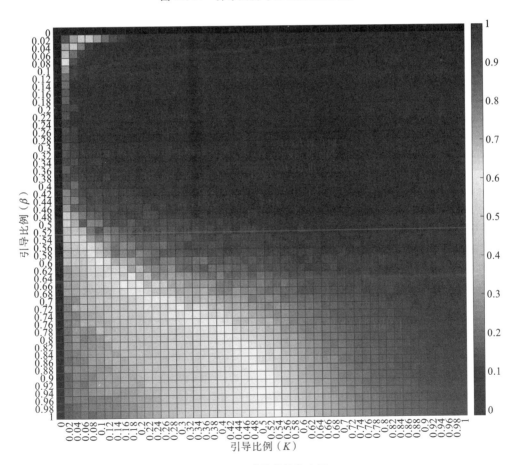

图 10.15　引导效果热力图

图 10.14 展示了引导强度对引导效果的影响,不同的曲线代表不同的引导比例,可以看出引导效果随着引导强度的升高先增后减,过高的引导强度反倒不能有效地实现舆论引导。由于引导比例不变,直接受到引导的个体数量不变,引导的直接效果在引导强度变化中未改变,因此引导强度的升高起到了间接引导效果。实验结果表明引导强度一味升高并不能使得间接引导效果进一步变好,适当的引导强度才能保证较好的间接引导效果。图 10.15 为多次仿真实验所得的引导效果热力图,可以看出在较小的引导比例(比如 0.08～0.3)与较小的引导强度(比如 0.08～0.2)下引导策略就能成功将群体观点引导到目标观点。但是,在较高的引导强度下,成功引导群体所需的引导比例反倒更高。这样的变化体现出高引导强度反倒会降低引导策略的间接引导能力。

仿真实验还得到了在不同引导强度下的舆论演化过程图,如图 10.16、图 10.17 所示。图 10.16 展示了具有适当引导强度(0.2)的舆论演化过程,而图 10.17 展示了具有相同引导比例但引导强度较高(0.8)的舆论演化过程。图 10.6(a)和图 10.17(a)表示三个群体平均观点随演化步长的变化曲线,图 10.16(b)和图 10.17(b)是群体中所有个体的观点演化过程。对比图 10.16(a)和图 10.17(a)可以发现,在演化过程中,受引导个体群体与普通个体群体平均观点的距离存在较大差异。由图 10.16(a)可以看出,在适当的引导强度下,受引导群体的观点始终与普通个体群体的观点接近,且偏向目标观点。这表明受引导个体受到直接引导后先向目标观点演化,并且带动普通个体群体的观点产生向目标观点演化的倾向。最后,整个群体的观点在目标观点达到统一。然而在图 10.17(a)中,受引导群体的平均观点快速与普通群体产生差距,普通群体的平均观点变换逐渐平缓。从最终的引导结果看出,引导强度为 0.8 时仅部分普通个体能被成功引导。

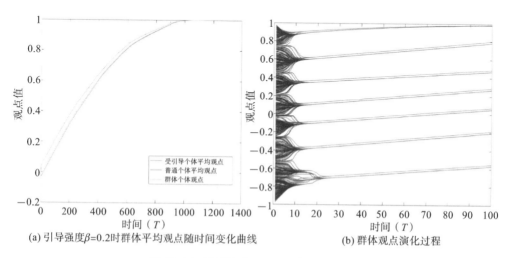

(a) 引导强度 $\beta=0.2$ 时群体平均观点随时间变化曲线　　(b) 群体观点演化过程

图 10.16　引导强度 $\beta=0.2$ 时的仿真结果

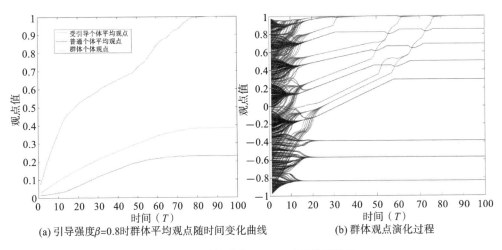

图 10.17 引导强度 $\beta=0.8$ 时的仿真结果

进一步分析图 10.16(b) 和图 10.17(b) 所示的群体观点演化过程可以发现，在舆论演化初期，个体在场依存认知方式的影响下快速形成小型舆论群体。如果小群体内存在受引导个体，则小型舆论群体将受到舆论引导的间接影响，小群体的观点将逐渐向目标观点演化。图 10.16(b) 展现了引导强度不高的舆论演化情景，其中受引导个体观点相较于其所处的小群体观点更偏向于目标观点，能有效引导小群体内的普通个体向目标观点方向改变观点。然而，如果一个群体中没有受引导个体，小群体的观点就不会受到引导，群体内观点将在达到一致后保持观点稳定。在引导强度过高的情景下，如图 10.17(b) 所示，被引导个体被快速地向目标观点引导。受引导个体观点快速变化，快速脱离原本所处的小群体，使得小群体内部的普通个体不再与受引导个体进行观点交流，导致只剩下普通个体的小群体不再受到间接引导，小群体的观点变得稳定，不再接收信任阈值外的信息，形成群体极化观点。图 10.17(b) 就展现了引导强度过高时，受引导个体快速脱离原本小群体，导致小群体观点极化的情况。因此，为了对群体观点进行有效引导，引导时需要控制基于心理暗示引导的强度。引导强度需要足够大，以改变被引导个体，使其观点向目标观点偏移。但是引导强度也不能太大，过大的引导强度会使得被引导个体脱离原本的舆论环境，弱化了间接引导效果。

综上所述，在适当的引导强度与引导比例下，本节所提出的基于心理暗示的引导策略能有效引导群体在目标观点上达到共识。较小的引导强度就能引导群体中大部分个体观点向目标观点演化并最终达到目标观点。但是，引导强度并不是越高越好。若引导过于剧烈，会导致被引导个体过快改变自身观点并脱离其原本的舆论环境。这种情况下，虽然群体整体舆论环境偏向目标观点，但是会导致群体出现碎片化的小群体，群体观点达不到统一，背离引导策略的根本目的。现实情形中，引导比例和引导强度的提高也意味着引导成本的提高,制定引导策略时需要选取尽可能小的引导比例和引导强度。

上述仿真实验在全连通网络中探究了模型本身参数的影响。本节将验证不同网络环境下基于心理暗示的引导策略的稳定性。由于,社交网络与全连通网络存在很大的区别,对引导有效性的验证需要在能反映现实社交网络特点的网络模型中进行。本节选择用 ER 随机网络、BA 无标度网络和 WS 小世界网络来描述的现实网络结构,分别在三种网络环境下进行仿真实验,并分析实验结果。

为了确保可比性,选择相同网络规模和相同平均度的三种网络,其中网络规模为 1000 个节点,网络平均度为 6。在每个网络下选取固定的引导强度($\beta = 0.2$)重复进行 10 次仿真实验,仿真实验最大时间步长为 10000。当观点稳定或达到最大步长时,仿真实验终止。图 10.18 显示了在不同网络环境下基于心理暗示的引导策略的引导效果。尽管在不同的网络下,基于心理暗示的引导策略的引导效果略有不同,但引导效果具有稳定性。与全连通网络相比,这些网络的拓扑特征与真实网络更加接近,证明了本节提出的引导策略在不同网络下的有效性。

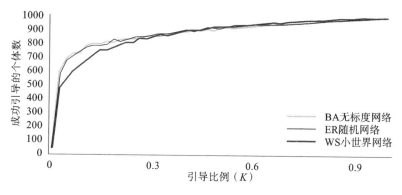

图 10.18 不同网络环境下引导策略引导效果

本节继续将基于心理暗示的引导策略与度引导策略进行对比。在策略的对比过程中,主要考虑引导策略的两个因素,一是成功引导的个体总数 C,二是引导所需时间 T。但是,这两个因素都不能反映整个情况。尽管成功引导的个体总数 C 是最终目标,但收敛时间 T 太长不切实际。简而言之,理想的引导策略应在合理的时间内引导尽可能多的人。为了全面评估两种策略,本节引入了一个综合因子 E($E = \dfrac{N-C}{2N} + \dfrac{T}{2T_{\max}}$,其中 $T_{\max}$ 是 T 的最大值,N 是网络中个体的总数)。引导过程花费的时间越长,得到的 E 越大;成功引导的个体数 C 越大,E 越小。总而言之,E 越小,表示该策略越好。本节从 10 次仿真实验中收集数据,结果如图 10.19 至图 10.21 所示。

从图 10.19 至图 10.21 可以看出,在三种网络下,基于心理暗示的引导策略指标

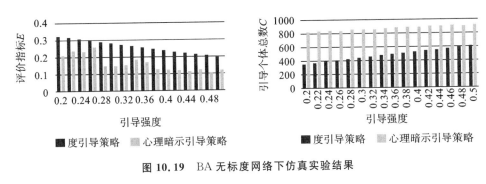

图 10.19 BA 无标度网络下仿真实验结果

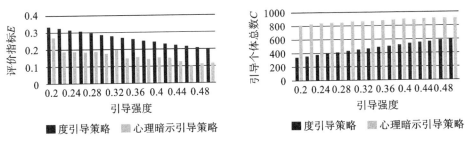

图 10.20 ER 随机网络下仿真实验结果

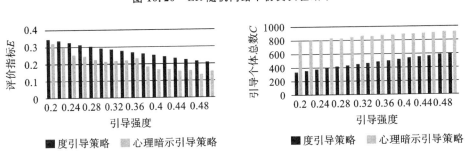

图 10.21 WS 小世界网络下仿真实验结果

优于度引导策略。这表明,基于心理暗示的引导策略比度引导策略更能有效地引导群体。但是,从图中还可以看出,在评价指标 E 下,两种引导策略之间的差距较小。评价指标 E 综合考虑了引导效果指标 C 和引导所花费的时间,导致基于心理暗示的引导策略与度引导策略在指标 E 上差距较小的原因在于基于心理暗示的引导策略花费的时间更长。在前面的实验结果中,基于心理暗示的引导缓慢改变了群体的观点,特别是在引导末期,观点变化十分缓慢,个体观点缓慢向目标观点转移。为了进一步比较这两种引导策略,这里将仿真时间步长限制为 300,比较这两种策略的短期引导效果,仿真实验结果如图 10.22 至图 10.24 所示。实验结果表明,基于心理暗示的引导策略仍然可以引导更多的人达到期望的目标,得到更高的指标 C 评分。实际上,在相对较短的进化时间内,基于心理暗示的引导策略仍具有较好的引导作用。此外,被引导个体还能持续吸引未达到目标观点的普通个体,以便成功地引导更多的个体。

与度引导策略相比,基于心理暗示的引导策略能在短期内达到更好的引导效果,并且还能持续引导群体内未达到目标观点的个体向目标观点演化。综上所述,基于心理暗示的引导策略是一种有效的舆论引导策略,可以不断引导群体中的个体在观点演化时产生向目标观点演化的倾向,并最终实现群体观点在目标观点的统一。

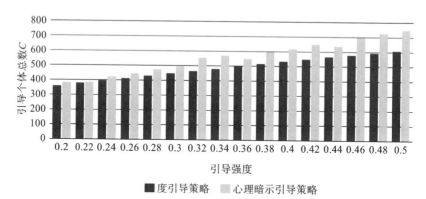

图 10.22　BA 无标度网络下 300 步成功引导个体数对比

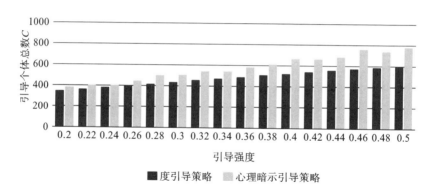

图 10.23　ER 随机网络下 300 步成功引导个体数对比

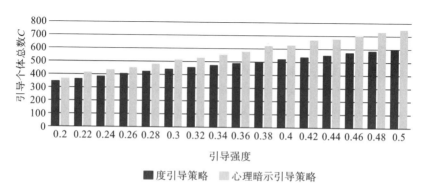

图 10.24　WS 小世界网络下 300 步成功引导个体数对比

参 考 文 献

[1] 郭智颖,严沛军. 非线性科学对心理学研究的启示[J]. 中山大学学报论丛, 2006,26(6):163-165.

[2] Stewart-Williams S, Podd J. Placebo psychotherapies and nonconscious learning in the placebo effect: reply to kirsch (2004)[J]. Psychological Bulletin, 2004, 130(2): 344-345.

[3] Van Lange P A M, Kruglansk A W, Higgins E T. Theories of social psychology: an introduction[J]. Theories of Social Psychology, 2012, 1:1-8.

[4] Alvi S A, Khan S B, Vegeris S L, et al. A cross-cultural study of psychological differentiation[J]. International Journal of Psychology, 1986, 21(1-4):659-670.

[5] Yin X, Wang H, Yin P, et al. Agent-based opinion formation modeling in social network: A perspective of social psychology[J]. Physica A: Statistical Mechanics and Its Applications, 2019, 532:121786.

[6] French J R. John R P. A formal theory of social power[J]. Psychological Review, 1956, 63(3):181-194.

[7] Witkin, Herman A. A cognitive-style approach to cross-cultural research[J]. International Journal of Psychology, 1967, 2(4):233-250.

[8] 杨治良,郭力平. 认知风格的研究进展[J]. 心理科学, 2001(3):326-329.

[9] Li M, Dankowicz H. Impact of temporal network structures on the speed of consensus formation in opinion dynamics[J]. Physica A: Statistical Mechanics and Its Applications, 2019, 523:1355-1370.

[10] 苏炯铭,刘宝宏,李琦,等. 社会群体中观点的信任、演化与共识[J]. 物理学报, 2014, 63(5):36-43.

[11] Mirtabatabaei A, Bullo F. On opinion dynamics in heterogeneous networks [C]//Proceedings of the 2011 American Control Conference. San Francisco, CA, USA:IEEE, 2011:2807-2812.

[12] Chen X, Zhang X, Xie Y, et al. Opinion dynamics of social-similarity-based Hegselmann-Krause Model[J]. Complexity, 2017, 2017:1820257.

[13] 温宇俊,袁晖. 基于用户上下文序列的个性化新闻推荐方法研究[J]. 中国传媒大学学报(自然科学版), 2018, 25(4):51-55.

[14] 郭丽霞. 浅议个性化推荐新闻客户端[J]. 商, 2016(14):201.

[15] Lamoreaux N R, Sokoloff K L. Long-term change in the organization of inventive activity[J]. Proceedings of the National Academy of Sciences, 1996, 93(23):12686-12692.

[16] Allport G W, Harrington M. Personality: a psychological interpretation[J]. International Journal of Ethics,1938,49(1):105-107.

[17] Pellegreno D, Stickie F. Field-dependence/field-independence and labeling of facial affect[J]. Perceptual and Motor Skills,1979,48(2):489-490.

[18] Tascón L, Boccia M, Piccardi L, et al. Differences in spatial memory recognition due to cognitive style[J]. Frontiers in Pharmacology,2017,8:550-557.

[19] Goodenough, Donald R. The role of individual differences in field dependence as a factor in learning memory[J]. Psychological Bulletin,1976,83(4):675-694.

[20] Linden W. Practicing of meditation by school children and their levels of field dependence-independence, test anxiety, and reading achievement[J]. Journal of Consulting and Clinical Psychology,1973,41(1):139-143.

[21] Mckenna F P. Measures of field dependence: cognitive style or cognitive ability?[J]. Journal of Personality and Social Psychology,1984,47(3):593-603.

[22] Riding R J, Dyer V A. Extraversion, field-independence and performance on cognitive tasks in twelve-year-old children[J]. Research in Education,1983,29(1):1-9.

[23] Anaell C. Examining the effects of field dependence-independence on learners' problem-solving performance and interaction with a computer modeling tool: implications for the design of joint cognitive systems[J]. Computers and Education,2013,62:221-230.

[24] 张路路,黄崑.基于认知风格的数字图书馆用户信息检索行为研究[J].情报学报,2018,37(11):1164-1174.

[25] 章璇,景奉杰.网购商品的类型对在线冲动性购买行为的影响[J].管理科学,2012,25(3):69-77.

[26] Engelbrechi P, Natzel S G. Cultural variations in cognitive style: field dependence vs field independence[J]. School Psychology International,1997,18(2):155-164.

[27] 颜延,余嘉元,夏元,等.中小学生的认知风格研究[J].南京师大学报(社会科学版),1997,1997(1):81-86.

[28] McCol M, St. Amant K. Field dependence and classification: implications for global information systems[J]. Journal of the American Society for Information Science and Technology,2009,60(6):1258-1266.

[29] 王春雷.11—17岁汉族与哈尼族学生认知方式的发展及其与性格特质相互关系的跨文化研究[D].昆明:云南师范大学,2000.

[30] Gintis H. Strong reciprocity and human sociality[J]. Journal of Theoretical

Biology,2000,206(2):169-179.

[31] 陶鹏,童星.邻避型群体性事件及其治理[J].南京社会科学,2010(8):63-68.

[32] 俞隽亚,王增平,孙洁,等.基于支路交换——粒子群算法的配电网故障恢复[J].电力系统保护与控制,2014,42(13):95-99.

[33] Ising E. Beitrag zur theorie des ferromagnetismus[J]. Zeitschrift Für Physik, 1925,31(1):253-258.

[34] Stanley H E. Spherical model as the limit of infinite spin dimensionality[J]. Physical Review,1968,176(2):718-722.

[35] 黄毅."抢盐"风潮下的媒体应对[J].中国记者,2011(4):88-89.

[36] 王益成,王萍,王美月,等.信息运动视角下内容智能分发平台突破"信息茧房"策略研究[J].情报理论与实践,2018,41(5):114-119.

[37] 嵇晨.从广播电视新闻表述方式的演变看行业的创新发展[J].长春理工大学学报:高教版,2011,6(5):55-56.

[38] 莫湛,吴伟.手机短信——新的传播方式[J].当代传播,2003(5):45-46.

[39] 张亚楠,孙士保,张京山,等.基于节点亲密度和影响力的社交网络舆论形成模型[J].计算机应用,2017,37(4):1083-1087.

[40] 何建佳,刘举胜.基于扩展 Hegselmann-Krause 模型的舆论演化模式研究[J].情报科学,2018,36(1):158-163.

[41] Liang H, Yang Y, Wang X. Opinion dynamics in networks with heterogeneous confidence and influence [J]. Physica A: Statistical Mechanics and Its Applications,2013,392(9):2248-2256.

[42] Sciarini P, Fischer M, Traber D. Political decision-making in Switzerland: the consensus model under pressure[M]. Cham, Switzerland: Springer,2015.

[43] 范松仁.中国速度彰显中国力量[J].中国青年研究,2010(6):1.

[44] Han W, Huang C, Yang J. Opinion clusters in a modified Hegselmann-Krause model with heterogeneous bounded confidences and stubbornness[J]. Physica A: Statistical Mechanics and Its Applications,2019,531:121791.

[45] 蔡骐,李玲.信息过载时代的新媒介素养[J].现代传播(中国传媒大学学报), 2013,35(9):120-124.

[46] 杨龙军.基于个性化推荐的酒店预订与入住系统的设计与实现[D].成都:电子科技大学,2016.

[47] Mcpherson M, Smith-Lovin L, Cook J M. Birds of a feather: homophily in social networks[J]. Annual Review of Sociology,2001,27(1):415-444.

[48] Flache A, Macy M W. Small worlds and cultural polarization[J]. The Journal of Mathematical Sociology,2011,35(1-3):146-176.

[49] Michael R B, Garry M, Kirsch I. Suggestion, cognition, and behavior[J]. Current Directions in Psychological Science, 2012, 21(3):151-156.

[50] Larsen K S. Conformity in the asch experiment[J]. The Journal of Social Psychology, 1974, 94(2):303-304.

第 11 章 基于公众权威度的舆论引导策略

传统的舆论引导策略主要从社会网络拓扑上考虑，把个体都看成简单的节点，只关注个体与其他个体的连接情况，而忽略了个体自身的因素。个体的年龄、职业和受教育程度等异质性属性所构成的公众权威度对舆论演化的影响很大。如何结合考虑个体各种社会属性的公众权威度，有效地引导社会舆论是当前需要研究的一个问题。

本章分析了经典随机引导、度引导等策略的特点，引入公众权威度的概念构建了考虑公众权威度的观点演化模型；提出了基于公众权威度的舆论引导策略以及算法；通过与经典的随机引导策略、度引导策略的仿真实验对比，验证了基于公众权威度的引导策略的优越性；分析了在不同的公众权威度分布下，引导策略的可行性和效率。

11.1 引　　言

积极的社会舆论会让人们感受到生活的积极性，对社会产生正面的影响；片面消极舆论会影响社会的发展，扰乱人们的正常生活，破坏社会秩序。如果对片面消极的舆论不加以制止，会对个人、社会甚至国家造成巨大伤害。如何有效地进行舆论引导，降低消极舆论对社会的危害是一个需要被重视的问题[1]。

引导舆论达到共识问题和网络中牵制状态向量达到同步问题有一定的相似性。很多学者研究了多种网络中对状态向量的牵制控制方法。牵制控制的基本思想是：在网络中选择少量的个体，然后对这些少量的个体进行引导，以使整个网络达成一致。关于通过牵制控制达到网络同步的研究已经十分深入，很多学者把牵制控制应用到舆论演化中。Qian 等[2]把控制思想与舆论动力学相结合，通过控制网络中的桥节点实现舆论共识。Afshar 和 Asadpour[3]提出了一个使用随和型领导者的思想来引导舆论走向舆论控制策略，让被引导个体假装与大众有相近的观点，然后逐渐引导大众的观点。牵制引导的关键是选择合适的领导者。许多研究使用不同的方法在辨识领导者，通过领导者的带领逐渐形成观点集群，最终实现观点一致。识别领导者的方法包括度[4-7]、中介性[5,7]、脆弱性分析[7]、PageRank 算法[8]、基于 K-shell 的中心性分析[9]、基于度和中心性的识别[10]、局部中心性[11]、压缩中心性[5]等。其中，选择度大节点作为领导者的引导使用频率较高。

上述舆论控制策略和识别领导者的方法都从社会网络拓扑上考虑，把个体都看成一个个简单的节点,只关注个体与其他个体的连接情况,而忽略了个体自身的因素。然而在真实世界中,个体的属性往往是各不相同的,在观点演化过程中,个体的属性(年龄、经济实力、受教育程度等)差异不能忽略。这些属性会影响个体在整个观点演化过程中的影响力,影响到他人观点的变化。因此,在引导策略中,综合考虑个体自身因素的影响,才能更好地对观点进行引导。

权威个体是指因为别人尊重其知识或者社会地位,从而有力量去影响他人的个体。比如在某个领域具有专业知识的专家、政府部门官员等。从现代媒体的传播效果来看,不同的权威个体在观点演化中的影响力各不相同。新冠肺炎疫情中,人们倾向于相信钟南山等专家的观点,而不去相信某些个体的偏激言论,正是因为前者是呼吸道传染病领域的专家。本章引入公众权威度这一概念来刻画个体的不同属性差异,区分具有不同专业知识或社会地位的个人,并在观点演化模型中综合考虑个体自身因素(受教育程度、经济条件、年龄等)的影响,提出了一个考虑公众权威度的观点演化模型。此外,本章结合牵制控制中选择合适领导者的思想,在张澜[12]提出的基于个体异质性的舆论演化模型的基础上,提出了基于公众权威度的舆论引导策略,通过引导部分高公众权威度个体的观点,使群体在尽可能短的时间内达成舆论共识。此外,本章还在三种不同社会网络(小世界网络、无标度网络、随机网络)中对随机引导、度引导和公众权威度引导三种舆论引导策略进行了仿真研究,并通过三个指标(时间、引导个体数目、综合效率指标)对比了不同引导策略的效率,论证了基于公众权威度的舆论引导策略的实用性。

11.2 基于公众权威度的舆论引导模型

11.2.1 舆论引导策略现状分析

目前,常用的舆论引导策略主要有 4 种。

1. 随机引导策略

随机引导策略主要是指随机选择网络中的引导个体,并对该个体进行舆论引导,通过该个体去影响其他人。随机引导策略不需要其他任何网络信息,随机选择网络个体即可,但是策略能否达成预期的目的与选择的个体有很大的关系,具有很大的随机性。

2. 领导者引导策略

在社交网络中,有些节点处于重要的位置,如果能够成功引导这些重要节点,就能快速地将整个网络的舆论引导到期望状态。领导者引导策略是通过选取领导者对群体进行引导的一种引导策略。选择领导者常用的方法包括度、中介性、脆弱性、PageRank 等。

度引导策略选择度大节点为领导者,度作为网络中节点的一个基本特征,很容易计算和排序。度引导策略的思想为:将网络中度大的个体定义为领导者,用来引导其他被引导个体的观点。在观点演化过程中,领导者保持期望的观点值,永远不改变自身观点,通过观点交互,引导被引导个体观点不断向领导者的观点变化。

度引导策略的算法如下(以 Deffuant 模型为例):在拥有 N 个 Agent 的网络中,根据度的大小选择 k 个个体作为领导者,该 k 个个体被编号为 $i=1,2,\cdots,k$;其余个体则全为被引导个体,编号为 $i=k+1,\cdots,N$。观点更新规则根据个体的不同分为两种:

如果个体为领导者,即 $1 \leqslant i \leqslant k$,个体的观点不受其他人的影响,不会改变,即:

$$x_i(t+1) = x_i(t) \tag{11.1}$$

如果个体是被引导个体,即 $k+1 \leqslant i \leqslant N$,那么个体会受到其邻居的观点的影响,即:

$$x_i(t+1) = x_i(t) + \mu[x_j(t) - x_i(t)] \tag{11.2}$$

3. 自适应桥节点引导策略

在领导者引导策略中,必须知道网络的全局信息才能确定领导者,而现实生活中往往难以获取这些信息。桥节点引导策略通过对频繁改变观点的桥节点个体进行更多引导,能起到不错的引导效果[12]。

桥是一根连接了两个集群的边,"桥"表示这条边一旦被删除,两个集群的联系会减少。图 11.1 中的桥节点(五角星节点)连接了左右两边的两个不同集群。如果能对这些桥节点进行更多有针对性的引导,则可以快速地在整个网络中影响舆论的演化,从而能有效地达成舆论的共识。

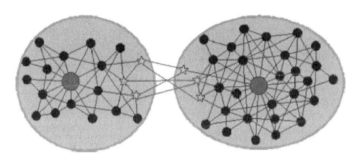

图 11.1 桥节点示意图

桥节点引导策略主要针对离散观点演化模型(模型中个体的观点为 1 或 −1)。桥引导策略将群体分为领导者和被引导个体。一开始所有个体都是被引导个体,当被引导个体的观点从 −1 变为 1(即期望观点)时,被引导个体会以一定概率成为领导者;领导者如果下一时刻的观点仍为 1,则仍为领导者,直到其观点从 1 变回 −1,才会变回被引导个体。领导者和被引导个体的观点更新规则各不相同。

领导者观点更新规则如下:

$$\sigma_i(t+1) = \text{sign}[r_i(t) + \sum_{j=1}^{N} a_{ij}\,\sigma_j(t)\,\xi_{ji}(t)] \tag{11.3}$$

被引导个体观点更新规则如下：

$$\sigma_i(t+1) = \text{sign}[\sum_{j=1}^{N} a_{ij}\,\sigma_j(t)\,\xi_{ji}(t)] \tag{11.4}$$

式中，N 表示网络节点数；$\xi_{ji}(t)$ 是一个在 $[0,1]$ 区间随机产生的小数，表示其他个体对该个体的影响力度；$r_i(t)$ 是系统对桥节点的引导力度，随时间变化；a_{ij} 为节点 i 和 j 的连接的状态，i 和 j 有连接时为 1，否则为 0。

桥节点连接了不同集群，其邻居可能具有不同的观点。因此，桥节点通常会在演变过程中频繁改变其观点。桥引导策略对具有摇摆不定的观点的节点进行更频繁、更有针对性的引导，也就是对桥节点进行持续的引导。

实验结果表明，桥节点引导策略可以取得良好的引导效果。在网络结构随时间变化的动态网络中，桥节点引导策略也能自适应地找到桥节点并进行引导。当网络的集聚系数越大时，社区结构越多，桥节点越多，引导效果就会越好。

4. 温和引导策略

上述策略中，领导者对被引导个体进行影响时，都是直接让被引导个体的观点变为期望观点，从而达到引导的目的。然而现实中个体的观点快速或直接变成期望观点的可能性不大，或者所需要的成本较高，也可能存在伦理和道德上的风险。Afshar 等[3]提出使被引导个体逐步向目标观点靠近的舆论引导策略，称为温和引导。温和引导策略是指为了使被引导个体的观点逐步向期望观点靠近，最终达到期望观点，对被引导个体进行渐变的、非直接到位的引导。温和引导策略一般基于有限置信模型，将所有个体分成被引导个体和普通个体两类。被引导个体是随机选择的动态接收引导信息的个体。第 10 章详细介绍的基于心理暗示的舆论引导策略就是一种基于个体认知方式的温和引导策略。下面介绍 Afshar 等[3]提出的经典温和引导策略模型。该策略模型将被引导个体设定为具有以下特点：①被引导个体广泛听取邻居的观点，拥有足够大的信任阈值；②被引导个体容易接受邻居的观点，不太重视自己以前的观点；③被引导个体会逐渐偏向目标观点。

在每一个演化步长里，温和引导策略随机选择一个个体 i 以及 i 的一个邻居 j。如果 i 为普通个体，则其观点更新只受到自身因素和其邻居的影响，其演化规则如式（11.5）、式（11.6）、式（11.7）所示。

$$x_i(t+1) = w_i^{\text{MN}}(t)\,x_j(t) + w_i^{\text{MS}}(t)\,x_i(t), \quad \text{if } |x_i(t) - x_j(t)| < u_i \tag{11.5}$$

$$w_i^{\text{MN}}(t) = w^{\text{MN}} * [1 + \alpha * r_1(t)] \tag{11.6}$$

$$w_i^{\text{MS}}(t) = w^{\text{MS}} * [1 + \alpha * r_2(t)] \tag{11.7}$$

式中，w_i^{MN} 和 w_i^{MS} 分别代表个体 i 的邻居和自身对其观点影响的比重；w^{MN} 和 w^{MS} 是配置常数，$w^{\text{MN}} + w^{\text{MS}} = 1$；$\alpha \in [0, 0.5]$，是配置常数；$r_1(t)$、$r_2(t) \in [-1, +1]$，是服从均匀分布的随机数，表示所有影响或改变个体对邻居和自身态度的异质性综合因

素；u_i 是信任阈值。如果更新后的观点超出 $[-1,1]$，会相应地赋值为 -1 或 1。

如果个体 i 为被引导个体，则其观点不仅受到自身因素和其邻居的影响，还会受到目标值的影响，其演化规则如式(11.8)到式(11.11)所示。

$$x_i(t+1)=w_i^{\mathrm{IN}}(t)x_j(t)+w_i^{\mathrm{IS}}(t)x_i(t)+w_i^{\mathrm{ID}}(t)x_d,\quad \text{if } |x_i(t)-x_j(t)|<u_i \tag{11.8}$$

$$w_i^{\mathrm{IN}}(t)=w^{\mathrm{IN}}*[1+\alpha*r_3(t)] \tag{11.9}$$

$$w_i^{\mathrm{IS}}(t)=w^{\mathrm{IS}}*[1+\alpha*r_4(t)] \tag{11.10}$$

$$w_i^{\mathrm{ID}}(t)=w^{\mathrm{ID}}*[1+\alpha*r_5(t)] \tag{11.11}$$

式中：w^{IN} 和 w^{IS} 和 w^{ID} 分别代表个体 i 的邻居、自身以及目标值对其观点影响的比重；w^{IN}、w^{IS} 和 w^{ID} 是配置常数，$w^{\mathrm{IN}}+w^{\mathrm{IS}}+w^{\mathrm{ID}}=1$；$x_d$ 是期望观点；$r_3(t)$、$r_4(t)$、$r_5(t)\in[-1,1]$，是服从均匀分布的随机数，意义和 $r_1(t)$、$r_2(t)$ 相同。

在上面介绍的几种舆论引导策略中，随机引导策略虽然可以达到一定的引导效果，但是其随机性太大，效果一般。尤其是在无标度网络中，被引导个体往往不是网络中的中心节点，引导效果波动较大。桥节点引导策略不需要知道网络全局信息，能自适应地选出桥节点加以引导，引导效率比较高，但是需要知道所有人的观点，引导成本较高。温和引导策略考虑了说服被引导个体的困难，逐步引导被引导个体的观点，但是其观点演化收敛时间太长；领导者引导策略在目前的舆论引导中使用得很多，引导效果还不错，但是度、中介性等常用识别领导者的方法都围绕社会网络拓扑结构展开，把个体都看成一个个简单的节点，只关注个体与其他个体的连接情况，而忽略了个体自身的因素。然而，真实世界中的个人属性（年龄、经济实力、受教育程度等）存在差异，对其他人的影响力存在异质性。为了更好地模拟真实的观点演化过程，本章提出一种综合考虑个体属性的领导者引导策略——基于公众权威度的舆论引导策略。

11.2.2 考虑公众权威度的观点演化模型

考虑公众权威度的观点演化模型前提假设如下：

(1) 只有两个个体在网络中有连边时，两者才有机会进行交流；

(2) 在假设(1)成立的前提下，如果两个个体 i 和 j 的观点值差距的绝对值小于信任阈值，即 $|x_i-x_j|<\varepsilon$，则个体 j 进入个体 i 的交互集合 I_i 中；

(3) 网络中的个体拥有不同的自身属性，如受教育程度、年龄、经济条件等，在观点交互过程中具有不同的影响力；

(4) 忽略各种媒体及互联网的因素。

个体之间的观点交互不仅受到他人的影响，也会受到自身性格的影响。有些人性格比较倔强和极端，十分坚持自身的见解，很少受到别人的影响；而还有一些人却优柔寡断，不太自信，容易受到别人的影响，改变自己的观点。所以，定义个体 i 对他人观点的相信程度为 λ_i。λ_i 描述某一个体 i 信任他人的性格特征（用 $0\sim1$ 的数值来表示），$1-\lambda_i$ 则可代表个体 i 相信自身观点的程度。λ_i 越高，代表个体 i 越信任其他人。

在观点交互过程中,每个人的影响力由他的公众权威度参数 pad 决定(pad 的定义参见本书第 7 章)。在个体 i 的交互集合中,pad 大的邻居将会对个体 i 的观点产生更大的影响。本章把个体 j 对个体 i 的影响力定义为个体 j 的 pad 占个体 i 交互集合 I_i 中所有个体 pad 总和的比例。

考虑公众权威度的观点演化模型的交互规则表达式如式(11.12)所示。

$$x_i(t+1) = \begin{cases} (1-\lambda_i)x_i(t) + \lambda_i \sum_{j \in I_i} \left[\dfrac{\text{pad}_j}{\sum_{j \in I_i} \text{pad}_j} \cdot x_i(t) \right], & I_i \neq \varnothing \\ x_i(t), & I_i = \varnothing \end{cases}$$

(11.12)

在观点的交互过程中,观点的改变是受个体自身的观点值、个体自身的性格特征、其邻居个体的观点值以及对应的公众权威度共同影响的。该模型与前几种经典模型类似,会根据不同的信任阈值呈现不同的稳态。

11.2.3 舆论引导策略及算法描述

在前文公众权威度定义和考虑公众权威度的观点演化模型基础上,本章提出一种基于公众权威度的舆论引导策略。通过对人群中权威度较高的人进行观点引导,以期在最短时间内取得最好的引导效果,达成舆论共识。公众权威度引导策略模型结构如图 11.2 所示。公众权威度仅由个体自身属性(年龄、经济状况、受教育程度等)影响,与个体的度分布无关。基于公众权威度的舆论引导策略属于领导者引导策略。与其他的领导者引导策略不同,该策略从个体属性(公众权威度)的角度选取领导者,而不是通过网络拓扑结构来选择领导者。

假设系统一共有 N 个个体,个体 i 选取连续区间 $[0,1]$ 上的观点作为自己对某个事物的看法。个体 i 在 t 时刻的观点用 $x_i(t)$ 表示。每个个体拥有一个自身的公众权威度 pad_i。信任阈值为 ε,X 为期望群体达到的舆论观点值。

选取公众权威度最高的 n 个个体作为领导者进行引导。领导者的观点演化模型不仅受到其交互节点的影响,还受到外界引导力量的影响。在这种引导力量的作用下,领导者自身的观点会逐渐向期望观点值靠近。领导者观点演化规则如式(11.13)所示。

$$x_i(t+1) = \begin{cases} (1-\lambda_i)x_i(t) + \lambda_i \sum_{j \in I_i} \left[\dfrac{\text{pad}_j}{\sum_{j \in I_i} \text{pad}_j} \cdot x_i(t) \right] + d[X - x_i(t)], & I_i \neq \varnothing \\ x_i(t), & I_i = \varnothing \end{cases}$$

(11.13)

式中:$x_i(t)$ 表示个体 i 在 t 时刻的观点;X 是目标观点;I_i 是个体 i 的交互集合;$d \in [0,1]$,是引导强度参数。更新后的观点值如果大于 1,则令其等于 1;如果小于 0,则令其等于 0。

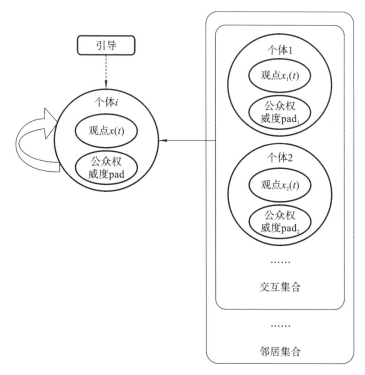

图 11.2　基于公众权威度的舆论引导策略模型结构

考虑公众权威度的舆论引导策略算法流程图如图 11.3 所示。

该流程图主要包含以下几个步骤：

(1) 参数初始化，即需要规定网络中个体的总数目 N、个体在观点交互过程中的信任阈值 ε、最初被选中的引导个体数目 n、系统引导强度 d、期望的最终观点值 X、演化的最长步长。

(2) 基础数据生成，生成网络拓扑结构、初始时刻网络中各个个体观点值、个体的公众权威度、个体的性格特征。

(3) 确定个体的交互集合，如果个体 i 与 j 有连边，则 j 为个体 i 的邻居。遍历整个网络，确定个体 i 的邻居集合。在每个离散时刻，如果两个个体 i 和 j 互为邻居，并且他们的观点值差距的绝对值小于信任阈值，即 $|x_i - x_j| < \varepsilon$，那么个体 j 就进入了个体 i 的交互集合 I_i 中。遍历邻居集合中的个体，确定交互集合后，进行意见交流。

(4) 个体进行观点交互，如果(3)计算得到的个体的交互集合不为空，则个体可以进行观点交互。在进行观点交互时，首先需要判断个体为领导者还是普通个体，领导者按照式(11.13)进行观点交互，普通个体则按照式(11.12)进行观点交互。

(5) 依次循环上述两个步骤，直到规定的观点演化时间结束，或者是个体的观点都不再改变，则观点演化结束。

(6) 观点演化结束后，可以把观点演化结果中的收敛时间和最终达到期望观点值的个体总数进行输出、保存和分析。

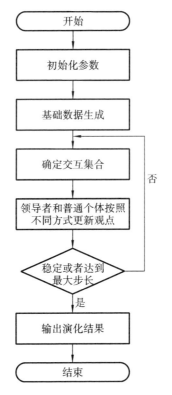

图 11.3　基于公众权威度的舆论引导策略算法流程

11.3　基于公众权威度的舆论引导策略仿真研究

11.3.1　实验方案设计

1. 实验策略和流程设计

为了研究基于公众权威度的舆论引导策略的效率,本章选择了其他两种常用的引导策略(领导者引导策略中的度引导策略以及随机引导策略)进行对比。随机引导策略(RC)是指随机在网络中选择 n 个个体,通过系统引导其观点,以期该节点影响网络中的其他节点,最终让更多的节点达到期望的观点值;度引导策略(DC)进行引导时是选择前 n 个度大的个体进行引导;基于公众权威度的舆论引导策略(PAC)选择网络中权威度最大的 n 个节点进行引导。考虑到不同网络下舆论引导策略的效果可能会存在差异,本章将在三种典型的复杂网络(随机网络、小世界网络、无标度网络)中进行实验。确定了仿真方案后,实验的仿真流程图如图 11.4 所示。

(1) 系统初始化,即需要规定网络中个体的总数目 N、个体在观点交互过程中的

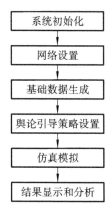

图 11.4 仿真流程

信任阈值 ε、期望的最终观点值 X、演化的最长步长。

(2)网络设置,即在三个基本网络中选择一种进行仿真实验。

(3)基础数据生成,即生成初始时刻网络中各个个体观点值、个体的公众权威度、个体的性格特征。

(4)舆论引导策略设置,即选择随机引导策略、度引导策略、公众权威度引导策略中的一种,设置领导者的数量 n。对于公众权威度引导策略,还需要设置系统引导强度 d。

(5)仿真模拟,即按照系统模型中的个体观点交互规则进行观点交互。为了防止特殊性,在每个网络中均做 10 次实验,对实验结果取平均值作为最终结果。

(6)得到演化结果后对观点演化的结果进行分析。

仿真演化及结果的分析主要在仿真软件 MATLAB R2010b 中进行,并借助数据库 SQL Server 2000 进行仿真结果的存储。

2. 实验参数设置

(1)设置基本参数。网络中个体的总数目 $N=1000$,个体在观点交互过程中的信任阈值 $\varepsilon=0.2$,期望的最终观点值 $X=0.7$,演化最长步长 $T_{\max}=10000$。当所有个体的观点都不再改变或者达到演化最长步长 $T_{\max}$ 时,观点演化结束。

(2)选择网络并确定网络参数。本章中使用了三种经典网络,随机网络 $k=4$;小世界网络 $k=4$,重连概率 $p=0.2$;无标度网络 $k=4$,$M=4$。

(3)设置个体参数。初始时刻网络中各个个体观点值使用 $[0,1]$ 区间均匀分布的随机数赋值。

(4)确定群体中公众权威度的分布。经过计算之后的个体公众权威度是 $[0,1]$ 区间上的某一实数,根据人口普查数据量化的权威度分布近似为泊松分布,如图 11.5 所示。

从图 11.5 可以看出,公众权威度为平均值的人数最多,往两边延伸则人数越来越少。研究者通过对真实社会网络的研究,发现真实网络中节点的度分布近似为幂

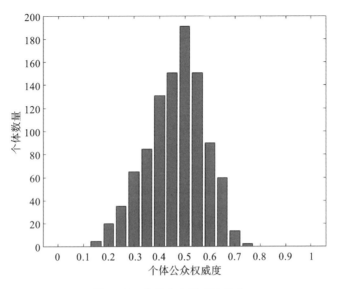

图 11.5　个体公众权威度分布

律分布(如无标度网络),而不是泊松分布(如小世界网络)。在现实生活中,公众权威度低的个体数量应该较多,公众权威度高的个体数量应该较少。因此,本章假设公众权威度的分布为幂律分布,以研究不同的公众权威度分布对引导效果的影响。具体分布情况如图 11.6 所示。

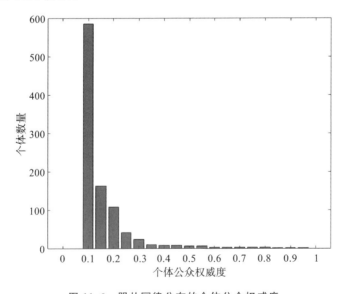

图 11.6　服从幂律分布的个体公众权威度

在每一次实验中,个体的初始观点值都是在服从均匀分布的基础上被随机分配的,同时,个体的公众权威度也是在服从泊松分布或者是幂律分布的基础上被随机分配的。因此,每次选择引导的初始个体的观点值都是随机的。

(5)确定群体性格特征分布。本章假设 $\lambda_i=0.1$ 的个体为倔强型个体,$\lambda_i=0.9$ 的个体为无主见型个体,$\lambda_i=0.5$ 的个体为一般个体。个体对他人的信任度 λ_i 的总体人数分布以 80/20 规则为基础确定。80/20 规则由意大利经济学家 Pareto 提出[13]。他认为任何事物中,最重要的部分即起到决定性作用的只占小部分,约为 20%;而其他的 80% 则没有那么重要,是非决定性的。经过长时期的探索,研究者发现生活中的很多现象都可以用 80/20 规则来解释和描述,该规则并被应用于社会学和商业管理等中。λ_i 的具体分布为:20% 的个体为社会中的极端个体,其余的个体则为一般个体。一般个体都是随和型的,而极端个体又被分为无主见型和倔强型两种。个体对他人的信任度分布如图 11.7 所示,随和型个体对他人的信任度为 0.5,无主见型个体对他人的信任度为 0.9,倔强型个体对他人的信任度为 0.1。

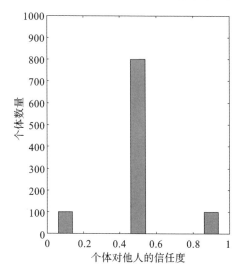

图 11.7 个体对他人的信任度分布

(6)设置引导策略参数。最初被选中的引导个体(领导者)数目 n 取值为 10~100。对于公众权威度引导策略,设置系统引导强度为 $d=0.1$。实验中将 1000 个个体作为一个社会网络,最初被选中的引导个体数目为 10~100,占了总人数的 1%~10%。在真实社会情况下,引导一定的个体是需要消耗很大资源的。选择 10% 的个体进行舆论引导已经占了很大比例了。如果比例更大,则消耗的资源、花费的精力也会相应地加大很多,不符合实际要求。以更少的领导者取得较好的引导效果才是本章想要研究的内容,所以最初被选中的引导个体数 n 为 10~100。

3. 评价指标

目前,舆论引导策略的效果一般都是通过最终达到目标观点值的个体数目 C(称为最终引导个体数目)来确定。舆论的传播和演化非常迅速,如果不能及时对负面消极舆论进行引导,可能会对社会和国家造成巨大伤害。因此,舆论引导的速度也十分重要。如果某引导策略最终能引导多数个体达到期望观点,但收敛的时间很长,那么该策略的效率也是较低的。为此,本章不仅需要考虑最终引导个体数目 C,还需要考虑观点收敛时间 T 的影响,因此提出了一种新的综合效率指标 E 来进行比较。综合效率指标 E(简称综合指标)的定义见式(11.14)。

$$E = 50\% \times (T_{max} - T)/T_{max} + 50\% \times C/N \qquad (11.14)$$

式中:T 为观点收敛时间,即仿真实验达到稳定所花时间;T_{max} 为演化最长步长;N 为网络中个体总数;C 为演化停止时达到期望观点的个体数目。综合效率指标 E 把演化停止时达到期望观点的个体数目 C 和观点收敛时间 T 分别化成了 0~1 之间的无量纲小数 $(T_{max} - T)/T_{max}$ 和 C/N,并按同等比例进行加权计算。观点收敛时间越短,最终达到期望观点的个体数目越多,综合效率指标 E 就越高,引导效率也就越高。因此,使用综合指标可以更直观和全面地对引导策略进行比较。

11.3.2 舆论引导策略的实验结果分析

1. 不同引导策略的对比分析

各种舆论引导策略有各自的优势,本节将在无标度网络、小世界网络和随机网络中对比随机引导(RC)、度引导(DC)以及公众权威度引导(PAC)三种引导策略的引导效果。其中,公众权威度引导策略中的公众权威度分布根据人口普查数据统计获取,近似为泊松分布。

在无标度网络、小世界网络和随机网络三个网络中对随机引导、度引导以及公众权威度引导策略三种引导策略进行实验。10 次实验结果平均值如图 11.8、图 11.9 和图 11.10 所示,其中横坐标为最初引导个体数目 n。

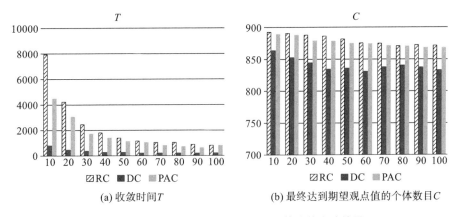

图 11.8 无标度网络中三种舆论引导策略的实验结果

从图 11.8 至图 11.10 可以看出,随着最初引导个体数目 n 的增加,观点演化的收敛时间 T 遵循缓慢减少、最终平稳的规律。在这三种网络中,公众权威度引导策略的收敛时间 T 和最终达到期望目标值的个体数目 C 都处于中等水平。随机引导策略与度引导策略在收敛时间 T 和最终达到期望目标值的个体数目 C 两个指标上各

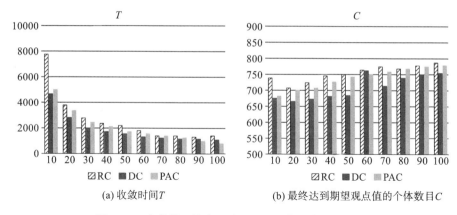

(a) 收敛时间T　　　　　　　(b) 最终达到期望观点值的个体数目C

图 11.9　小世界网络中三种舆论引导策略的实验结果

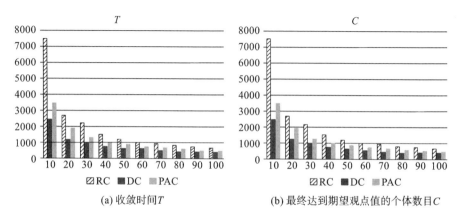

(a) 收敛时间T　　　　　　　(b) 最终达到期望观点值的个体数目C

图 11.10　随机网络中三种舆论引导策略的实验结果

有优劣。

单一的指标各有优劣,无法全面综合地反映引导策略的效果。下面采用综合效率指标 E 来评估不同引导策略的效果。三种引导策略在三种网络拓扑下的综合效率指标 E 对比如图 11.11 所示。

从三个不同网络中各种策略的综合效率指标 E 来看,随机引导策略在三个网络中都是最差的,而度引导策略和公众权威度引导策略在不同的网络中各有优劣。例如:在小世界网络中,当 $n>30$ 时,公众权威度策略的综合效率指标 E 比度引导策略高出 1%～3%。另外,在无标度网络中,度引导策略的综合效率指标 E 优于公众权威度引导策略。

2. 不同公众权威度分布下的舆论引导策略对比分析

现实生活中的公众权威度也可能具有与网络中度分布类似的幂律分布特性,即公众权威度低的个体较多,公众权威度高的个体较少。本节将对比泊松分布和幂律分布两种不同公众权威度分布下舆论引导策略的引导效果。两种分布下的实验结果

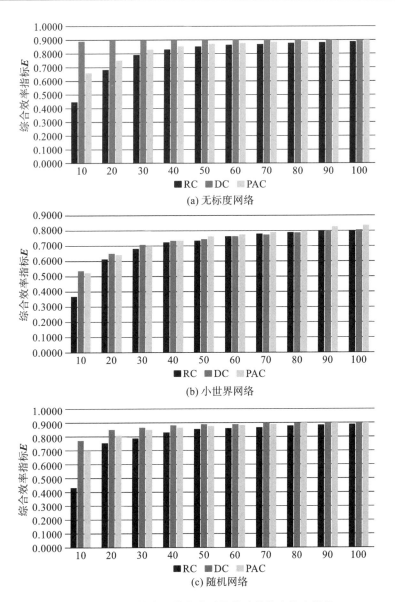

图 11.11　三种网络中三种舆论引导策略的综合效率指标 E

如图 11.12 至图 11.14 所示。

从图 11.12 至图 11.14 可以看出，无论公众权威度服从何种分布，随着引导人数的增加，稳定时间 T 逐渐减小，最终引导个体数目逐渐减少。公众权威度的分布对稳定时间 T 和最终引导个体数目 C 都有一定的影响。当公众权威度服从幂律分布时，对群体的引导能迅速达到稳定，稳定时间远小于公众权威度服从泊松分布时的稳定时间，但是最终引导的个体数不如公众权威度服从泊松分布时多。对比三种网络中的引导效果，在小世界网络中的引导效果最差，在随机网络和无标度网络中的引导效

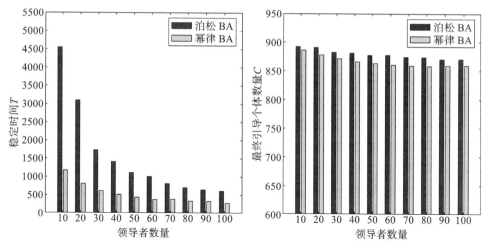

图 11.12　无标度网络中公众权威度服从泊松分布和幂律分布时稳定时间和引导个体数量随领导者数量的变化

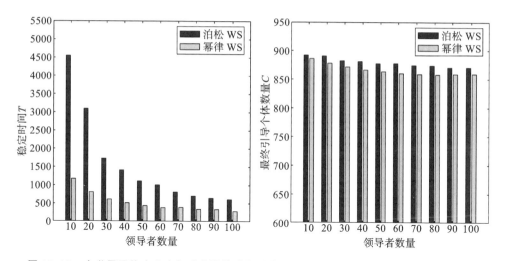

图 11.13　小世界网络中公众权威度服从泊松分布和幂律分布时稳定时间和引导个体数量随领导者数量的变化

果比较接近。

两种分布下的引导策略在两种指标上各有优劣,下面使用综合效率指标 E 来进行分析。如图 11.15 所示,当引导人数较少时(如 $n=10$ 时),幂律分布下的综合效率指标 E 明显高于泊松分布下的综合效率指标 E。随着引导人数增加,两种分布下稳定时间、最终影响人数以及综合效率指标的差别会逐渐减小。可以看出,在幂律分布下,公众权威度引导策略的效果更好。

在幂律分布下,不同网络中公众权威度引导策略、随机引导策略、度引导策略的综合效率指标 E 对比结果如图 11.16 所示。在无标度网络中,当领导者人数为 $n=$

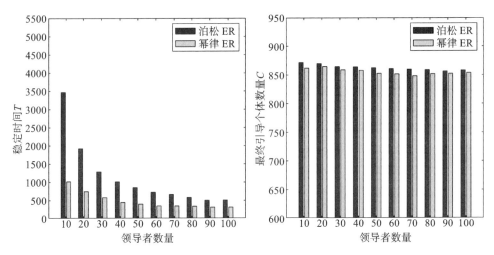

图 11.14 随机网络中公众权威度服从泊松分布和幂律分布时稳定时间和引导个体数量随领导者数量的变化

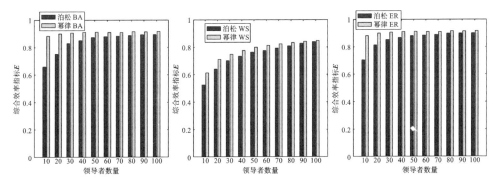

图 11.15 在三种网络中公众权威度服从泊松分布和幂律分布时综合效率指标 E 随领导者数量的变化

10 时,度引导策略和公众权威度引导策略的综合效率指标 E 几乎相同。当 $n>10$ 时,公众权威度引导策略的综合效率指标 E 比度引导策略高 2%;在小世界网络中,公众权威度引导策略的综合效率指标 E 比度引导策略高 5%~10%;在随机网络中,公众权威度引导策略的综合效率指标 E 比度引导策略高 2%~12%。在无标度网络、小世界网络、随机网络中,随机引导策略的综合效率指标 E 都是最差的。总的来说,在现有主流的社会网络模型中,公众权威度服从幂律分布时,公共权威度引导策略都优于度引导策略和随机引导策略。

11.3.3 实验结论和引导策略建议

1. 实验结论

由 11.3.2 节中三种舆论引导策略的实验结果分析可知:当公众权威度服从泊松

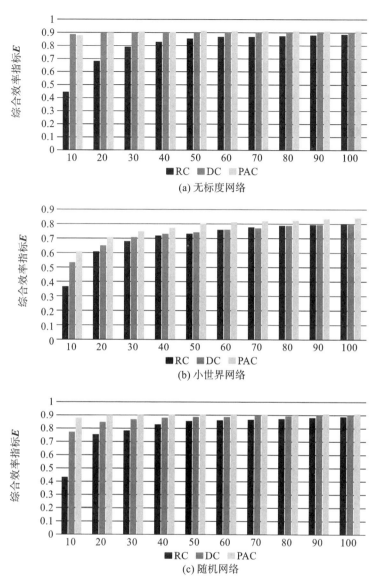

图 11.16 三种策略对比图

分布时,公众权威度引导策略的最终引导个体数目 C 总是要优于度引导策略。在小世界网络中,公众权威度引导策略的综合效率指标 E 要优于度引导策略。在无标度网络和随机网络中,度引导策略的综合效率指标 E 要优于公众权威度引导策略;当公众权威度服从幂律分布时,公众权威度引导策略在常用的三种网络模型中都优于度引导策略。相比于另外两种引导策略,随机引导策略的效果在三种网络模型中都是最差的。

上述实验结果反映了社会学中权威个体更容易影响其他个体的现象,与社会中的许多现象相符。比如Hofing等[14]证明仅仅是一个简单的权威标志——具有博士学位的个体可以有效地让他人服从。在广告代言的过程中,如果选择一些权威人士,如首席执行官(CEO)等代言,会使得观众更加容易受到影响而选择该产品。Blass等[15]发现广告代言者的名誉也会影响消费者的态度倾向。Blass[15,16]认为观众会无条件地相信专家或者权威的数据,即使这样做毫无道理。Jordan[17]发现在华尔街的一项实验中,专家在杂志上或者电视上发表了观点后,有2%~4%的群众的意见转移了,并且当群众并不支持某一意见时,专家的意见会更有效。上述研究发现的社会学现象表明,在日常的观点演化过程中,个体的自身属性(社会影响力、年龄、经济状况、受教育程度)都会起到很大的作用。个体在进行观点交互时,会根据交互对象的个体属性(比如公众权威度)接受对方的观点,并对自己的观点进行改变。综上所述,本章提出的基于公众权威度的舆论引导策略及仿真实验结果与社会中的现象相符,可以用来引导舆论走向,达成共识,有可能取得更好的效果。

2. 引导策略建议

对于与舆论内容相关的领域专家,即舆论内容相关领域的权威个体而言,应该尽快发出自身的声音。舆论传播过程中,大众对舆论的分辨能力较低,比较容易相信舆论,从而造成集群现象和蜂拥行为,会对社会秩序产生不良影响。而在该领域的高公众权威度个体,专业知识较为丰富,对舆论的分辨能力很高,也知道舆论对社会可能造成的不良影响。如果这个时候他们能及时地在社会上发声,让大众知道他们的观点,就会使那些相信舆论(谣言)的社会人群重新看待并正确认识舆论,从而达到正确引导观点的作用。

与本次舆论传播领域不相关的权威专家,也可以积极地加以正面引导,影响普通大众观点。本章中高公众权威度的个体指的是在整个社会各个方面综合权威度高的个体,不局限于具体哪个领域。在现实世界中,专家个体可能只是对某一个专业领域拥有较高的专业能力,但在其他领域中,专家个体仍然由于其高公众权威度而具有高影响力。通过引导这些专家,同样可以影响舆论传播,从而使大众的观点值趋向期望观点值。基于公众权威度的舆论引导策略可以分别用于领域专家个体和非领域专家个体的引导,在真实社会生活的舆论传播中具有实用意义和正向作用。

参 考 文 献

[1] 杜志强,支少瑞. 网络政治谣言的危害及治理[J]. 中州学刊,2019,41(4):161-165.

[2] Qian C, Cao J, Lu J, et al. Adaptive bridge control strategy for opinion evolution on social networks [J]. Chaos, 2011, 21(2):025116.

[3] Afshar M, Asadpour M. Opinion formation by informed agents [J]. Journal of Artificial Societies and Social Simulation, 2010, 13(4):5.

[4] Ju C, Cao J, Zhang W, et al. Influential node control strategy for opinion evolution on

social networks [J]. Abstract and Applied Analysis,2013,2013:689495.

[5] 荣莉莉,郭天柱,王建伟.复杂网络节点中心性[J].上海理工大学学报,2008,30(3):227-230+236.

[6] Valente T W, Davis R L. Accelerating the diffusion of innovations using opinion leaders [J]. The Annals of the American Academy of Political and Social Science, 1999,566(1):55-67.

[7] Jalili M. Effects of leaders and social power on opinion formation in complex networks [J]. Simulation,2013,89(5):578-588.

[8] 宁连举,万志超.基于团购商品评论的网络意见领袖识别[J].情报杂志,2013,32(8):204-206.

[9] 刘欣,李鹏,刘璟,王娅丹.社交网络节点中心性测度[J].计算机工程与应用,2014,50(5):116-120.

[10] 李晓冉,蔡国永.社会网络个体节点影响力研究[J].桂林电子科技大学学报,2013,33(4):309-313.

[11] 邹青,张莹莹,陈一帆,张士庚,段桂华.社交网络中一种快速精确的节点影响力排序算法[J].计算机工程与科学,2014,36(12):2346-2354.

[12] 张澜.基于空间约束的有限信任舆论演化模型研究[D].武汉:华中科技大学,2014.

[13] Pareto V. Trattato di sociologia generale[M]. Firenze:G. Barbèra,1916.

[14] Hofling C K, Brotzman E, Dalrymple S, et al. An experimental study in nurse-physician relationships [J]. Journal of Nervous and Mental Disease,1966,143(2):171-180.

[15] Blass T. Understanding behavior in the Milgram obedience experiment:the role of personality, situations, and their interactions [J]. Journal of Personality and Social Psychology,1991,60(3):398-413.

[16] Blass T. The Milgram paradigm after 35 years: some things we now know about obedience to authority [J]. Journal of Applied Social Psychology,2010,29(5):955-978.

[17] Jordan D L. Newspaper effects on policy preferences [J]. Public Opinion Quarterly,1993,57(2):191-204.

第 12 章　面向网络舆情结构逆转的观点演化

新一代信息技术和 Web 2.0 的快速发展,使得基于数字媒体的网络舆论大量出现。与传统媒体单向传播不同,这种新型平台赋予普通个体及时便捷地分享意见的能力,使得社会舆情凸显出传播速度快、影响范围大及交互性强的复杂特征,给社会和网络空间治理增加了诸多困难。近年来,网络舆情在管理学、社会学、心理学、社会物理学、新闻传播学等领域受到越来越多的关注。从这些领域的研究成果及大量的现实案例中可以发现,社会突发事件常诱发大量的网络舆情,即一些观点在传播过程中长期流行且处于主流状态。然而,也有一些观点会因为某一个体想法的微小变化而突然由一种状态演化成截然不同的状态,这种新兴的社会现象被称为观点逆转[1]。

观点逆转可能是系统受到诸如人为控制等外部因素的影响,也可能是系统自身观点演化动力机制所导致的结果。后者即为本章所要探讨的观点自然逆转现象,其现实背景就是当代中国社会普遍存在网络舆情结构逆转现象[2]。在当今中国,公众借助社会媒体营造网络舆情而主导话语权的现象日趋增多,这在一定程度上打破了传统媒体掌控社会话语权、控制舆论发展态势的格局,使得热点事件的网络舆情结构发生逆转的可能性大大提高,即现实社会与网络社会的群体力量对比发生变化,传统的强势群体(例如政府部门)在网络上相对弱势,而传统的弱势群体(例如草根阶层)在网络上则相对强势。这种网络舆情结构逆转现象是各级政府面临的当代社会管理的一个迫切问题,也是一类典型的社会复杂性问题。

在网络舆情结构逆转的背景下,个体观点存在发生逆转的可能性。事实上,个体观点的选择是内心活动与外部情景共同作用下对事件的决策行为[3]。因此,观点自然逆转是网络环境下参与个体自身心理以及与其他个体交互信息等导致个体认知变化所引起的观点自然产生突变的演化过程,它并不是由外力介入而强行扭转的结果。把握网络舆情中的观点逆转现象将有利于网络舆情的监测与预警,而探索其动力学过程也有助于提升政府相应部门的网络应急响应水平和社会治理能力。为阐明这一复杂社会现象的内在机制,有必要构建一个合适的模型来揭示社会系统中观点自然逆转时所固有的动力学特性。

本章 12.1 节概述观点动力学的研究情况;12.2 节在介绍经典 HK 模型的基础上,提出运用社会网络分析(social network analysis,SNA)中心性指标来识别社会系统中的意见领袖,进而构建了考虑意见领袖与普通个体差异及观点自然逆转的动力学模型;12.3 节给出了关于观点演化的计算机仿真结果,并对其自然逆转现象进行了讨论;12.4 节通过敏感性分析进一步检验本章提出的改进模型的灵敏度和稳健性;12.5 节对本章进行总结,并提出了一些今后的研究方向。

12.1 观点动力学研究概述

个体的观点总是随着整个社会及其周围环境信息的动态变化而变化,这从宏观上导致了群体行为模式的不同。于是,社会物理学家纷纷采用信息科学和复杂网络中的模型和方法来探索社会系统中这种群体状态随时间的演化规律,开辟了社会动力学(social dynamics)的研究领域。其中,观点动力学(opinion dynamics)模型就是一种针对舆论在社会网络中传播、形成等演化过程进行研究的社会动力学。从本质上讲,观点的自然逆转在很大程度上是由某些个体观点的微小变化而导致的,故可使用观点动力学模型及其思路对这一社会现象予以建模和仿真。然而,在已有的观点动力学研究文献中,多数研究者以微观机理来研究宏观的涌现行为,如统计物理视角上的观点动力学模型[4]。他们主要以物理学视角的粒子交互作用为思路来探索观点演化,通过构建粒子交互作用模型来解释舆论演化过程和现象[5]。尽管早期的观点动力学模型为研究舆论形成与传播机制提供了量化手段,但这些观点演化规律以服从线性动力系统为前提,其处理方法限于矩阵论、马尔可夫链理论、图论等传统方法。实际上,当两个个体之间的意见差异低于一个给定的阈值时,他们就会开始相互影响,上述模型显然没有考虑到这种非线性的相互作用。基于此,随着复杂性科学的发展,利用社交网络[6]和社会动力学工具,更符合实际情形的非线性观点动力学模型不断被提出。不过,多数情况下,这种非线性舆论动力学模型的解析很难实现,故计算机仿真成为研究非线性观点动力学模型的主要方法[4,7,8]。当前,动力学模型大体可分为随机性社会系统的主方程(master equation)模型[9]和确定性社会系统的多主体系统(multi-agent systems)模型[10]两大类。一般来说,主方程模型只能采用数值计算方法来获得数值解。但如果社会网络的规模是某个有限自然数 N,且需要从微观角度来考虑社会个体状态的动态变化,则普遍采用多主体系统模型。

考虑到群体观点的动向具有高度不确定性及其对网络舆情的传播过程产生影响,学者根据群体对某些特定事件所持不同观点的形成和演化等现象,群体观点在某些阶段会出现一致、极化和多样性等不同结果,形成了一些经典的观点动力学模型。如根据观点离散与否,观点动力学模型也可以分为离散模型和连续模型。其中,离散模型采用离散的整数值对观点建模,个体观点通常只有 2 个数值,也可以由 2 个增加到 3 个、4 个甚至更多,如可以用 0 分、+1 分、-1 分别表示中立、支持或反对的观点倾向。于是,学者们根据各种各样的规则,提出了许多相应的舆论动力学模型,如 Ising 模型[11-12]、Sznajd 模型[13]、多数决定模型(majority rule model)[14]等。不过,在现实生活中,往往还存在个体观点倾向值连续变化或者界限难以精确划分等现象,此时离散模型难以准确描述。由此,采用区间[0,1]之内的连续值所表示的观点建模的思路被提出,并被学广泛用来阐述连续观点的舆论演化机理。例如，Krause、Hegselmann[15,16]和 Deffuant、Weisbuch[17,18]等学者分别提出了基于有界信任规则的连续型舆论动力学模型，即 HK 模型和 DW 模型。有界信任规则是指交互个体观点之间的差异必须小于或等于特定阈值才会交互，即个体仅会因信任阈值内的邻居个体而改变其观点[19]，群体观点的演化最终可能会出现三种稳定状态：一致、极化或分裂[20]。DW 模型和 HK 模型都基于有界信任假设，在离散的时间点上进行个体观点的交互，并反复更新个体的观点值。两者的不同在于个体的通信范围及更新方式不同：DW 模型每一时刻仅有满足信任阈值条件的随机两个配对交互；而 HK 模型每一时刻满足信任阈值条件的所有个体同时进行观点交流，即个体总是在其信任阈值内通过平均自身及邻居的所有观点值来更新其观点状态。近年来，有界信任模型在观点动力学模型的扩展研究方面也得到了很大的关注。其中，基于 DW 模型的改进主要集中于互惠性反馈一致性[21]、多分布下的第一印象效应[22]、交互选择规则[23]、社会网络上的稳态特性[24]、个体异质性的社会学习[25]、动态有界信任阈值[26]、噪声影响[27]、人际关系网络[28]；HK 模型的扩展则体现在信任阈值[29]、非线性观点更新规则[30]、意见领袖[31]、信任阈值异质性[32]、有向网络[33]、自信参数[34]、认知方式[35]等上。

这些基于经典有界信任的观点动力学模型的成果在研究群体涌现出的宏观行为时，简化了个体间交互规则和交互对象的选择。但群体观点逆转往往是个体心理认知异质性等内在因素与意见领袖[36]及社会交互网络结构[37]等外在影响共同作用的结果，故现有研究仍有以下问题尚待解决：

（1）现实生活中个体之间的交互有利于公众观点达成一致，这表明有界信任假设及其反复平均更新规则都具有真实的社会背景，适于用来探索观点的自然逆转现象。不过，经典 HK 模型着眼于简单规则下的观点扩散稳态时出现一致、分散等现象，虽然考虑了个体之间交互对观点的影响，但并未区分交互的对象是意见领袖还是普通个体。然而，意见领袖往往是社交网络中具有较高中心性的关键节点，对个体观点演化的影响显然与普通个体有所不同，故经典的 HK 模型无法解释此问题。

（2）即使少量文献考虑了意见领袖在观点演化中的作用，但往往是随机选定意见领袖节点。而现实网络中，意见领袖应该是既定的，这就需要对其准确识别，否则很难保证观点演化的真实性。

（3）传统的观点动力学模型认为整个系统的观点是既不衰减也不增益的，这在描述观点自然逆转时存在不足。这是因为经典的 HK 模型虽考虑了个体间交互对观点的影响，并没有考虑自身观点可能也在动态变化中。事实上，现实中个体会凭借浏览网页、接收与补充信息等途径丰富自身知识、提升经验水平，这将不知不觉地影响着个体对事件的认知与观点的选择。这是一种在没有交互的状态下，个体观点随时间而改变的客观现象，理应予以考虑。于是，本章引入一个自然逆转参数，以便描述观点演化过程随时间的变化趋势。因此，本章利用社会网络中心性指标识别网络中的意见领袖，进而考虑网络环境中个体认知所带来的自然逆转特性，建立了基于 HK 有界信任模型的观点自然逆转动力学模型,用来探索网络中观点演化时,意见领袖与普通个体交互的特点对其的影响,从而解释舆情演化过程中的观点自然逆转现象及其内在过程。

12.2 观点自然逆转动力学模型

HK模型可以描述主体行为对演化过程的影响,模型中的主体具有相同行为,即均按照有界信任规则更新自身的观点,并未考虑舆论场的其他情况,如意见领袖的影响[38,39]。

12.2.1 HK模型

假设有限集 $A=\{1,2,\cdots,n\}$ 内的个体共享观点,个体 i 在 t 时刻的观点为 $\boldsymbol{x}_i(t)$,形成一个向量 $\boldsymbol{x}(t)=(x_1(t),x_2(t),\cdots,x_n(t))$, $x_i(t)\in[0,1]$, $i\in A$, $t\geqslant 0$, $t=0$ 时 $\boldsymbol{x}(0)$ 为其初始观点。根据 HK 模型,有

$$I(i,\boldsymbol{x}(t))=\{1\leqslant j\leqslant n\mid |x_i(t)-x_j(t)|<\varepsilon_i\} \tag{12.1}$$

式中: $I(i,\boldsymbol{x}(t))$ 表示 t 时刻在个体 i 信任水平内所有个体的集合; ε_i 是个体 i 的信任水平(confidence level); $x_i(t)-x_j(t)$ 计算的是个体 i 与 j 的观点差异值; $|x_i(t)-x_j(t)|<\varepsilon_i$ 表示在信任水平内的个体 j 才能对个体 i 产生影响作用。

为简化问题,对在信任区间内的个体赋予相同的权重,信任区间外的个体权值为0。式(12.2)给出了 HK 模型的具体表达形式。

$$x_i(t+1)=|I(i,\boldsymbol{x}(t))|^{-1}\sum_{j\in I(i,\boldsymbol{x}(t))}x_j(t),\quad t\in T \tag{12.2}$$

式中, $|\cdot|$ 表示某集合所包含的元素个数。HK 模型通过将连续的时间离散化来研究一段周期内的观点演化,离散时间集合 $T=\{0,1,2,\cdots\}$。对应不同的 ε_i 值,观点动力学系统的终态随之变化。

12.2.2 意见领袖与中心性

意见领袖对于观点扩散的影响作用较大,且会影响整个观点动力学扩散过程。通常,意见领袖是指那些在社会关系网络中具有较高影响力与号召力的关键节点,是经常为他人提供信息或意见,并对他人施加影响的"积极分子"。意见领袖可以影响群体观点的形成及价值判断,在网络舆情扩散中,可影响网络舆情的走势。因此,本章把意见领袖的影响引入观点动力学模型,作为研究观点逆转现象内在机理的切入点。

传统的做法是在仿真系统里随机指定某些个体为意见领袖[40]。众所周知,观点是在社会系统中扩散的,社会关系网络结构特征会对扩散产生影响[41],而意见领袖往往是社会关系网中的关键节点,随意设定意见领袖节点,显然难以准确地反映出社会系统中的客观现实。为了解决这一个问题,本章拟采用社会网络分析方法,以更好

地识别群体中的意见领袖。这是因为社会网络表示了社会行动者及其关系的集合,强调了每个主体与其他主体之间的关系,社会网络分析方法是对社会关系结构和属性进行分析的科学方法,能够从主体的动态特征和网络背景等方面确定系统中的关键主体。通常,社会网络分析法中衡量关键节点的指标有三类,分别是度中心性、接近中心性及居间中心性[42]。

(1)度中心性。它是描述每个节点的度数的指标。如果某节点具有较高的度,则可认为其在观点网络中处于中心地位,与其他的个体有较多的关联,具有较大的影响力。该指标的计算公式见式(12.3)。

$$C_i = \frac{l}{n-1} \tag{12.3}$$

式中,l 表示与 i 存在联系的个体个数,n 表示观点网络中的个体个数。

(2)接近中心性。这是描述个体不受其他个体控制的能力的指标。一个节点到网络中其他节点的平均距离越小,该节点就位于网络越中心的位置,在网络中较少地依赖其他个体,具有较高的接近中心性。对于有 n 个节点的连通网络,节点 i 的接近中心性被定义为 i 到其余节点的平均距离的倒数,见式(12.4)。

$$C_i = \frac{n-1}{\sum_{j \neq i} d_{ij}} \tag{12.4}$$

式中,d_{ij} 表示节点 i 到 j 之间的平均距离。

(3)居间中心性。这是衡量个体在多大程度上成为"中间人"的指标。居间中心性越大,说明该个体与其他个体之间发生的交互越多,其控制信息交流的能力也就越强。其计算公式见式(12.5)。

$$C_i = \sum_{i \neq j \neq k} \frac{g_{jk}(i)}{g_{jk}} \tag{12.5}$$

式中,$g_{jk}(i)$ 表示从节点 j 到 k 的最短路径中经过 i 的最短路径数目,g_{jk} 表示节点 j 到 k 的全部最短路径数目。

12.2.3 观点自然逆转模型

为了将意见领袖引入 HK 模型中来探索观点自然逆转现象背后的动力学机制,提出如下改进模型。

用 x_i 表示个体的意见,其在[−1,1]区间取值。一般地,[0.2,1]代表对事件持认可或较为积极的态度,[−1,−0.2]表示对某事件持相反或较为消极的态度,(−0.2,0.2)表示对事件持相对中立的态度。意见领袖与普通群体这两者在传播动力学上有明显差别,因为意见领袖往往会凭借其在社会网络中的地位对普通群体施加影响,且意见领袖的观点通常不会是中立的。于是,在设计模型时,将参与观点演化的个体 Agent 分成普通群体与意见领袖这两类,意见领袖用上述的 SNA 中心性指标来识别。随着时间演化,每个 Agent 与其连接的其他 Agent 进行交互,其交互规则按照 HK 模型进行。不过,邻居 Agent 是意见领袖还是普通群体,所产生的影响有明显区别。为此,考虑意见领袖与普通群体间的差异性[43],分别设计相应的观点动力学模型。

首先,定义 $n\times n$ 的矩阵 $\boldsymbol{R}$ 表示社会群体中个体之间的关系矩阵。对于集合 A 内的所有个体 i 和 j,R_{ij} 表示个体 i 与 j 是否有连接。当 $R_{ij}=0$ 时,表示个体 i 与 j 没有关联;当 $R_{ij}=1$ 时,表示个体 i 与 j 有连接。假定网络中存在 m 个意见领袖,属于集合 $B=\{1,2,\cdots,m\}$;普通个体的数量为 $n-m$,属于集合 $C=\{m+1,m+2,\cdots,n\}$。易知,$A=B\cup C$。

下面针对不同情形,给出观点更新规则。

1. 普通群体的观点演化

若 i 为普通个体,则 $i\in C$。传统的个体 i 受到每一个邻居个体的影响,由于邻居个体既可能属于意见领袖群体,也可能属于普通群体,因此按照线性加权规则对这两类群体的影响加权,从而形成普通群体的观点动力学模型。

(1) 计算 t 时刻在个体 i 信任水平范围内的普通个体及意见领袖的信任集合。

$$L(i,\boldsymbol{x}(t)) = \{1\leqslant j\leqslant m \mid |x_i(t)-x_j(t)|<\eta_i, j\in B\} \tag{12.6}$$

$$L(i,\boldsymbol{x}(t)) = \{m+1\leqslant j\leqslant n \mid |x_i(t)-x_j(t)|<\varepsilon_i, j\in C\} \tag{12.7}$$

式中,η_i 代表个体 i 对意见领袖的信任水平,ε_i 代表个体 i 对普通个体的信任水平,$L(i,x(t))$ 表示 t 时刻在个体 i 信任水平内的意见领袖个体的集合,$I(i,x(t))$ 表示 t 时刻在个体 i 信任水平内的普通个体的集合。

(2) 根据社会网络矩阵中节点的连接关系,找出 t 时刻意见领袖和普通个体集合内与个体 i 有关联的个体,处在信任水平内且有关联的个体将对个体 i 下一时刻的观点形成产生影响,分别用 $b_{ij}(t)$ 和 $c_{ij}(t)$ 表示。

$$b_{ij}(t) = \begin{cases} 1, & \text{当 } R_{ij}=1, j\in L(i,\boldsymbol{x}(t)) \text{ 时} \\ 0, & \text{其他} \end{cases} \tag{12.8}$$

$$c_{ij}(t) = \begin{cases} 1, & \text{当 } R_{ij}=1, j\in I(i,\boldsymbol{x}(t)) \text{ 时} \\ 0, & \text{其他} \end{cases} \tag{12.9}$$

式中,$b_{ij}(t)$ 的值反映在个体 i 信任水平范围内的意见领袖 j 的观点是否对其产生影响。当 $j\in L(i,x(t))$ 且 $R_{ij}=1$ 时,$b_{ij}(t)=1$,表示 t 时刻个体 j 对个体 i 有影响;$b_{ij}(t)=0$,表示个体 j 对个体 i 没有影响。同样,c_{ij} 的值代表在个体 i 信任水平范围内的普通个体 j 的观点是否对其有影响。当 $j\in I(i,x(t))$ 且 $R_{ij}=1$ 时,$c_{ij}(t)=1$,表示个体 j 对个体 i 有影响;$c_{ij}(t)=0$,表示个体 j 对个体 i 没有影响。

(3) 依据信任集合及关系矩阵 $\boldsymbol{R}$,个体 i 的观点按照如下规则更新:

$$\begin{aligned} x_i(t+1) = {} & \theta \frac{1}{\sum_{j\in L(i,\boldsymbol{x}(t))}b_{ij}(t)}\sum_{j\in L(i,\boldsymbol{x}(t))}b_{ij}(t)x_j(t) \\ & + (1-\theta)\frac{1}{\sum_{j\in I(i,\boldsymbol{x}(t))}c_{ij}(t)}\sum_{j\in I(i,\boldsymbol{x}(t))}c_{ij}(t)x_j(t) \end{aligned}$$

$$\tag{12.10}$$

式中,θ 代表意见领袖的影响力权值,则 $1-\theta$ 表示普通个体的影响力权值。当不存在意见领袖(即 $\theta=0$)时,模型即为 HK 模型,此时所有群体都是普通群体,按照 HK 模型演化;当 $\theta>0$ 时,群体中既有意见领袖,也有普通个体,个体将综合考虑意见领袖及普通个体的观点,形成下一时刻的观点。

(4)当所有个体的观点不再发生变化,或者满足下列条件时,观点将结束更新。

$$\sum_{i=1}^{n}[x_i(t+1)-x_i(t)]^2 \leqslant \delta \tag{12.11}$$

式中,δ 取一个接近于 0 的正数,本章将其取值设定为 0.0001。

当个体为普通个体时,将按照式(12.10)的规则进行观点的更新迭代;当所有个体的观点满足式(12.11)时,认为观点演化到达稳态,结束更新。按照上述观点自然逆转模型,可以看出,若 $\theta=0$,该模型等同于 HK 模型,参与观点演化的个体均为普通个体,在交互过程中意见领袖不发挥影响。若 $\theta>0$,群体中既有意见领袖,也有普通个体,个体将综合考虑意见领袖及普通个体的观点,形成下一时刻的观点。

2. 意见领袖的观点演化

若个体 i 为意见领袖,则 $i \in B$。意见领袖个体更容易坚持自身的观点,且意见领袖只会受更权威的其他意见领袖的影响,短期内不会受到普通群体的左右。意见领袖持何种态度的观点对其扩散动力过程的影响截然不同,故意见领袖与普通群体有完全不同的演化趋势。现实中,意见领袖对某一事件的初始态度可分为支持和反对两类。他们会因为所处领袖地位的影响力及信息获取能力,进一步巩固其固有的初始观点,所以持支持态度的意见领袖往往在演化过程中会表现出进一步增强其"支持"态度的倾向,即呈现出向极端值 1 变化的趋势,反之亦然。为此,在描述意见领袖观点演化时,其观点值是其他意见领袖影响和逐步向极端观点转换二者加权的结果。于是,持支持态度的意见领袖观点演化见式(12.12),持反对态度的意见领袖的观点演化见式(12.13)。

$$x_i(t+1) = \theta \mid L(i,\boldsymbol{x}(t)) \mid^{-1} \sum_{j \in L(i,\boldsymbol{x}(t))} x_j(t) + (1-\theta) \times 1 \tag{12.12}$$

$$x_i(t+1) = \theta \mid L(i,\boldsymbol{x}(t)) \mid^{-1} \sum_{j \in L(i,\boldsymbol{x}(t))} x_j(t) + (1-\theta) \times (-1) \tag{12.13}$$

式中,$x_j(t)$ 表示代表意见领袖的观点。

12.2.4 自然逆转参数

为了描述即使不存在与之交互的邻居个体时,个体观点自身也会随着时间自然发生变化的这一过程,本部分将引入自然逆转参数,并用其来改进 HK 模型。个体的复杂性与人格特质理论表明,个体对事件的心理认知能力会随着知识信息与经验水平的增加而提升。这说明自然逆转参数并不是一个固定的常数值,而应是具有单调递增性质的函数。在演化初期,由于个体知识有限,该参数显然应该取值较小。随着时间的增长,知识经验越发丰富,个体的观点选择可能不再坚定,故该参数的值会增大。这种函数性质与 Sigmoid 函数(亦称 Logistic 函数)的性质相似。

$$s(t) = 1/(1+e^{-t}) \tag{12.14}$$

式中，t 取值可为任意实数，$s(t)$ 的取值范围为 $(0,1)$，它可以将一个实数映射到 $(0,1)$ 区间，此函数在实数范围内单调增加，$t \to -\infty, s(t) \to 0$；$t \to +\infty, s(t) \to 1$。

不过，在根据 Sigmoid 函数性质来设计自然逆转参数时，无法体现微观上的瞬时转换。为此，求其导数，得到式(12.15)。

$$s'(t) = \mathrm{e}^{-t}/(1+\mathrm{e}^{-t})^2 \tag{12.15}$$

根据式(12.15)的表达形式，考虑到观点自然逆转的基本过程与关键影响因素，特构造如式(12.16)所示的观点自然逆转参数 $\alpha(t)$。

$$\alpha(t) = \mu \mathrm{e}^{\frac{1}{\beta(t-\gamma)}}/(1+\mathrm{e}^{\frac{1}{\beta(t-\gamma)^2}}) \tag{12.16}$$

式中，$\alpha(t)$ 随时间 t 增加而增加，取值范围为 $(0,1]$；μ 表示该逆转参数的影响指数，一般取 4；β 表示演化速率，取值为 1～4；γ 表示观点的衰减时间点，取值 10～30。

因此，引入自然逆转参数后，普通个体所对应的观点演化模型为式(12.17)。

$$x_i(t+1) = \alpha(t) \left\{ \begin{array}{l} \theta \dfrac{1}{\sum_{j \in t(i, \boldsymbol{x}(t))} b_{ij}(t)} \sum_{j \in L(i, \boldsymbol{x}(t))} b_{ij}(t) x_j(t) \\ + (1-\theta) \dfrac{1}{\sum_{j \in I(i, \boldsymbol{x}(t))} c_{ij}(t)} \sum_{j \in I(i, \boldsymbol{x}(t))} c_{ij}(t) x_j(t) \end{array} \right\} \tag{12.17}$$

引入自然逆转参数后，持支持态度和反对态度的意见领袖所对应的观点演化模型分别为式(12.18)和式(12.19)。

$$x_i(t+1) = \alpha(t)\left[\theta \mid L(i, \boldsymbol{x}(t)) \mid^{-1} \sum_{j \in L(i, \boldsymbol{x}(t))} x_j(t) + (1-\theta) \times 1\right] \tag{12.18}$$

$$x_i(t+1) = \alpha(t)\left[\theta \mid L(i, \boldsymbol{x}(t)) \mid^{-1} \sum_{j \in L(i, \boldsymbol{x}(t))} x_j(t) + (1-\theta) \times (-1)\right] \tag{12.19}$$

该参数对于普通群体和意见领袖的支持或反对群体的影响差异，体现在其中的参数取值不同，具体参数对演化的影响需要在仿真中对比试验。

12.3 数值仿真实验

12.3.1 仿真场景及实验设计

传统的观点扩散和舆论演化模型多数建立在规则网络和随机网络的基础上，但与节点或连接的总数相比，由个体参与者组成的网络中任意两个节点的最短路径都非常小，其连通子图的规模分布是典型的幂律分布。此外，由于网络事件中存在复杂的社会网络结构，所有的社会网络都会从简单的随机网络转变为复杂的非随机网络[44]，而且，网络舆情中的主体所形成的网络应该具有社交关系网络的一些结构性特征，因此，考虑到网络舆情主要是基于互联网或者移动网络环境，本章在仿真中采用无标度网络拓扑模型。

在这种背景下,本节将利用前述所提出的模型方法对观点逆转过程予以仿真分析。实质上,网络舆情中的"观点逆转"主要是指少数人说服大多数人改变观点的过程。依据 Huang 等[1]的研究,假定节点数为 $n=1000$ 的社会系统中,每个个体 Agent i 都具有一定的观点,设置为$[-1,1]$。通常情况下,可按照观点值将初始群体划分为三类:支持者$[0.2,1]$、反对者$[-1,-0.2]$、中立者$(0.2,0.2)$。初始设置 5 个节点,代表舆论事件中引发讨论热度的人物。群体分为意见领袖群体和普通群体。若意见领袖群体的比例为 0,则正是 HK 模型。随着时间推进,Agent 之间按照有界信任的原则与其个体局域网络上的邻居节点进行交互,交互方式按照 12.2 节中构建的观点自然逆转模型进行,意见领袖会对观点演化产生影响,系统的群体观点演化会经历观点增长而又自然逆转至稳定状态的过程。系统模拟至群体观点达到稳定的状态或运行超过 100 步,所有结果是实验 100 次的平均结果。

另外需要说明的是,系统稳定状态是指所有个体的观点都不再发生变化[45]。而且,仿真中通过系统稳定状态及稳定时间两个观察指标来度量观点演化的影响。仿真实验设计的流程框架如图 12.1 所示。

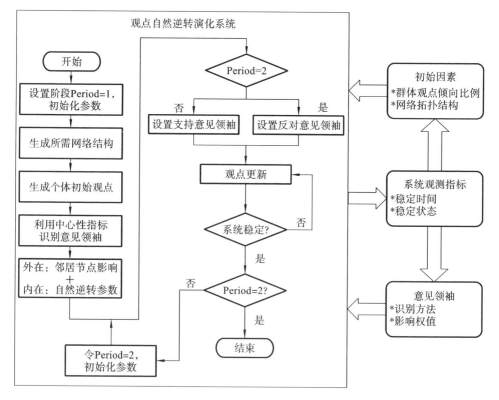

图 12.1 算法流程

步骤 1:初始化。设置演化阶段,初始化节点个数、置信水平、收敛条件及仿真步数等参数。

步骤 2：构建网络。生成仿真实验需要的网络结构。

步骤 3：生成初始观点。生成随机分布的个体初始观点值。

步骤 4：识别意见领袖。利用社会网络分析方法识别生成网络中的意见领袖。Period=1，代表观点演化的前一阶段，设置支持观点的意见领袖；Period=2，代表观点演化的后一阶段，设置反对观点的意见领袖。

步骤 5：计算自然逆转参数。计算每个节点的自然逆转参数。

步骤 6：更新观点。根据不同类型网络节点（意见领袖与普通个体）的观点动力学模型更新观点值。

步骤 7：判断系统稳定状态。若稳定，则输出演化结果后结束；若不稳定，重新返回步骤 4。

步骤 8：判断 Period 是否等于 2。若 Period 不等于 2，则令 Period=2，返回步骤 4。若 Period=2，则输出演化结果后结束。

步骤 9：验证相关参数的影响。重复前述步骤，检验群体观点倾向比例、网络结构、意见领袖识别方法及影响权值等参数对自然逆转过程的影响。

12.3.2 意见领袖识别

为了从具有 1000 个节点的无标度网络中识别出意见领袖，本章采用 UCINET 软件，基于节点的度中心性、接近中心性以及居间中心性指标找出网络中心性高的前 30 个节点，结果如表 12.1 所示。

表 12.1 三种中心性指标下识别出的意见领袖

序号	(1)	(2)	(3)	(4)	(5)	(6)	(7)	(8)	(9)	(10)
度中心性	5	3	1	2	20	10	6	12	25	15
接近中心性	5	3	2	1	20	4	6	10	12	9
居间中心性	5	3	1	2	20	10	6	12	15	9
序号	(11)	(12)	(13)	(14)	(15)	(16)	(17)	(18)	(19)	(20)
度中心性	11	14	4	9	42	19	110	22	55	51
接近中心性	11	15	37	8	14	19	63	32	27	22
居间中心性	11	25	14	4	19	22	42	110	136	32
序号	(21)	(22)	(23)	(24)	(25)	(26)	(27)	(28)	(29)	(30)
度中心性	136	60	47	38	32	26	114	103	41	39
接近中心性	26	7	68	39	42	16	25	17	136	34
居间中心性	55	41	39	51	26	37	60	103	17	38

说明：序号指根据三种中心性指标识别出的中心性由高到低的排序，如序号为(1)的节点对应的中心性最高；数字代表不同的节点，如 7 表示节点 7。

从表 12.1 来看，通过三种中心性指标识别出的前 30 个节点差异较小，仅在次序上有所区别,说明所运用的社会网络中心性识别方法具有一定的可靠性。于是,在后续的仿真实验中以此方法来确定社会网络中的意见领袖。

12.3.3 结果讨论

社会网络中个体的初始观点 $x(0)$ 服从随机均匀分布,意见值设定在 $[-1,1]$ 区间。初始意见领袖选择为 20 个,默认的意见领袖确定方法为度中心性方法。所构建的模型可以解释样本总体中对所讨论事件呈现不同态度的群体占比的影响(即支持此事件的个体为支持者,其余则是反对者或中立者)。支持者、反对者及中立者占整个群体的比例分别用参数 P_s、P_o、P_n 表示,且 $P_s + P_o + P_n = 1$。默认状态下,假定 P_s、P_o、P_n 分别为 80%、15% 和 5%,根据该比例生成对应群体的观点值。为了区别不同群体之间的影响差异,设置意见领袖影响力权值 $\theta = 0.8$,普通群体影响力权值为 $1 - \theta = 0.2$。另外,仿真中的默认参数如表 12.2 所示,除非另有明确规定,否则这些参数在本章研究讨论的所有仿真中均适用。

表 12.2 默认仿真参数

参数	默认值
网络结构	scale-free network
群体人数 n	$n = 1000$
支持者比例 P_s	$P_s = 80\%$
反对者比例 P_o	$P_o = 15\%$
中立者比例 P_n	$P_n = 5\%$
意见领袖影响力权重 θ	$\theta = 0.8$
普通群体影响力权重 $1 - \theta$	$1 - \theta = 0.2$
意见领袖识别方法	degree centrality
意见领袖比例 R_m	$R_m = 2\%$
普通个体的信任水平 ε_i	$\varepsilon_i = 0.25$
意见领袖的信任水平 η_i	$\eta_i = 1$
逆转影响指数 μ	$\mu = 4$
演化速率 β	$\beta = 3$
观点延迟时间 γ	$\gamma = 10$
最大仿真步数 t	$t = 100$

1. 三类 Agent 均引入自然逆转参数的仿真结果

在支持、反对及中立三类群体观点演化中均引入自然逆转参数 $\alpha(t)$,按照 12.2

节构建的模型进行仿真实验。结果表明,网络观点的确在可识别的概率下发生了自然逆转。这表明在演化末期观点处于稳定状态,如图 12.2、图 12.3 所示。

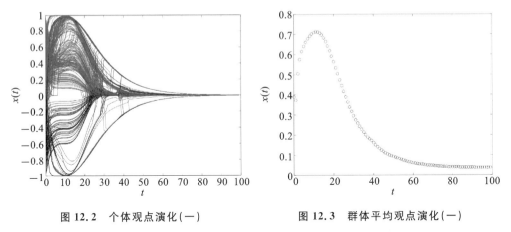

图 12.2　个体观点演化(一)　　　　图 12.3　群体平均观点演化(一)

图 12.2 显示出支持、中立和反对三类 Agent 中每个个体在每一时刻的观点值,刻画了个体观点在整个周期内的变化情况。从图 12.2 中的结果来看,观点在末期收敛到一致,微观上的个体都呈现出观点逆转现象。由于支持者占比为 0.8,代表支持者的曲线数量多且更加稠密,此类个体都表现出"初期观点值持续增加,但随着演化的推进开始减少,直至最后收敛"的演化态势;中立者自身观点强度不大,主要围绕 0 逐渐收敛;而反对者的观点呈现出一致的衰减直至稳态。

图 12.3 为每一时刻群体的平均观点值随时间演化的过程。该值表明整个群体观点的倾向性,其结果呈现出了明显的自然逆转现象。由于初期支持者比例较大,群体的平均观点值在初期时约为 0.4,总体呈支持倾向。随后,该值从 0.4 持续增加至约 0.7 后开始逆转,最后达到收敛的稳定状态。无论是从个体层面还是从宏观层面,都可以看出明显的自然逆转动力学过程。正如预期的那样,观点自然逆转涉及少数人说服大多数人情况下改变观点态度。此外,在这个过程中,个人观点的演变是与邻居互动的综合结果,并根据个人因素本身进行自然更新。可见,该观点自然逆转动力学模型较好地模拟了观点自然逆转现象及其动力学过程。

2. 仅支持者 Agent 引入自然逆转参数的仿真结果

为了对比自然逆转参数的影响,此时仅对支持者 Agent 引入自然逆转参数 $\alpha(t)$,仿真结果如图 12.4、图 12.5 所示。

与图 12.2 结果类似,引入自然逆转参数后,支持者个体的观点值先上升至峰值,继而下降,多数个体呈现出观点逆转现象。不过,因反对者和中立者未引入该参数,社会网络中有部分与其他节点无连接的个体将保持观点值不变。对比图 12.4 与图 12.2 可以发现,参数 $\alpha(t)$ 确实会对观点的自然逆转产生一定的影响。

另外,尽管图 12.5 与图 12.3 的曲线性状几乎没有差别,但图 12.5 所示系统中

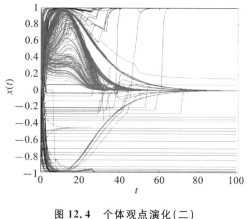 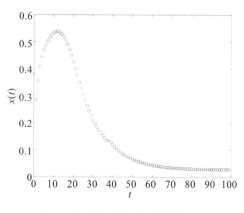

图 12.4　个体观点演化(二)　　　　图 12.5　群体平均观点演化(二)

达到的平均观点值的最大值约为 0.55，小于图 12.3 中的 0.72。其原因在于：当只有支持者引入自然逆转参数时，反对者的观点值为负值，同邻居的观点值差别较大，且长期处于不变和未收敛到 0 的状态(见图 12.4)，这势必会降低系统中每一时刻能达到的平均观点值。这一结果证实了自然逆转参数 $\alpha(t)$ 的有效性。而且，长期而言，系统观点的自然逆转是受到自身的衰减状况影响的。

为了充分阐释自然逆转参数 $\alpha(t)$ 的影响，并为后续的仿真研究提供一定的依据，本章将进一步对影响该参数的观点衰减时间 γ 进行分析。为了简便起见，此处将 γ 的值由 10 改变为 25，结果如图 12.6、图 12.7 所示。尽管仿真结果仍呈现出了自然逆转过程，但可以发现系统的平均观点值达到峰值所需时间明显滞后于图 12.5。此外，通过图 12.6 与图 12.4 的比较，在个体水平上也有相似的结论。这表明不同的衰减时间点导致了不同的观点逆转过程，这可以进一步确认在计算自然逆转参数 $\alpha(t)$ 时考虑衰减时间 γ 是符合实际情况的。

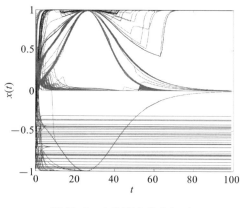 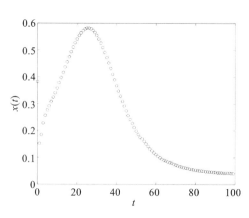

图 12.6　个体观点演化(三)　　　　图 12.7　群体平均观点演化(三)

12.4 敏感性分析

一般来说,在与他人进行信息交互时,个体并不完全是被动的,也会不断受到集体意见倾向、网络结构和意见领袖的影响。为此,本部分将通过调整相应的参数进行一系列仿真实验,以揭示这些因素对观点自然逆转的具体影响。

12.4.1 群体观点倾向比例

前述分析已经指出,群体的观点倾向可分为支持、反对和中立三类。考虑到中立者的比例相对稳定,在仿真中仍设置为默认的 0.05。然后,通过调整支持者、反对者所占比例 P_s 和 P_o 来分析仿真结果。为了简便起见,将 P_s 依次设置为 0.5,0.6,0.7,0.8,0.9,则 P_o 相应地取 0.45,0.35,0.25,0.15,0.05。其他参数取表 12.2 中的默认值,仿真结果如图 12.8 和图 12.9 所示。其中,图 12.8 为改变群体观点倾向比例后的个体演化结果,图 12.9 为群体平均观点的演化结果。

从图 12.8 的结果可以看出,群体意见倾向比例的变动并没有对个体观点的逆转过程带来明显的不同,不同的群体意见倾向比例产生了相似的观点逆转现象。如图 12.8 所示,在个体观点的演化过程中,随着支持者比例参数 P_s 的增加,持较高观点值的个体数量增多。这一观察结果与图 12.9 中群体平均观点的仿真结果一致。从中可以看出,支持者的比例(P_s)越大,在同一个时刻 t 所对应的群体平均观点就越大。同时,支持者比例的增加使得观点更趋于一致。相比之下,当 $P_s=0.8$ 和 0.9 时,群体平均观点演化过程中出现了很明显的逆转。然而,当 $P_s=0.5$ 时,群体平均观点演化时没有明显的逆转现象,且平均观点不断衰减至稳态。这主要是因为,如果支持者与反对者两类群体的人数相对接近,持有支持观点的个体很难说服那些持负面看法的个体去改变意见。于是可以推断,在观点自然逆转过程中存在一个支持群体比例(P_s)的临界值。一般来说,只有当 P_s 大于该临界值时,整个群体观点的动态变化才会出现自然逆转。此外,值得注意的是,从微观个体来看,支持者比例的变化不会影响支持者个体观点的自然逆转,但该比例取值却可影响群体宏观上的观点自然逆转,且支持者比例越大,同一时刻其群体平均观点也相对较高。这一结果可能是由特定事件的公众反应、信息的不平衡扩散、个体的认知偏见,以及不同互动强度等影响所导致的。如果少数派想要扭转公众观点,群体中持反对观点倾向的比例较高时可能无法实现。

12.4.2 网络结构的影响

在本章模型中,默认的网络结构为无标度网络结构,下面将小世界网络模型和随机网络模型与之进行比较。其他参数默认值见表 12.2,仿真结果如图 12.10、图 12.11 所示。

从图 12.10 可以看出,无标度网络对个体观点扩散的影响与小世界网络相似,但

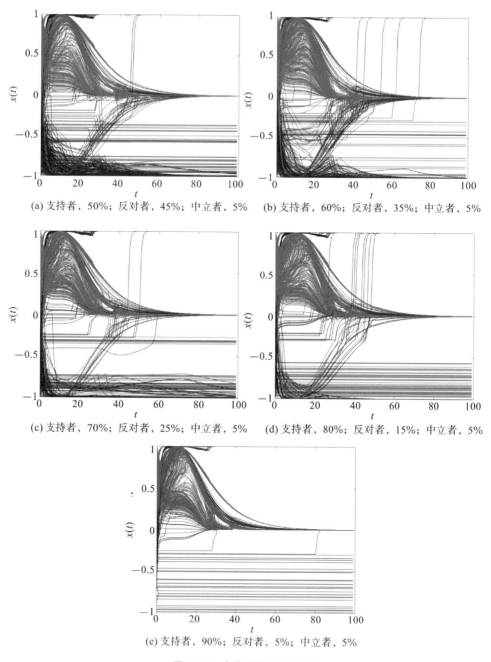

(a) 支持者，50%；反对者，45%；中立者，5%

(b) 支持者，60%；反对者，35%；中立者，5%

(c) 支持者，70%；反对者，25%；中立者，5%

(d) 支持者，80%；反对者，15%；中立者，5%

(e) 支持者，90%；反对者，5%；中立者，5%

图 12.8　个体观点演化（四）

在随机网络拓扑结构下差异非常明显，这表明随机网络确实在观点自然逆转中发挥了重要作用，这与以往研究得到的结果基本一致。这是由于随机网络的拓扑结构能使得个体之间的相互作用更加充分，从而使得群体内的观点得到充分扩散，使得稳态时每个个体都具有较高的观点值。相信这也是传统的观点传播和舆论演化模型多数

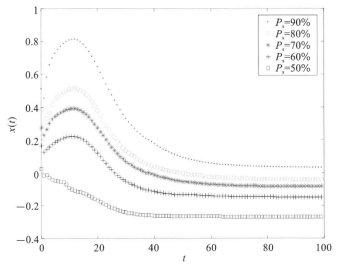

图 12.9 群体平均观点演化（四）

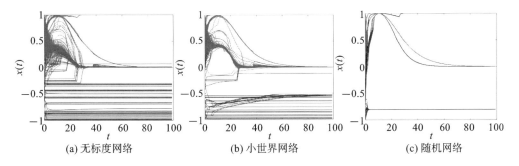

图 12.10 个体观点演化（五）

建立在随机网络基础上的原因之一。

图 12.11 描述了网络拓扑结构对群体平均观点的影响。虽然在随机网络中群体平均观点在同一时刻 t 的值要大于其他两种网络结构下的值，但它们的曲线形状基本相似，说明网络拓扑结构对群体平均观点的逆转并未起到本质的影响。不过，相比之下，由于无标度网络中节点之间的连接很少，因此群体观点在无标度网络中的传播是最不充分的。

为了验证网络结构对观点逆转的有效性，我们选取了四种不同比例的初始群体情景进行对比。图 12.12 的结果显示，随机网络的平均观点值仍然是最高的，而无标度网络的平均观点值是最低的。同时，支持者的比例越高，群体观点值的平均水平越高。

12.4.3 意见领袖识别方法的影响

如 12.3.2 节所述，尽管采用社会网络中三种中心性指标所确定的意见领袖节点基本相同，但在识别顺序上仍存在一定的差异。因此，为了探究三种识别方法对观点

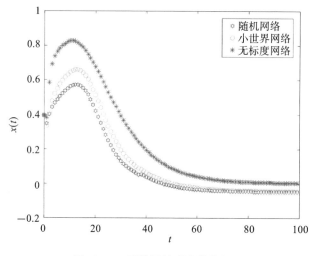

图 12.11 群体平均观点演化(五)

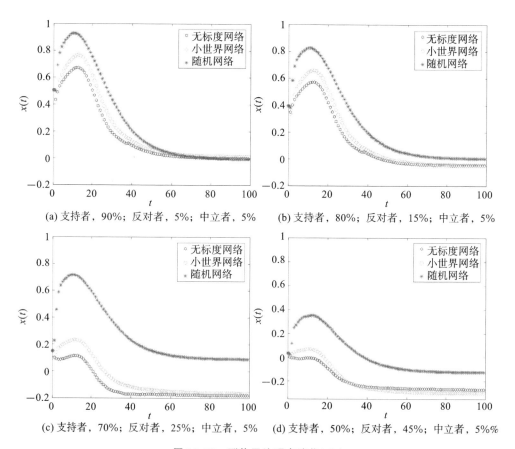

(a) 支持者,90%;反对者,5%;中立者,5%

(b) 支持者,80%;反对者,15%;中立者,5%

(c) 支持者,70%;反对者,25%;中立者,5%

(d) 支持者,50%;反对者,45%;中立者,5%%

图 12.12 群体平均观点演化(六)

自然逆转的影响,这里将采用度中心性、接近中心性和居间中心性从默认的 1000 个节点中按照 2% 的比例(即 20 个)识别意见领袖,进而依次进行仿真,其他参数仍然使用表 12.2 中所示的默认值。仿真结果如图 12.13、图 12.14 所示。

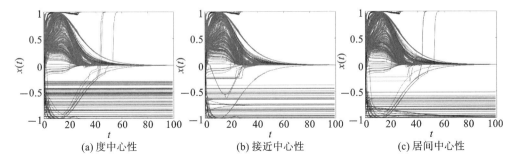

图 12.13 个体观点演化(六)

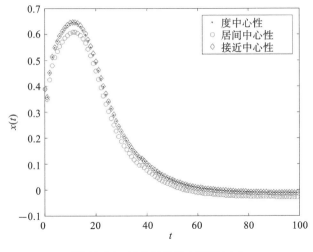

图 12.14 群体平均观点演化(七)

图 12.13 为意见领袖识别的三种方法所对应的微观个体观点演化过程。由于采用这三种中心性指标所确定的意见领袖节点相差不大,但意见领袖的次序即重要性不同,加之其占比仅为 2%,影响并不大,三种情况下的个体观点演化的趋势和过程是比较相似的。但从图 12.14 可以发现,同一时刻 t,度中心性对应的群体平均观点值最高,其次为接近中心性,居间中心性对应的群体观点值最小。这表明虽然识别出的意见领袖节点差异不大,但其节点的识别次序也决定了观点交互的程度。总的来说,采用三种中心性指标识别意见领袖节点,均是基于社会网络中位置的分析,都具有一定的合理性。不过,这三类识别方法中,度中心性较符合意见领袖的常规理解,邻居多的节点可直接控制观点的交互,因此在观点演化扩散中度中心性较高的意见领袖发挥更大的传播作用。

为了揭示意见领袖不同识别方法对观点演化的影响,选取四组不同比例下的初始群体进行对比,仿真结果如图 12.15 所示。在系统中不同的群体观点倾向比例下,三类中心性的仿真结果依然很稳定地呈现出度中心性的意见领袖对群体观点扩散更充分。由此可见,群体的初始态度倾向并没有明显改变三种识别意见领袖方法对观点自然逆转的影响。

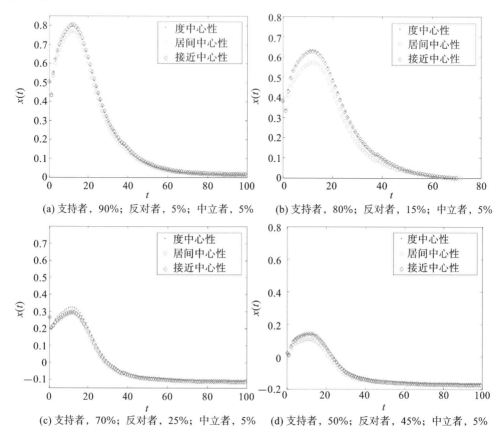

图 12.15　群体平均观点演化(八)

12.4.4　意见领袖影响力权值的影响

随着个体之间的不断交互,信息的交换当然也变得更加频繁。不过,邻居节点对个体观点形成的影响并非完全一样,因为相邻节点是意见领袖,还是普通个体,对于个体本身的相对重要程度是不同的。即便相邻节点是意见领袖,其影响力不同,对个体观点的演化也会呈现出不同的影响。为了解释这一问题,在本章所构建的模型中用参数 θ 作为衡量意见领袖的影响力权值。出于简化目的,令 θ 分别等于 0、0.2、0.4、0.6、0.8 和 1.0,以反映意见领袖影响力的不同水平。当意见领袖的权重为 0 时,观点自然逆转动力学模型等同于传统 HK 模型;而当权重为 1 时,个体只受到意见领袖的影响,不考虑除意见领袖以外的普通个体的作用。仿真结果如图 12.16 所示。

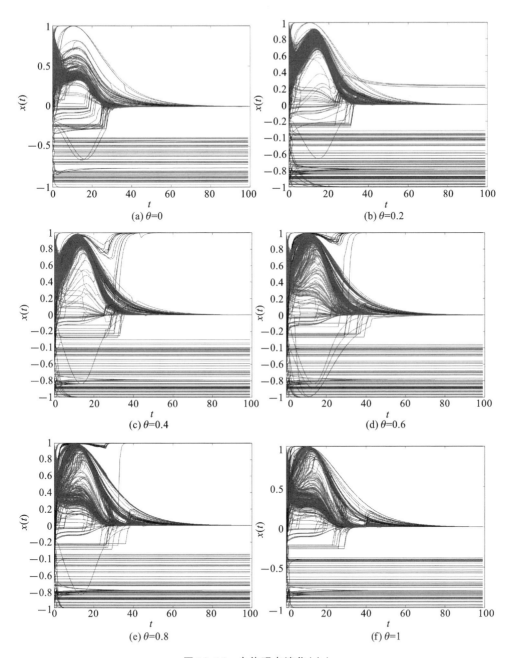

图 12.16　个体观点演化(七)

图 12.16 显示出意见领袖影响力权值较小时,在相同时刻微观个体的观点值振幅相对小一些,观点值水平也相对较低。不过,意见领袖影响力权值小时,个体观点值在初期就较容易达到较大的值。这说明当意见领袖的影响力不够充分时,个体更

容易决定下一时刻的观点倾向,更容易达成观点上的一致。

图 12.17 是不同意见领袖影响力权值下群体平均观点的变化曲线。当意见领袖影响力权值较小时,随时间推移,群体平均观点会一直衰减,在很大程度上不会出现观点自然逆转。在考虑意见领袖和普通群体的共同影响(即 $0<\theta<1.0$)时,群体平均观点值并非随着意见领袖影响力权值增加而增大;只考虑意见领袖的影响(即 $\theta=1$)时,群体平均观点值并不会取得较大值,反倒是意见领袖影响力权值取 0.5 左右时,群体平均值观点最高。这是因为社会观点扩散是在系统内部的充分扩散,虽然意见领袖对于观点扩散影响大,但系统中的个体毕竟是与大量的普通群体进行交互,而普通群体占了整个群体的绝大部分,意见领袖只是其中的一小部分。这证实了意见领袖的影响力权值对系统群体观点的影响并不是简单一致的正的线性关系,而会在 0 与 1 之间出现一个峰值。因此,可以认为意见领袖影响力权值 θ 对社会系统中观点自然逆转影响的仿真结果是可靠的。

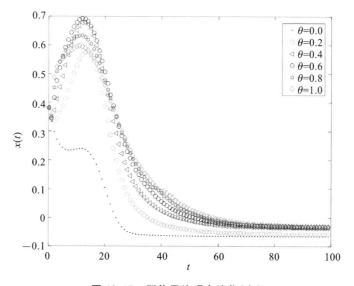

图 12.17 群体平均观点演化(九)

12.5 结 论

网络舆情结构逆转是当代中国社会发生的实际现象[2],探索其背后的过程机制对社会治理至关重要。本章以网络舆情结构逆转现象为背景,探讨其对观点逆转的影响作用。在观点动力学中考虑了意见领袖及自然逆转参数的影响,基于 HK 模型构建了一个观点自然逆转动力学模型,并对其进行了数值仿真实验。模型具有较好的解释力,能够在一定程度上揭示观点自然逆转的机理,得到了如下具有启发性的结论。

(1) 自然逆转参数是决定观点演化的重要参量。这说明参与观点演化的个体不仅会因不同类型邻居节点的影响力(如外在的社会影响)而改变其观点倾向,其观点倾向也会在没有交互影响的情况下因个体自身因素而自然演变(如内在的心理认知判断)。结合这两种自适应效应,个体可以更合理地更新自己的观点,因为有界信任模型中的观点更新的限制环节得以消除。因此,本章提出的新模型更接近虚拟网络世界的真实状况,更准确地描述了观点的自然逆转过程。另外,仿真结果也显示自然逆转参数并非一个固定值,而是由特定因素决定的变化量,这表明本章构建的单调递增的自然逆转参数具有一定的可靠性。

(2) 群体的初始观点倾向对观点的自然逆转有一定的影响。更准确地说,群体观点倾向比例不仅会影响群体观点的平均值,还会从宏观上进一步导致群体观点的自然逆转。然而,从微观上看,该因素对个体观点逆转过程的影响并不显著。这是因为当大多数个体都持支持态度时,他们会对社会系统中的其他参与个体起到显著的同化或感染作用,增强了群体意见的融合,更有可能达成一致。

(3) 三种不同网络结构在观点自然逆转过程中的效应存在差异。与已有研究将社交网络拓扑结构往往限定在某一特定随机网络结构[1]之上不同,本章比较了三种拓扑结构对观点自然逆转的影响。仿真结果表明,在群体观点均值变化趋势的影响上,无标度网络与其他两种网络结构相似。例如,随着演化时间的增加,群体平均观点值由增加到降低,最终达到稳定。然而,不同网络结构仿真得到的群体平均观点值大小不同,且随机网络得到的均值最大。此外,在个体层面上,三种网络结构对个体观点融合的影响是明显不同的。不过,网络结构的这些影响并不受群体观点倾向初始分布的影响。这表明个体与邻居之间自然互动的重要性不容忽视。

(4) 在观点逆转过程中,意见领袖对普通个体观点的形成有着重要的影响。尽管利用社会网络分析中的三类中心性指标识别的意见领袖节点基本相同,且对个体观点的演化过程具有相似的影响,但采用度中心性确定意见领袖时,在同一时刻 t 群体平均观点值往往最高,这体现出意见领袖在网络舆情中的中心性地位。而且,意见领袖能够加速观点的演化进程,其影响力权重的增加,使得观点的收敛时间和观点值到达稳态的时间逐渐缩短。不过,意见领袖毕竟只占少数,大量的普通个体也会影响到参与者观点的采纳,这与现实中人们的从众心理相符,即个体的观点会和周围人的观点趋于一致。因此,意见领袖的影响权值与群体观点的变化并非总是正相关关系。

本章提出的改进模型是对 HK 模型的一种有效拓展。经典的观点动力学模型虽考虑了舆论演化的非线性特征,但主要解释的是个体间交互作用的演化机制。然而,现实社会中的舆论传播演化极其复杂,人们获取与生产信息的方式也越来越丰富,参与个体在更新观点时,不再仅仅受其他个体观点的外在影响,也会依赖于自身内在心理认知判断的自然驱动。可见,将自然逆转参数用于分析观点演化具有一定的新颖性。本章的仿真实验已经揭示了群体观点自然逆转与个体观点动态变化之间的关系,这为更全面地理解观点动力学过程提供了一些新的见解与思路。

尽管上述研究模型和研究结论有助于政府进行网络舆情监控和治理,但本章的研究工作也存在某些不足之处。为了简化研究,在仿真实验中,根据已有的相关文献,选择了一些参数的默认值,未来需要更多的实际案例来测试这些默认值的合理性。另外,自然逆转参数在观点演化中的作用比较重要,但本章在构造这个参数时只考虑了时间、影响指数、演化速率、观点的衰减时间点等因素,后续还可通过质性或量化方法更全面地确定自然逆转参数的决定因素,进而来研究观点的自然逆转过程。

参考文献

[1] Huang C, Hu B, Jiang G, et al. Modeling of agent-based complex network under cyber-violence [J]. Physica A: Statistical Mechanics and Its Applications, 2016, 458: 399-411.

[2] 侯俊东, 肖人彬. 群体性事件网络舆情结构逆转: 内在机理与现实表征[J]. 社会科学, 2017(11): 80-90.

[3] Starcke K, Brand M. Decision making under stress: a selective review [J]. Neuroscience & Biobehavioral Reviews, 2012, 36(4): 1228-1248.

[4] Castellano C, Fortunato S, Loreto V. Statistical physics of social dynamics[J]. Review of Modern Physics, 2007, 81(2): 591-646.

[5] Degroot M H. Reaching a consensus[J]. Journal of the American Statistical Association, 1974, 69(345): 118-121.

[6] Albi G, Pareschi L, Zanella M. Opinion dynamics over complex networks: kinetic modelling and numerical methods[J]. Kinetic and Related Models, 2017, 10(1): 1-32.

[7] Monica S, Bergenti F. Opinion dynamics in multi-agent systems: selected analytic models and verifying simulations[J]. Computational and Mathematical Organization Theory, 2017, 23(3): 423-450.

[8] Fan R, Xu K, Zhao J. An agent-based model for emotion contagion and competition in online social media[J]. Physica A: Statistical Mechanics and Its Applications, 2018, 495: 245-259.

[9] During B, Wolfram M T. Opinion dynamics: inhomogeneous Boltzmann-type equations modelling opinion leadership and political segregation [J]. Proceedings of the Royal Society A - Mathematical, Physical and Engineering Sciences, 2015, 471(2182): 20150345.

[10] Filatova T, Verburg P H, Parker D C, et al. Spatial agent-based models for socio-ecological systems: challenges and prospects [J]. Environmental

Modelling and Software,2013,45:1-7.

[11] Galam S, Gefen Y, Shapir Y. Sociophysics: a new approach of sociological collective behaviour. Ⅰ. Mean-behaviour description of a strike[J]. Journal of Mathematical Sociology,1982,9(1):1-13.

[12] Galam S, Moscovici S. Towards a theory of collective phenomena: consensus and attitude changes in groups[J]. European Journal of Social Psychology, 2010,21(1):49-74.

[13] Sznajd-Weron K. Opinion evolution in closed community[J]. International Journal of Modern Physics C,2000,11(6):1157-1165.

[14] Galam S. Minority opinion spreading in random geometry[J]. The European Physical Journal B - Condensed Matter and Complex Systems,2002,25(4): 403-406.

[15] Krause U. A discrete nonlinear and non-autonomous model of consensus formation [C]. In: Elyadi S, Ladas G, Popenda J, Rakowski J. eds. Communications in Difference Equations [M]. Amsterdam: Gordon and Breach Publishers, 2000: 227-236.

[16] Hegselmann R, Krause U. Opinion dynamics and bounded confidence: models, analysis and simulation[J]. Journal of Artificial Societies and Social Simulation, 2002,5(3):2.

[17] Deffuant G, Neau D, Amblard F, et al. Mixing beliefs among interacting agents[J]. Advances in Complex Systems,2000,3(4):87-98.

[18] Weisbuch G, Deffuant G, Amblard F, et al. Meet, discuss, and segregate[J]. Complexity,2010,7(3):55-63.

[19] Lorenz J. Continuous opinion dynamics under bounded confidence: a survey [J]. International Journal of Modern Physics C,2007,18(12):1819-1838.

[20] Krueger T, Szwabinski J, Weron T. Conformity, anticonformity and polarization of opinions: insights from a mathematical model of opinion dynamics[J]. Entropy, 2017,19(7):371.

[21] Gargiulo F, Huet S. Opinion dynamics in a group-based society[J]. EPL, 2010,91:58004.

[22] Shang Y. Deffuant model with general opinion distributions: first impression and critical confidence bound[J]. Complexity,2013,19(2):38-49.

[23] Zhang J, Hong Y. Opinion evolution analysis for short-range and long-range Deffuant-Weisbuch models [J]. Physica A: Statistical Mechanics and Its Applications,2013,392(21):5289-5297.

[24] Li L, Scaglione A, Swami A, et al. Consensus, polarization and clustering of

opinions in social networks[J]. IEEE Journal on Selected Areas in Communications,2013,31(6):1072-1083.

[25] Liu Q,Wang X. Social learning with bounded confidence and heterogeneous agents[J]. Physica A:Statistical Mechanics and Its Applications,2013,392(10):2368-2374.

[26] Kurmyshev E,Juárez H A,González-Silva R A. Dynamics of bounded confidence opinion in heterogeneous social networks:Concord against partial antagonism[J]. Physica A:Statistical Mechanics and Its Applications,2011,390(16):2945-2955.

[27] Pineda M,Toral R,Hernández-García E. Diffusing opinions in bounded confidence processes[J]. European Physical Journal D,2011,62(1):109-117.

[28] Chen X,Zhang X,Wu Z,et al. Opinion evolution in different social acquaintance networks[J]. Chaos,2017,27(11):113111.

[29] Kou G,Zhao Y,Peng Y,et al. Multi-level opinion dynamics under bounded confidence[J]. PLOS ONE, 2012,7(9):43507.

[30] Zhu Y,Wang A,Li W,et al. The formation of continuous opinion dynamics based on a gambling mechanism and its sensitivity analysis[J]. Journal of Statistical Mechanics Theory and Experiment,2017,9(9):093401.

[31] Wongkaew S,Caponigro M,Borzi A. On the control through leadership of the Hegselmann-Krause opinion formation model[J]. Mathematical Models and Methods in Applied Sciences,2015,25(3):565-585.

[32] Lorenz J. Heterogeneous bounds of confidence:meet, discuss and find consensus[J]. Complexity,2010,15(4):43-52.

[33] Su J, Liu B, Li Q, et al. Coevolution of opinions and directed adaptive networks in a social group[J]. Journal of Artificial Societies and Social Simulation,2014,17(2):4.

[34] Fu G, Zhang W, Li Z. Opinion dynamics of modified Hegselmann-Krause model in a group-based population with heterogeneous bounded confidence[J]. Physica A:Statistical Mechanics and Its Applications, 2015, 419:558-565.

[35] Chen X,Zhao S,Li W. Opinion dynamics model based on cognitive styles:field-dependence and field-independence[J]. Complexity,2019,2019:2864124.

[36] Tucci K,González-Avella J C,Cosenza M G. Rise of an alternative majority against opinion leaders [J]. Physica A:Statistical Mechanics and Its Applications,2016,446:75-81.

[37] Albert R,Barabasi A L. Statistical mechanics of complex networks[J]. Reviews of Modern Physics,2002,74(1):47-97.

[38] Zhao Y, Kou G, Peng Y, et al. Understanding influence power of opinion leaders in e-commerce networks: an opinion dynamics theory perspective[J]. Information Sciences, 2018, 426:131-147.

[39] Watts D J, Dodds P S. Influentials, networks, and public opinion formation[J]. Journal of Consumer Research, 2007, 34(4):441-458.

[40] Zhao Y, Zhang L, Tang M, et al. Bounded confidence opinion dynamics with opinion leaders and environmental noises[J]. Computers & Operations Research, 2016, 74:205-213.

[41] Parsegov S E, Proskurnikov A V, Tempo R, et al. Novel multidimensional models of opinion dynamics in social networks[J]. IEEE Transactions on Automatic Control, 2017, 62(5):2270-2285.

[42] Zohar D, Tenne-Gazit O. Transformational leadership and group interaction as climate antecedents: a social network analysis[J]. Journal of Applied Psychology, 2008, 93(4):744-757.

[43] Mirtabatabaei A, Bullo F. Opinion dynamics in heterogeneous networks: convergence conjectures and theorems[J]. SIAM Journal on Control and Optimization, 2012, 50(5):2763-2785.

[44] Moreno Y, Nekovee M, Pacheco A. Dynamics of rumor spreading in complex networks[J]. Physical Review E, 2004, 69(2):279-307.

[45] Liang H, Yang Y, Wang X. Opinion dynamics in networks with heterogeneous confidence and influence[J]. Physica A: Statistical Mechanics and Its Applications, 2013, 392(9):2248-2256.

第 13 章 社会网络环境下的舆论演化

舆论的演化依赖社会网络而存在,社会网络中拓扑结构不同对于舆论的演化有着很大的影响。在当代社会中,人们处于人际关系网络与在线社交网络这两种社会网络中。不同社会文化和社会政策下形成的人际关系网络拓扑特性存在差异,会导致舆论演化产生多样化的结果。根据不同社会文化政策特性生成不同的人际关系网络,对比分析其网络特性,并在不同人际关系网络的基础上研究舆论演化结果,有助于研究不同文化-政策对舆论产生的影响。与此同时,随着互联网高速发展,用户数量和产生的信息占据了重要地位,线上社交网络已经成为舆论演化的重要媒介。舆论演化在线下人际关系网络与线上社交网络上同时交互进行,受到个体在两个网络中不同影响力的影响,围绕多层网络下个体不同影响力开展舆论演化的研究工作也十分重要。

本章生成了不同遗传、变异比例下的人际关系网络,并针对亲属优先熟人网络、独立优先熟人网络、混合熟人网络三种人际关系网络的度分布以及相关舆论演化结果进行了对比分析;研究了不同文化-政策驱动的人际关系网络的舆论演化结果,发现了影响舆论演化收敛程度和速度的遗传、变异比例阈值曲线,并提出了一种文化-政策驱动舆论演化的机制;考虑到个体在不同网络中的不同影响力,在双层网络模型和经典的观点演化 HK 模型的基础上,构建了考虑个体多重影响力的舆论观点演化模型——MIHK 模型(multiple influence-HK model);分别研究了影响力阈值与信任阈值对单层线上/线下网络中舆论演化的影响,并分析了多层网络对舆论演化结果的影响。

13.1 引　言

人际关系网络与线上社交网络共同构成了异质性个体所处的社会网络环境。在某个时间点上,个体所在社会网络的拓扑结构决定了其能够通过面对面交谈或者彼此互相关注、参与在线话题等方式主动或被动地建立联系的对象。这种联系传递的信息会直接或间接地影响个体的观点,同时个体自身的观点也会影响到他人的观点。身处社会网络中的个体通过频繁的观点交互改变自身观点,进而推动整体的舆论演化走向。

不同的网络结构可能会得到完全不同的舆论演化特性,因此网络结构在研究舆论演化的过程中成为重要关注点。最初使用较多的网络模型是全连通网络和一维规则网络。在这些网络中,节点与节点之间的连接相对简单,所有节点之间的交流没有任何限制因素。但由于社会网络中的个体不是单独存在的,每个人在社会中都会与其他个体形成各种各样的社会关系,如朋友关系、亲属关系、同事关系等,不加限制地交互沟通显然不符合真实社会结构,无法完整展现社会特性。因此,Davidsen 等[1]提出了一类具有无标度特征和大集聚系数的网络模型,由于模型考虑了社会关系因素,被称为熟人网络。在此基础上,Fu 等[2]基于"多数偏好"和"少数避免"这两个原则,研究了熟人网络模型中的舆论演化规律。Carletti 等[3]研究了社会熟人网络的简化模型,在个体之间进行交互的过程中,他们会相应地改变他们的观点以及他们之间的社会关系。上述研究虽然提到了社会关系,却没有考虑到现实社会网络中存在的文化和政策差异对个体社会关系产生的影响。实际上,"关系"被认为是中国独特社会关系的代表[4,5],与西方国家相比,地理位置导致的亲缘关系在中国显得更为重要。每个人生来就有许多从家族遗传下来的社会关系,并且可以根据与其他人的共同特征或其他因素结交新的朋友。Chen 等[6]提出了一种中国传统熟人网络 CTAN (Chinese traditional acquaintance network)模型——人际关系模型。该模型是一种研究传统熟人网络的一般通用模型,不仅考虑到了个体社会属性的异质性,而且还包含了三种社会关系的演化机制(遗传连边、变异连边和基于相似性的断边)。通过调整参数比例,该模型还可以生成具有不同的社会文化和社会政策背景的多种社会熟人网络。

在早期的中国社会,受传统家族文化的影响,个体重视亲属关系,人际关系相对有限,即很少与家人、亲戚和邻居之外的人进行交流。此时的社会网络是基于亲属关系、朋友关系和相邻地域关系建立起来的。随着对外改革开放政策的实行,中国与外界的交往越来越频繁,当代中国的人际关系与以前已经大不相同,亲属关系和邻居关系不再占绝对重要地位。改革开放带来的社会文化和社会政策的变化影响了社会网络的整体结构,人与人之间的社会关系和舆论演化规律也相应地发生了变化。在进一步研究中,金慧涛[7]发现社区成员之间的社会关系与网络密切相关。Fan 等[8]考虑了个体与陌生人和朋友间的异质社会关系,发现舆论演化结果与个体之间的社会关系有关。以上分析表明社会文化背景和社会政策的差异产生了不同的社会人际关系,继而会形成不同的熟人网络。那么,不同的熟人网络对于舆论演化有着怎样的影响?是否存在一定的规律性?这些问题将是本章的研究重点。

另外,在通信工具还未发明以前,由于交通不便利,个体间的观点大多以面对面等传统的沟通方式在社会熟人网络中演化。如今随着互联网的快速发展,各种各样的通信方式使得人们的交流不再限于面对面等方式进行,人们所处地理位置的距离以及社会背景差异对交流的约束也越来越小。互联网打破了时空的限制,其自由、开放、隐蔽等特性,导致信息能在短时间内以极快的速度流传开来,互联网也因此成为观点扩散演化的主要阵地。目前,一多半的中国人都通过在线网络与他人沟通交流、获取或分享信息,并逐渐把现实生活中的几乎所有关系都复制到互联网上,产生了许多线下不存在的新型社会关系和社会现象。当然,人们之间的线下传统社交方式依旧凭借其安全性和便捷性等特点维持着重要的地位。因此,人们在线上社交网络中的交互和线下人际关系网络中的交互不能相互取代,这两个网络相互关联,共同构成了现代社会中的线上线下双层网络。个体在两个网络中与不同的邻居进行观点的传播与交互,在两个网络中的个体观点又进行融合、演化,直至稳定。这种在线上线下双层网络中的舆论演化方式更符合当今社会中信息的沟通形式。

当前观点在线上线下双层网络中演化的研究已经有一些工作。尹明[9]在2009年分析了信息在传统媒体与网络媒体之间的双向演化方式,却未建立模型对其进行进一步的研究;丁金珠[10]构建了一个双层网络模型,在该模型中信息通过媒体和人际传播两种途径进行演化,但他只研究了线下信息的演化模式,并未考虑到线上网络对信息的传播能力。王世雄等[11]通过计算实验等方法研究网络舆论与社会舆论的互动,指出个体在现实生活中很有可能同时参与网络舆论和社会舆论。杜蓉等[12]通过调查问卷的方式对线下活动和线上活动的开展进行了研究,发现线上网络和线下网络对活动的开展都有影响,而且这种影响反过来也促进了社会关系的建立。范科达[13]选择了两个社交网络社区作为研究对象,采取不同的方式将它们耦合成双层网络,并在网络上实现信息的演化过程,以此研究基于双层网络的相关传播动力学特性。顾亦然等[14]通过采集真实的学生用户通信行为数据和获得用户与联系人的社交属性关系,应用复杂网络和行为动力学相关理论,以学生用户为节点、常用通信行为为连边、社交亲密度为权重,建立了基于社交网络和通信网络的叠加网络。上述关于线上线下双层网络的研究对观点或信息演化模式进行了分析,但并未对双层网络中的舆论演化规律进行建模以及研究。因此,进一步深入在线下人际关系网络和线上社交网络组成的双层网络环境中研究舆论演化规律是很有必要的。

本章探讨了舆论在人际关系网络和在线社交网络中的演化特性和规律。通过比较观点在三种不同的人际关系网络(亲属优先熟人网络、独立优先熟人网络和混合熟人网络)中的演化规律,提出了一种文化-政策驱动舆论演化的机制。在此基础上,将熟人网络和基于无标度网络的线上社交网络相耦合,度量了个体在双层网络中对其他个体的多重影响力,构建了考虑多重影响力的舆论演化模型,并进一步探究了线上线下双层网络对舆论演化的影响。这些研究将为考虑个体复杂的社会属性以及人际关系的舆论演化模型研究提供参考,也可以为双层社会网络中的观点演化机制和舆论演化规律的研究提供理论依据,对于观点以及群体行为的预测具有重要的意义。

13.2 不同熟人网络下的舆论演化研究

受社会文化和社会政策影响的社会熟人网络对日常生活中的舆论演化有很大的

影响。2011年日本福岛地震之后,关于"日本核泄漏事件可能会影响我国食盐生产"的舆论在中国民众的亲朋好友相互提醒中迅速流传,引发了国内的"抢盐"风波。而西方也有相似舆论,例如"'桑迪'飓风将在2012年摧毁美国东北部,红十字会将向受害者发放现金卡",西方人主动搜索官方网站来验证舆论的真实性,而不仅仅是听朋友和家人的话,最终舆论被迅速平息。对比注重亲缘关系的中国传统熟人网络和强调独立的西方熟人网络可以发现,在不同的社会熟人网络中,舆论的演化规律可能会存在差异。舆论通过不同的社会关系和不同的表达形式对社会产生各种影响。具有不同文化和政策背景的社会熟人网络对舆论演化最终结果的影响是值得探讨的问题。

13.2.1 不同熟人网络的生成与对比

为了研究在不同的社会熟人网络中舆论演化的规律,本章围绕中国传统熟人网络(CTAN)模型,通过改变相关参数得到具有不同文化和政策背景的社会熟人网络。受传统文化的影响,家族概念在中国人心中根深蒂固,强调相互信任、团结,家庭内部亲缘关系代代相承,同时大多数中国人秉承"君子之交淡如水",对外人大多采取不轻信、不深交的态度;而相对的,西方国家个人主义盛行、独立思想深入人心,家族成员间的亲缘关系较浅,西方人更乐意与朋友分享、沟通。两个社会熟人网络中的个体受各自国家文化与政策的影响,展现出了截然不同的拓扑结构。本章结合3.5.2节中对影响网络演化的三种连/断边规则的介绍,分别将社会文化和社会政策作为影响遗传比例 p_{hl} 和变异比例 p_{vl} 的主要因素,设计如图13.1所示的演化流程来形成不同的熟人网络结构。

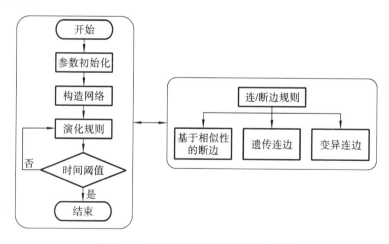

图 13.1 改进的熟人网络模型演化流程

改进的熟人网络模型演化流程如下。首先,初始化网络中的参数并确定网络规模(初始网络中个体的数量 $N=1000$)。根据人口普查数据(表 13.1 为中国人口普查数据),为每个个体都分配了性别、年龄、受教育程度和经济状况等属性。其次,构建原始熟人网络并初始化网络连边,由于熟人网络的结构参数具有集聚系数大的特点,这里选用小世界网络作为初始网络。最后,遵循连/断边规则,根据遗传比例与变异比例在每个时间步长内完成节点间的连边和相似性断边。当整个网络达到稳定状态或达到演化时间上限时,熟人网络完成演化。

表 13.1 人口普查——属性数据

属性	数据								
地理位置	地理位置比例/(%)								
	地理位置	东	南	西	北	中	东南	东北	西南	西北
	普查数据	22.86	11.04	0.23	11.77	20.46	2.74	8.42	20.95	1.53
	1000个体	229	110	2	118	205	27	84	210	15
性别/年龄	性别比例/(%)		年龄比例/(%)					
	男	女	婴幼儿	儿童	少年	青年	中年	老年
	51.6	48.4	3.2	5.1	14.7	37.6	29.8	9.6
受教育程度	少年受教育程度比例/(%)				青年受教育程度比例/(%)			
	文盲	初级	中级	高级	文盲	初级	中级	高级
	2.7	96.9	0.4	0	2.1	74.4	17.6	5.9
	中年受教育程度比例/(%)				老年受教育程度比例/(%)			
	文盲	初级	中级	高级	文盲	初级	中级	高级
	8.9	73.1	14.1	3.9	47.6	46.3	4	2.1

为了研究遗传比例和变异比例对熟人网络拓扑结构的影响,将对不同熟人网络下的平均度进行分析。针对本章选取的传统熟人网络,使其 p_{hl} 和 p_{vl} 分别从 0% 变化到 100%,每次增加 5%,相应不同遗传比例与变异比例下的熟人网络平均度分布图如图 13.2 所示。

由图 13.2 可知,不同熟人网络的平均度随遗传比例和变异比例的增加而增加。这是因为遗传比例和变异比例的增加使得个体间的社会关系更加复杂多变,单个节点可交流的邻居数增多,网络的平均度随之上升。同时,图 13.2 也表明,在不同的遗传比例和变异比例组合下,不同网络的度分布具有很大的差异,从而可以生成受不同社会文化和社会政策影响的熟人网络。那么,对于具体熟人网络而言,其网络度分布又和遗传与变异比例有怎样的联系呢?以下部分将设置三种典型的熟人网络并综合观察其相应的度分布。

1. 亲属优先熟人网络

中西方的学术研究发现,中国和其他东亚社会受东方孝道文化的影响明显,相应的人际关系网络普遍以亲缘关系为先。在舆论演化的过程中,中国人更倾向于相信

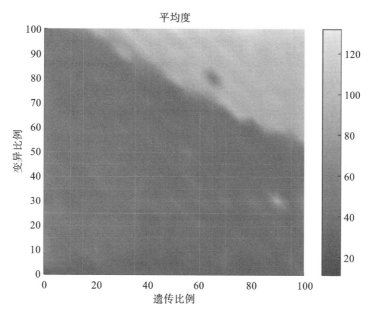

图 13.2　不同遗传比例和变异比例下的熟人网络平均度分布图

家族成员。本章定义这种重视亲属关系和家庭关系的网络为亲属优先熟人网络。亲属优先熟人网络具有较高的遗传比例和较低的变异比例。本章假定该关系下的网络遗传比例为 90%，变异比例为 10%。

2. 独立优先熟人网络

西方强调自由、独立，个体沟通交流的渠道较多，信息演化速度较快。本章将这种重视独立性、鼓励相互沟通的网络定义为独立优先熟人网络。与亲属优先熟人网络相比，独立优先熟人网络的遗传比例降低，变异比例增加。假设在这种关系下的独立优先熟人网络遗传比例为 30%，变异比例为 80%。

3. 混合熟人网络

考虑到上述两种情况，本章将现代社会中兼具家庭亲缘关系又重视个体之间交流的网络定义为混合熟人网络。现代社会中，个体同时受传统文化与开放思想的影响，在兼顾亲缘关系的同时也有了更多外出交友沟通的机会，因此与亲属优先熟人网络相比，混合熟人网络的遗传比例略低，变异比例较高。本章假设在这种关系下的混合熟人网络具有 80% 的遗传比例和 55% 的变异比例。

按上述配置演化生成的三种熟人网络节点度分布如图 13.3 所示。结合图 13.2 可以发现，当变异比例较大时，遗传比例对网络的度分布有明显影响。随着遗传比例的增加，网络的度整体有变大的趋势；而当变异比例较小时，遗传比例的变化对网络度分布的影响不大。其中，亲属优先熟人网络的度在较小的度区间中分布更为集中，度为 5 的节点占比相对最高，且在度为 10 和 15 附近也有较多分布，其平均度为三个网络中最小，网络中个体的邻居相对较少，沟通交流机会较少；独立优先熟人网络的度多处在平均度附近,在度为 2 和 12 附近占比最高,且度较大的节点为三种网络中最少,形成了众多小集群;而混合熟人网络的平均度最大,度分布较为平缓、分散,度在 3、17 和 23 附近占比较高,个体间沟通机会较多。

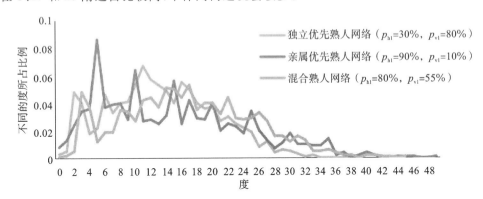

图 13.3　不同社会熟人网络下的度分布

为进一步研究遗传比例 p_{hl} 和变异比例 p_{vl} 对不同熟人网络下舆论演化的影响,本章在三种网络环境下使用相同的 Deffuant 模型分别进行了舆论演化实验,模型的信任阈值 $\varepsilon = 0.1$,每个个体从均匀分布[0,1]中随机生成的实数来代表自身初始观点。在每个时间步长中,随机选择一个节点作为其邻居并进行观点交互与演化,相应的观点演化过程参考公式(2.3)。若两个体观点之间的差异不超过 10^{-4},则认为这些观点是相似无差异的。根据以上规则得到的相应舆论演化结果如图 13.4 所示。

结合图 13.3 中三种网络度分布以及从图 13.4 的演化结果可以看出,在亲属优先熟人网络中,最终形成了几个大集群和许多分散的小集群,表明观点是分散的。这种情况类似于 20 世纪 40 年代之前的中国传统社会,社会封锁闭塞,信息沟通局限于家庭、亲族或村镇内部,不同群体达成共识并不容易。独立优先熟人网络中的舆论演化结果与亲属优先熟人网络中的舆论演化结果相似,最终演化形成了若干大集群与分散的小集群,观点难以达成统一。西方宣扬自由,个体自发形成众多小团体,也难以形成整体共识。而在混合熟人网络中,观点最终只形成了一些大的集群,表明观点在相对较小数量的离散值之间是统一的,结合度分布可以发现,在较高的遗传与变异比例下,个体间交流机会变大,更易形成局部共识。

从以上三种网络中的最终舆论演化结果可以发现,遗传与变异的比例会对舆论的最终演化结果产生较大的影响。为了探索更一般的规律,本章将通过改变遗传比例和变异比例,观察舆论演化规律。

13.2.2　文化-政策驱动的不同熟人网络对舆论演化的影响

各异的社会文化与政策会导致网络中遗传与变异比例不同,进而改变社会网络的拓扑结构,形成不同的社会熟人网络,对舆论的最终演化结果产生影响。为了研究不同社会熟人网络对舆论演化的影响,本章按照 5% 的间隔,依次将遗传比例 p_{hl} 和变

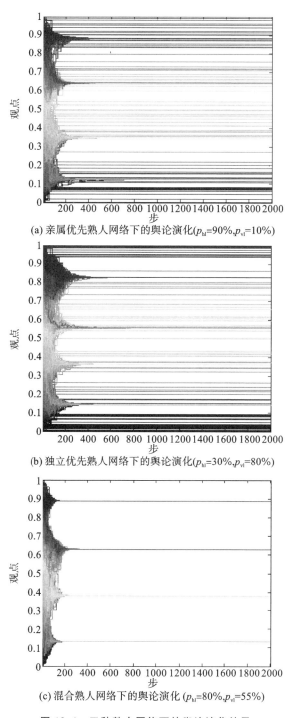

(a) 亲属优先熟人网络下的舆论演化(p_{hi}=90%, p_{vl}=10%)

(b) 独立优先熟人网络下的舆论演化(p_{hi}=30%, p_{vl}=80%)

(c) 混合熟人网络下的舆论演化(p_{hi}=80%, p_{vl}=55%)

图 13.4 三种熟人网络下的舆论演化结果

异比例 p_{vl} 从 0% 变化到 100% 进行舆论演化仿真实验,以此观察不同社会熟人网络的遗传比例阈值或变异比例阈值是否会影响观点达成共识。

舆论演化仿真实验基于 Deffaunt 模型进行,信任阈值设为 $\varepsilon = 0.1$,数据取 100 次实验的均值,以此得到在不同遗传比例和变异比例下的观点集群数(演化结束时观点簇的数量)F 与舆论演化稳定时间 T,如图 13.5 所示。经典 Deffaunt 模型的舆论演化结果与信任阈值关系较大,但根据图 13.5 可以看出,观点达成一致不仅与信任阈值有关,还受到遗传比例和变异比例的影响。随着遗传比例和变异比例的增加,最终观点集群数 F 和演化时间 T 将减少。其原因是遗传比例和变异比例对度分布的网络拓扑有影响,间接影响到了舆论的演化结果。此外,从图 13.5 中可以看出一条有黑色实线分割的上下两个区域。右上角区域明显是容易形成共识,并且演化稳定时间较短,左下角区域则相反。这条实线可以看成一条关于遗传比例(p_{hl})和变异比例(p_{vl})的阈值曲线,如式(13.1)所示。

$$p_{vl} + 2 p_{hl} = 2.05 \tag{13.1}$$

在该阈值曲线以上区域,观点可以容易达成共识。该阈值曲线可以称为共识阈值曲线($\varepsilon = 0.1$)。

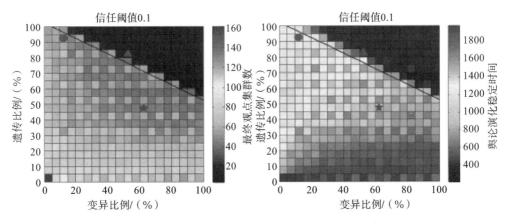

图 13.5 最终观点集群数 F 和舆论演化稳定时间 T 仿真结果图

为了验证该共识阈值曲线的意义,本章围绕共识阈值曲线选择了四组特定的点,并在不同信任阈值的情况下研究了最终观点集群数和舆论演化稳定时间。每组点的变异比例相同,遗传比例相差 0.1(实验分组点分布如表 13.2 所示)。在不同信任阈值的 Deffaunt 模型下相应的最终观点集群数 F 和舆论演化稳定时间 T 如图 13.6 所示。可以发现,当信任阈值较小时,位于共识阈值曲线上下两侧的点所得的舆论演化结果差异明显;信任阈值越小,两者差异越大。当 $\varepsilon < 0.3$ 时,共识阈值曲线以上点的 F 和 T 都低于共识阈值曲线以下点的 F 和 T,且 F 不大于 10,T 小于 300 个模拟步长。实验结果说明,在信任阈值较小($\varepsilon < 0.3$)时,共识阈值曲线之上的点相对共识阈值曲线之下的点更容易达成共识,且观点的收敛速度明显加快。这说明该曲线在

信任阈值较小($\varepsilon < 0.3$)时都是客观存在的。

表 13.2 实验分组点分布情况

	遗传比例(p_{hl})	变异比例(p_{vl})	相对共识阈值曲线的位置
第一组	0.95	0.25	位于共识阈值曲线上部
	0.85	0.25	位于共识阈值曲线下部
第二组	0.85	0.45	位于共识阈值曲线上部
	0.75	0.45	位于共识阈值曲线下部
第三组	0.75	0.65	位于共识阈值曲线上部
	0.65	0.65	位于共识阈值曲线下部
第四组	0.65	0.85	位于共识阈值曲线上部
	0.55	0.85	位于共识阈值曲线下部

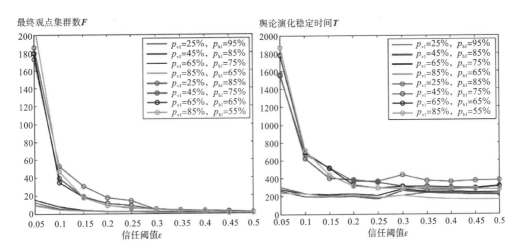

图 13.6 不同信任阈值 ε 的 Deffaunt 模型下舆论演化最终观点集群数 F 和舆论演化稳定时间 T

基于上述实验结果以及式(13.1)可以看到，在较小的信任阈值下，遗传比例比变异比例对最终意见聚类和收敛时间的影响大。由于遗传变异比例可以反映在社会文化和国家政策上面，可以用来解释社会文化和国家政策对观点演变的影响，因此，本章提出了一种文化-政策驱动舆论演化的机制，即社会文化与社会政策之间的差异可能会影响舆论演变过程及演化结果。形成这种机制的重要原因是社会文化和政策的不同可能会导致人际关系网络拓扑的差异，从而导致不同的舆论演化结果。

早期的东方社会，在政策相对封闭的环境下，形成了众多以亲缘关系为纽带的群体，人们更相信身边的乡亲父老，使得社会舆论难以达成共识(如图 13.5 实心圆点所示，此时社会网络的拓扑结构以遗传为主，变异比例较低)。而在西方社会，传统文化强调和倡导个人意识、个人自由和多样性，政策保护个人利益，导致最终形成了许多小集群，大家各持己见，舆论也不容易达成一致(如图 13.5 中五角星所示，西方社会网络的变异比例高于遗传比例)。在当代中国社会,由于一系列改革开放政策的实施,各地和各国家或地区之间互通有无,民族区域差异逐渐下降。受开放思想与家族文化的双重影响,人们相互沟通交流的机会大大增加,使得舆论达成共识变得相对容易(如图 13.5 中三角形所示,这时遗传与变异比例都处于较高水平且相差不大)。由此可以发现,不同的社会文化与政策会对相应社会熟人网络的拓扑结构产生影响,受社会文化与政策影响的遗传、变异比例越高,舆论在演化过程中越容易达成一致且收敛速度越快;从公式(13.1)及实验结果可以看出,在信任阈值较低的情况下,相对变异比例而言,遗传比例越高,对舆论演化最终结果的影响越明显。基于此,政府和媒体可以研究不同社会文化和政策对遗传、变异比例的影响,并制定相应的政策来引导观点、舆论达成共识或避免达成共识。此外,为了确保社会舆情可防可控,以及民众主流思想、舆论正确发展,需要更加重视与遗传比例相关的基础教育、文化延续与传承等推广与政策制定工作。

13.3　双层(线上/线下)网络下的舆论演化研究

13.3.1　基于线上和线下双层网络的舆论演化模型构建

随着互联网的快速发展,线上社交网络以实时性、海量性、互动性等特点成为舆论演化的主要阵地。与此同时,线下面对面交流等传统社交方式依旧凭借其安全性、可靠性、便捷性等优点维持着重要的地位。因此,线上社交网络与线下人际关系网络共同构成了舆论演化的外部环境,也构成了舆论演化的主要途径。在线下人际关系网络中个体之间的交流是面对面进行的,在线上网络更多的是通过社交媒体等在线方式获取信息以及进行信息交互。一般情况下,线上网络中的交互和线下人际关系网络中的交互是同时进行的,但两者在空间位置的限制上有很大的不同,即线下的地理位置限制对线上网络中的信息交互基本不会产生影响。距离很远的两个人完全不用受到距离的约束,可以通过线上网络进行实时交流。

社会舆论事件发生后,观点同时在这两个网络上演化。在观点演化的过程中,个体同时在线下和线上网络中收集、接收信息,相应地在这两个网络与其他人建立社会连接,并与之进行交流。其中,线下网络代表生活中面对面实际接触的人际关系网络,网络的节点表示社会中的真实个体,个体在现实生活中的人际关系由网络中节点之间的连边体现;线上网络代表的是 QQ、微博、微信、网页等在线交互以及获取信息的渠道,线上网络中所有节点均为社会中的真实个体在网络中的对应账号或身份,账号之间的连接关系体现的是线上网络中个体之间的社交联系。

为了研究线上网络与线下网络对舆论演化结果的影响,本章利用 3.6.2 节中双层网络的生成规则构建线上和线下双层网络。双层网络由线下网络和线上网络共同构成,两个网络间的关联是由节点的一一对应实现的。舆情产生后,个体同时在线下和线上网络中获取相关信息,并与他人进行交流来实现舆论的演化。

在个体选择邻居个体进行观点交流的过程中,邻居观点与自身观点的差值以及对方对自己的影响力都会影响自身观点的改变。从个体社会属性出发,这种影响力一方面体现在对方是否具有较高的公众权威度上,另一方面体现在个体通过对比自身与对方的属性而得到的社会关系相似性上。因此,个体影响力由个体公众权威度和个体社会相似性共同形成。根据第 9 章和第 11 章中对社会相似性和个体公众权威度的论述,可对个体 i 对 j 的影响力 I_{ij} 定义如下:

$$I_{ij} = [w_s, w_p] \cdot [S_{ij}, \text{Pad}_i]^\text{T} \tag{13.2}$$

式中,S_{ij}、Pad_i 分别指个体社会相似性和公众权威度,w_s 和 w_p 分别代表个体社会相似性和公众权威度所占的权重。为了方便计算,个体 i 对个体 j 的影响力取值在 $0 \sim 1$ 之间。

在双层网络模型中,线下网络是人与人之间实际接触的人际关系网络,个体之间通过面对面进行信息传递,而线上网络中更多的是通过互联网等在线方式进行观点交互。考虑到线下人际关系网络和线上社交网络的拓扑特性以及网络中个体交互方式不同,个体在这两个网络中对其他个体的影响力也会存在差异。根据个体 i 在线上网络和线下网络中对个体 j 影响力的不同,本章将其分别定义为线上影响力 $I_{ij\text{on}}$ 和线下影响力 $I_{ij\text{off}}$,并将两者统称为个体 i 对个体 j 的多重影响力。线上影响力 $I_{ij\text{on}}$ 和线下影响力 $I_{ij\text{off}}$ 存在很大差异。例如:在线下实际网络中,个体 A、B 互为好友,那么即便个体 A 在社会上的权威度不高,个体 B 也会因为与 A 的社会关系亲密而对 A 的信任度较高,其观点容易受到 A 的影响。但若在线上网络中个体 A、B 之间没有联系,则意味着 A 对 B 的多重影响力只存在线下影响力;个体 A 和个体 C 在线下的社会关系不太亲密,A 对 C 的线下影响力有限,但个体 A 在线上网络上具有较高的公众权威度,那么个体 C 在线上网络中也会对 A 产生较高的信任度并受到 A 的影响。这就表明 A 对 C 的线上影响力与线下影响力之间存在差异,且 A 对 C 的线上影响力相对较高。

由于个体在线下人际关系网络和线上社交网络中对其他个体具有不同的影响力,为了更好地研究个体多重影响力对舆论演化结果的影响,本章在第 3 章提出的双层网络模型和经典的观点演化 HK 模型基础上,构建了考虑个体多重影响力的舆论观点演化模型——MIHK 模型。

考虑到个体多重影响力对邻居筛选规则和舆论演化规则的影响,MIHK 模型设置了一个影响力阈值 $I_{\text{threshold}}$,作为个体自身观点被影响的下限。只有当个体受到的影响大于该阈值时,个体的观点才可能发生改变。对于个体 A 来说,当其影响力阈值较大时,意味着只有与该个体非常相似或者公众权威度非常大的个体才能与该个体进行交流,可交流邻居减少;当个体 A 的影响力阈值较小时,意味着个体的观点很容易受到影响,即使邻居个体与其不相似或者邻居个体的公众权威度不高。

因此,个体在筛选可交互的邻居时,有两个约束条件,即需要综合考虑信任阈值和影响力阈值。若这两个约束条件同时成立,即 $I_{threshold} < I_{ij}$ 和 $|x_i(t) - x_j(t)| < \varepsilon$,则该邻居成为个体的可交互邻居,并加入可交互邻居集合。实际上,这种约束条件会使得个体对邻居的筛选更加严格,要么两个个体的观点非常相近,要么某个体的影响力极高。这种筛选条件是不太合理的。在现实生活中,会出现这样的情况:有的个体之间观点相反,但是当其中某一方个体的影响力很大时,个体也可能会接受另一方个体的观点;有的个体之间的观点差值很小,即使某个体的社会影响力不大,他们之间也可以交互。考虑到以上两种情况,MIHK 模型在筛选邻居的过程中同时考虑到了信任阈值和影响力阈值,分别用 w_i 和 w_o 表示多重影响力和信任阈值所占的权重,取值均为 $[0,1]$,且 $w_i + w_o = 1$。个体 i 的可交流邻居集合 $\overline{N_i}(t)$ 的计算公式如式(13.3)所示:

$$\overline{N_i}(t):\{j \mid \{w_i \cdot (I_{threshold} - I_{ji}) + w_o \cdot (|x_i(t) - x_j(t)| - \varepsilon_i)\} < 0, j \neq i\} \tag{13.3}$$

MIHK 模型中的个体可以分别在线上网络和线下网络中获取信息,并选择邻居进行交流。假设线上网络和线下网络中各有 N 个个体,依据均匀分布给每个个体分配一个初始观点值 $x_i(t) \in [0,1]$;每个个体都分配有社会属性和公众权威度 Pad_i,线上网络和线下网络中的个体 i 的信任阈值分别为 ε_{ion} 和 ε_{ioff},影响力阈值为 $I_{threshold}$。由于个体在线上和线下网络中对其他个体的影响力是不同的,在构建模型的过程中需要分别考虑个体观点在线下熟人网络和线上社交网络中的演化,其演化示意图如图 13.7 所示。

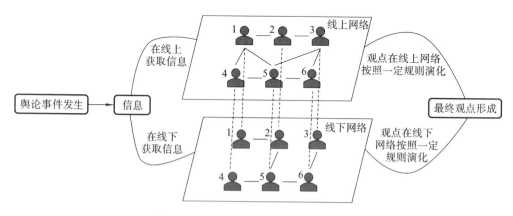

图 13.7 MIHK 模型的舆论演化示意图

假设社会舆论事件发生后,个体 i 在线上网络中对事件所持的观点为 x_{ion},其舆论演化规则如式(13.4)所示:

$$x_{\text{ion}}(t+1) = \begin{cases} (1-\lambda_i)\, x_{\text{ion}}(t) + \lambda_i \dfrac{I_{\text{jon}}}{\sum_{j\in \overline{N}_{\text{ion}}(t)} I_{\text{jon}}} \sum_{j\in \overline{N}_{\text{ion}}(t)} x_{\text{jon}}(t), & \overline{N}_{\text{ion}}(t) \neq \varnothing \\ x_{\text{ion}}(t), & \overline{N}_{\text{ion}}(t) = \varnothing \end{cases}$$

(13.4)

此时,邻居 j 的影响力为 $I_{\text{jon}} = w_{\text{son}} \cdot S_{ij} + w_{\text{pon}} \cdot \text{Pad}_j$。由于个体影响力由个体社会相似性和公众权威度组成,在这里用 w_{son} 和 w_{pon} 分别代表这两种因素在线上网络中所占的权重。个体 i 在线上网络中的邻居集合为
$N_{\text{ion}}(t) : \{ j \mid \{w_i \cdot (I_{\text{threshold}} - I_{\text{jion}}) + w_o \cdot (\mid x_{\text{ion}}(t) - x_{\text{jon}}(t) \mid - \varepsilon_{\text{ion}}) \} < 0, j \neq i \}$。

假设社会舆论事件发生后,个体 i 在线下网络中对事件所持的观点为 x_{ioff},其舆论演化规则如式(13.5)所示:

$$x_{\text{ioff}}(t+1) = \begin{cases} (1-\lambda_i)\, x_{\text{ioff}}(t) + \lambda_i \dfrac{I_{\text{joff}}}{\sum_{j\in \overline{N}_{\text{ioff}}(t)} I_{\text{joff}}} \sum_{j\in \overline{N}_{\text{ioff}}(t)} x_{\text{joff}}(t), & \overline{N}_{\text{ioff}}(t) \neq \varnothing \\ x_{\text{ioff}}(t), & \overline{N}_{\text{ioff}}(t) = \varnothing \end{cases}$$

(13.5)

此时,邻居 j 的影响力为 $I_{\text{joff}} = w_{\text{soff}} \cdot S_{ij} + w_{\text{poff}} \cdot \text{Pad}_j$,在这里用 w_{soff} 和 w_{poff} 分别代表个体社会相似性和公众权威度在线下网络中所占的权重。个体 i 在线下网络中的邻居集合为
$N_{\text{ioff}}(t) : \{ j \mid \{w_i \cdot (I_{\text{threshold}} - I_{\text{jioff}}) + w_o \cdot (\mid x_{\text{ioff}}(t) - x_{\text{joff}}(t) \mid - \varepsilon_{\text{ioff}}) \} < 0, j \neq i \}$。

某个时刻个体在线上和线下双层网络中对某舆论事件所持的最终观点为 x_i,x_i 可通过式(13.6)得到。

$$x_i(t+1) = 1/2 [x_{\text{ion}}(t+1) + x_{\text{ioff}}(t+1)] \tag{13.6}$$

在观点交互的过程中,个体 i 首先按照邻居筛选规则选择邻居,在个体 j 进入个体 i 的可交互邻居集合后,由于每个邻居都会有一个影响力,个体在改变观点的过程中不再简单地将所有个体观点进行平均,而是综合考虑到所有邻居的影响力大小来改变自身观点。

观点在 MIHK 模型中的演化流程主要包括以下几个步骤:

(1)在线上网络和线下网络中,个体综合信任阈值和个体影响力阈值筛选邻居,并建立个体的可交互邻居集合。

(2)在线上网络和线下网络中,个体的观点分别按照公式(13.4)和公式(13.5)中的观点交互规则进行更新。

(3)在每个时刻,在线上网络和线下网络中,分别对网络中的所有个体的观点进行计算,然后结合两个网络的观点形成该时刻下个体的最终观点,直至所有个体的观点都不再发生改变或者时间结束,否则返回执行步骤(1)和(2)。

(4)当所有个体的观点不再改变时,系统达到稳定,演化流程结束。

MIHK 模型的算法流程如图 13.8 所示。

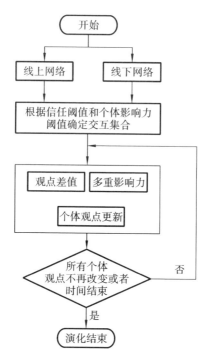

图 13.8 MIHK 模型演化流程

13.3.2 多重影响力作用下的舆论演化模型仿真实验及结果分析

基于上述 MIHK 模型,本小节针对多重影响力作用下的双层网络舆论演化模型进行了仿真实验与结果分析。整体实验流程(见图 13.9)如下:在对网络规模、个体社会属性、个体初始观点以及个体公众权威度进行初始化后,个体根据配置的信任阈值和个体影响力阈值等参数分别在线上网络和线下网络中选择邻居,并按照 MIHK 模型中规定的观点交互规则进行观点演化,相应地改变自身观点,以此得到观点的演化结果。

具体的实验假设、实验设计以及实验内容如下:

1. 实验假设与实验设计

根据实验流程,对本次实验做出以下假设:

(1) 网络:双层网络中,线上网络为 $N=1000$ 的无标度网络,节点平均度为 26;根据 13.2.1 小节中的内容,选择线下网络为 $N=1000$ 的混合熟人网络(遗传比例为 80%,变异比例为 55%),节点平均度为 19,总连边数为 11182。

(2) 观点:按照均匀分布为每个个体赋一个[0,1]区间的初始观点值,个体线上与线下的初始观点相同。

(3) 稳态:当所有个体的观点都不再发生变化时,系统达到稳态。

(4) 观测指标:第一个指标为最终观点状态,观点状态可分为三类,即收敛(最终

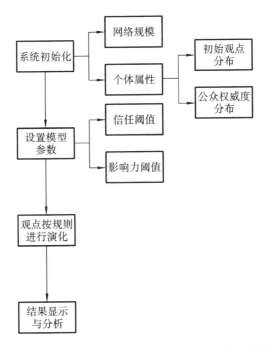

图 13.9　多重影响力作用下的舆论演化模型仿真实验流程

观点簇为 1，最后只存在 1 个观点)、极化(最终观点簇为 2，观点分化为 2 种)和发散(最终观点簇大于 2，最终观点分散为几类)。第二个指标是系统稳定时间，也就是系统达到稳定状态所需要的时间。需要补充说明的是，当两个观点值之差小于 0.0001 时，将这两个观点值视为同一个观点。

(5)个体社会属性：个体的社会属性根据如表 13.1 所示的人口普查数据进行配置。

在经典的舆论演化模型中，个体的信任阈值对观点的最终演化结果有很大的影响，随着信任阈值的增大，舆论总能形成发散、极化或收敛的状态。此外，在本章提出的 MIHK 模型中，为了表征个体的邻居筛选规则，引入了影响力阈值这一参数。由上文的分析可知，影响力阈值越小，意味着个体观点越容易受邻居个体的影响而发生改变，进而会使舆论的演化结果发生变化。由此，本节在模型仿真部分，针对信任阈值和影响力阈值等参数设计了对应的实验，依据在不同信任阈值和影响力阈值下得到的最终观点状态以及演化时间来研究观点演化的规律。此外，本节为了探究双层网络对舆论演化的影响，设计实验观察了观点在线上网络和线下网络中分别进行演化与在线上线下双层网络中共同演化所得结果存在的差异。

2.影响力阈值的作用

本节对模型中的影响力阈值进行了分析，通过改变影响力阈值来观察舆论的最终演化结果。由于个体不是无条件被影响的，在这里不考虑影响力阈值非常小，甚至为 0 的情况。两个网络的信任阈值取 $\varepsilon = 0.3$，分别从 0.1 到 1 按照 0.1 的间隔依次增加影响力阈值,并观察观点在线上和线下网络中的最终演化结果。实验结束后选择影响力阈值分别为 0.7、0.4 和 0.2 这几个具有代表性的结果进行分析,结果如图 13.10、图 13.11 所示。

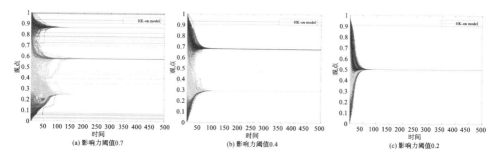

图 13.10　不同影响力阈值下,观点在单层线上网络中的演化结果

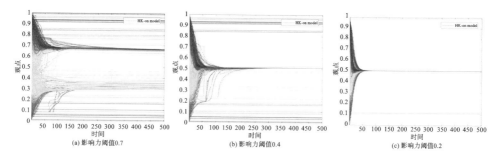

图 13.11　不同影响力阈值下,观点在单层线下网络中的演化结果

由图 13.10 和图 13.11 可以发现,单层线上网络和线下网络中的舆论演化结果是相似的:

(1)当影响力阈值很大($I_{\text{threshold}}=0.7$)时,绝大部分观点都发散;

(2)当影响力阈值适中($I_{\text{threshold}}=0.4$)时,部分观点达到一致,但最终观点未呈现极化状态;

(3)当影响力阈值很小($I_{\text{threshold}}=0.2$)时,最终观点能达到一致。

由此可知,舆论的最终演化结果与影响力阈值有关,且影响力阈值的减小可以促进观点达成一致。除此之外,我们在不同影响力阈值下,对观点在单层线上和线下网络中达到稳定所需时间进行了观察,结果如图 13.12 所示。

由图 13.12 可以看出,当影响力阈值小于 0.4 时,舆论演化时间较短;当影响力大于 0.4 时,舆论演化时间明显增加。即随着影响力阈值的增大,舆论演化时间逐渐增加。

综上,随着影响力阈值的减小,观点从发散状态逐渐达到一致,演化时间逐渐减少。并且当影响力阈值为 0.4 时,最终观点的数量与演化时间较为适中,适合在此状态下进行相关演化规律的探寻。结合 MIHK 模型可以发现,影响力对舆论演化的作用体现在两方面:一方面,个体选择邻居进行交流时,由影响力构成约束条件,将满足

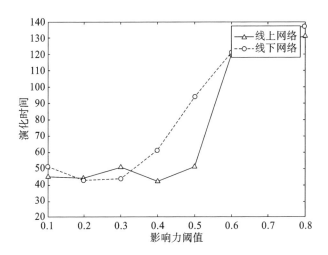

图 13.12　不同影响力阈值下,观点达到稳定所需时间

约束条件的个体加入邻居集合;另一方面,个体改变观点时,个体综合其自信度和邻居影响力得到下一时刻的观点。因此,不同影响力阈值会改变舆论演化结果。

影响力阈值会改变舆论演化结果这一结论的原因如下:

(1)当影响力阈值较大时,结合影响力的组成因素可知,只有当个体之间的相似性很高,并且邻居的公众权威度较高时,才能对个体的观点产生影响,这种约束条件缩小了可交互邻居的范围,导致观点交流的减少,阻碍了整个社会中的观点交互。因此,观点不易达到一致。

(2)当影响力阈值较小时,结合影响力的组成因素可知,此时对个体之间的相似性以及个体公众权威度的要求很低。这体现为即使个体之间不是非常相似或者其他个体的公众权威度不高,个体也可以受到他们的影响,即可交互邻居的范围被扩大,使得个体可以不断进行交流,促进了整个社会的信息以及观点交互。因此,观点很容易达到一致。

在现实生活中,存在一些"固执"个体,他们很难改变自己的观点,即使是与自己关系很密切的亲人、朋友等,也很难对他们产生影响。此外,他们也不会主动去关注线上权威媒体发表的有用信息和正确观点,这些个体的存在使得社会舆论难以达到一致。相反,社会中也存在许多"开放"个体,他们会与身边的熟人保持联系,愿意去接触和了解权威人士发表的言论,并展开讨论,这些个体的存在使得社会舆论容易达到一致。

3. 信任阈值的影响

本节将研究单层线上或线下网络中信任阈值的变化对舆论的演化结果的影响,在选取适中的影响力阈值($I_{\text{threshold}}=0.4$)后,分别将单层线上网络和单层线下网络中的信任阈值逐渐增大,直到观点达到一致。在信任阈值为 0.03、0.15、0.3 这三种典型的状态下,单层线上和线下网络中演化趋势分别如图 13.13 和图 13.14 所示。

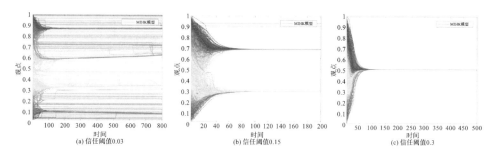

图 13.13　不同信任阈值取值下,单层线上网络中的舆论演化结果

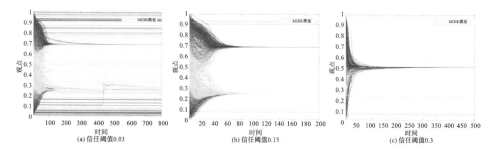

图 13.14　不同信任阈值取值下,单层线下网络中的舆论演化结果

可以看到,在只考虑单层网络的舆论演化时,线上网络中的舆论演化结果与线下网络类似:当信任阈值较小($\varepsilon=0.03$)时,最终均形成了多个观点值存在的状态;当信任阈值适中($\varepsilon=0.15$)时,在线上和线下网络中观点呈极化状态;当信任阈值大于或等于 0.3 时,众多个体的观点可以达到一致。因此,在 MIHK 模型中,信任阈值仍会影响观点演化,随着信任阈值的增大,最终观点状态可以从多个观点值共存演化为一致状态。

线上网络与线下网络中的舆论演化最终状态较为相似,下面从这两个网络中观点的演化时间是否相同进行研究。接下来比较在不同信任阈值(取值为 0.03,0.1,0.15,0.2,0.25,0.3)下观点在线上和线下网络中的演化时间,如表 13.3 所示。

表 13.3　不同信任阈值下,观点在线上和线下网络中的演化时间

信任阈值	0.03	0.1	0.15	0.2	0.25	0.3
线上网络演化时间	980	524	114	94	68	64
线下网络演化时间	991	576	302	298	268	170

由表 13.3 的结果可知,随着信任阈值的增大,观点的演化时间逐渐减小,并且无论在哪种信任阈值下,观点在线上网络中的演化时间总是小于线下网络中的演化时间。这是由于线上网络的自由性和开放性使得个体可交流邻居变多,促进了观点的演化,加速了观点的流动,缩短了观点(舆论)演化时间。因此,在 MIHK 模型中,信任阈值仍会影响舆论演化,随着信任阈值的增大,观点更容易达成一致,这一点与经

典模型一致。

4. 观点在单层网络和双层网络的演化结果对比分析

为了比较在相同条件下,舆论演化结果在双层网络与单层网络中的差异,将分别于单层线上网络、线下网络以及双层网络中进行舆论演化实验。由于现实中,在某时刻个体有且只有一个观点,与所处网络数无关。因此,对舆论在双层网络中的演化过程做以下假设:在每个演化步长中,个体的观点首先分别在线上、线下网络中演化交互,之后平均线上、线下的观点生成个体的最终观点值。由此可得到在影响力阈值 $I_{\text{threshold}}=0.4$ 时不同的信任阈值下双层网络中的舆论演化图(见图 13.15)和演化时间对比表(见表 13.4)。

对比图 13.13 至图 13.15 和表 13.4 可以看出,与单层网络类似,随着信任阈值的增大,个体最终观点越趋近于收敛状态;且当信任阈值较小时,此时三个网络中的观点大多处于发散状态,其中单层网络中的最终观点数始终要略多于双层网络中的观点数,单层网络中舆论的演化时间也要明显长于双层网络;当信任阈值较大时,三个网络中的观点大多处于极化或收敛状态,此时双层网络中观点达到一致所需时间比线上网络长,却短于线下网络。这说明由线上网络和线下网络组成的双层网络可以在一定程度上加快观点的演化,并促进观点达成一致,其促进作用在观点发散时最为明显。随着最终观点趋于一致,双层网络对于观点达成一致的促进作用在逐渐降低。对应到现实生活中,个体在双层网络中不仅可以在线上网络中获取各种信息,也能在线下面对面与他人进行交谈,这种双渠道的交流方式使得个体交流邻居增加,信息演化效率大大提高,演化时间得以缩短;而随着信任阈值的持续变大,单层网络中个体可交流邻居相应增加,削减了双层网络中舆论演化的优势,因此促进作用受到抑制。

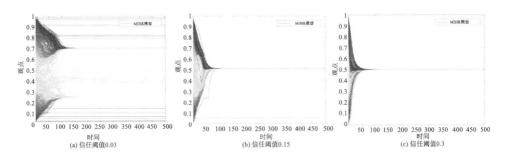

图 13.15 不同信任阈值下,线上线下双层网络中的舆论演化结果

表 13.4 不同信任阈值下,观点在线上和线下网络中的演化时间

信任阈值	0.03	0.1	0.15	0.2	0.25	0.3
线上网络演化时间	980	524	114	94	68	64
线下网络演化时间	991	576	302	298	268	170
双层网络演化时间	766	498	104	162	112	66

接着对上述结果作进一步验证,在相同信任阈值($\varepsilon = 0.3$)和不同影响力阈值下,观点在双层网络和单层网络中的演化结果、演化时间的对比如图 13.16、表 13.5 所示。

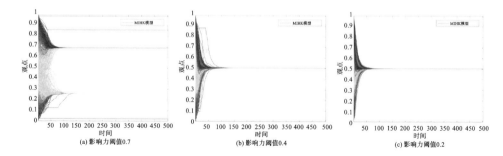

图 13.16 不同影响力阈值下,线上线下双层网络中的舆论演化结果

表 13.5 不同影响力阈值下的双层网络与单层网络舆论演化时间对比

影响力阈值	0.1	0.2	0.3	0.4	0.5	0.6	0.7
线上网络演化时间	48	52	55	64	88	94	292
线下网络演化时间	158	166	172	170	216	288	492
双层网络演化时间	62	64	65	66	74	120	132

可以发现,无论在哪种影响力阈值下,单层线下网络中的舆论演化时间总是长于双层网络,这说明在双层(线上/线下)网络可以促进观点的演化,加快舆论演化速度。与信任阈值相反,较大的影响力阈值意味着个体可交流邻居数量的减少,从而减缓了舆论演化的速度。双层网络的出现扩宽了个体可交流邻居范围,沟通次数的上升使得最终稳定的观点数减少,稳定时间也进一步缩短;随着影响力阈值的增加,双层网络表现出的促进作用愈加显著。这是由于过大的影响力阈值大大限制了个体可交流邻居数量,而双层网络的引入使得个体交流渠道增加,舆论演化速度加快。

可以看到,在舆论事件中,线上网络和线下网络中观点的演化都会受到个体信任阈值与多重影响力的影响。线上和线下双层网络的引入会共同推进舆论的演化,其通过增加个体交流机会来加速舆论达成最终的一致。综合上述实验结果,可以推动采用以下舆论引导机制:当社会上发生舆论事件时,为防止舆论带来的社会秩序混乱等不良影响,可以考虑在线上网络中动员社会权威个体勇于发表自己的言论,使主流舆论带动群众思考,同时在线下网络中积极开展调查,找到舆论根源。由于人们在现实生活中的交流依赖于熟悉的社交环境,可考虑以乡镇、街道、社区和家庭为单位,就相关事件展开讨论,加强理论思想宣传和教育,及时将相关信息与线上网络进行联动,实现由线上线下组合形成的双渠道舆论演化模式,减少负面舆论对社会带来的消极影响。

参 考 文 献

[1] Davidsen J, Ebel H, Bornholdt S. Emergence of a small world from local interactions: modeling acquaintance networks[J]. Physical Review Letters, 2002, 88(12): 128701.

[2] Fu F, Wang L. Coevolutionary dynamics of opinions and networks: from diversity to uniformity[J]. Physical Review E, 2008, 78(1): 016104.

[3] Carletti T, Righi S, Fanelli D. Emerging structures in social networks guided by opinions' exchanges[J]. Advances in Complex Systems, 2011, 14(1): 13-30.

[4] Luo Y, Park S H. Strategic alignment and performance of market-seeking MNCs in China[J]. Strategic Management Journal, 2001, 22(2): 141-155.

[5] Chen X P, Chen C C. On the intricacies of the Chinese Guanxi: a process model of Guanxi development[J]. Asia Pacific Journal of Management, 2004, 21(3): 305-324.

[6] Chen X, Zhang X, Wu Z, et al. Opinion evolution in different social acquaintance networks[J]. Chaos, 2017, 27(11): 113111.

[7] 金慧涛. 虚拟社区中关系强度对口碑影响效果的实证研究[D]. 成都: 西南财经大学, 2011.

[8] Fan P, Li P, Wang H, et al. Opinion interaction network: opinion dynamics in social networks with heterogeneous relationships[C]//Proceedings of the ACM SIGKDD Workshop on Intelligence and Security Informatics. Beijing, China: ACM, 2012: 1-8.

[9] 尹明. 网络舆论与社会舆论的互动形式[J]. 青年记者, 2009(2): 26-27.

[10] 丁金珠. 基于复杂网络的广告信息传播研究[D]. 南京: 南京邮电大学, 2013.

[11] 王世雄, 潘旭伟, 姜毅. 基于线上线下互动网络的社会共识涌现研究[J]. 情报杂志, 2017, 36(3): 67-73.

[12] 杜蓉, 於志文, 刘振鲁等. 基于豆瓣同城活动的线上线下社交影响研究[J]. 计算机学报, 2014, 37(1): 238-245.

[13] 范科达. 基于双层网络的信息传播研究[D]. 南京: 南京邮电大学, 2018.

[14] 顾亦然, 黄子轩. 基于双层网络的学生用户通讯行为分析与建模[J]. 南京邮电大学学报: 自然科学版, 2016, 36(2): 41-48.

附　录

作者的主要相关研究成果（已发表期刊论文）目录

[1] 张轩宇,陈曦,肖人彬.后真相时代基于敌意媒体效应的观点演化建模与仿真[J/OL].复杂系统与复杂性科学:1-14[2023-02-18].https://kns.cnki.net/kcms/detail/37.1402.n.20220413.1637.002.html.

[2] 赵军威,陈曦.An opinion evolution model based on heterogeneous benefit with malicious nodes added[J].Complexity,2021,2021:6642698.

[3] 肖人彬,于同洋,侯俊东.Modeling and simulation of opinion natural reversal dynamics with opinion leader based on HK bounded confidence model[J].Complexity,2020,2020:7360302.

[4] 陈曦,赵申,李炜.Opinion dynamics model based on cognitive styles:field-dependence and field-independence[J].Complexity,2019,2019:2864124.

[5] 刘琪,肖人彬.观点动力学视角下基于意见领袖的网络舆情反转研究[J].复杂系统与复杂性科学,2019,16(1):1-13.

[6] 陈曦,张潇,谢勇,李炜.Opinion dynamics of social-similarity-based Hegselmann-Krause model[J].Complexity,2017,2017:1820257.

[7] 陈曦,彭蕾,李炜.基于计算实验的公共交通需求预测方法[J].自动化学报,2017,43(1):60-71.

[8] 陈曦,彭蕾,李炜.A public traffic demand forecast method based on computational experiments[J].IEEE Transactions on Intelligent Transportation Systems,2017,18(4):984-995.

[9] 陈曦,王淼,何际平,李炜.Dynamic brain network evolution in normal aging based on computational experiments[J].Neurocomputing,2017,219:483-493.

[10] 陈曦,武展,王红卫,李炜.Impact of heterogeneity on opinion dynamics:heterogeneous interaction model[J].Complexity,2017,2017:5802182.

[11] 陈曦,张潇,武展,王红卫,王国华,李炜.Opinion evolution in different social acquaintance networks[J].Chaos,2017,27(11):113111.

[12] 侯俊东,肖人彬.群体性事件网络舆情结构逆转:内在机理与现实表征[J].社会科学,2017(11):80-90.

[13] 李劲,肖人彬,王慧敏. A social computing approach to rumour spreading with consideration of illusory truth effect and the latency reverse phenomenon[J]. International Journal of Innovative Computing and Applications,2016,7(2): 61-75.

[14] 陈曦,熊曦,李炜. Public authority control strategy for opinion evolution in social networks[J]. Chaos,2016,26(8):083105.

[15] 彭蕾,陈曦,王金璐,武展.基于海马 CA3 区的序列联想记忆模型及应用[J]. 华中科技大学学报(自然科学版),2015,43(S1):521-524+528.

[16] 陈曦,张澜,李炜. A network evolution model for Chinese traditional acquaintance networks.[J]. IEEE Intelligent Systems,2014,29(5):5-13.

[17] 陈曦,李翔晨,李炜,楼宗元.基于信息熵的谣言信息度量方法[J].华中科技大学学报(自然科学版),2013,41(S1):413-417.

[18] 陈曦,明聪,涂琴.谣言传播中 PA-BDI 个体模型的研究[J].计算机工程与应用,2011,47(31):40-43+48.

[19] 肖人彬,于同洋. A multi-agent simulation approach to rumor spread in virtual community based on social network[J]. Intelligent Automation and Soft Computing,2011,17(7):859-869.

[20] 陈曦,费奇,李炜.基于计算实验的公众恐慌研究初探[J].华中科技大学学报(社会科学版),2009,23(2):34-37.